MICROECONOMICS
ミクロ経済学

奥野正寛——［編著］

東京大学出版会

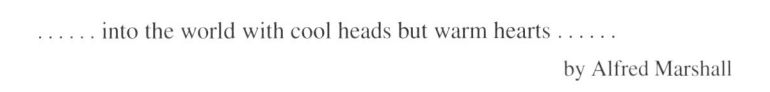

...... into the world with cool heads but warm hearts ......

by Alfred Marshall

source: *The Present Position of Economics* : An inaugural lecture given in the Senate House at *Cambridge* (24 February, 1885), London : Macmillan and Co., 1885, p.57.

Microeconomics
Masahiro OKUNO-FUJIWARA, editor
University of Tokyo Press, 2008
ISBN 978-4-13-042127-0

はしがき

　経済成長を阻害することなく格差を減らすためには，何をしたら良いだろうか．地球環境を改善しごみ問題を適切に処理するには，どんな仕組みを作るべきだろうか．道路建設など公共工事の発注を透明で効率的にするためには，どんなことに注意したら良いだろうか．農業を始め国内産業を保護することは，国際貿易から得られる利益を阻害しないだろうか．思いつくままにいくつかの問題を挙げるだけでも明らかなように，情報化やグローバル化が進む現代社会では，経済学や経済学的思考の重要性がますます高まっている．世界中のより多くの人々が市場や組織を通じてより緊密に結びつけられるにつれ，国内・国際間を問わず経済活動や経済取引きの重要性が高まり，より良い市場の仕組みを設計することや，組織運営に当たって良質なメンバーを獲得し彼らのモティベーションを確保することが必要不可欠になるからである．その理解の基礎を提供するのが経済学，とりわけミクロ経済学である．

　他方，大学で教えられる学問が社会一般に普及するにつれ，経済学は経済学部の学生だけでなく，様々な学問分野に関心を持つ人にとって知っておかなければならない重要な学問領域になった．そのような学問領域としての経済学のもっとも重要な基礎分野の一つが，ミクロ経済学であることは言うまでもない．しかし残念ながら，ミクロ経済学は退屈でつまらない分野だと思われることが多い．その理由の一つは，ミクロ経済学がかなり標準化されてしまい，レベルの違いこそあれ，何を学ばなければならないかがある程度決まっていること，多くの講義や教科書が，そのかぎられた標準的内容だけを現実の経済社会とは切り離し，抽象的な形で教えてしまうことにあるだろう．そのような形で教えられるミクロ経済学は無味乾燥である．教えられる経済学が具体的にどんな意味を持つのかを理解できない学生や読者にとって，応用例や現実的な意義の解説なしに書かれた教科書を使った講義は，苦痛しか与えない場合が多い．

とはいえいったん，これらのミクロ経済学の標準的な分析用具を身につければ，農業など産業保護政策が持つ経済的・政治的意味，寡占企業の事業戦略をめぐる競争のあり方は何か，独占企業の暴利を抑える料金規制の意味と限界はどこにあるのか，保険とはどのような仕組みであり，そこに隠された経済的意味はどのようなものなのか，タクシー運転手などに対する歩合賃金の与えるインセンティヴの働きとは何か，望ましい環境対策のあり方や公共財供給の仕組みはどうあるべきかなど，現実社会における多様な応用分野を探求し分析することが可能になる．そうなってはじめて，ミクロ経済学を学んだことの楽しさを納得できる．そこで本書は第1の特徴として，標準的なミクロ経済学についても，できるだけ現実問題とのかかわりを読者が理解できるよう，応用例や概念・分析の現実的意味の解説に重点を置いた．

本書の第2の特徴は，その全体構成にある．最近のミクロ経済学では，第I部で解説する伝統的ミクロ経済学を越えて，経済主体間の相互連関関係とそれを背景とした戦略的行動のあり方を扱うゲーム理論，情報の非対称性を背景にインセンティヴ問題や経済制度のあり方を扱う契約理論が発展してきた．さらに近年，「合理的な個人」という経済学の伝統的仮定を越えて，人間の心理要因を重視する行動経済学や実験経済学，あるいは脳科学と連携するニューロ経済学などが急速に発展しつつある．そこで本書では，消費者行動，生産者行動，市場均衡と効率性など，伝統的な新古典派経済学に基づいたミクロ理論は前半の第I部で解説する．第II部ではほぼ同量の紙幅を割いて，現代のミクロ経済学を理解する上で必須の新分野であるゲーム理論と情報の非対称性に基づく契約理論，独占や寡占の問題とその規制，労働者の動機付けやオークション，さらに外部性や公共財といった市場の失敗を解決する経済政策のあるべき姿を説明する．

第I部の結論であり，伝統的なミクロ経済学の最終到達点である厚生経済学の基本定理は，アダム・スミスの見えざる手としての市場メカニズムの意味を明らかにしただけでなく，市場だけでは解決できず，政府の介入が必要となる市場の失敗の本質についても明らかにした．第II部では，環境問題やごみ問題などの外部性，公共財の供給・資金調達といった市場の失敗についても，伝統的な解決法にとどまらず，ゲーム理論や私的情報の視点からの現代的な解説を与えている．

本書はこのように，ミクロ経済学の新しい展開を踏まえ，伝統的なミクロ経済学を興味を持って理解してもらうと同時に，新しい分析道具もその意味を面白くわかりやすく説明する，現代ミクロ経済学の標準教科書となることを目指して作成された．しかし，その内容が多岐にわたることを踏まえれば，最低限のミクロ経済学をすでに学習した人たちのうち，基礎理論を応用例とともに学ぶことでミクロ経済学をさらに探求しようとする人たちや，経済学の新しい潮流の意味と現実への応用に関心を持つ人たちにも，読んで楽しくチャレンジングな，問題意識を持って読破できる書物だと考えている．

　したがって本書は，中級レベルのミクロ経済学の講義の標準的教科書としてだけでなく，学部上級や大学院講義の教科書または副読本，あるいは，すでにミクロ経済学について一定の知識を持っている人の独習書，ミクロ経済学の応用をテーマとする学部演習の教材などに適している．念のために強調しておけば，本書が前提として要求する知識はそれほど高いものではない．数学についても，高校の文科系コースで習うレベルさえ知っていれば良い．それ以上のレベルの数学を使用する場合には，わかりやすい解説を加えている．また，各章にいくつかのコラムを設け，経済学の実験結果や行動経済学のトピック，応用経済学の新しい発展などについても，平易に紹介している．

　本書の基になったのは，奥野が東京大学経済学部2年次の学生を対象としたミクロ経済学（中級レベル）の講義で使ってきた教材・講義ノートである．それを，2004年度と2006年度のティーチング・アシスタント（TA）を務めてくれた東京大学大学院の5人の大学院生諸君（猪野弘明，川森智彦，山口和男，加藤晋，矢野智彦）に抜本的に書き改めてもらった．そうしてできた第二次原稿を，さらに1年余りの時間をかけて関係者全員で議論し数次にわたって手を入れることで，完成に至った．講義ノートには全く存在しなかった内容が多数挿入され，また講義ノートの内容をとどめないほど大幅に改訂された章も多い．加えて，随所にわたって，受講する学生側の理解力を高めるための様々な工夫がなされているのは，こうした大学院生諸君の協力と努力によるものである．また，原稿をLATEXで準備したこともあり，図版の多くもまず大学院生諸君に作っていただき，最終的な作図だけを専門の方にお任せした．本書の基になる材料を提供したのが奥野であることは事実である

としても，本書の実質的な著者は5人の大学院生諸君であることを明確にしておきたい．

また，本書の別冊として，上記の大学院生諸君が準備した，解答・解説付きのミクロ経済学問題集を刊行する予定である．通常の教科書で飽き足らない読者にとっては，本書と問題集を活用することによって，独学でも十分にミクロ経済学のフロンティアを極め，自分の理解を確かめることが可能であることを強調しておきたい．

本書の作成過程では，様々な方にお世話になった．2006年度の講義では，奴田原健悟，山根達弘のお二人にもTAとしてお手伝いいただき，講義ノートの改善作業をお手伝いいただいた．本書の作成には直接携わっていただくことはなかったが，お二人の貢献がなければ本書がこの形をとることはなかっただろう．また，奥野の講義ノートは1998年度及び2002年度の講義から準備が始まった．1998年度の講義のTAである吾郷貴紀，慶田昌之，渡辺泰典の三君，2002年度の講義のTAである金谷信，近藤絢子，馬場千佳子の三君にも厚く御礼を申し上げたい．

何かと知識が不足している日本の農業政策の現状については，東京大学大学院農学生命科学研究科の加藤史彬君にチェックしていただいた．奥野と院生諸君の連絡に当たっては，例によって東京大学奥野正寛研究室の塔島ひろみさんにお手伝いいただいた．お礼申し上げたい．東京大学出版会の黒田拓也さんには本書の出版を快くお引き受けいただき，出版プロジェクトの立ち上げを行っていただいた．同じく出版会の佐藤一絵さんには，編集会合に毎回ご出席いただき，出版社側のアドバイスにとどまらず，読者の視点から様々な助言をいただいた．本書が，院生諸君との共同出版という異例の形態をとったにもかかわらず，円滑にしかも高い内容の書物に仕上がったのは，佐藤さんのご努力に基づくところが大きい．共著者を代表して，心から御礼を申し上げたい．

2008年2月
共著者を代表して

奥野　正寛

第 10 刷　重版にあたって

　出版後，明治大学の井上朋紀さんをはじめ，さまざまな方から貴重なコメントをいただいた．これらのコメントは可能な限り反映し，修正させていただいた．御礼を申し上げたい．

　本書ならびに奥野正寛編，猪野弘明・井上朋紀・加藤晋・川森智彦・矢野智彦・山口和男著『ミクロ経済学演習　第 2 版』には，学習の利便性を向上させるため，ウェブサイト https://sites.google.com/view/microeconomics-okuno/ を設けている．このウェブサイトには，双対性などの発展的な内容に関する追加ノート，教材作成用のダウンロード可能な図表集，各刷りの正誤表，よくある質問などを掲載している．両著作の利用に活用していただければ幸いである．

2023 年 9 月

目次

はしがき i

序　章　ミクロ経済学の方法と目的 1
- 0.1　ミクロ経済学とは 1
- 0.2　ミクロ経済学の分析対象 5
- 0.3　ミクロ経済学からみた日本の農業政策 7

第 I 部　経済主体の行動と価格理論

第1章　消費者行動 19
- 1.1　消費者とその行動仮説 19
- 1.2　消費者の嗜好とその定義 24
- 1.3　効用最大化と最適消費計画 39
- 1.4　所得変化と需要 47
- 1.5　価格変化と需要 53
- 1.6　価格変化と需要：要因分析 60
- 1.7　個別需要曲線と市場需要曲線 67
- 1.8　応用例 69

第2章　生産者行動 79
- 2.1　企業とは何か 79
- 2.2　生産者の技術とその定義 82
- 2.3　生産関数の性質 86
- 2.4　短期の生産者行動：直接的な利潤最大化 94

2.5	短期の生産者行動：費用最小化	*97*
2.6	短期の生産者行動：利潤最大化	*105*
2.7	長期の生産者行動：直接的な利潤最大化	*111*
2.8	長期の生産者行動：費用最小化	*112*
2.9	長期の生産者行動：利潤最大化	*118*
2.10	長期と短期の関係	*120*
2.11	個別供給曲線と市場供給曲線	*125*
2.12	応用例	*126*

第3章　市場均衡 … *131*

3.1	市場経済の分析手法	*131*
3.2	部分均衡分析	*134*
3.3	長期の部分均衡分析	*142*
3.4	部分均衡分析の応用例：物品税	*146*
3.5	一般均衡分析：ワルラス均衡	*150*
3.6	一般均衡分析：パレート効率性	*159*
3.7	一般均衡分析：生産経済	*167*
3.8	市場メカニズムの再検討	*174*
3.9	一般均衡分析の応用例：所得税・法人税	*179*

第II部　ゲーム理論と情報・インセンティヴ

第4章　ゲーム理論の基礎 … *187*

4.1	戦略的環境の本質	*188*
4.2	戦略型ゲーム	*190*
4.3	戦略型ゲームの均衡	*194*
4.4	展開型ゲーム	*202*
4.5	展開型ゲームの均衡	*208*

第5章　不完全競争 … *225*

5.1	価格支配力の源泉	*225*

5.2	独占市場	228
5.3	寡占市場：クールノー・ゲーム	234
5.4	寡占市場：シュタッケルベルク・ゲーム	242
5.5	寡占市場：ベルトラン・ゲーム	249

第6章　不確実性と情報の非対称性　259

6.1	不確実性下での意思決定：期待効用理論	259
6.2	不確実性下での市場取引：リスク・シェアリング	270
6.3	情報の非対称性と契約理論	272
6.4	事前の情報の非対称性：逆選択とシグナリング	275
6.5	事後の情報の非対称性：モラル・ハザード	282
6.6	応用例：情報の非対称性と政策	289
6.7	オークションの理論	293
6.8	期待効用理論を超えて：プロスペクト理論	301

第7章　外部性と公共財　307

7.1	外部性	307
7.2	外部性の交渉による解決：コースの定理	312
7.3	外部性の内部化：排出割り当て	316
7.4	外部性の内部化：ピグー税・補助金	317
7.5	外部性の内部化：2点セット政策	323
7.6	公共財	327
7.7	公共財の最適供給条件：サミュエルソン条件	329
7.8	公共財の私的供給：ただ乗り問題	330
7.9	公共財の公的供給：リンダール均衡	333
7.10	公共財の公的供給：クラーク・メカニズム	340

リーディング・リスト　345

索引　351

---序 章---
ミクロ経済学の方法と目的

　本書のタイトルでもある「ミクロ経済学」とは，どのような学問領域であろうか．本章では，ミクロ経済学の経済学における立場，経済学の歴史における発展，そしてミクロ経済学の中心的な概念である「資源配分」を説明した上で，日本の農業政策を例にとり，ミクロ経済学の目的とその分析方法を概観する．

0.1 ミクロ経済学とは

0.1.1 経済学の領域とその広がり

ミクロ経済学とマクロ経済学　経済学は，大きくミクロ経済学とマクロ経済学に分かれる．ミクロ経済学 (microeconomics) では，個々の家計や企業の行動を分析することから始まって，市場における価格機構や企業組織の役割を分析することに主眼がある．これに対して，マクロ経済学 (macroeconomics) では，家計や企業の行動を集計した上で，GDP がどのように変動し，マクロ経済政策によってどのように制御されるかを分析することを主眼とする．

　次のように考えるとわかりやすいだろう．市場や組織をはじめとした「経済の制度的な仕組みを検討する」のがミクロ経済学であり，「景気循環とそれに対する政策対応を考える」のがマクロ経済学だという分類である．このように考えると，政府の財政政策でも，税制や郵政事業の民営化といった歳出の具体的な仕組みに関する議論は，ミクロ経済学の守備範囲である．その他

にも，規制緩和や独占禁止法に関わる問題や，不良債権処理問題や預金のペイオフなどの金融制度に関わる問題は，ミクロ経済学を中心に分析される．

これに対して，財政政策でも，予算の収入・支出総額の問題や，財政収入の資金調達方法（税収と国債の配分）の問題などは，マクロ経済学的な問題である．また，デフレに対する対抗策としてのインフレ・ターゲットや，貨幣供給を増やす量的緩和政策などの金融政策の是非を検討するのはマクロ経済学の課題といえる．

経済理論，実証経済学，応用経済学　どのような分析の方法をとるかに応じて，経済理論・実証経済学・応用経済学という分類を行うこともできる．

経済理論とは，経済システムの機能を理論的に分析する研究領域である．そのために経済学では，普通の社会科学とは異なり，自然科学によく似た分析方法をとる．具体的には，経済システムを抽象化した数理モデルを作り，その振る舞いを分析する．

これに対して実証経済学とは，現実の経済データを用いて，経済理論で考えた経済モデルの具体的な形状を特定したり，経済理論の現実妥当性を検証しようとする．この実証経済学はツールとして，経済モデルを検証するための統計的手法を必要とする．このような道具を作る研究分野を計量経済学という．あるいは，経済史という歴史分析やケース・スタディを通じて，産業や企業の発展形態の原因を分析することもある．

これらの理論と実証は，経済学を構成する様々な個別領域の専門的研究（応用経済学）の基礎となると共に，それらの応用研究が，新たな理論分析と実証研究を刺激する．個別領域の応用経済学としては，国際経済学，労働経済学，財政学，公共経済学，金融論，産業組織論，都市経済学，開発経済学，環境経済学などがある．これらの応用経済学の研究蓄積を利用して，様々な経済政策が立案・実行されることになる．

0.1.2　新古典派経済学の誕生と発展

現代の経済学にとっては，19 世紀末にワルラス (Léon Walras) やマーシャル (Alfred Marshall) たちによって確立された新古典派経済学 (neoclassical economics) が基本的な立場と分析方法を与えている．この「伝統的な」新古

典派経済学の特徴は大まかに三つある．第 1 には，市場の価格調整能力が高く，需要と供給が均衡していると考える．そして，需給の均衡の下で社会的に望ましい状況が達成できると考え，市場に大きな信頼を寄せる．第 2 には，各個人は与えられた情報の下で独立に意思決定するような状況のみを考え，相手の出方を読まなければいけないような状況は考えられていない．第 3 には，次の二つの条件を満たすような合理的な人間像を仮定している．

1. 人間は自分の行動の結果を考えて，理性的に行動する．
2. 人間は利己的であり，自分の効用や利潤を最大化しようとする．

通常，新古典派経済学の体系は「価格理論」と呼ばれ，本書の第 I 部で中心的に学ぶことになる．

不均衡分析とマクロ経済学　新古典派経済学の第 1 の特徴に対する重要な批判は，ケインズ (John M. Keynes) によってもたらされた．彼は，1930 年代の大恐慌を背景として，労働市場においては「不均衡状態」，すなわち失業者の存在が通常の状態であって，完全雇用が達成されている均衡状態は起きるとしても偶発的なものに過ぎないと考えた．そして，ケインズは「不均衡」な状態では財政政策や金融政策が有効な場合が多くあるとして，マクロ経済学という新しい領域を作り上げた．しかし，ケインズ経済学は，70 年代に政策的にも理論的にも批判にさらされ，現在のマクロ経済学では新古典派的な均衡分析の手法が主流となっている．

市場の失敗　20 世紀の半ばには，市場が需給均衡していたとしても望ましい状態は必ずしも達成できないのではないか，と市場の信頼性に対して疑問が投げかけられるようになった．すなわち，ある意味で理想的な状況のもとでしか，市場は望ましい状態が達成できないことが指摘された．市場に任せても望ましい状況が達成できない状況のことを，市場の失敗 (market failure) と呼ぶ．これを理解するためには，安全保障や警察などのサービスが市場を通しては提供されていないことを考えるとよい．これらのサービスは，非常に有益であるにもかかわらず，市場に任せておいても必要なだけ提供することはない．また，市場に独占力を行使する巨大な企業がいるときも，独占企

業が価格支配力を持ってしまい，市場の失敗は起こる．また，市場に参加する経済主体の間で，情報が非対称であると市場の失敗が生じ得る．これらの場合には，政府介入などの何らかの解決策が必要になる（市場の失敗については第 5～7 章で詳述される）．

戦略的状況とゲーム理論　第 2 の特徴にあるように，新古典派経済学では，自分の行動が相手に与える影響を考えなくても構わないような状況のもとでの行動分析が中心であった．しかし，現実の経済問題では，各個人の意思決定が相互に依存しているために，相手と行動を読みあう戦略的な状況が多くある．戦略的状況を含む幅広い経済問題を分析するためには，新しい分析道具が必要となり，1970 年代には，ゲーム理論 (game theory) が経済学へ大規模に導入された．これによって，寡占理論や契約理論などの，戦略的状況が重要となる分野が大きな発展をみることになる．

　ゲーム理論は，数学者フォン・ノイマン (John von Neumann) と経済学者モルゲンシュテルン (Oskar Morgenstern) によって 1944 年に創始された．その後，数学者ナッシュ (John F. Nash, Jr.) などの貢献によって 50 年代と 60 年代を通じて大きく理論的に発展し，経済問題に応用しやすいものとなった．現在では多くのミクロ経済学の研究がゲーム理論を前提したものとなっている．本書の第 II 部では，ゲーム理論と，ゲーム理論を応用した様々な経済分野の分析を中心的に学んでいく．

合理的人間像への批判と行動経済学　21 世紀の声を聞くころから，新古典派経済学の合理的人間像に対しても疑問が投げかけられるようになった．人間は，本当はダイエットしたいのだが，ついついカロリーの高いものを食べ過ぎたりと，非合理的な行動をとることもしばしばある．また，家族や友人に対してはもちろん，他人に対しても，相手の喜ぶことをしてあげたいという利他的な気持ちを持つ場合もある．こうした「人間的な」人間は，合理的で利己的な人間像という仮定のもとでは許されない存在になってしまう．

　このような感情や心理が，経済問題においても重要であると考え，近年目覚しい発展を遂げているのは，行動経済学 (behavioral economics) の分野である．行動経済学では，様々な経済学実験を行い，分析の対象となる経済環

境を実験室などで人工的に設計して，その環境の中での被験者の行動を観察する．そのような実験結果が経済理論と整合的ではない場合もしばしば見られるため，心理要因を重視した消費者理論の再構築など，伝統的な経済学とは異なる新たな発展が目指されている．

このような行動経済学の発展の中で，心理学や社会学などその他の社会科学との関連も見直され，他学問との共同作業が増えつつある．この行動経済学の発展は途上であり，テキストに体系的に導入されるにはまだ日が浅いが，本書では，関連箇所においてコラムなど，また時には節を割いて（例えば，第6章のプロスペクト理論）可能な限り紹介していくことにする．

0.2 ミクロ経済学の分析対象

0.2.1 資源配分に関わる諸問題

さてミクロ経済学では，何を学問するのだろうか．実はしばしば，ミクロ経済学の目的は，「経済の資源配分に関わる諸問題を分析すること」にあると言われる．資源配分に関わる諸問題とは，

1. 現実の経済ではどのような資源配分が行われているか，
2. いかなる資源配分が望ましいか，
3. 望ましい資源配分を行うためにはどのような仕組みを設計すべきか

などの分析であると考えられる．

では，資源配分とは何だろうか．普通，**資源配分** (resource allocation) とは，一つの経済における生産・交換・消費活動の総体，すなわち，

1. 生産活動＝労働・土地・原材料などの資源を用いて財を作り出す活動
2. 消費活動＝生産された財を人々が使用することで満足を得る活動
3. 交換活動＝資源の所有者と生産を行う主体の間，消費財の生産者と消費者との間で，財・サービスを何らかの対価の支払いと引き換えに移動させる活動

の総称である．したがって，ミクロ経済学の課題は，「希少な資源を使って，いかにして多様な欲望を満足させるか」という点にある．

0.2.2 資源配分メカニズム

伝統的な新古典派経済学では，「市場メカニズム」がどのような資源配分を実現するのか，特にそれは望ましい資源配分を実現するのか，という設問を中心に展開されてきた．その一つの大きな理由は，経済学の創始者であるスミス (Adam Smith) の最大の発見が（神の）見えざる手 (invisible hand) にあるからである．つまり，市場メカニズムは，個々の消費者や企業が個別に自らの効用や利益を最大化するように行動するという，分権的な仕組みであるにもかかわらず，実はある意味で社会的な観点から望ましい資源配分を実現する．市場では，個々人は利己的な行動をしているが，見えざる手によって導かれて，公益を達成してしまうのである．現代のミクロ経済学でも，スミスのこの主張の正当性を検証するとともに，その限界を明らかにすることが大きな位置を占めている．本書でも，見えざる手という主張は，第 I 部を通して積み上げられた議論により，厚生経済学の第 1 基本定理として第 3 章で厳密に論証されるに至る．

とはいえ実は，資源配分を行う仕組みとして市場が万能なわけではない．また資源配分を行う仕組みは，市場による分権的な仕組み以外にも様々な仕組みがある．そうならば，資源配分を行うための制度的仕組みをいろいろ比較検討してみることが重要だろう．

資源配分の問題を解決するための制度的仕組みを総称して，資源配分メカニズム (resource allocation mechanism) と呼ぶことにしよう．資源配分メカニズムには，代表的なメカニズムとして次の二つがある．

第 1 は，市場と企業組織を中心に，分権と競争で機能する資本主義である．その骨格を成す市場メカニズム (market mechanism) では，各財・サービスについた価格というシグナル情報を基に，各消費者・生産者が自分の利益を最大化するようその需要・供給を市場に伝える．逆に，市場側は需要と供給のバランスをとるよう価格を調整するという仕組みを通じて，資源配分を行う．また，お互いに競争しあう企業組織を通じて分業を行うことで，人々に

適切なインセンティヴを与える．

　第2は，統制と命令で機能する社会主義であり，その中心となるのが計画メカニズムである．計画メカニズムはソ連をはじめとする旧社会主義諸国で使われた資源配分メカニズムであり，市場メカニズムとは異なり価格という概念自体が否定される．政府は各財・サービスの需要を推定し，それに基づいて工場に生産計画を提示し実行させるが，需給の不一致が発生すれば，生産計画を修正する，というプロセスを繰り返す．しかし，このような中央集権的な計画メカニズムは失敗し，社会主義国の経済を崩壊させた．この主要な原因として挙げられるのは，政府が一手に需要情報を収集するのは多大なコストが発生すること，そして労働者に適切な労働インセンティヴを与えることができなかったことである．

　市場メカニズムにその分析の焦点をおいた伝統的なミクロ経済学（新古典派経済学）は，次のようなパラダイムを基にしてきた．一つの経済社会は，その保有する「資源」，生産者が持つ「生産技術」，消費者の多様な「嗜好」という三つの要素により記述される．その経済社会に「市場」という仕組みが導入されると，最終的に実現される資源配分が決まる，という考え方である．本書でも，前半部分の第Ⅰ部はこの伝統的な見方を中心に解説する．しかし市場だけでは必ずしも効率性や公平性，あるいは情報やリスクの問題をうまく解決できない．後半の第Ⅱ部では，ゲーム理論も使って，政府部門や企業組織の役割を解説する．

0.3　ミクロ経済学からみた日本の農業政策

　ミクロ経済学の標準的な説明に入る前に，ミクロ経済学を使ってどのような具体的な分析ができるのかについて考えてみたい．そこで，以下では具体例として，日本の農業政策，特に輸入規制政策を簡単に分析する．

0.3.1　コメ市場のメカニズム

　まず，市場メカニズムについて簡単に解説しておこう．図0.1には，日本のコメ市場が極めて単純な形で示されている．図の右下がりの曲線 D はコメの（国内）需要曲線であり，右上がりの曲線 S^d はコメの（国内）供給曲線

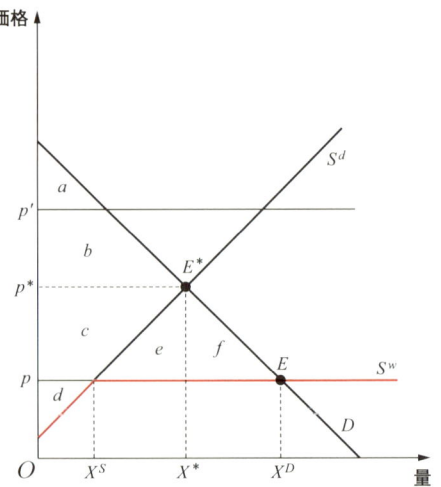

図 0.1　市場均衡と輸入禁止政策の効果

である．需要曲線 (demand curve) とは，コメの市場価格が与えられたとき，コメに対する国内総需要量がいくらになるかを示す曲線である．例えば，コメの価格が 1 トン当たり p 円ならば，日本全体のコメに対する需要は X^D トンだというわけである．同様に，供給曲線 (supply curve) とは，コメの価格が（例えばトン当たり p 円として）与えられたときの，コメの国内総供給量を（例えば X^S トンとして）示す曲線である．

市場で自由に価格や需給が決まるならば，コメの市場は X^* トンで需給が一致し，トン当たり p^* という価格で取引されることになる．もし価格が p^* 円とは違う価格，例えばトン当たり p 円になったとしてみよう．このとき，すでに見たように需要量は X^D トン，供給量つまり生産量は X^S トンになるはずである．だとすると，市場で需要されるコメは X^D トンなのに，そのうちの X^S トンしか供給されないことになる．その結果，$X^D - X^S$ トンの超過需要が発生する．コメがほしいのに手に入らない消費者やレストランは，価格が少し高くてもコメを手に入れたいと思うだろう．その結果，コメの価格は p より高くなる．逆に，価格が p' のように超過供給を生み出す場合，売れ残ったコメを抱えた農家やスーパーは，安売りをしても在庫を処分したいと考える．この結果，価格は p' より低くなる．最終的に価格が p^* になり，需

要と供給が X^* でちょうど等しい場合，価格はそれ以上下落も上昇もしない，安定的な状態に落ち着く．この状態を，**均衡** (equilibrium) と呼ぶ．

0.3.2　輸入規制とその政策効果

日本では，太平洋戦争時に作られた食糧管理法によって，戦後ずっとコメの輸入が禁止され，様々な生産優遇措置が取られてきた．1999 年より，外国産米を輸入すること自体は自由になったが，きわめて高い関税が課されており，ミニマム・アクセス[1] 以外のコメの輸入は事実上行われていない．単純な図式化をすれば，主食用のコメについては事実上，我が国では現在も輸入禁止措置が続いており，供給は国内産米だけに限られていると考えることができる．

このことの政策効果を，再度，図 0.1 を使って説明してみよう．図 0.1 の右上がりの曲線 S^d が，国内産米の供給曲線だから，輸入が禁止されているために，コメ市場の均衡は E^* となり，需要量（生産量）は X^*，価格は p^* になるはずである．これに対して，もし外国産米の輸入が自由で関税もかからないとすると，国際価格で外国産米を自由に輸入できる．説明を簡単にするために，(i) 国内産米同士や，国内米と輸入米の間に「質」の違いがない，(ii) 日本がどれだけ輸入しても，世界のコメ価格には影響がない，ことを仮定しよう．その上で，コメの世界価格を図の p とすれば，国内で p より安く供給できる X^S までは国内産米で供給され，それ以上の供給は外国産米の輸入に頼るはずである．したがって，供給曲線は，赤線で示されるように，X^S までは S^d と一致し，ここで折れ曲がって S^w になる．この結果，需給が均衡するのは E になり，（国内のコメ）価格は p，需要は X^D，それを国内生産 X^S と外国からの輸入 $X^D - X^S$ で賄うことになる．

事実上のコメ貿易禁止政策を廃止すれば，安い外国からのコメの輸入が可能になり，市場へのコメの供給が割高な部分は国内産米が生き残れなくなる．この結果，コメの価格が安くなり，それにあわせて需要も増えるのである．

---

[1] 1993 年のウルグアイ・ラウンド農業交渉の合意により，最低限度量（ミニマム・アクセス）のコメの輸入を義務付けられることになった．2006 年度現在，76.7 万玄米トンのコメがミニマム・アクセスとして輸入されているが，その大部分は加工用と備蓄用である．

0.3.3　輸入規制政策と経済厚生

では，コメの輸入を自由にして E を実現した場合と，輸入規制政策を行って E^* を実現した場合ではどちらが得なのだろうか．このことを，コメの消費から消費者が得る便益と，コメの生産に伴って生産者が負担する費用を通じて検討してみよう[2]．

コメ消費の便益と余剰　図 0.2 には，コメに対する国内消費者の需要を表す需要曲線 D が描かれている．いま，X トンだけのコメが生産され，それが市場で p の価格で売られているとする．このとき，消費者がコメの消費によって得る便益（満足感を金額で表した額）はどう表されるだろうか．

全体で X トンのコメが市場で売られているが，それを最初の 1 トン，次の 1 トンというように X 回に分け，それぞれの便益を求めてみる．もし市場に 1 トンしかコメがなければ供給曲線は S_1 になり，需給が均衡する価格は p_1 になったはずである．言い換えれば，最初の 1 トンに対して消費者は p_1 円を支払う用意があったことになる．この額 p_1（厳密に言えば，「トン当たり価格×トン数」としての $(p_1 \times 1)$ 円）を，最初の 1 トンのコメ消費から消費者が得る「便益」と呼ぼう．

次に市場のコメの量が 2 トンの場合に同様の思考実験を行うと，市場価格は p_2 になるはずであり，2 トン目の 1 トンに対して消費者は p_2 円を支払う用意があることになる．言い換えれば 1 トン目と 2 トン目，総計 2 トンのコメの消費から得られる総便益は $p_1 + p_2$ である．また，1 トンのときの総便益 p_1 が 2 トンになると $p_1 + p_2$ になるのだから，2 トン目のコメがもたらす追加的便益は p_2 である．これを繰り返せば，X トンの消費がもたらす総便益は（需要曲線の下に作られる幾つもの小さい三角形の面積を無視すれば）図の台形 Op_0EX の面積になる．

また，X トンの消費から得られる総便益は台形 Op_0EX の面積だが，その消費のための支払い総額は pX 円であり，図の $OpEX$ の面積に他ならない．この支払い総額を総便益から差し引けば，消費者が X トンのコメを消費す

---

[2]　以下で行う余剰分析について，厳密な裏付けとなる経済モデルは，3.2 節で説明する．

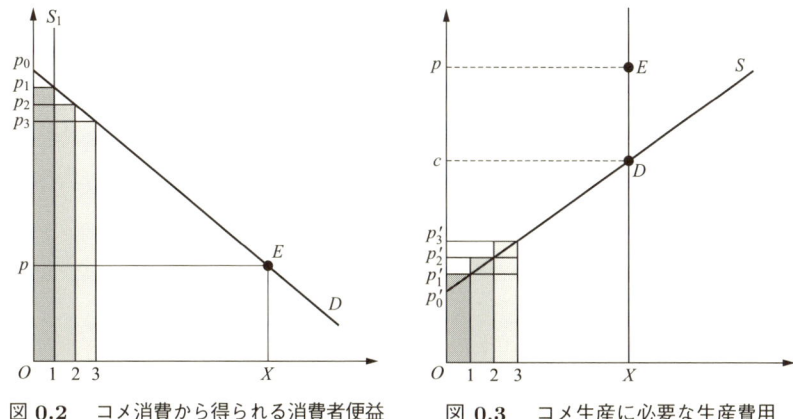

図 0.2　コメ消費から得られる消費者便益　　図 0.3　コメ生産に必要な生産費用

ることで得られるネットの便益として，図の三角形 pp_0E の面積が得られる．これを消費者余剰 (consumer surplus) と呼ぶ．

コメ生産の費用と余剰　まったく同様の思考実験を，図 0.3 の供給曲線に基づいて行おう．いま，X トンだけのコメが生産され，トン当たり p 円の価格で販売されるとしよう．

消費者便益と同様に考えれば，最初の 1 トンは価格が最低 p_1' でも生産されたのだから，それに要する費用は p_1' だと考えられる．2 トンなら価格が p_2' でも生産されたのだから，2 トン目の追加的費用は p_2'，2 トン生産するための総費用は $p_1' + p_2'$ である．これを繰り返せば，X トン生産した場合の追加的な費用は c，総費用は（例によって小さい三角形を無視すれば）図の台形 $Op_0'DX$ になる．最後に，生産者は X トンのコメを市場で売却することで pX の収入を得たのだから，ネットでは収入から費用を差し引いた額として，図の台形 $p_0'pED$ の面積分の利益を得たことになる．この額を，生産者余剰 (producer surplus) と呼ぶ．

余剰の比較　消費者と生産者が得る余剰の合計額が経済全体のネットの便益であり，経済厚生 (economic welfare) と呼ばれる．輸入規制が輸入自由化に比べて望ましいかどうかは，両者の経済厚生を比べることで考察できる．

いま図 0.1 に戻り，輸入制限の下での均衡 E^* から，自由な貿易に任せた均

衡 E に移行することを考えよう．この政策変更の結果，消費者余剰は $a+b$ から $a+b+c+e+f$ へ，生産者余剰は $c+d$ から d へ変化する．結果，経済厚生は $a+b+c+d$ から $a+b+c+d+e+f$ に変化し，$e+f$ だけ増加する．この額を，コメの市場が実現できたはずの経済厚生が，輸入規制のために $e+f$ だけ失われているという意味で，農業保護がもたらした厚生損失 (welfare loss) と呼ぶ．

　実は，自由貿易の均衡 E は，この図上の他のどの生産量よりも我が国の経済厚生を大きくする．この生産量こそ，コメの需給を自由な市場に任せた場合に実現する生産量である．つまり，（輸入も含め）生産者には自分の利益を最大化するような生産量を選ばせ，消費者には自分が買いたいだけの消費量を選ばせるという「自由放任」こそが，経済厚生を最大化するのである．これが，スミスが発見した「見えざる手」に他ならない．

　またこのとき，消費者と生産者各々への分配の変化を見ると，消費者余剰は $a+b$ から $a+b+c+e+f$ へ上昇し，生産者余剰は $c+d$ から d へ減少する．言い換えれば，輸入自由化により，消費者は $c+e+f$ だけの消費者余剰を得るが，生産者は c だけの生産者余剰を失うことになる．これは基本的に，輸入規制によって，国内の米価が上昇していたことに基づいている．コメの輸入規制は，国内生産農家の c だけの追加的余剰の確保のために，消費者にそれ以上の消費者余剰の犠牲を強いる農業保護政策なのである．

　なお，日本のコメの輸入規制についてのある実証研究[3]によれば，厚生損失が約 1,000 億円程度発生し，8,000 億円程度の（消費者から生産者への）所得移転が起こっている．

Column ───────────── 高価格支持による米作保護政策の分析

　かつて，コメは食糧管理法（食管法，1942〜94 年）に基づき，輸入規制に加えて，その国内流通価格についても政府に直接管理されていました．戦後日本はこの制度の下に，コメの高価格を維持し，米作保護政策を実行してきました．この米作保護の歴史では，1960 年代初頭から 1970 年代初頭の第一期価格支持政策と，1970 年代初頭から 1980 年代初頭の第二期価格支持政策の二度にわたって，① 生産者米価の引き上げ → 売買逆ざやの発生による財政赤字，② 消費者米価の引き上げ → 過剰生産の発生によ

---

[3] 藤木裕 (1998),「農業貿易システムの変化とコメの関税化・国内自由化」奥野正寛・本間正義編『農業問題の経済分析』第 6 章，日本経済新聞社．

る財政赤字，③ 減反による生産調整 → 財政赤字の解消，という流れが繰り返されています（より詳しくは，速水佑次郎・神門善久 (2002)，『農業経済論』第 7 章，岩波書店を参照）．これらの政策の変遷も，下図を参照しながら，本文での説明と同様，単純化して整理・解釈することができます．

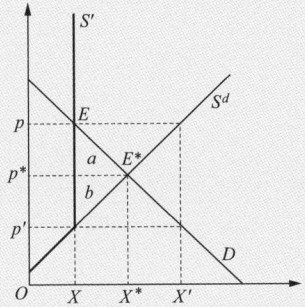

1. 生産者米価の引き上げ → 売買逆ざやの発生による財政赤字
   → 図．生産者からの買い入れ価格 $p >$ 消費者への売り渡し価格 p'，供給量 X' = 需要量 X'，売買逆ざや $p - p'$ による赤字 $X' \times (p - p')$．

2. 消費者米価の引き上げ → 過剰生産の発生による財政赤字
   → 図．生産者からの買い入れ価格 $p =$ 消費者への売り渡し価格 p，供給量 X' > 需要量 X，過剰生産 $X' - X$ による赤字 $p \times (X' - X)$．

3. 生産調整政策 → 財政赤字の解消
   → 図．生産者からの買い入れ価格 $p =$ 消費者への売り渡し価格 p，供給量を減反などで X に調整 = 需要量 X．

なお，生産調整政策による均衡 E では，価格・需給が一致し，新たな財政赤字は生じなくなっていますが，これはコメ市場が効率的になったことを意味しているわけではありません．なぜなら，規制をなくして自由に任せた場合の市場均衡 E^* と比べると，$a + b$ の厚生損失が生じているためです．また当時の減反政策は主に土地投入規制であり，厳密にはここで説明されている生産量規制ではありません．ただし，最近の生産調整は生産量規制へと移行しています．土地投入規制に関するより正確な議論は第 2 章の応用例で扱うことにしましょう．

0.3.4 市場の効率性の意義

効率性と公平性　このように，農業を保護する輸入規制は，稲作によって日本の社会が獲得できる経済厚生を減少させる．それは主に消費者の負担によ

るものであり，生産者は分配が有利になり，かえって得をしている．つまり，余剰の大きさが変化すると同時に，余剰の分配の割合も変化している．経済学では，国の富の全体の大きさに関わる問題を**効率性** (efficiency) の問題といい，国の富の分配に関わる問題を**公平性** (equity) の問題という．

何らかの政策を行うと，効率性の問題に加えて必ず公平性の問題が発生する．例えば，最低労働賃金を上げる政策をとることは，経済格差を少なくするという公平性の観点から望ましい結果を生むかもしれないが，これは同時に全体の経済厚生を下げ，効率性を失わせてしまうかもしれない．このような効率性と公平性のトレードオフに面したとき，どうすればよいだろうか．実は，経済学の標準的な考え方は，公正・分配よりも効率を優先すべきだというものである．その理由には二つの考え方がある．

第1は，効率性と公平性は別個に考えるべきだという考え方である．この考え方によれば，まずもって効率性を追求する政策を実施し，分配の公平性は，効率性を歪めないような社会保障制度（所得税，相続税など）で別途図ればよい．例えば，輸入規制という市場への介入をやめることは生産者余剰を c だけ減じる一方で，消費者余剰を $c+e+f$ だけ増進することを図0.1で見た．だとすると，市場への介入はやめて効率性を担保し，公平の問題には別途，生産者への「直接支払い（直接所得補償）」で c だけの所得移転をすることで対応すればよい．この場合，生産者の状態は変えることなく，消費者の余剰を $e+f$ だけ上昇できるのである[4]．

第2は，1972年のノーベル経済学賞受賞者であるヒックス（John R. Hicks）が唱えたことから，**ヒックスの楽観主義** (Hicksian optimism) と呼ばれる考え方である．改革や政策変更は一つだけで済むものではない．ある改革で損をする農業従事者も，別の改革では得をするだろう．小さな改革の積み重ねとしての一連の改革を，「個々の改革は反対が強くても効率性を高めるならば実行する」という原則で実行すれば，最終的には，経済のパイの大きさは十分に大きくなる．その結果，個々の小さな改革では損をした人々の分け前も，最初に比べれば大きくなるだろう．個々の改革で反対意見を尊重しすぎ

---

4) ここで挙げた直接支払いは，経済学で言う一括型の補助金の例であり，このような一括型の税・補助金による再分配政策は効率性を阻害しない．このことは，**厚生経済学の第2基本定理**として第3章で厳密に論証される．

ると，一連の改革が途中で止まり，みんなが損をすることになりかねないことから，政策や制度改革は，個々の争点よりも長い大きな視点から判断することが必要なのである．

厚生経済学の基本定理と市場の失敗　これらの二つの考え方を受け入れたとしても，どのような場合でも政府が市場の自由な経済活動を制限すべきでない，ということにはならない．見えざる手によって，市場において望ましい配分が達成されるのは，限られた理想的な場合でしかない．厚生経済学の第1基本定理は，単に市場が達成する配分の望ましさを論証しただけでなく，市場が望ましい配分を達成するには，どのような前提条件を満たしていればよいのかを明らかにしたものでもある．すなわち，それらの前提条件が満たされていなければ，市場の失敗が起こり，市場の自由放任に任せることが経済厚生の最大化につながらなくなってしまう．

　コメ市場でも市場の失敗が起こることは大いにありうる．米作保護政策は，凶作時にも確実に食糧を確保できるよう，食糧安全保障のために必要だとされることも多い．この観点からすれば，米作は「公共財」と呼ばれる，市場の失敗を起こすような財・サービスと言えよう．また，生産調整政策は，政府という，いわば「巨大企業」がコメ市場全体の生産を統制しているため，独占・寡占市場と似た状況と言える．独占・寡占市場では，一般に，市場の失敗が起こることが知られている．コメ政策におけるこれらの問題に対しても，どのような困難が生じ，どのような処方箋を描くべきなのかが，本書を読むことで答えていけるようになるであろう．

第 I 部

経済主体の行動と価格理論

第 1 章
消費者行動

　ミクロ経済学では，資本主義経済を構成する主体を通常，家計と企業に分類する．家計とは，「最終生産物の需要主体」であると共に，「労働サービスなどの本源的資源の供給主体」である．われわれにとってもっともなじみ深い財である最終生産物の場合，家計はこれら最終生産物を「消費」する主体，つまり消費者である．そこで以下では，家計の行動を消費者行動として解説しよう．

　家計の消費行動はその嗜好に依存する．そこで本章では，まず家計の嗜好を経済学ではどのように捉えているのかを解説し，消費の満足度とも言うべき「効用」という概念にたどり着くことを明らかにする．次いで，家計の消費に対する需要が，効用の最大化を通して導出されることを説明する．最後に，こうして得られる需要の性質を解説していくことにしよう．

1.1 消費者とその行動仮説

1.1.1 新古典派経済学における人間像

合理的人間像の仮定　消費者を始め，人間の行動を説明する一つの方法は，人々が日常の取引場面で実際にどのような行動を取っているかという事実から，できるだけ普遍的な人間の行動原理を抽出することである．現代経済学の主流派を構成する新古典派経済学は伝統的に，これとは逆の方法を使って，人間の行動様式を説明してきた．つまり，人間の行動原理としてある特定の

仮説を採用し，その仮説が正しいと仮定して導出される行動様式が，現実の人間の行動様式だと考える方法である．

新古典派経済学が仮定してきた人間の行動原理の中で，第1に挙げるべき仮定は，「人間は合理的 (rational) だ」という仮説である．つまり人間とは，

1. 自分が置かれた環境と，その環境の下で自分に与えられた選択肢がどんなものであるかを熟知しており[1]，

2. また，それぞれの選択肢を選んだ時に生じる結果とそれぞれの結果が生み出す自分の満足度を予想することができ，

3. しかも，与えられた環境ごとに自分が一番満足できる結果を実現するよう，最適な選択肢を計算でき，それを常に選択・実行する

主体だと仮定される．

この仮定は，1と2によって「人間は置かれた状況を完全に把握でき，それを最適化問題として定式化できる」主体であり，しかも3によって「人間は全能の計算能力を持つ」主体であるという二つの部分に置き換えられるかもしれない．どんな社会的状況に置かれても，人間は個々の状況を一つ一つ独立した最適化問題として捉え，その問題の正解を計算して実行するのだ，というわけである．この「人間は合理的だ」という仮説を背景に，新古典派経済学は，人間の具体的行動様式を，直面する状況ごとに，与えられた環境条件という制約の下で自分の満足度を最大化する「制約条件付最大化問題」の最適解を実行することとして記述してきた．

限定合理性　　しかし，現実社会で人間が直面する制約条件付最適化問題の制約条件や変数は複雑・膨大であり，スーパー・コンピュータでさえ容易に解けない問題である場合も多い．しかも，社会とは人間同士が複雑に相互作用する場であり，直面する環境条件も相互関連していることが大半である．

---

[1] これは必ずしも，自分が置かれた環境を完全・確実に知っている，ということを意味しない．むしろ，自分が置かれた環境の多くは天候のように不確実だし，関心のない商品の機能や価格のように「知らない情報」も多数あるだろう．環境を熟知しているとは，個々の環境条件がどんな確率分布に従っているのか，どの環境条件を知っていてどれを知らないか，などを熟知しているという意味である．

そう考えてみると，現実の人間の行動様式は次のように考えたほうが良いかもしれない．人間は自分が合理的でありたいと思っているかもしれないが，与えられた状況ごとに，一々詳細に状況を検討し最適な行動を選択していると，必要な時間とエネルギーが大きくなりすぎて，手に余る．そこで，日常的な行動は「決まりきった手順 (routine)」で処理することを考える．直面する環境をタイプごとに区分けし，タイプに対する反応の仕方を決めておく．しかも反応の仕方自体も，経験や学習など，様々な情報や刺激によって変化する．このように，手順に従って行動し，手順自体も学習で変化させるというフィードバックの仕組みを持つことで，時間とともにより自分に満足できる行動様式を作り上げようとするのだ，というのが，限定合理的 (boundedly rational) 人間像である．

このように，合理的人間像という伝統的仮定に対しては，限定合理性からの批判を始め，経済学を学ぶ学生からは言うまでもなく，教える立場にある経済学研究者からも多くの批判が浴びせられてきた．

利己的人間像と結果の重視　ところで，新古典派経済学はしばしば，人間の行動原理について合理性以外にもいくつかの暗黙の仮定を置いてきた．その一つは，「人間は利己的 (selfish) だ」という仮定である．すなわち，人間の関心は自分自身の利害だけであり，社会全体の所得や富の分配，あるいは自分と他人の相対的な地位（勝者か敗者かなど）とは無関係だという仮定である．しかし現実の人間は，自分のことだけでなく，社会全体の状況に関心を持つ（社会的選好 social preference を持つ）ことも多い．

また，新古典派経済学はしばしば，人間が関心を持つのは，自分が選択した行動によって実現する「結果」だけであり，その結果に至る「過程」や，行動を選択する際の「状況」や「文脈」には依存しないと仮定する．しかし現実の人間は，自ら汗を流して得られるお金と人から与えられたお金では，異なる満足度を得るかもしれない．また，同じ高級レストランの食事でも，初めて食べた感動と毎日食べ続けたときの満足感は，大きく異なるだろう．

合理性の仮定と違って，利己的選好や結果重視は分析の単純化のために置かれる仮定であり，新古典派経済学にとって必要不可欠ではない．しかし最近までこれらの仮定は，暗黙の前提として扱われてきた．それを覆したのが，

行動経済学である．

行動経済学の登場　最近，実際の人間の経済行動を調べ，それを普遍化して行動原理を考えることが，経済学でも有力な分析手法になり始めている．これが行動経済学 (behavioral economics) であり，その一つの手法が，実験で人間の行動様式を調べる実験経済学 (experimental economics) である．

　自然科学と社会科学の一つの大きな違いは，「実験」にあると言われてきた．多くの自然科学は，理論と実験の共同作業によって成立している．例えば，物理学では，ニュートンの古典力学やアインシュタインの相対性理論のように，新しい理論仮説が作られることで発展する．しかしその理論の正しさは，様々な実験で確かめられてきた．これに対して，経済学をはじめとした人文・社会科学は人間や社会が分析対象であるために，実験ができないと言われてきた．だからこそ，統計データを用いた計量分析や歴史分析，ケース・スタディなどの1回限りの事例の分析が強調されてきた．

　これに対して，最近，経済学をはじめとした社会科学にも実験を導入しようという考えが強まってきた．事実，2002年のノーベル経済学賞は，カーネマン (Daniel Kahneman) とスミス (Vernon L. Smith) という2人の行動科学の研究者に与えられた．カーネマンはトヴェルスキー (Amos Tversky) と共にこの研究領域を切り開いてきた実験心理学者であり，スミスはそれを経済学に導入した実験経済学者である．

　実験経済学あるいは行動経済学は，被験者を集め，実際に彼らに特定の経済状況をプレイさせ，どのような行動様式が人間社会で普遍的かを探ろうとする．その最終的な目的は，実験結果から得られる人間の普遍的行動様式と整合的な経済モデルを作り，より人間社会を適切に叙述することである．

　行動経済学が注目されている大きな理由は，これらの実験結果が，経済学が伝統的に採用してきた人間の行動原理に関する基本仮説のいくつかと矛盾するからである．そのため経済学でも，人間はしばしば利己的に行動しないし，自分が置かれた状況や文脈に依存して，また結果がもたらされる過程を含めて行動を選択するのだという考え方が常識化しつつある．学問分野全体が長い間前提としてきた合理的・利己的人間像という仮定の見直しを迫られているのだから，経済学はいわば，大転換の時代に直面しているとも言える．

作業仮説としての合理的・利己的人間像　とはいえ，具体的にどんな人間像が正しい人間像かについては，まだまだ定説は少ない．行動経済学という研究領域自体，生まれてほやほやで，研究途上の分野だからである．他方，新古典派が考えてきた合理的・利己的人間像は，上で述べたいろいろな問題はあるとしても，人間行動，特に経済行動の一つの主要な側面を切り取っていることは事実だし，人間の行動を一つの統一原理で理解するという意味で，比較的簡明である．また，既存の経済研究のほとんどがこの人間像を前提にしているから，経済学を学ぼうとする人にとっては，今のところまず，合理的・利己的人間像に基づいた経済理論を理解するところから始めなければならない．

こう考えれば，ミクロ経済学の学部中・上級レベルの教科書という本書の場合，まずは新古典派の消費者行動を説明することが必要だろう．コラムなどで，行動経済学の具体的トピックのいくつかにも触れるが，これらを理解するためにも，まずは伝統的な消費者理論を十分に理解することから始めてほしい．

1.1.2　新古典派が考える消費者行動

では，消費者とは具体的にどんな存在であり，どんな行動様式を持つ主体だと考えたらよいだろう．ミクロ経済学では消費者 (consumer) ［または，複数の消費者が一緒に行動する主体としての家計 (household)］を，

1. 労働，土地，資金（具体的には，株式や預金などの金融資産であり，背後にそれによって獲得された工場・機械設備など，企業の保有する実物資産がある）などの本源的資源を所有し，

2. これらの資源を市場で売却したり，貸与することで所得を獲得し，

3. 得られた所得を最終生産物の消費に費消する

主体として考察する．したがって，新古典派経済学が考えるこの消費者の行動は，

1. どの本源的資源をどれだけ持っているか

2. それぞれの資源や生産物の価格がどれだけか

3. 最終生産物の消費に関わる嗜好はどのようなものか

の三つによって決定される．

所得の概念　消費者とは，一生を通じて様々な時点で，労働などの様々な資源を供給して所得を得，得られた所得を，様々な最終生産物の消費に費消する主体である．しかしそれをすべて同時に分析するのは容易ではない．

そこで以下では簡単化のために，特定の時点での消費者行動に注目し，

1. その時点で，労働などの，所有する本源的資源をどれだけ売却して，「本来的な所得」をどれだけ獲得するか

2. その所得を使って，現在時点での消費（通常の消費）と将来時点での消費（貯蓄）にどう分けるか

3. 2で決定された現在時点での消費のための支出総額を使って，どのような最終消費財の組み合わせを選択するか

という3段階に分けて考える．

以下の分析の主要部分は，3の問題，つまり「現在時点での消費のため取り置いた支出予定額（これを以下，所得 income と呼ぶ）を使って，どのような最終消費財の組み合わせを選択するか」という問題を中心に説明する[2]．したがって，以下で所得と呼ぶのは，むしろ実際の統計データで，家計のある期間における（例えば1年当たりの）「総支出」と呼ばれる概念に対応することに注意してほしい．

1.2　消費者の嗜好とその定義

既に述べたように，新古典派経済学は，家計の行動を，「所得と価格を所与にして，自らの嗜好に最も見合った消費の組み合わせを選択する」こととし

---

[2] 1,2 の問題については，3 の問題を学べば，同様の理論を用いた応用例として記述することができる．これらの応用例については，1.8.1 項と 1.8.2 項で後ほど説明する．

て分析する．では，消費者の「嗜好」とは，どのように定義される概念なのだろうか．以下本節では，消費者の「嗜好」を定義し，新古典派経済学が想定している人間像を明らかにしよう．

1.2.1 消費計画

まず始めに，「消費計画」というものを定義する．いま，消費財・サービスの種類が全部で n 個あるとする．このとき，消費計画 (consumption plan) とは n 次元の非負ベクトル $\boldsymbol{x} = (x_1, \ldots, x_n)$ として定義される．消費計画 $(x_1, \ldots, x_n)$ は，第 i 財 ($i = 1, \cdots, n$) を x_i 単位消費するという計画を表している．例えば，第1財が紅茶，第2財が緑茶で，紅茶1杯と緑茶3杯を飲む場合，この消費計画は $(1,3)$ と表される．この章では議論をわかりやすくするために，主に $n = 2$ の場合について議論を進めることにする．ただし，以下で得られる結論は，特に断らない限り，n が2より大きい一般の場合にも成り立つ．

1.2.2 選好関係

消費者の嗜好は，「選好関係」というものによって定義される．選好関係 (preference relation) $\succsim$ とは，二つの消費計画の間の「嗜好に関する順序（前者が後者より好ましいか否か）」を叙述したものである[3]．

> **定義 1.1** （選好関係）
> $\boldsymbol{x} \succsim \boldsymbol{y}$ とは，問題にしている消費者が，「消費計画 $\boldsymbol{x}$ を消費計画 $\boldsymbol{y}$ より好むか，あるいは，二つの消費計画を同等に好む」ことを示す．このことを，この消費者は「消費計画 $\boldsymbol{x}$ を消費計画 $\boldsymbol{y}$ よりも，弱い意味で好む ($\boldsymbol{x}$ is at least as good as $\boldsymbol{y}$)」とも言う．

$\boldsymbol{x} \succsim \boldsymbol{y}$ という関係を，「$\boldsymbol{x}$ を $\boldsymbol{y}$ よりも強い意味で好む (prefer $\boldsymbol{x}$ to $\boldsymbol{y}$)」という関係 $\boldsymbol{x} \succ \boldsymbol{y}$ と，「$\boldsymbol{x}$ と $\boldsymbol{y}$ が無差別である (indifferent between $\boldsymbol{x}$ and $\boldsymbol{y}$)」という関係 $\boldsymbol{x} \sim \boldsymbol{y}$ に分割して考えることもある．正確には，$\boldsymbol{x} \succ \boldsymbol{y}$ とは $\boldsymbol{x} \succsim \boldsymbol{y}$ が成立していると同時に $\boldsymbol{y} \succsim \boldsymbol{x}$ が成立していない場合として定義し，$\boldsymbol{x} \sim \boldsymbol{y}$ とは $\boldsymbol{x} \succsim \boldsymbol{y}$ と $\boldsymbol{y} \succsim \boldsymbol{x}$ が当時に成立している場合として定義する．定

---

[3] 選好関係は数学的には二項関係と呼ばれるものの一種である．

義より，$x \succsim y$ が成立しているならば，関係 $x \succ y$ か関係 $x \sim y$ のどちらかが成立する．

以下，どのような消費者の選好関係であっても，それが満たしていると考えられるいくつかの性質を仮定しよう．

利己性　通常の教科書では，明示的には仮定されないが，暗黙のうちに置かれる非常に重要な仮定がある．

> **仮定 1.1**　（利己性 selfishness）　消費者の選好関係は，自分が消費する消費計画の優劣について定義される．

つまり，各消費者は自分の消費計画だけに関心を持つ「利己的」な存在であることが仮定される．厳密には，新古典派経済学の分析にこの仮定は不要だし，ときには利他的な消費者も仮定される．しかし，入門レベルのミクロ経済学では，無用の複雑化を避けるために「利己的な消費者」が仮定される．また，通常この仮定は応用経済学や現実の政策分析でも暗黙のうちに仮定されている．とはいえ，利己的消費者という仮定は必ずしも現実の人間像を近似していないことを示す実験結果も多数あり，注意が必要である．

Column ──────────── **消費者は利己的か：実験経済学によるアプローチ**

「消費者は利己的である」という新古典派経済学の仮定は妥当でしょうか．このことを独裁者ゲーム (dictator game) についての実験を通して考えてみましょう．

独裁者ゲームとは，ある一定のお金を2人の間で分け合う状況において，一方の人間（独裁者）がお金の分け方を提示し，その通りにお金を分け合うというゲームです．独裁者が利己的ならば，すべてのお金を独り占めする分け方を提示するはずです．

ところが，実験結果はこれとは異なっています．例えば，Forsythe *et al.* (1994) による実験では，独裁者の役割を与えられた各被験者が相手に与えるお金の割合は，平均しておよそ2割でした．

こうした独裁者の行動についての一つの解釈として，独裁者は，相手を思いやる気持ちから，お金を独り占めするなどということはせず，相手にもいくらかの額を分配したと考えることができます．こう解釈するならば，独裁者は，「自身の分配額にのみ関心がある」わけではなく，利己的な存在とは必ずしもいえないでしょう．

とはいえ，消費者が常に利己的にふるまわないというのも考えにくいでしょう．どういう状況では消費者は利己的でないのか，利己的でないならばどういった行動原理で行動しているのか．そうした問いに答えるため多くの実験が行われ，また実験結果を説明

するための様々な理論が提案されています．

Forsythe, R., J.L. Horowitz, N.E. Savin and M. Sefton (1994), "Fairness in simple bargaining experiments," *Games and Economic Behavior* 6: 347-369.

完備性　選好関係は「網羅的な」ものでなければならない．

> **仮定 1.2**　（完備性 completeness）　任意の二つの消費計画 x, y を取れば，$x \succsim y$ か $y \succsim x$ のどちらか，あるいは両方が成立している．

　この仮定は，われわれが問題にする消費者が，どんな二つの消費計画についても，どちらが良いか，あるいは無差別かを判断できるという意味で，「合理的な存在」であることを意味する[4]．

推移性　選好関係は「整合的な」ものでなければならない．

> **仮定 1.3**　（推移性 transitivity）　任意の三つの消費計画 x, y, z を取るとき，$x \succsim y$ かつ $y \succsim z$ ならば，$x \succsim z$ が成立しなければならない．

　言い換えれば，消費者は $x \succsim y$ かつ $y \succsim z$ でありながら，$z \succ x$ であると言った，「不合理な選好関係を持っていない」ことを表している[5]．

連続性　利己的・合理的な消費者が当然持つと考えられる前述の三つの仮定を満たしていても，なお日常生活の嗜好パターンとしては「極端」であると考えられる状況がある．そのような状況が図 1.1 に示されている．グレーの部分が x より弱く好まれる消費計画の集合であるとしよう．ただし，「境界」のうち，実線部分は集合に含まれ，点線部分は含まれない．つまり，x は点線上にある点 y より強く好まれている．しかし，点 y は右方向にどんなに小さく連続的に変化させても，突然逆に x より望ましくなってしまう．

　連続性の仮定はこのような「極端な」選好関係を排除する．この仮定を述べるためにまず，任意の消費計画 x を所与として，$U(x)$ を $y \succsim x$ なる消費計画 y の集合として，$L(x)$ を $x \succsim y$ なる消費計画 y の集合として定義す

---

[4] この仮定によって，「任意の二つの消費計画 x, y が $x \succ y$ を満たす」と言うことは，「この二つの消費計画は $y \succsim x$ と言う関係を満たさない」と言うことと同値だということになる．

[5] この仮定によって，$x \succ y$ かつ $y \succsim z$ あるいは $x \succsim y$ かつ $y \succ z$ ならば，$x \succ z$ であること，また，$x \sim y$ かつ $y \sim z$ ならば $x \sim z$ であることが示される．

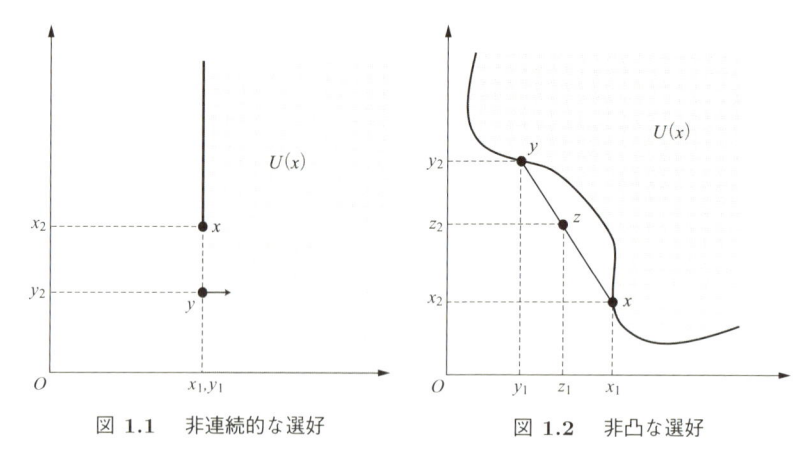

図 1.1　非連続的な選好　　　図 1.2　非凸な選好

る．つまり，$U(\bm{x})$ は，$\bm{x}$ より望ましいかあるいは無差別な消費計画の集合であり，$L(\bm{x})$ は，$\bm{x}$ より望ましくないかあるいは無差別な消費計画の集合である．図 1.1 と図 1.2 のグレーの部分は $U(\bm{x})$ の例を描いている．これらの集合を基に，連続性の仮定を述べよう．

仮定 1.4　（連続性 continuity）　集合 $U(\bm{x})$ と $L(\bm{x})$ は共に閉集合である．

ただしここで，閉集合 (closed set) とは，その「境界」をすべて含む集合である[6]．図 1.2 の $U(\bm{x})$ は閉集合である．仮定より，$U(\bm{x})$ の「境界」は，$U(\bm{x})$ にも $L(\bm{x})$ にも含まれることになる．言い換えれば，「境界」にある消費計画 $\bm{y}$ は $\bm{x} \sim \bm{y}$ を満たす，$\bm{x}$ と無差別な組み合わせである．

■**辞書式順序**　図 1.1 のように，$U(\bm{x})$ の「境界」上にある $\bm{x}$ と $\bm{y}$ が無差別ではないような選好関係は具体的にどのようなものであろうか．有名な例として辞書式順序 (lexicographic ordering) を挙げよう．辞書式順序とは，辞書の中で単語を並べるときに，それぞれの単語の最初のアルファベット順にし，もし最初のアルファベットが同じなら 2 番目のアルファベット順に，というように並べる方式である．このやり方を二つの消費計画 $\bm{x}$ と $\bm{y}$ の順序にも当てはめてみよう．例えば，まず二つの消費計画の最初の座標同士を比べて，$x_1 > y_1$ なら $\bm{x} \succ \bm{y}$，$x_1 < y_1$ なら $\bm{y} \succ \bm{x}$ とする．もし $x_1 = y_1$ なら，次の座標同士を比べて，$x_2 > y_2$ なら $\bm{x} \succ \bm{y}$，$x_2 < y_2$ なら $\bm{y} \succ \bm{x}$ というように順序を決定する．つまり，ほんの少しの第 1 財が他の何にもまして優先されるという「極端な」嗜好を持っているのである．実は，図 1.1 はこのような辞書式順序の $U(\bm{x})$ を示している．この辞書式順

---

[6]　ただし，この閉集合や後述される凸集合の説明は，直感的なものである．これらのより厳密な定義に興味のある読者は，例えば，神谷・浦井 [1] を参照して欲しい．

序の $U(\boldsymbol{x})$ が，閉集合でないことは図より明らかだろう．

単調性 すべての財は「効用を生む財」であり，どの財もその消費が増えることを歓迎する，という仮定を次に加える．

仮定 1.5 （単調性 monotonicity） 任意の二つの消費計画 $\boldsymbol{x} = (x_1, x_2)$, $\boldsymbol{y} = (y_1, y_2)$ を取るとき，$x_1 > y_1$ かつ $x_2 > y_2$ ならば，$\boldsymbol{x} \succ \boldsymbol{y}$ である．

とはいえ，現実にはその消費が増えることが消費者にとって望ましくない「不効用を生む財」も存在する．その典型例は，「労働」というサービスである．多くの人は，市場で労働の対価である賃金をもらえるのでなければ（つまりただ働きをするのなら），労働をすることを望まないだろう．その意味で，労働はその量が減ることを望ましいと感じる「不効用を生む財」である．

したがって，労働を分析対象とするのなら，単調性の仮定との調和を図る必要がある．そのためには，「負の労働サービス」としての「余暇」を考える必要がある．具体的には，人々は時間を何に使うかという選択に直面しており，それを労働に使うか，余暇 (leisure) に使うかの選択をしなければならない，と考えるのである．こう考えれば，「余暇の増加」は，「労働時間の減少」に対応しており，消費者にとって望ましいことである．したがって，労働の代わりに余暇を考えることで，単調性の仮定を満たすことができる．

凸性 次の仮定は消費者が消費の「多様性を好む」ことを意味している．

仮定 1.6 （凸性 convexity） 任意の消費計画 $\boldsymbol{x}$ に対し，$U(\boldsymbol{x})$ が凸集合である．

なおここで，ある集合が凸集合 (convex set) であるとは，その集合の任意の 2 点を結ぶ線分が，必ずその集合に含まれることを意味する．直感的には，その集合の形に「へこんだ」部分がないことを表している．図 1.2 に描かれた $U(\boldsymbol{x})$ は凸集合ではない．なぜならば，$\boldsymbol{x}$ と $\boldsymbol{y}$ を結ぶ線分はグレーの部分に含まれていない．ここで，この線分の中点 $\boldsymbol{z}$ は $\boldsymbol{x}$ と $\boldsymbol{y}$ の平均値であることを確認してほしい．したがって，もとは無差別な二つの消費計画の平均的な消費がより悪い消費計画になってしまっている．「多様性を好む」消費者はこのような嗜好は持たないであろう．

1.2.3 無差別曲線

ある消費者の選好関係と，任意の消費計画 x を所与として，集合 $I(x)$ を $y \sim x$ なる消費計画 y の集合として定義する．選好関係が 1.2.2 項で述べた六つの仮定を満たす場合，この集合 $I(x)$ は，次のいくつかの性質を満たすことが知られている．

1. $I(x)$ は，幅を持たない曲線であり，したがって無差別曲線 (indifference curve) と呼ばれる[7]．

2. 無差別曲線は，右下がりの曲線である[8]．

3. 無差別曲線同士が交わることはない．

4. $x \succ y$ なら，x に対応する無差別曲線は，y に対応する無差別曲線の右上に位置する．

5. 無差別曲線は原点に向かって凸型になる．

こうした性質から，無差別曲線を図示すると，図 1.3 のような形状となる．$I(x)$ の定義から，すべての消費計画には，それぞれ一つの無差別曲線が対応することが明らかである．I は，各消費計画 x に対して，x が属する無差別曲線 $I(x)$ を対応させる写像（関数）であると見ることができる．こうした写像を無差別写像 (indifference map) と呼ぶ．無差別写像が与えられれば，そ

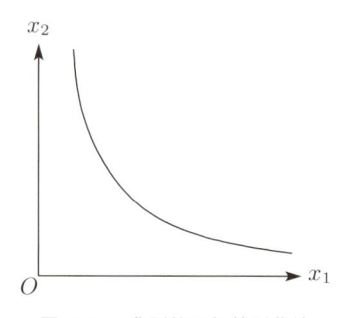

図 1.3 典型的な無差別曲線

---

[7] ただし n が 3 以上の場合は正確には曲面である．
[8] ここで右下がりとは弱い意味であり，垂直・水平を含むものとする．

の背後にある選好関係を知ることができる．言い換えれば，選好関係と無差別写像は同値で同じ情報量を持っている．

1.2.4 効用関数

既に述べたように，選好関係は，無差別写像によって表すことができた．選好関係はまた，「効用関数」と呼ばれる関数によっても表すことができる．

定義 1.2 （効用関数）
選好関係 $\succsim$ を表現する効用関数 (utility function) とは，すべての消費計画 $\boldsymbol{x}$, $\boldsymbol{y}$ について

$$\boldsymbol{x} \succsim \boldsymbol{y} \Leftrightarrow u(\boldsymbol{x}) \geq u(\boldsymbol{y})$$

を満たすような，消費計画について定義された実数値関数 u（任意の消費計画 $\boldsymbol{x}$ に対し実数 $u(\boldsymbol{x})$ をとる関数 u）である．$u(\boldsymbol{x})$ を消費計画 $\boldsymbol{x}$ の効用 (utility) と呼ぶ．

したがって，効用関数が与えられていれば，各消費計画についての効用関数の値を比較することにより，選好関係を知ることができる[9]．すなわち，消費者の嗜好は効用関数によっても表すことができる．

効用関数と選好関係　では，どのような選好関係ならば，それを表現する効用関数が存在するのであろうか．また，選好関係を表現する効用関数が存在するならば，その選好関係はどのような性質を満たしていなければならないのだろうか．実は，われわれが通常用いる連続・増加・擬凹な関数による効用表現と前節で述べた六つの仮定を満たす選好関係は全く同じ情報量を持つことを次の定理が教えてくれる．ただしここでは，増加関数とは，二つの消費計画 $\boldsymbol{x} = (x_1, x_2)$, $\boldsymbol{y} = (y_1, y_2)$ を取るとき，$x_1 > y_1$ かつ $x_2 > y_2$ ならば，$u(\boldsymbol{x}) > u(\boldsymbol{y})$ となる関数のことを言う．また，擬凹関数 (quasi-concave function) とは，すべての $\bar{u}$ について，$u(\boldsymbol{x}) \geq \bar{u}$ なる消費計画 $\boldsymbol{x}$ の集合が，凸集合であるような関数を言う．

---

[9] この定義より，$\boldsymbol{x} \succ \boldsymbol{y} \Leftrightarrow u(\boldsymbol{x}) > u(\boldsymbol{y})$ や $\boldsymbol{x} \sim \boldsymbol{y} \Leftrightarrow u(\boldsymbol{x}) = u(\boldsymbol{y})$ も言える．

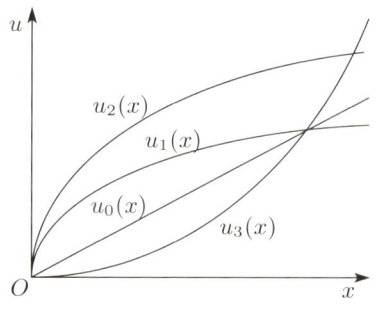

図 1.4　効用関数による表現

> **定理 1.1**　(i) 選好関係 $\succsim$ が仮定 1.1〜1.6 を満たすならば，この選好関係を表現する連続・増加・擬凹な効用関数が存在する．(ii) 選好関係 $\succsim$ を表現する連続・増加・擬凹な効用関数が存在するならば，この選好関係は仮定 1.1〜1.6 を満たす．

(ii) について，選好関係が完備性や推移性を満たさなければならないことは，実数の順序（大小関係）が完備性や推移性を満たすことに対応しているのに気がつけばさほど不可解ではないだろう．選好関係が連続性，単調性，凸性を満たさなければならないことは，それぞれ，効用関数が連続，増加，擬凹であることから，容易に示せる．(i) について定理の証明を述べることは本書のレベルを超えることになるので行わない．ここでは，例として具体的に，$n=1$ の場合で六つの仮定を満たす選好関係 $\succsim$ を表現する効用関数を構成してみよう．単調性より，$\succsim$ は消費 x が大きければ大きいほど良いという選好である．したがって，最も簡単には図 1.4 の $u_0(x)$ のように x の大きさに比例的な関数を効用関数とすればよい．

留意点　効用関数について，以下のような留意すべき点がある．

まず，同じ選好関係を表現する効用関数は無数に存在し，一意には定まらない．例えば，図 1.4 において $u_1(x)$, $u_2(x)$, $u_3(x)$ のような増加関数は，すべて先の選好関係 $\succsim$ を表現する効用関数として用いることができる．

一般的には，u が選好関係 $\succsim$ を表現する効用関数であるとすると，任意の単調変換 v によって $w(\boldsymbol{x}) \equiv v(u(\boldsymbol{x}))$ と変換される $w(\boldsymbol{x})$ も選好関係 $\succsim$ を表

現する効用関数である．ただし，v が単調変換であるとは，関数の大小関係を保つような変換のことである．例えば，図 1.4 の $u_1(x)$, $u_2(x)$, $u_3(x)$ はすべて，x が大きいほど大きな値をとるという $u_0(x)$ と同じ大小関係を持っており，その単調変換によって得られる[10]．

また，ここで定義された効用は，**序数効用** (ordinal utility) である．つまり，効用の値は，「二つの消費計画の間で，どちらの方が効用の値が大きいか，あるいは等しいか」という点だけで意味を持ち，それ以外の意味はない．

とりわけ，二つの消費計画の間の「効用の差」には意味がない．例えば，「ワイン 1 杯よりワイン 2 杯を好む」ということには意味があっても，「最初のワイン 1 杯を次のワイン 1 杯より好む」ということには意味がない．このことは**基数効用** (cardinal utility) と大きく異なる点である．基数効用とは，効用の差がきちんと定義されるような効用のことである．例えば温度のはかり方の場合，摂氏の 5 度の差は，0 度と 5 度の差であれ，100 度と 105 度の差であれ，それは温度差同士として見れば同じものである．この場合，温度は基数的な測度だと言われる．同じ効用関数でも，不確実性のある場合に定義されるノイマン・モルゲンシュテルン効用関数は，基数効用である[11]．これに対してここで定義した効用関数は，序数効用であり，効用の差はそれが正か負かと言うことにだけ意味があり，その値には意味がない．

限界効用（効用を微分した値）は，効用の差に対応する概念なので，その値には意味がないことになる．例えば，図 1.4 の $u_0(x)$ の限界効用 u_0' は一定，$u_1(x), u_2(x)$ の限界効用 u_1', u_2' は逓減，$u_3(x)$ の限界効用 u_3' は逓増であるが，すべて同一の選好関係を表しているので区別しない．ただし，次節で定義する限界代替率は，限界効用の比率として定義でき，意味のある概念であることが知られている．

効用関数と無差別曲線 u を選好関係 $\succsim$ を表現する効用関数であるとする．無差別曲線 $I(\boldsymbol{x})$ は，$\boldsymbol{y} \sim \boldsymbol{x}$ なる消費計画 $\boldsymbol{y}$ の集合であった．$\boldsymbol{x} \sim \boldsymbol{y} \Leftrightarrow u(\boldsymbol{x}) = u(\boldsymbol{y})$ であることに注意すると，無差別曲線 $I(\boldsymbol{x})$ は，$u(\boldsymbol{y}) = u(\boldsymbol{x})$

---

[10] より数学的には，v が単調変換であるとは，任意の実数 u, u' について，$v(u) > v(u') \Leftrightarrow u > u'$ が満たされているということである．v が微分可能である場合，すべての u について $v'(u) > 0$ が成り立つならば，v は単調変換である．

[11] ノイマン・モルゲンシュテルン効用関数については第 6 章を参照のこと．

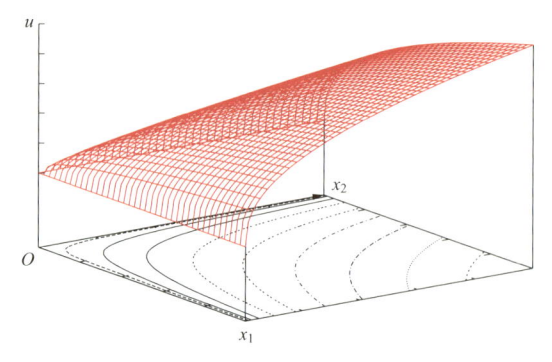

図 1.5　効用関数と無差別曲線

を満たす消費計画 y の集合であるということもできる．つまり，無差別曲線 $I(x)$ は，図 1.5 に見られるように，効用関数 u の効用水準 $u(x)$ における等高線を意味している．

1.2.5　限界代替率

いま，効用関数が連続かつ増加に加え微分可能とする．ただし，関数が微分可能とは，直感的には，関数のグラフが角張っておらず，滑らかな形状をしていることを言う．

代替率　図 1.6 の左パネルのように，一つの無差別曲線 $u(x_1, x_2) = \bar{u}$ 上にある二つの消費計画 A と C を考えよう．A から C への変化を AB と BC に分けてみると，AB の変化がもたらす効用水準の上昇分 Δu と同じだけ，BC の変化が効用水準を引き下げて，元の効用水準 $\bar{u}$ に戻っている．つまり，この消費者が消費計画 $(\bar{x}_1, \bar{x}_2)$ を消費している場合，「第 1 財を Δx_1 だけ多く消費（AB の変化）できるならば，第 2 財を $-\Delta x_2$ だけ犠牲（BC の変化）[12]にしてもよい」と思っている．言い換えると，この消費者は「第 1 財 Δx_1 と第 2 財 $-\Delta x_2$ を交換してもよい」と思っている．あるいは，この消費者は「第 1 財 1 単位と第 2 財 $-\Delta x_2/\Delta x_1$ 単位を交換してもよい」と思っている．したがって，この交換比率 $-\Delta x_2/\Delta x_1$（直線 AC の傾きの絶対値）は，第 1 財 1

---

[12]　この変化において第 2 財は減っているので，Δx_2 は負である．したがって，マイナスをつけた $-\Delta x_2$ が変化量の絶対値（正の値）であることに注意してほしい．

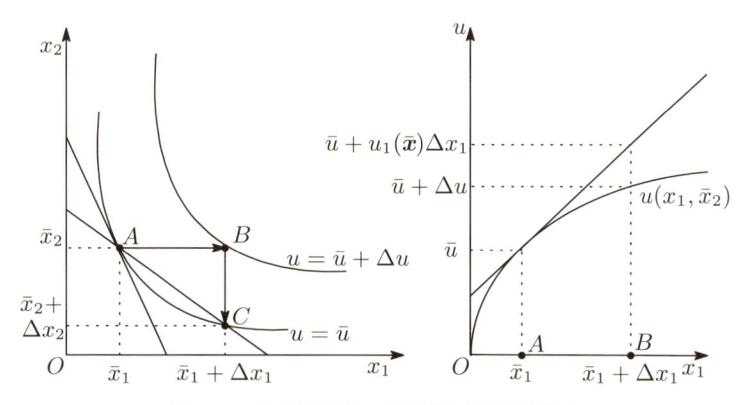

図 1.6 無差別曲線・効用関数と限界代替率

単位の主観的価値 (subjective value) が，第 2 財で測ってどのくらいかを表す指標と考えることができる．そこでこの比率 $-\Delta x_2/\Delta x_1$ を，消費計画 $(\bar{x}_1, \bar{x}_2)$ における，第 1 財の第 2 財で測った代替率 (rate of substitution) と呼ぶことにする．

限界代替率 ところで，この消費の代替率は，同じ無差別曲線上で二つの消費計画をどれだけ離してとるかで，あるいは第 1 財を増やした場合と減らした場合とで，値が異なってしまう．そこで，このような問題を避けるために，消費計画 $(\bar{x}_1 + \Delta x_1, \bar{x}_2 + \Delta x_2)$ を $(\bar{x}_1, \bar{x}_2)$ に近づけていった場合の極限をとり，そのときの代替率を，消費計画 $(\bar{x}_1, \bar{x}_2)$ における第 1 財の第 2 財で測った限界代替率 (marginal rate of substitution) と呼び，$MRS_{12}(\bar{x}_1, \bar{x}_2)$ で表すことにしよう．図から推察されるように，C が A に近くなると，AC の傾きは $(\bar{x}_1, \bar{x}_2)$ における無差別曲線への接線の傾きに一致していく．この接線の傾きに「マイナス 1」を掛けて絶対値をとった値が限界代替率である[13]．

限界代替率と限界効用 また，限界代替率を効用関数から具体的に計算する式は

$$MRS_{12}(\bar{x}_1, \bar{x}_2) = \frac{u_1(\bar{x}_1, \bar{x}_2)}{u_2(\bar{x}_1, \bar{x}_2)} \tag{1.1}$$

---

[13] ここで，無差別曲線は右下がりであることに注意せよ．よって，その傾きは負であるため，絶対値を取るにはマイナスをかけなければならない．

のように与えられる．ただし，ここでは $\partial u(x_1, x_2)/\partial x_i = u_i(x_1, x_2)$ と表記している．すなわち，$u_i(\bar{x}_1, \bar{x}_2)$ は，第 i 財の限界効用だから，限界代替率は限界効用の比率として表されることがわかる．序数効用の下では，限界効用の値には大きな意味がないが，限界効用の比として表される限界代替率は，大きな意味を持つ値であることがわかる．

この式を導出するには，図 1.6 の右パネルを見てほしい．グラフ $u(x_1, \bar{x}_2)$ は効用関数を左パネルの AB に沿って垂直に切り取った断面図である．このグラフの $x_1 = \bar{x}_1$（A に対応）における接線の傾きは，偏微分を用いて $u_1(\bar{x}_1, \bar{x}_2)$ で表せる．したがって，この接線に沿って横軸方向に Δx_1 だけ動くと縦軸方向には $u_1(\bar{x}_1, \bar{x}_2)\Delta x_1$ だけ変化する．図からわかるように，Δx_1 を 0 に近づけた場合の極限では，この変化量は Δu と一致する．同様に，効用関数を左パネルの BC に沿って切り，Δx_2 を 0 に近づけた極限では，$u_2(\bar{x}_1 + \Delta x_1, \bar{x}_2)\Delta x_2$ が $-\Delta u$ と一致していくことがわかる．したがって，極限では $u_1(\bar{x}_1, \bar{x}_2)\Delta x_1 + u_2(\bar{x}_1, \bar{x}_2)\Delta x_2 = 0$ が成立している[14]．この式を整理すると，

$$-\frac{\Delta x_2}{\Delta x_1} = \frac{u_1(\bar{x}_1, \bar{x}_2)}{u_2(\bar{x}_1, \bar{x}_2)} \qquad (1.2)$$

が得られ，左辺は極限で $MRS_{12}(\bar{x}_1, \bar{x}_2)$ を表すことに注意すると，式 (1.1) であることがわかる．

なお，ここで与えた式 (1.1) の導出は，全微分を使えばより簡便に記述できる．以下ではその方法を紹介しよう．また，良い機会なので，偏微分・全微分を知らない読者のために，まず簡単に最低限の知識を記述しておく．

■**偏微分と全微分** 2 変数の連続かつ微分可能な関数 $y = f(x_1, x_2)$ について検討する．

まず，偏微分を定義しよう．いま，x_2 の値を $\bar{x}_2$ に固定して，x_1 を動かすと，x_2 軸方向の断面図を描くことができる．図 1.6 の右パネルはその例であった．関数，$y = f(x_1, \bar{x}_2)$ のグラフであるこの断面図は，x_1 のみが動く 1 変数の関数と見ることができる．この断面図の $\bar{x}_1$ における傾きを，$(\bar{x}_1, \bar{x}_2)$ における x_1 に対する偏微係数と呼ぶ．つまり，$(\bar{x}_1, \bar{x}_2)$ における x_1 に対する偏微係数とは，通常の微分と同様に，

$$\frac{\partial}{\partial x_1}f(\bar{x}_1, \bar{x}_2) = \lim_{\Delta x_1 \to 0} \frac{f(\bar{x}_1 + \Delta x_1, \bar{x}_2) - f(\bar{x}_1, \bar{x}_2)}{\Delta x_1}$$

として定義することができる．この値はしばしば，$f_1(\bar{x}_1, \bar{x}_2)$ とも書かれる．具体的に計

---

[14] u_2 の中の $\bar{x}_1 + \Delta x_1$ は，極限操作で $\Delta x_1 \to 0$ なので $\bar{x}_1$ となる．

算するには，$f(x_1, \bar{x}_2)$ を x_1 の関数と見て通常の微分を行えばよい．x_2 に対する偏微係数 $f_2(\bar{x}_1, \bar{x}_2)$ も同様に，x_1 を固定して定義される．

全微分に関してはまず結果を与えておこう．関数 f を，$(\bar{x}_1, \bar{x}_2)$ において，全微分すると，

$$df = f_1(\bar{x}_1, \bar{x}_2) \cdot dx_1 + f_2(\bar{x}_1, \bar{x}_2) \cdot dx_2$$

が得られる．これが 2 変数の場合の全微分であり，すべての変数が微小に (dx_1, dx_2) だけ動いた場合の，関数 f の変化量を表した式である．

■**全微分による限界代替率の導出**　式 (1.1) の導出で与えた図による説明は，全微分を使えばより簡便に記述できる．無差別曲線 $u(x_1, x_2) = \bar{u}$ の両辺を全微分して得られる $du = u_1(\bar{x}_1, \bar{x}_2) \cdot dx_1 + u_2(\bar{x}_1, \bar{x}_2) \cdot dx_2 = d\bar{u} = 0$ を整理すると，

$$MRS_{12}(\bar{x}_1, \bar{x}_2) = -\frac{dx_2}{dx_1} = \frac{u_1(\bar{x}_1, \bar{x}_2)}{u_2(\bar{x}_1, \bar{x}_2)}$$

を得る．上記の図による説明で与えられた結果と同じであることを確認してほしい．

n 財存在する場合の限界代替率は n 財のうちの 2 財，第 i 財と第 j 財 $(i \neq j)$，を取り出して考える．このとき，x_i と x_j 以外の値は固定したまま，$\bar{\boldsymbol{x}} = (\bar{x}_1, \ldots, \bar{x}_n)$ を通る効用水準 $\bar{u} = u(\bar{\boldsymbol{x}})$ の無差別曲面を考えると，$x_i - x_j$ 平面上の曲線となり，2 次元の場合と同様の状況になる．$\bar{\boldsymbol{x}}$ における第 i 財の第 j 財で測った限界代替率 $MRS_{ij}(\bar{\boldsymbol{x}})$ とは，この無差別曲線の $\bar{\boldsymbol{x}}$ における傾きの絶対値である．この無差別曲線は，$x_k = \bar{x}_k$ $(k \neq i, j)$ という制約下での無差別曲面 $u(\boldsymbol{x}) = \bar{u}$ である．したがって，限界代替率は，これらすべての式をそれぞれ全微分して得られる $dx_k = 0$ $(k \neq i, j)$ と $\sum_{k=1}^{n} u_k(\bar{\boldsymbol{x}}) \cdot dx_k = 0$ を連立して解くことで導出できる．前者を後者に代入すると $u_i(\bar{\boldsymbol{x}}) \cdot dx_i + u_j(\bar{\boldsymbol{x}}) \cdot dx_j = 0$ となり，これを整理すると

$$MRS_{ij}(\bar{\boldsymbol{x}}) = -\frac{dx_j}{dx_i} = \frac{u_i(\bar{\boldsymbol{x}})}{u_j(\bar{\boldsymbol{x}})}$$

が得られる．

限界代替率逓減の法則　いま，2 次元の平面の上に任意の無差別曲線を取り，その上を左上から右下に動くことを考えよう．このような動きは，相対的に希少だった第 1 財の消費量が，次第に多くなってゆくことを表し，相対的に潤沢にあった第 2 財の消費量が次第に希少になってゆくことを表している．したがって，この動きにつれて，第 2 財ではかった第 1 財の主観的価値は次第に低下すると考えられる．言い換えると，同一の無差別曲線上にとどまるという条件の下で，第 1 財の消費量を増やすと，その財の限界代替率は逓減す

る．これが，いわゆる，限界代替率逓減の法則 (law of diminishing marginal rate of substitution) である．

この結果，無差別曲線の傾きの絶対値が次第に小さくなり，無差別曲線は原点に対して凸の形状をとる．これは先に述べた選好関係の凸性を示唆している．このことは 2 財の場合だけでなく，多財の場合についても当てはまる．

> **定理 1.2** 仮定 1.1〜1.5 を満たす選好関係 $\succsim$ とそれを表現する効用関数 u について考える．このとき，限界代替率逓減の法則が成立するならば，$\succsim$ は凸性を満たし，u は擬凹関数である．

1.2.6 選好関係と効用関数のまとめ

ここまで，新古典派経済学で消費者の嗜好がどのように表されるのかを詳細に見てきた．多少込み入った話であったので，以下の図 1.7 にまとめておこう．連続・増加・擬凹な効用関数は，数理的に非常に扱いやすく，現実問題に経済学を応用するとき用いられる効用関数のほとんどがこれである．本書においても以下では，このような効用関数を用いて分析を進めていく．ここで留意しておかねばならないのは，効用関数は人々の嗜好ともいうべき選好関係を表現していることである．したがって，この選好関係が満たす仮定を知っておくことは，分析対象としている人間像を明らかにする．実は，連続・増加・擬凹な効用関数が表せる嗜好は，図 1.7 にあるように，六つの仮

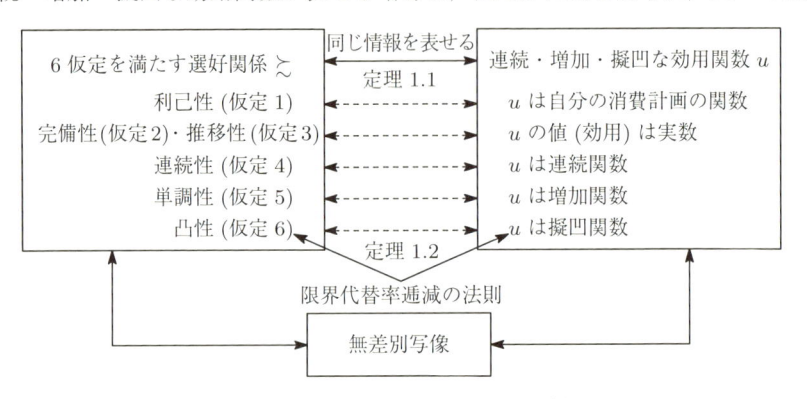

図 **1.7** 選好関係と効用関数の関係

定を満たす選好関係と過不足なく対応しているのである．

1.3 効用最大化と最適消費計画

既に述べたように，ミクロ経済学における消費者行動は，所得や価格によって規定される消費可能な消費計画の中から，各消費者が自らの嗜好にもっとも適した消費計画を選択することで決定されると考える．本節以降では，消費者の嗜好を，連続・増加・擬凹に加えて，特に断らない限り，微分可能な効用関数を用いて表すことにする．

1.3.1 効用最大化問題

いま，ある消費者の所得を M，市場で決まる価格のベクトル（第 1 財の価格 p_1 と第 2 財の価格 p_2 の組み合わせ）を (p_1, p_2) としよう．このとき，この消費者は**予算制約** (budget constraint) $p_1 x_1 + p_2 x_2 \leq M$ 内の消費の組み合わせ (x_1, x_2) のみを購入することができる．この購入可能な消費の組み合わせの集合，すなわち，「予算制約 $p_1 x_1 + p_2 x_2 \leq M$ を満たす消費計画 (x_1, x_2) の集合」を**予算集合** (budget set) と呼ぶ．図 1.8 の影をつけた部分は予算集合を表したものである．

さて，この消費者の嗜好を効用関数 u を用いて表すことにしよう．ミクロ経済学では，この消費者は，市場で決まる価格の組を所与として，

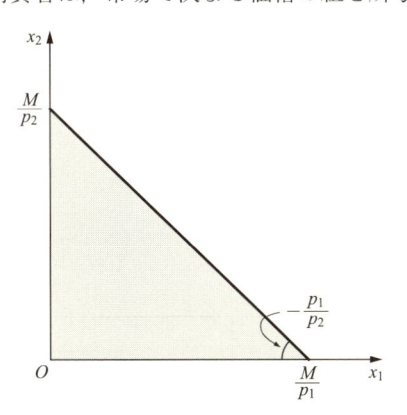

図 1.8 予算集合と予算線

- 予算制約 $p_1x_1 + p_2x_2 \leq M$ を満たす消費計画から,
- 効用 $u(x_1, x_2)$ を最大化する消費計画 (x_1, x_2) を選択する

ものとする.これを消費者の**効用最大化問題** (utility maximization problem) と言い,数学的には次のように書く.

$$\max_{(x_1, x_2)} u(x_1, x_2)$$

$$\text{subject to} \quad p_1x_1 + p_2x_2 \leq M$$

予算集合の中でも特に予算をすべて使い切る場合,すなわち,「$p_1x_1 + p_2x_2 = M$ を満たす消費計画 (x_1, x_2) の集合」を**予算線** (budget line) と呼ぶ.図 1.8 の境界部分の太線が予算線にあたる.消費者は自分の予算集合の中からもっとも望ましい消費計画を選ぶわけであるが,効用関数が増加関数であることを仮定しているので,予算線上の消費計画のみが選ばれる.なぜならば,予算を使い切らずに $p_1x_1 + p_2x_2 < M$ となるような消費計画は,余った予算を振り分けることで両財ともより多くの消費をすることが可能であり,前者よりも後者のほうが望ましいからである.したがって,もっとも望ましい消費計画を選ぶ際には,予算線上の消費計画のみを考えればよい.このことから,上記の消費者の効用最大化問題で,予算制約式は等号で成立し,$p_1x_1 + p_2x_2 = M$ に置き換えることができる.

予算線は横軸の切片が M/p_1,縦軸の切片が M/p_2,傾きが $-p_1/p_2$ の線分である.市場で第 1 財を 1 単位購入する場合は $p_1 \times 1 = p_1$ の支出,第 2 財を p_1/p_2 単位購入する場合も $p_2 \times (p_1/p_2) = p_1$ の支出であるから,市場で第 1 財を 1 単位購入するのをあきらめれば,その代わりに第 2 財を p_1/p_2 単位購入することができる.したがって,予算線の傾きの絶対値である価格比率 p_1/p_2 は,**市場が第 1 財を 1 単位あたり,第 2 財で測っていくらと評価しているか**を表していると言える.また,予算線は,

- p_1 が上昇すれば縦軸の切片を中心に時計回りに回転し,
- p_2 が上昇すれば横軸の切片を中心に反時計回りに回転し,
- M が上昇すれば右上に平行移動し,

- すべての価格と所得が同じ割合で上昇した場合には変わらない

ということに注意しておこう.

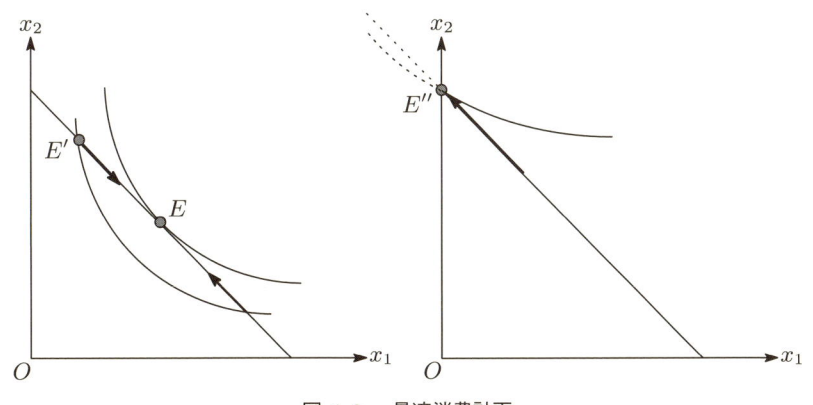

1.3.2 最適消費計画

最適消費計画を考える際には予算線上の消費計画のみを考えればよいことがわかったから，あとは予算線と消費者の嗜好から最適消費計画を導くことができる．以下，最適消費計画の性質について検討していく．

内点解の場合 まず，内点の場合，すなわち，すべての財の消費量が正の場合について考えよう．

> **命題 1.1** 内点 (x_1, x_2) が最適消費計画であるための条件は
> $$MRS_{12}(x_1, x_2) = \frac{p_1}{p_2}$$
> である．

この条件を満たす点は，図 1.9 の E 点のように，無差別曲線が予算線に接する点である．この理由を考えるために，予算線上の任意の消費計画を取り，そこでの限界代替率 $MRS_{12}(x_1, x_2)$ と価格比率 p_1/p_2 を比べてみよう．もし限界代替率 $MRS_{12}(x_1, x_2)$ が価格比率 p_1/p_2 より大きければ，第 1 財の主

図 1.9　最適消費計画

観的な価値は市場で評価されている価値より大きいことになるから，消費者は第 2 財の消費を減らして代わりに第 1 財の消費を増やした方がよいと思うはずである．図 1.9 の E' 点がその例であり，この場合には消費者は予算線上を矢印の方向に動くことでより高い効用を実現できる．逆に，もし限界代替率 $MRS_{12}(x_1, x_2)$ が価格比率 p_1/p_2 より小さければ，消費者は第 1 財の消費を減らして代わりに第 2 財の消費を増やした方がよいと思うはずである．こう考えれば，予算線上でもっとも望ましいのは限界代替率 $MRS_{12}(x_1, x_2)$ と価格比率 p_1/p_2 が等しくなる消費計画であることがわかる．

n 財の場合についても同様に最適消費計画の性質を導くことができる．この場合，すべての i, j $(i \neq j)$ について，

$$MRS_{ij}(x_1, \ldots, x_n) = \frac{p_i}{p_j}$$

が満たされることが内点解の条件となる．

なお，形式的に最適消費計画を導出するにはラグランジュ乗数法 (method of Lagrange multipliers) を用いればよい．以下ではその結論と使い方について簡単に解説しておこう[15]．

■ラグランジュ乗数法

$g^k(x_1, \ldots, x_n) = 0$, $k = 1, \ldots, m$ という m 本の制約を満たす $(x_1, \ldots, x_n)$ について，$f(x_1, \ldots, x_n)$ を最大化する問題を考える．これを，等号制約条件付最大化問題と呼び，

$$\max_{(x_1, \ldots, x_n)} f(x_1, \ldots, x_n)$$
$$\text{subject to} \quad g^k(x_1, \ldots, x_n) = 0, \ k = 1, \ldots, m$$

と書く．

ここで，ラグランジュ乗数法と呼ばれる，以下の作業を行う．

1. まず，制約式の数と同じ m 個の変数 λ_k $(k = 1, \ldots, m)$ を新たに導入し，

$$\mathcal{L}(x_1, \ldots, x_n, \lambda_1, \ldots, \lambda_m) \equiv f(x_1, \ldots, x_n) + \sum_{k=1}^{m} \lambda_k \cdot g^k(x_1, \ldots, x_n)$$

という $n+m$ 個の変数の関数を定義する．λ_k をラグランジュ乗数 (Lagrange multiplier)，$\mathcal{L}$ をラグランジュ関数 (Lagrangian) と呼ぶ．

---

[15] ラグランジュ乗数法のより数学的に厳密な解説や，それがなぜうまく働くのかに関心のある人は専門書，例えば，神谷・浦井 [1] やディキシット [4] を見てほしい．

2. 次に，ラグランジュ関数を各変数 $x_1, \ldots, x_n, \lambda_1, \ldots, \lambda_m$ に関して偏微分したものをゼロとおいた条件，つまり，

$$\frac{\partial \mathcal{L}}{\partial x_i} = f_i(x_1, \ldots, x_n) + \sum_{k=1}^{m} \lambda_k \cdot g_i^k(x_1, \ldots, x_n) = 0 \quad (i = 1, \ldots, n)$$

$$\frac{\partial \mathcal{L}}{\partial \lambda_k} = g^k(x_1, \ldots, x_n) = 0 \quad (k = 1, \ldots, m)$$

という $n+m$ 個の変数に関する $n+m$ 本の連立方程式を導出する．この条件をラグランジュ乗数法の 1 階条件 (first order condition) と呼ぶ（この条件は，制約条件がなく $m=0$ のときには，通常の制約条件なし最大化問題の 1 階条件 $f_i(x_1, \ldots, x_n) = 0$ $(i=1, \ldots, n)$ となる）．

3. 最後に，この連立方程式を $n+m$ 個の変数 $x_1, \ldots, x_n, \lambda_1, \ldots, \lambda_m$ について解く．このとき，(最大化問題に ① 解が存在し，② その他の制約がないのなら) 最大化問題の解は，上記の連立方程式の解でなければならないことが知られている．ここで，連立方程式の解が複数だったときには，それらがすべて最大化問題の解の候補であり，さらに，

4. 連立方程式の解をそれぞれ f に代入して比較し，最大になるものを選ぶ

という作業が必要になる．

■ラグランジュ乗数法の効用最大化問題への適用　このラグランジュ乗数法を用いて，n 財の最適消費計画の性質を実際に導出してみよう．解くべき問題は，

$$\max_{(x_1, \ldots, x_n)} u(x_1, \ldots, x_n)$$
$$\text{subject to} \quad M - p_1 x_1 - \cdots - p_n x_n = 0$$

である．ラグランジュ関数は

$$\mathcal{L}(x_1, \ldots, x_n, \lambda) = u(x_1, \ldots, x_n) + \lambda \cdot (M - p_1 x_1 - \cdots - p_n x_n)$$

になる．したがって，ラグランジュ乗数法の 1 階条件は，

$$\frac{\partial}{\partial x_i} \mathcal{L}(x_1, \ldots, x_n, \lambda) = u_i(x_1, \ldots, x_n) - \lambda p_i = 0 \quad (i = 1, \ldots, n)$$

$$\frac{\partial}{\partial \lambda} \mathcal{L}(x_1, \ldots, x_n, \lambda) = M - p_1 x_1 - \cdots - p_n x_n = 0$$

あるいは，

$$u_i(x_1, \ldots, x_n) = \lambda p_i \quad (i = 1, \ldots, n)$$
$$p_1 x_1 + \cdots + p_n x_n = M$$

という $n+1$ 個の連立方程式となる．最初の n 個の式に関して，任意の i についての式を任意の j $(i \neq j)$ についての式で割ると，

$$\frac{u_i(x_1,\ldots,x_n)}{u_j(x_1,\ldots,x_n)} = \frac{p_i}{p_j}$$

が得られる．$MRS_{ij} = u_i/u_j$ であるから，すべての i,j $(i \neq j)$ について

$$MRS_{ij}(x_1,\ldots,x_n) = \frac{p_i}{p_j}$$

が得られる．連立方程式の最後の式は予算制約式だから，最適消費計画が予算線上にあることを示している．

なお，効用最大化問題において ① 解が存在することは，前節で挙げた効用関数の仮定によって保証されることが知られている．また，消費の量には $x_i \geq 0$ という制約があるが，内点解の場合にはこの制約は効かないため，実質的には ② その他の制約はないと言える．

端点解の場合　これまでの議論はすべて内点の場合についてのものである．端点，すなわち，いずれかの財の消費量が 0 となる場合についてはもう少し考える必要がある．予算線上で第 1 財の消費量が 0 となる消費計画，すなわち，予算線の縦軸の切片 $(0, M/p_2)$ と，予算線上で第 2 財の消費量が 0 となる消費計画，すなわち，予算線の横軸の切片 $(M/p_1, 0)$ について考える．

命題 1.2

(i) 端点 $(0, M/p_2)$ が最適消費計画であるための条件は

$$MRS_{12}(0, M/p_2) \leq \frac{p_1}{p_2}$$

である．

(ii) 端点 $(M/p_1, 0)$ が最適消費計画であるための条件は

$$MRS_{12}(M/p_1, 0) \geq \frac{p_1}{p_2}$$

である．

端点 $(0, M/p_2)$ で $MRS_{12}(0, M/p_2) \leq p_1/p_2$ が成り立っている状況が，図 1.9 の縦軸の切片 E'' 点で表わされている．この場合には，第 1 財の主観的な価値 $MRS_{12}(0, M/p_2)$ が市場での評価価値 p_1/p_2 を下回っていても，これ以上第 1 財の消費量を減らすことはできないので，この端点が選ばれるの

である．端点 $(M/p_1, 0)$ についても，同様に説明できる．

需要関数 こうして，消費者の効用関数 u と直面する経済環境 (p_1, p_2, M) が与えられれば，その消費者が選択する最適消費計画が決定する．つまり，第 i 財の需要量は $x_i^D(p_1, p_2, M)$ という価格と所得の関数として決定されることになる．これがこの消費者の第 i 財の需要関数 (demand function) に他ならない．

需要関数の 0 次同次性 さて，これまでの議論だけでわかる，最適消費計画および需要関数の 0 次同次性と呼ばれる性質について触れておこう．すべての財の価格と所得が共に同じ比率 $t > 0$ で変化した場合を考えよう．この場合，予算線は全く変化しないのであった．したがって，この場合，最適消費計画も全く変化しないのである．つまり，次の命題が言える．

> **命題 1.3** 任意の (p_1, p_2, M) について，どのような $t > 0$ をとっても，
> $$x_i^D(p_1, p_2, M) = x_i^D(tp_1, tp_2, tM)$$
> が成り立つ．

このように，変数をすべて同時に $t > 0$ 倍しても値が変わらない関数のことを，0 次同次関数 (homogeneous of degree zero function) と呼ぶ[16]．この命題は，単なる単位の付け替えは経済学的な意味を持たないことを示唆している．例えば，価格や所得を「円」で数えずに「銭」で数えるといったことでは，額面上の数字は 100 倍になるが，需要は変化しないのである．

需要関数のさらなる性質については次節以降で検討していくことにして，本節では最後に具体的な効用関数の下で需要関数を導出してみよう．

例 1.1 「コブ・ダグラス効用関数」の下で効用最大化問題を解き，各財の需要関数を求め

---

[16] n 変数関数 $f(x_1, \ldots, x_n)$ が，任意の $(x_1, \ldots, x_n)$ と $t > 0$ について，$f(tx_1, \ldots, tx_n) = t^\alpha f(x_1, \ldots, x_n)$ を満たすとき，この関数を α 次同次関数 (homogeneous of degree α function) と呼ぶ．経済学では本文中の 0 次同次関数に加え，$f(tx_1, \ldots, tx_n) = tf(x_1, \ldots, x_n)$ を満たす 1 次同次関数 (homogeneous of degree one function) が利用されることも多く，第 2 章で登場する規模に関して収穫一定な生産関数はその例である．

てみよう．**コブ・ダグラス効用関数** (Cobb-Douglas utility function) とは，$u(x_1, x_2) = x_1^{\alpha_1} x_2^{\alpha_2} (\alpha_1 > 0, \alpha_2 > 0)$ の形で与えられる効用関数であり，前節で挙げた仮定をすべて満たし，経済学で多用される形である．先に見た図 1.5 は，実はこのコブ・ダグラス効用関数を正確にプロットしたグラフである．

消費者が直面する最大化問題は，

$$\max_{(x_1, x_2)} x_1^{\alpha_1} x_2^{\alpha_2}$$
$$\text{subject to} \quad p_1 x_1 + p_2 x_2 = M$$

と表される．$u_1(x_1, x_2) = \alpha_1 x_1^{\alpha_1 - 1} x_2^{\alpha_2}, u_2(x_1, x_2) = \alpha_2 x_1^{\alpha_1} x_2^{\alpha_2 - 1}$ および $MRS_{12}(x_1, x_2) = u_1(x_1, x_2)/u_2(x_1, x_2)$ を利用すると，効用最大化の条件は

$$MRS_{12}(x_1, x_2) = \frac{\alpha_1 x_2}{\alpha_2 x_1} = \frac{p_1}{p_2} \tag{1.3}$$

であることから，これを予算式 $p_1 x_1 + p_2 x_2 = M$ に代入すると，各財の需要関数は，

$$x_i^D(p_1, p_2, M) = \frac{\alpha_i M}{(\alpha_1 + \alpha_2) p_i} \quad i = 1, 2 \tag{1.4}$$

であることがわかる．

次に，この結果がラグランジュ乗数法を用いても得られることを確認しよう．ラグランジュ関数を定義すると，

$$\mathcal{L}(x_1, x_2, \lambda) = x_1^{\alpha_1} x_2^{\alpha_2} + \lambda \{M - (p_1 x_1 + p_2 x_2)\}$$

となる．ここでラグランジュ関数を x_1, x_2, λ について偏微分することにより，

$$\alpha_1 x_1^{\alpha_1 - 1} x_2^{\alpha_2} - \lambda p_1 = 0 \tag{1.5}$$
$$\alpha_2 x_1^{\alpha_1} x_2^{\alpha_2 - 1} - \lambda p_2 = 0 \tag{1.6}$$
$$M - (p_1 x_1 + p_2 x_2) = 0 \tag{1.7}$$

が得られる．この 3 本の方程式を連立して，3 つの変数 x_1, x_2, λ について解く．式 (1.5) と式 (1.6) の $\lambda p_1, \lambda p_2$ を右辺に移動させた式

$$\alpha_1 x_1^{\alpha_1 - 1} x_2^{\alpha_2} = \lambda p_1 \tag{1.8}$$
$$\alpha_2 x_1^{\alpha_1} x_2^{\alpha_2 - 1} = \lambda p_2 \tag{1.9}$$

の式 (1.8) を式 (1.9) で割ると

$$\frac{\alpha_1 x_2}{\alpha_2 x_1} = \frac{p_1}{p_2}$$

が得られるが，この式は式 (1.3) と同じであり限界代替率と相対価格の均等を表している．一方，式 (1.7) は予算制約式と同じである．したがって先に述べた解き方とラグランジュ乗

数法を用いた解き方では，最終的に同一の条件を解くことになり，解（この場合は需要関数）は式 (1.4) となる．

また，方程式を解くことによって最終的にラグランジュ乗数 λ も

$$\lambda(p_1, p_2, M) = \left(\frac{\alpha_1}{p_1}\right)^{\alpha_1} \left(\frac{\alpha_2}{p_2}\right)^{\alpha_2} \left(\frac{\alpha_1 + \alpha_2}{M}\right)^{1-\alpha_1-\alpha_2}$$

のように得られる．なお，これは所得の限界効用，つまり，名目所得が限界的に 1 単位増加した場合の「最大化された効用」の増分を表していることが知られている．

最後に需要関数の 0 次同次性を確認する．式 (1.4) の p_1, p_2, M をすべて $t(>0)$ 倍すると

$$x_i^D(tp_1, tp_2, tM) = \frac{\alpha_i(tM)}{(\alpha_1 + \alpha_2)(tp_i)} = \frac{\alpha_i M}{(\alpha_1 + \alpha_2)p_i} = x_i^D(p_1, p_2, M)$$

が得られ，これより需要関数の 0 次同次性が確認できた．★

1.4 所得変化と需要

以下では，直面する経済環境の変化が需要に与える影響を分析していく．まず本節では，所得の変化が財の需要に与える効果を検討しよう．

1.4.1 所得消費曲線とエンゲル曲線

所得消費曲線 いま，価格は変わらないが，所得が変化する場合の最適消費計画 $(x_1^D(p_1, p_2, M), x_2^D(p_1, p_2, M))$ の軌跡を考えよう．図 1.10 で所得消費曲線と書かれた曲線は，価格 (p_1, p_2) が与えられた場合に，所得が M, M', M'' などと変化するにしたがって，最適消費計画が E, E', E'' などと変化する軌跡を表している．この軌跡は，所得消費曲線 (income consumption curve) と呼ばれる．

エンゲル曲線 所得消費曲線から，ある第 i 財の需要量 $x_i^D(p_1, p_2, M)$ と所得 M との関係を表したグラフを描くことができる．ここでは価格 p_i は変化しないと考えているから，このグラフは第 i 財への支出額 $p_i x_i^D(p_1, p_2, M)$ と所得 M との間の関係と考えても，本質的に同じことである．この，（価格を固定した場合の）ある財への支出額と所得の関係を表したグラフを，エンゲル曲線 (Engel curve) という．図 1.11 がその例である．

この図でエンゲル曲線上の点を取り，それと原点を結んだ直線の傾きは，総支出額に占める第 i 財への支出額の割合を表す．この割合 $\gamma_i(p_1, p_2, M) = p_i x_i^D(p_1, p_2, M)/M$ はエンゲル係数 (Engel coefficient) と呼ばれる．

1.4.2 正常財・下級財

作図してみればわかるように，所得消費曲線もエンゲル曲線も，普通右上がりになる．しかし，図 1.12 に示すように，場合によっては所得消費曲線のある部分が左上がり（エンゲル曲線の場合は右下がり）になることもある．

このような事態が起こるのは，次のような場合だと考えられる．コース料理と定食の消費を考えてみよう．所得が低い間は，いくらコース料理が好きでも定食で毎日我慢しなければならない．しかし所得が増大すると，コース料理で食事をする余裕がでてくる．その結果，所得の増大と共に定食の消費は減少することがあるというわけである．

正常財・下級財 このように所得の増加と共に需要量が減少する財を下級財 (inferior good) と言う．一方，所得の増加と共に需要量が増加する財を正常財 (normal good) と言う．所得の増大と共に，消費が下級財から正常財へと移り，下級財の需要量が減少するため，図 1.12 のようなグラフが得られることになる．このように下級財の場合には所得消費曲線が左上がりになるが，

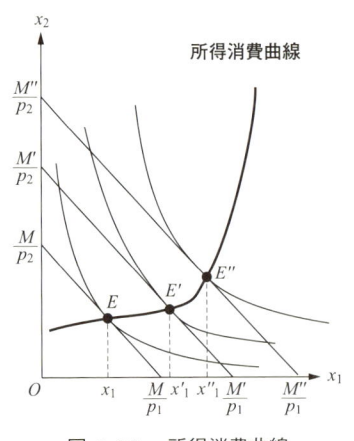

図 1.10　所得消費曲線　　　　図 1.11　エンゲル曲線

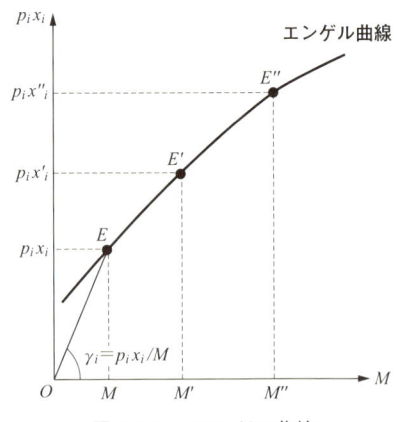

Column ─────────────────────────── エンゲル係数とエンゲルの法則

　現代の経済学では，任意の財について「総支出に占める割合」を示す用語としてエンゲル係数を用いていますが，歴史的には，食料品への支出比率を表していました．

　経済法則の中でもっとも初期に発見された法則の一つに「総支出に占める食料品の割合は所得の増加に従って低下する」という法則があり，この法則の発見者であるドイツの統計学者・経済学者エンゲル (Ernst Engel) にちなんで，**エンゲルの法則** (Engel's law) と呼ばれています．したがって，単に「エンゲル係数」と言った場合，「食料品の」エンゲル係数を指すのが一般的です．

　下表は，わが国における所得（定期収入）別に見た食料品のエンゲル係数です．エンゲル係数が所得の増大と共に低下していくのは，必需財だからだということは本文を読めばわかるでしょう．

定期年収階級別（食料品の）エンゲル係数

定期年収（万円）	〜452	452〜593	593〜747	747〜958	958〜
エンゲル係数（%）	24.5	23.6	22.7	21.0	19.5

総務省統計局『家計調査年報』より作成
平成 16 年《家計収支編（2 人以上の世帯）》，全国・勤労者世帯

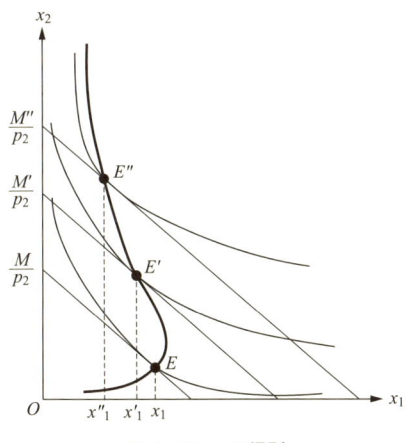

図 1.12　下級財

左上がりになるのは図の一部，つまり一部の所得水準についてだけだということに注意する必要がある．具体的にどういった財が上記のいずれの財に該当するかは消費者の嗜好と経済環境に依存するため一概には言えない．

1.4.3 需要の所得弾力性

では,このような所得の変化に対する需要量の反応を数値として表せないだろうか.この値の第1候補は,所得の変化額に対する需要の変化量の比率 $\Delta x_i^D(p_1, p_2, M)/\Delta M$ である.ただし,$\Delta x_i^D(p_1, p_2, M) = x_i^D(p_1, p_2, M + \Delta M) - x_i^D(p_1, p_2, M)$ である.あるいは,所得の変化額をゼロに近づけたときの極限を考えれば,

$$\lim_{\Delta M \to 0} \frac{\Delta x_i^D(p_1, p_2, M)}{\Delta M} = \frac{\partial x_i^D(p_1, p_2, M)}{\partial M}$$

だから,エンゲル曲線の傾きを価格 p_i で除したものがそれである.

これを用いると,先ほどの正常財,下級財の定義を

- $\partial x_i^D(p_1, p_2, M)/\partial M > 0$(エンゲル曲線が右上がり)ならば,正常財
- $\partial x_i^D(p_1, p_2, M)/\partial M < 0$(エンゲル曲線が右下がり)ならば,下級財

と言い換えることができる.

需要の所得弾力性 しかしこの $\partial x_i^D(p_1, p_2, M)/\partial M$ の値は,所得と需要量の単位の取り方によって大きく変化する.所得の単位を円とドルのどちらにするか,または需要量の単位をキログラムとするかトンのどちらにするかで値が変化してしまう.例えば,ある人は,所得が(限界的に)1円増加すると,ある財の需要量を1単位だけ増加させるとする.このとき,1ドルが120円であるとすると,ドル換算での所得の(限界的な)1ドルの増加に対して,その財の需要量は120単位だけ増加することになり,円単位で考えた場合と値が異なる.

したがって単位の取り方によって値が変化しないような計測が求められる.それが,需要の所得弾力性 (income elasticity of demand) であり,

$$\epsilon_{iM}(p_1, p_2, M) \equiv \lim_{\Delta M \to 0} \frac{\Delta x_i^D(p_1, p_2, M)/x_i^D(p_1, p_2, M)}{\Delta M/M}$$

$$= \frac{\partial x_i^D(p_1, p_2, M)/\partial M}{x_i^D(p_1, p_2, M)/M}$$

で表される．この値は，所得が 1%増加したときに需要量が何%増えるかを表した指標であり，所得や需要量の単位のとり方に依存しないという特徴を持っている．

奢侈財・必需財　ある財の需要の所得弾力性が正であれば，需要量と所得は正であることから $\partial x_i^D(p_1, p_2, M)/\partial M$ も正であり，所得の増加に対して需要量が増加するので，その財は正常財である．その上で需要の所得弾力性の観点から正常財をさらに分類してみよう．所得弾力性がちょうど 1 のとき，所得と需要量が同じ割合で上昇するから，価格一定の下で所得に占める支出の割合は不変である．すなわち，需要の所得弾力性が 1 であれば，エンゲル係数は変化しない．これを境に，所得弾力性が 1 より大きければ（所得の増加率以上に需要量の増加率が増大すれば），エンゲル係数は所得の増加と共に上昇する．また，需要の所得弾力性が 1 より小さければ，エンゲル係数は所得の増加に伴って低下する．そこで，需要の所得弾力性が 1 より大きい正常財を奢侈財 (luxury)，需要の所得弾力性が 1 より小さい正常財を必需財 (necessity) と定義することにしよう．なお，需要の所得弾力性が負ならば，所得の増加に伴って需要量が減少するから，下級財である．

以上を図で考えると，次のようなエンゲル曲線の形状にそれぞれ対応する．

- $\epsilon_{iM}(p_1, p_2, M) < 0$（下級財）の場合は，エンゲル曲線の傾きが負．

- $0 < \epsilon_{iM}(p_1, p_2, M) < 1$（必需財）の場合は，エンゲル曲線の傾きが正で，しかもその点と原点を通る直線の傾きより小さい．

- $\epsilon_{iM}(p_1, p_2, M) > 1$（奢侈財）の場合は，エンゲル曲線の傾きが正で，しかもその点と原点を通る直線の傾きより大きい．

Column ────────────────────────────────── 所得弾力性の実際

　本文で扱った所得弾力性について，実際の値を見てみましょう．下の表はわが国の平均所得における所得弾力性を表しています．数値を見ると，食料，光熱・水道や保健医療が必需財，教育や教養娯楽が奢侈財であることは直感に反しないでしょう．しかし，住居の所得弾力性がマイナス，すなわち下級財である，というのは違和感があるかもしれません．この理由を考察してみましょう．

　実は，家計調査では住居支出の大部分が賃貸借に関わる支出から定義されており，持ち家等の財産購入に関わる支出が含まれていないのです．そこで，ここで言う「住居」を「賃貸住宅」と読み替えて解釈してみましょう．すると，所得が増えるにつれて「持ち家」へと需要がシフトし，「賃貸住宅」の需要が減る可能性は十分に考えられます．従って「賃貸住宅」が下級財となるのが理解できます．「持ち家」と「賃貸住宅」の関係がまさに本文で説明したコース料理と定食の関係になっているわけです．

　もっとも，その他にも理由は考えられます．ここで挙げた所得弾力性は，より基礎的なデータである所得階層別の支出額から推定されたものです．データというものは全てを調べ尽くすことはできないため，推定値がどの程度信頼できるものであるかは場合によって異なります．下表にある t 値は推定値の信頼度を表すためによく用いられる指標であり，値が大きいほど信頼度が高くなります．住居の値については，この t 値があまり高くないため，そもそも信頼のおける数値ではないのかもしれません．

　なお，データがどのような規則に基づいて作成されているのかを知り，その統計のくせを見抜くには，経済統計といわれる分野を学習するとよいでしょう．また，推定の仕方やその評価方法は，計量経済学で学ぶことができます．

所得弾力性（括弧内は t 値）

食料	0.69716	(28.2)
住居	−0.41506	(2.95)
光熱・水道	0.52206	(22.6)
家具・家事用品	0.88939	(11.7)
被服及び履物	1.33506	(28.1)
保健医療	0.62580	(8.16)
交通・通信	0.92930	(8.93)
教育	1.94355	(15.0)
教養娯楽	1.18358	(18.7)
その他の消費支出	1.52836	(24.6)

総務省統計局『家計調査年報』より作成
平成 16 年《家計収支編（2 人以上の世帯）》，全国・勤労者世帯

例 1.2 コブ・ダグラス効用関数の下での各財の需要関数は式 (1.4) で与えられたので，各財に関して，限界的な所得の増加に対する需要の反応 $\partial x_i^D(p_1, p_2, M)/\partial M$ および需要の所得弾力性 $\epsilon_{iM}(p_1, p_2, M)$ を求めてみよう．前者は式 (1.4) を所得 M で偏微分することにより得られ，後者は $\partial x_i^D(p_1, p_2, M)/\partial M$ に $M/x_i^D(p_1, p_2, M)$ を乗ずることで得られる．したがって，

$$\frac{\partial x_i^D(p_1, p_2, M)}{\partial M} = \frac{\alpha_i}{(\alpha_1 + \alpha_2)p_i} > 0$$

$$\epsilon_{iM}(p_1, p_2, M) = \frac{\partial x_i^D(p_1, p_2, M)}{\partial M} \cdot \frac{M}{x_i^D(p_1, p_2, M)} = 1$$

が得られる．したがって，コブ・ダグラス効用関数の場合には，各財は共に正常財であり，また，需要の所得弾力性は 1 であり，所得が増加しても支出割合は変わらない財であることがわかる．★

1.5 価格変化と需要

所得の変化が財の需要量に与える効果がわかったから，次にある財の価格の変化がその財の需要量に与える効果を検討しよう．次のような状況を考えてみよう．ある消費者は仕事中に緑茶と紅茶を飲むことが好きであり，それぞれを週 5 杯程度飲んでいたとする．しかし，あるとき環境的な要因で紅茶の価格が 10 倍に高騰してしまったとすると，紅茶の需要量は変わるだろうか．変わるとすればどのように変化するだろうか．また，紅茶の価格ではなく緑茶の価格が変化した場合には紅茶の需要量はどう変化するだろうか．ここからは価格と消費の関係を見ていくことにしよう．

1.5.1 価格消費曲線と需要曲線

価格消費曲線 第 1 財の価格が変化した場合を考え，それに伴う最適消費計画 $(x_1^D(p_1, p_2, M), x_2^D(p_1, p_2, M))$ の軌跡をとろう．これを**価格消費曲線** (price consumption curve) と呼ぶ．図 1.13 のパネル (a) には，価格消費曲線の例が描かれている．

需要曲線 この曲線から，第 1 財の価格と第 1 財の需要量の関係を表した曲線が得られる．これを**需要曲線** (demand curve) と呼ぶ．図 1.13 のパネル

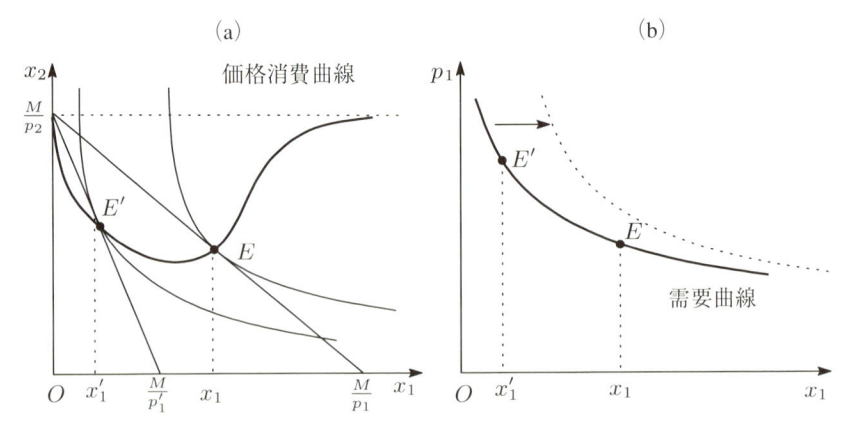

図 1.13　価格消費曲線と需要曲線

(b) の太線は，価格消費曲線から導出された第1財の需要曲線である．

なお，需要量は価格の関数だから，独立変数である価格を横軸に，従属変数である需要量を縦軸にとるのが，数学の慣例である．しかし，経済学では，需要曲線や供給曲線については，逆に価格を縦軸に，需要量や供給量を横軸にとるという伝統がある．これを忘れると，需要曲線と弾力性の関係など，直感にあわない表現が多くでてくるので，注意が必要である．

図 1.13 から明らかなように，価格消費曲線は普通右に伸びていくから，需要曲線は普通右下がりである．しかし，場合によっては価格消費曲線が一部反転して左上がりになり，需要曲線が一部右上がりになるかもしれない．需要曲線が右上がりの財，すなわち，価格の上昇に伴って需要量が増える財を**ギッフェン財** (Giffen good) と呼ぶ．これに対して，価格の上昇に伴って需要量が減る財を**通常財** (ordinary good) と呼ぶ．ギッフェン財はどんな場合に生まれるかについては，1.6.3 項で説明する．

1.5.2　需要の価格弾力性

価格が変化した場合にどのくらい需要が変化するかという指標は，所得の変化に対する需要変化の指標以上に，経済学では重要な概念である．

需要の価格弾力性　所得変化に対する指標として需要の所得弾力性を考えたのと同様に，価格変化の場合も，需要の変化量と価格の変化量の比率では，

単位の取り方に依存して指標の大きさが変化する．このため，価格の変化が1%あったときに需要量の変化が何%かを表す弾力性を用いる．つまり，需要の価格弾力性 (price elasticity of demand) とは，

$$\epsilon_{ii}(p_1, p_2, M) \equiv \lim_{\Delta p_i \to 0} \frac{\Delta x_i^D(p_1, p_2, M)/x_i^D(p_1, p_2, M)}{\Delta p_i/p_i}$$
$$= \frac{\partial x_i^D(p_1, p_2, M)/\partial p_i}{x_i^D(p_1, p_2, M)/p_i} \tag{1.10}$$

として定義される．ただし，ここで $\Delta x_1^D(p_1, p_2, M) = x_1^D(p_1+\Delta p_1, p_2, M) - x_1^D(p_1, p_2, M)$, $\Delta x_2^D(p_1, p_2, M) = x_2^D(p_1, p_2+\Delta p_2, M) - x_2^D(p_1, p_2, M)$ である．

なお，式 (1.10) で定義された需要の価格弾力性は，その財自身の価格が変化したときに起こる需要変化の指標を表している．この弾力性を，1.5.3 項で定義される「交差弾力性」と区別するために，需要の自己価格弾力性 (own price elasticity of demand) と呼ぶことがある．

価格弾力性と需要曲線　第 1 財を例にとると，式 (1.10) から，需要の価格弾力性は，$\partial x_1^D(p_1, p_2, M)/\partial p_1$ を $x_1^D(p_1, p_2, M)/p_1$ で除した値に等しいことがわかる．前者 ($\partial x_1^D(p_1, p_2, M)/\partial p_1$) は，一見すると，需要曲線上の対応する点での需要曲線の接線の傾きを，後者 ($x_1^D(p_1, p_2, M)/p_1$) は，その点から原点に引いた直線の傾きにように思える．しかし，需要曲線が縦軸に価格 p_1，横軸に需要量 x_1 がとられていたことを思い出せば，その点での需要曲線の接線の傾きは $\partial x_1^D(p_1, p_2, M)/\partial p_1$ の逆数を，その点から原点に引いた直線の傾きは $x_1^D(p_1, p_2, M)/p_1$ の逆数を表していることになる．したがって，需要曲線上の点（例えば図 1.13 のパネル (b) の E 点）での需要の価格弾力性とは，その点から原点に引いた直線の傾きを，その点での需要曲線の接線の傾きで除した値にほかならない．

このことから，需要の価格弾力性がゼロになるのは，需要曲線が垂直の場合であり，これを需要が価格に対して完全に非弾力的になっているという．逆に，需要曲線が水平の場合には需要の価格弾力性がマイナス無限大になっており，この場合を需要が価格に対して完全に弾力的になっているという．

価格弾力性と当該財への支出額　ギッフェン財の場合であれば価格弾力性は正の値になるが，そうでない普通の場合には，需要曲線は右下がりになり，価格弾力性はマイナスの値をとる．

弾力性がマイナスの値をとる場合，その絶対値が 1 より大きい場合を，需要が弾力的 (elastic) であると呼び，1 より小さい場合を，需要が非弾力的 (inelastic) であると呼ぶ．より弾力的なほど需要曲線の傾きの絶対値は小さく，需要曲線は水平に近くなり，非弾力的なほど傾きの絶対値は大きくなり，需要曲線は垂直に近くなる．

では弾力性の大小は，そのほかに何か意味を持っているだろうか．いま，弾力性が -1 という値をとっている場合を考え，第 1 財への支出額を考えてみよう．第 1 財への支出額は $p_1 x_1^D(p_1, p_2, M)$ だから，価格と需要量の積に等しい．いま，価格が 1%上昇したとして，弾力性が -1 ならば，需要は 1%減少する．この二つの変化は，支出額を計算する上ではちょうど打ち消しあうから，支出額は変化しない[17]．つまり，ある財の価格弾力性がある価格水準で -1 であれば，価格水準が限界的に変化したとしても，その財への支出額は変化しないことがわかる．他方，需要が弾力的であり，弾力性が -1 より小さい（弾力性が負で，その絶対値が 1 より大きい）場合には，価格が上昇するとその割合以上に需要量が減少するから，支出額は減少する．逆に，価格が非弾力的であり，弾力性が -1 より大きい（弾力性が負で，その絶対値が 1 より小さい）場合には，価格が上昇するとその割合以下にしか需要が減少しないから，支出額はかえって増加する．

以上のことは，積の微分の公式から，

$$\frac{\partial(p_i x_i^D(p_1, p_2, M))}{\partial p_i} = x_i^D(p_1, p_2, M) + p_i \frac{\partial x_i^D(p_1, p_2, M)}{\partial p_i}$$
$$= x_i^D(p_1, p_2, M)(1 + \epsilon_{ii}(p_1, p_2, M))$$

が成り立ち，

---

[17] ここで述べたことをそのまま受け取ると，価格が 101/100 倍になり，需要が 99/100 倍になるから，総支出額は 9999/10000 倍になり，0.01%だけ減少してしまうことになる．しかし，これは，価格が 1%上昇したことを仮定したからであり，上昇率がゼロになる極限をとれば，支出額は変化しないことを確かめることができる．

1.5 価格変化と需要

$$\frac{\partial(p_i x_i^D(p_1,p_2,M))}{\partial p_i} \gtreqless 0 \Leftrightarrow \epsilon_{ii}(p_1,p_2,M) \gtreqless -1$$

が得られることより，数式の上でも確認できる．

■積の微分の公式　ここでは，積の微分の公式を紹介しよう．これは，x の関数 $f(x)$, $g(x)$ の積 $f(x)g(x)$ に関する

$$\frac{d(f(x)g(x))}{dx} = f'(x)g(x) + f(x)g'(x)$$

という公式である．例えば，$f(x) = x$, $g(x) = x^2$ のとき，$f(x)g(x)$ を x で微分してみよう．すると，$f(x)g(x) = x^3$ より，直接微分すると $3x^2$，他方，$f'(x) = 1$, $g'(x) = 2x$ より，積の微分の公式を適用しても $1 \cdot x^2 + x \cdot 2x = 3x^2$ となり，結果は一致することが確認できる．

Column ────────────────────────────── 医療保険と価格弾力性

価格弾力性の政策的な意味を知るために，次のような，仮想的政策案を検討してみましょう．

　我が国では医療費がいま総額 100（億円）かかっています．この医療費は患者自身の窓口負担で 20%，医療保険によって残りの 80% が支払われています．しかし，この国では保険財政が逼迫しており，保険による支払い総額を 50（億円）まで切り詰めなければなりません．したがって，窓口負担を 50% まで引き上げることになりました．

　一見，論理的破綻のないように見えるこの政策案は，窓口負担の引き上げ以外に方法がないとしても，実は間違っています．理由は，医療サービスへの需要変化を考慮に入れていないところにあります．

　このことを図によって簡単に説明しましょう．いま，医療サービスに対する需要が図の曲線 ℓ のように描けるとします．窓口負担が 20% の保険に加入している患者（医療サービスの消費者）にとって，医療サービスの「価格」はいくらでしょうか．これは，実際にかかっている医療サービス単価 OC の 20% である OF と見ることができます．この価格のもとで消費者は OA だけ需要し，患者自身が窓口で負担する「支出額」20（億円）は四角形 $OAEF$ で表されます．ところが，このときの医療費総額 100（億円）は四角形 $OABC$ の面積です．したがって，この面積から患者負担額を差し引くと，四角形 $FEBC$ として保険財政の負担額 80（億円）が得られます．

　さて，窓口負担が 50% に引き上げられるとどうなるでしょうか．このとき，需要が

OA のままであるとして計算すると，保険財政の負担額は「四角形 $DIBC = 50$（億円）」となりますが，この図を見ている読者はこれが誤りであることにすでに気がついているでしょう．実際は，窓口負担の上昇は医療サービス価格が OD まで上昇することを意味し，需要が OH にまで減少します．したがって，保険財政の負担額は斜線部 $DE'GC$ となり，50（億円）より遥かに少なくなります．つまり，この政策は保険財政の引き締め過ぎ，窓口負担の引き上げ過ぎなのです．

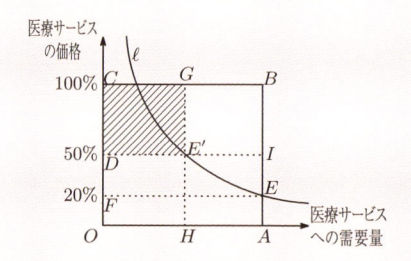

では，医療サービスへの需要変化をきちんと考慮に入れた場合，窓口負担はどのくらいまで引き上げられるべきでしょうか．上記の議論より 50%より少なくてよいことは分かっています．しかし，より正確には，需要が価格の上昇に対してどの程度動くかを知らなければなりません．つまり，本文で学んだ「価格弾力性」が重要な指標として浮かび上がってくるのです．価格弾力性が大きいほど，価格の上昇に対して需要は大きく減少し医療費総額を抑制します．ゆえに，窓口負担はあまり上げなくて済むでしょう．ここでは，判断材料として，価格弾力性が -1 で一定であった場合の数値例を挙げておきましょう．弾力性が -1 で一定なので，窓口負担による患者の支出額は 20 億円で変化しません．したがって，50%に窓口負担が引き上げられたとき，医療費の残りの 50%である保険財政による負担額（斜線部）は 20（億円）まで削減されます．また同様に考えると，目標の保険財政負担額 50（億円）を達成するのは，約 28.6%の窓口負担であることが計算できます．

1.5.3 需要の交差価格弾力性

さらに，別の財の価格が変化した場合の財の需要変化を検討しよう．他の財の価格が変化することはその財に対する需要とは関係しないと思われるかもしれないが，それは誤りである．

先ほどの例で，今度は緑茶の価格が 10 倍に上昇した場合に紅茶の需要量はどう変化するか考えてみるとわかるはずである．緑茶も紅茶も好きなのだか

ら，緑茶の価格が 10 倍に上昇すれば，緑茶の量を減らしてその代わりに紅茶の量を増やすと考えるのは自然である．

需要の交差価格弾力性　第 1 財の価格の変化に伴って，第 2 財の需要量がどのように変化するのかを，図 1.13 にそって考えてみよう．このとき，第 1 財の価格下落に伴って，第 2 財の需要量は最初減少し，ついで増加に転じる．第 1 財の価格変化と第 2 財の需要変化が同方向の場合，第 1 財の価格上昇が，第 1 財の消費を第 2 財への代替で補っていると考えられるので，第 2 財は第 1 財の粗代替財 (gross substitute) であると言う．一方，変化が逆方向の場合，第 2 財は第 1 財の粗補完財 (gross complement) であると言う．

また，$i \neq j$ に対して，

$$\epsilon_{ij}(p_1, p_2, M) \equiv \lim_{\Delta p_j \to 0} \frac{\Delta x_i^D(p_1, p_2, M)/x_i^D(p_1, p_2, M)}{\Delta p_j / p_j}$$
$$= \frac{\partial x_i^D(p_1, p_2, M)/\partial p_j}{x_i^D(p_1, p_2, M)/p_j}$$

を需要の交差価格弾力性 (cross price elasticity of demand) と呼ぶ．ただし，ここで $\Delta x_1^D(p_1, p_2, M) = x_1^D(p_1, p_2 + \Delta p_2, M) - x_1^D(p_1, p_2, M)$，$\Delta x_2^D(p_1, p_2, M) = x_2^D(p_1 + \Delta p_1, p_2, M) - x_2^D(p_1, p_2, M)$ である．明らかに，交差弾力性が正なら第 i 財は第 j 財の粗代替財，負の場合は粗補完財の関係にある．

例 1.3　式 (1.4) を用いてコブ・ダグラス効用関数の場合について，需要の自己価格弾力性・交差価格弾力性を求めると，

$$\epsilon_{ii} = -1$$
$$\epsilon_{ij} = 0$$

が得られる．自己価格弾力性は負であり，各財は通常財である（ギッフェン財でない）ことがわかる．また，その値は常に -1 であり，価格が変化しても支出額は変化しない．さらに，交差価格弾力性は 0 であり，他の財の価格が変化しても当該財に対する需要は変化しないことがわかる．★

1.5.4 所得・他財価格の変化と需要曲線のシフト

需要曲線とは，自財の価格が変化するに従って需要量がどう変化するかを表している．しかし，需要量は需要関数が示すように，所得や他財の価格の関数でもある．従って，需要曲線は，所得が変化したり，他財の価格が変化したりすると，シフトする．もし正常財なら，所得が増加することによって，図 1.13 パネル (b) の点線のように需要曲線は右にシフトする．逆に下級財なら左にシフトする．同様に，ある財の価格が上昇すれば，その財の粗代替財の需要曲線は右にシフトし，粗補完財の需要曲線は左にシフトする．

1.6 価格変化と需要：要因分析

紅茶に対する需要量は，自己の紅茶価格が上昇したとき，通常は減少することを述べた．ここではその理由を考えてみよう．第 1 に，紅茶の価格が上昇すれば，消費者は相対的に安価になる緑茶に消費を切り替え，紅茶の消費を減らすだろう．第 2 に，紅茶価格が上昇することによって実質的には所得が目減りし，紅茶の消費が減るかもしれない．以下，価格の変化がもたらす需要量の変化を二つの部分に分解して，分析する．

1.6.1 代替効果と所得効果

ある財の価格が上昇したときのその財への需要量に与える効果は，二つあると考えられる．一つは，他の財の価格が変化せずに，その財の価格だけが上昇したために，その財が他財に比べて相対的に高価になり，他の割安な財でその財の消費を代替しようとする傾向が生まれることである．こうした理由による需要量の変化を代替効果 (substitution effect) と呼ぶことにしよう．いま一つは，名目所得が変わらずにその財の価格が上昇するということは，いわばインフレ（物価の上昇）であり，この消費者の持つ実質所得が減少し，その結果消費が押し下げられる傾向が生まれることである．こうした理由による需要量の変化を所得効果 (income effect) と呼ぶことにしよう．

では，価格上昇が与える需要量への総効果（価格効果 (price effect) と呼ぶことにする）を，この二つの効果にどうやって分解すればよいだろうか．

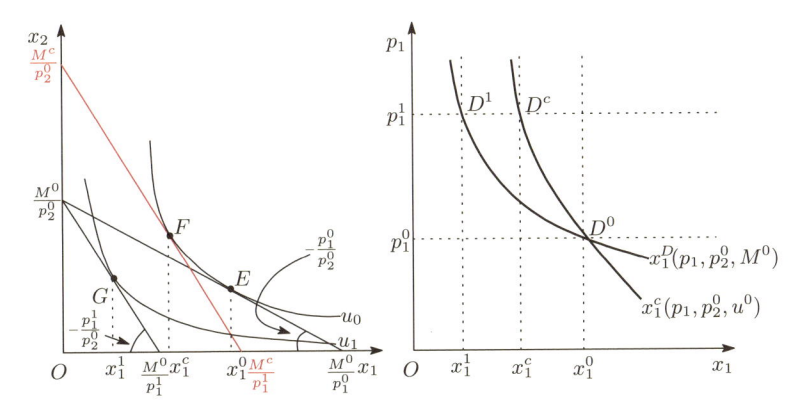

図 1.14　代替効果と所得効果

価格の変化に伴う需要量の変化の分解　そこで，図 1.14 を用いて，次のような思考実験を考えてみよう．いま (p_1^0, p_2^0, M^0) という価格と所得の状態が与えられており，各財の需要量が点 E で与えられていたとしよう．したがって，実現されている効用水準は u^0 である．さてここから，第 2 財の価格 p_2^0 と名目所得 M^0 はそのままで，第 1 財の価格だけが p_1^0 から p_1^1 に上昇したとしてみよう．つまり価格が，(p_1^0, p_2^0) から (p_1^1, p_2^0) に変化したわけである．この結果，各財の需要量は点 E から点 G に変化するだろう．

この価格変化によって，実質所得がどう変化したと考えればよいだろうか．いま，変化後の状態を基準点と見よう．ここで，新しい価格で見たときの元の状態の実質所得を，「新しい価格 (p_1^1, p_2^0) の下で元の効用水準 u^0 をちょうど補償するような所得水準」と定義する．その水準は M^c であり，傾きの絶対値が変化後の価格比率 p_1^1/p_2^0 で，かつ変化前の無差別曲線に接するような予算線（図の赤線）の切片によって間接的に与えられる．つまり，基準点である新しい物価の下での所得 M^0 に比べて，過去の物価の下での所得 M^0 はインフレ後の現行価格から見ると実質的には M^c であると評価でき，$M^0 - M^c$ だけの実質所得の変化があったと捉えることができる．この額 $M^0 - M^c$ を，**補償変分** (compensating variation) という[18]．

このときの接点 F は，価格は新しい価格 (p_1^1, p_2^0) だが，効用水準が元の

---

[18]　いま価格が上昇したときの変化を考えているので，実質所得は目減りしており，この値は負となっている．

u^0 のままだとした（実質所得の下落を補償した）場合に，この消費者が選択する最適消費計画に対応している．このときの第 i 財の需要を，補償需要 (compensated demand) と呼び，$x_i^c(p_1^1, p_2^0, u^0)$ で表す．

ここで，点 E から点 F への変化は，実質所得は同じで価格比率が変化したことによる需要の変化だから，代替効果に対応している．つまり，代替効果は，第 1 財の価格が p_1^0 から p_1^1 に変化したときの，u^0 の無差別曲線に沿った第 1 財需要の変化量 $x_1^c - x_1^0$ に対応していることがわかる．他方，点 F から点 G への変化は，相対価格は同じで実質所得が低下したことによる需要の変化だから，所得効果に対応している．つまり，所得効果とは，変化後の価格水準に対応した，第 1 財の補償需要量と通常の需要量の差 $x_1^1 - x_1^c$ に他ならない．以上を命題にまとめておこう．

> **命題 1.4** 価格効果は，
> $$\underbrace{x_1^1 - x_1^0}_{\text{価格効果}} = \underbrace{(x_1^c - x_1^0)}_{\text{代替効果}} + \underbrace{(x_1^1 - x_1^c)}_{\text{所得効果}}$$
> の形で代替効果と所得効果に分解される．

補償需要関数 なおより一般に，価格 (p_1, p_2) をいろいろに変化させたときも，同様に無差別曲線 u^0 と当該価格比の予算線との接点として，実質所得を補償した需要を $x_1^c(p_1, p_2, u^0)$ と定義できる．これを補償需要関数 (compensated demand function) またはヒックスの需要関数 (Hicksian demand function) と呼ぶ．例えば $p_2 = p_2^0$ に固定して，p_1 をいろいろに変化させたときの補償需要曲線 $x_1^c(p_1, p_2^0, u^0)$ は，図 1.14 の D^0 と D^c を結んだ曲線として描ける．これに沿った変化が，代替効果の部分である．これに対して，通常の需要曲線 $x_1^D(p_1, p_2, M^0)$ は，マーシャルの需要関数 (Marshallian demand function) と呼ばれる．上と同じ価格変化に対して，マーシャルの需要曲線 $x_1^D(p_1, p_2^0, M^0)$ は，図の D^0 と D^1 を結んだ曲線のように描け，補償需要曲線との乖離が所得効果の部分である．

■**スルツキー方程式** 本文で述べた価格効果の代替効果・所得効果への分解は，価格の変

化量がどのような値であっても考えることができるが，同じ状態からの変化でも，変化量の取り方によって様々な分解が可能になってしまう．この問題を回避するために，価格が微小な量だけ変化した場合について価格効果を分割してみると，

$$\frac{\partial x_i^D(p_1, p_2, M)}{\partial p_i} = \frac{\partial x_i^c(p_1, p_2, u)}{\partial p_i} - x_i^D(p_1, p_2, M) \cdot \frac{\partial x_i^D(p_1, p_2, M)}{\partial M}$$

という式が得られることが知られている．ただし，u は価格変化前の最適消費計画で得られる効用水準である．この方程式を**スルツキー方程式** (Slutsky's equation) と呼ぶ．なお，価格効果は $\partial x_i^D(p_1, p_2, M)/\partial p_i$，代替効果は $\partial x_i^c(p_1, p_2, u)/\partial p_i$，所得効果は $-x_i^D(p_1, p_2, M) \cdot \partial x_i^D(p_1, p_2, M)/\partial M$ である．図 1.14 では，点 D^0 における通常の需要曲線の傾きが価格効果に対応し，同点での補償需要曲線の傾きが代替効果に対応し，残りの両者の傾きの差が所得効果に対応している．

最後の項が所得効果を表すことを理解するには，説明を要するであろう．いま，第 i 財を x_i^D だけ需要している者にとって，この財の価格が（限界的に）1 単位上昇したら，追加的に x_i^D だけの支出が増えることになる．つまり，$-x_i^D$ は第 i 財の価格が微小に上昇したときの実質所得の減少分を表している（この事実は，**シェパードの補題** (Shephard's lemma) と呼ばれる）．したがって，この値に，所得が（限界的に）変化したときの需要の変化量である $\partial x_i^D(p_1, p_2, M)/\partial M$ を掛け合わせたものが，価格上昇による実質所得変化が起こす需要の変化分，すなわち所得効果である．

1.6.2 需要の価格弾力性の再考

需要の価格弾力性はそもそも何から生じるのか．弾力性の決定要因は多く存在するが，本節の価格効果分解の議論を用いてこれを考察してみよう．

価格弾力性の二つの決定要因　価格効果はその分解方法により代替効果と所得効果の和と常に等しくなるが，価格効果を「需要量/価格」で割った値が需要の価格弾力性であることから，需要の価格弾力性の大小も，基本的には代替効果と所得効果により決定されると考えることができる．

財を正常財に限定して考察する．このとき，価格非弾力的な財は，代替効果が小さい，所得効果が小さい，またはその両方が小さいことになる．では代替効果が小さい財，所得効果が小さい財とはどのような財だろうか．

代替効果の影響　代替効果は基本的に代替財がない場合に小さくなる傾向がある．例えば，電力や通勤電車の代替効果は小さい．現在電力を用いて動か

している電気機器を，すぐに電気から別のエネルギーに切り替えて使用することは困難であるし，通勤電車の場合は，最短時間で通勤できるような代替的な電車は，よほど交通機関に恵まれた地域に住んでいない限りはほとんどない．また，代替財がある場合でも，代替財との価格差が大きい場合や財の範囲を大きくとった場合には，代替効果は小さくなる傾向がある．例えば安価なキーボードと高級なピアノは同じタイプの鍵盤楽器だが，両者には数十倍以上の価格差があるため，後者の価格が多少変わっても前者に代替することはあまりないだろう．また，財としてビールをとった場合には，ビールには日本酒，ワインなどの代替的な酒があるため代替効果は大きくなるが，酒類全体を一つの財とみなした場合には，代替効果は小さくなるだろう．

所得効果の影響 所得効果が小さい場合も，財は価格非弾力的になる．所得効果が小さくなる主要な理由は，第1に需要の所得弾力性が小さいこと，第2に所得に対する支出割合が小さいことが挙げられる[19]．需要の所得弾力性は，先にも説明したように，米のような必需財では小さく，旅行などの奢侈財では大きくなる．また，所得に対する支出割合が小さいと所得効果が小さくなるのは，価格上昇による実質所得低下の影響を受けづらいからである．大半の家計にとって，野菜の価格が上昇するよりも肉・魚の価格が上昇するほうが，実質所得の低下は大きく，所得効果は大きくなるだろう．文房具などは，生活に必要な日用雑貨である上に，その家計への負担は無視できるほどであり，所得効果が小さいと考えられる好例である．

このようにして考えてみると，上で挙げた電力や文房具は共に価格非弾力的な財の例としても挙げられるが，実はその非弾力性をもたらしているのは，電力では主に代替効果，文房具では主に所得効果の部分であり，その要因が異なっていることがわかるのである．

[19) このことは，価格効果を価格弾力性に変換するときと同様に，スルツキー方程式における所得効果を「需要量/価格」で割ると，$-x_i^D \cdot (\partial x_i^D / \partial M)/(x_i^D / p_i) = -(p_i x_i^D / M) \cdot (M/x_i^D)(\partial x_i^D / \partial M) = -(p_i x_i^D / M) \cdot \epsilon_{iM}$ が成立することから，数式でも確認できる．

1.6.3 ギッフェン財

　第1財の価格が上昇したとき，当該財の需要に対する代替効果と所得効果を改めて考えてみよう．2財の場合，第1財の価格が上昇し相対価格が上昇すれば，限界代替率逓減の法則によって代替効果は必ず負になり，第1財の需要は減少しなければならない．これに対して，価格が上昇すると実質所得は必ず低下するが，その場合，所得効果が第1財の需要を増加させるか減少させるかは，自明ではない．このことを示したのが，図 1.15 である．

　もし第1財が正常財ならば，実質所得の減少に伴ってその財の需要は減少し，所得効果も負になるだろう．しかし，第1財が下級財であれば，所得効果は正になる．価格変化に伴う需要の変化は，代替効果と所得効果の和だから，下級財の場合，価格が上昇したとき需要が減少するかどうかは，所得効果と代替効果の相対的な大きさに依存することがわかる．当該財が下級財であり所得効果が正であるだけでなく，正の所得効果が負の代替効果を上回る場合，その財の需要曲線は右上がりになる．こうした財をギッフェン財 (Giffen good) と呼ぶのであった．ただし，価格消費曲線を考えてみればわかるように，ある財がギッフェン財である，つまりその財の需要が自分の価格の増加関数であるのは，ある価格の範囲に限られることがわかる．

　なお，ここまでの議論の整理のために，財の分類を表 1.1 にまとめた．

表 1.1　財の分類

$\partial x_i^D/\partial M$	ϵ_{iM}	$\partial x_i^D/\partial p_i$
正常財 ($\partial x_i^D/\partial M > 0$)	奢侈財 ($\epsilon_{iM} > 1$)	通常財 ($\partial x_i^D/\partial p_i < 0$)
	必需財 ($0 < \epsilon_{iM} < 1$)	
下級財 ($\partial x_i^D/\partial M < 0$)	$\epsilon_{iM} < 0$	ギッフェン財 ($\partial x_i^D/\partial p_i > 0$)

1.6.4 他財価格の変化に伴う需要変化の分解

代替効果・所得効果への分解　以上のような代替効果と所得効果への分解は，他財の価格が変化した場合の需要の変化にも適用できる．例えば，第1財の価格が上昇したとき，第2財の需要は増加したり減少したりするが，その変化も二つの効果に分割できる．具体的には，限界代替率逓減の法則のために，

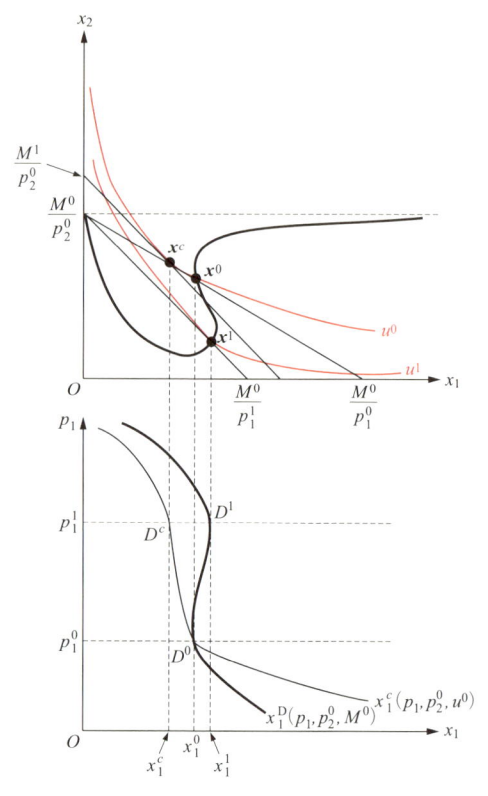

図 1.15　ギッフェン財

　代替効果によって第2財の需要は必ず増加するが，第2財が下級財なら所得効果は第2財の需要を増加させ，正常財であれば需要を減少させる．したがって，第2財は，下級財なら第1財の粗代替財となるが，正常財なら，二つの効果の相対的な大きさによって，第1財の粗代替財にも粗補完財にもなりうる．

　ところで，他財の価格が変化したとき，代替効果が必ず正になるという上記の説明は，2財しか存在しないという特殊な仮定に依存している．例えば，紅茶，緑茶，レモンという三つの財が存在するとすれば，紅茶の価格上昇は，実質所得が一定の下で，緑茶に需要をシフトさせるが，レモンの需要は減少させるだろう．つまり，3財以上の財が存在する場合，代替効果の符号は正の場合も負の場合もある．

代替財・補完財　本来二つの財が代替関係にあるか補完関係にあるかは，消費者の嗜好によって決定されると考えるべきであり，実質所得とは無関係に代替効果によって定義されるべきであろう．したがって，代替効果が正の場合には二つの財は（純粋に）代替財 (substitute good) の関係にあり，負の場合には補完財 (complement good) の関係にあると定義される．

とはいえ，代替効果の大きさは，実質所得の変化を補償するという仮説的な状況下の消費者行動を考察することで初めて定義できるのであり，現実のデータには現われない．その意味で，所得効果を含んだ不完全な概念であるとはいえ，粗代替と粗補完という概念の方が，実用的には意味を持っている．

1.7　個別需要曲線と市場需要曲線

集計された市場需要曲線　以上で述べてきた需要曲線は，各個別の消費者の需要曲線であった．しかし，普通「需要曲線」と呼ばれるのは，個別需要曲線を集計した市場需要曲線 (market demand curve) である．これは，個別需要曲線をすべての消費者について水平に足し合わせることで得られる．

実際に集計された市場需要曲線を導出してみよう．図 1.16 では消費者 A と消費者 B の 2 人から成る財市場を考えている．価格 p のときの消費者 A，消費者 B の需要量をそれぞれ x^A, x^B と表す．価格 p' のときの消費者 A，消費者 B の需要量をそれぞれ $x^{A\prime}$, $x^{B\prime}$ と表す．このとき，図 1.16 の一番右に与えられる市場需要曲線は，上で述べたように個別需要曲線の「水平和」によって得られるのである．つまり，価格 p のときの各消費者の需要を「水平和」して $X = x^A + x^B$ と集計しており，価格 p' のときも同様のことを行い $X' = x^{A\prime} + x^{B\prime}$ という集計された市場需要が得られる．この水平和を任意の価格に対して行うことによって，図 1.16 の市場需要曲線は得られる．

市場需要曲線の性質　ところで，ギッフェン財は，本来市場需要曲線が右上がりの部分を持つ財として定義される．しかし，個別需要曲線が右上がりの部分を持つためにも，

- その財が下級財である

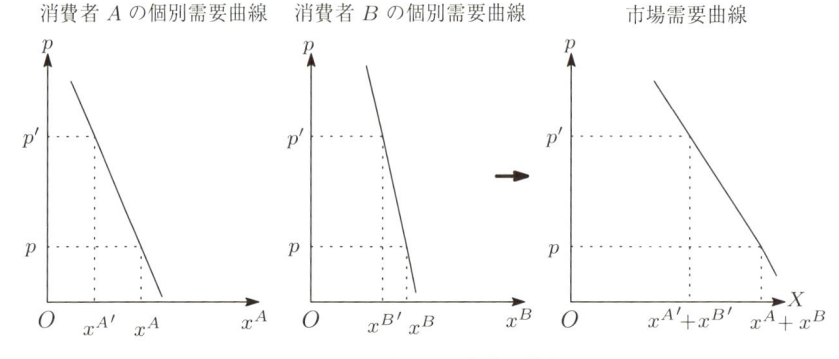

図 1.16　市場需要曲線の導出

- 所得効果の大きさが代替効果の大きさを上回る

ということが必要であり，あまり現実に起こりそうにはなかった．これに加えて，さらに市場需要曲線も右上がりの部分を持つためには，

- 同一の価格帯で右上がりの部分を持つ個別需要曲線がたくさんあり，右上がりでない個別需要曲線の効果を上回る

ということが必要である．これらの条件がすべて成立することは考え難く，現実の市場需要曲線はほとんど常に右下がりだと考えて良いだろう．

市場需要関数　また，上の需要曲線に関する議論を市場需要関数 (market demand function) に置き換えてみよう．各消費者 i の財に対する需要関数を $x^{iD}(p)$ とし，市場需要関数を $X(p)$ とする[20]．ただし p は当該財の価格である．上の個別需要曲線と市場需要曲線に関する議論（水平和）をそのまま用いれば，両者の間には，

$$X(p) = x^{AD}(p) + x^{BD}(p)$$

という関係があることがわかる．一般に，ある財市場に $1, \ldots, H$ の H 人の消費者が存在し，各消費者 i の需要関数が $x^{iD}(p)$ の場合，市場需要関数は

---

[20] ここでは，表記の単純化のため当該財以外の財の価格，所得を関数の変数から省略して書いている．このような需要関数の表記は今後は第 3 章以降で多用されるので覚えておくとよい．

$$X(p) = \sum_{i=1}^{H} x^{iD}(p) = x^{1D}(p) + x^{2D}(p) + \cdots + x^{HD}(p)$$

となるが，これは再び市場需要曲線に戻って考えてみると，H 人の個別需要曲線を「水平和」していることにほかならない．

1.8 応用例

1.8.1 労働供給の決定

現代社会に生きる多くの人々は，教育を受けた後に，働くことで賃金を受け取り生活することとなる．このとき個人は，労働時間をどのように決定するかという選択を迫られる．ここでは労働供給の決定について，消費者理論をつかって分析する．以下では，個人が 1 日の労働時間を決定し，労働による賃金を得て，その賃金を元にして消費財を購入するような状況を考える．

まず，個人の予算制約を導出しよう．個人は 1 日に最大 24 時間だけ働くことができる．労働時間以外の時間は余暇 (leisure) として労働以外の時間（睡眠，食事や趣味の時間）にあてる．そこで労働時間を ℓ とし，余暇時間を h で表わせば，

$$\ell + h = 24 \tag{1.11}$$

が成り立つ．労働によってお金を手に入れた個人は，消費財を購入する．1 時間あたりの賃金を w 円とすると，1 日の労働によって $w\ell$ を手に入れるので，この範囲で財を c 円分購入する．このときの予算制約式は

$$c = w\ell \tag{1.12}$$

となる．式 (1.11) と式 (1.12) より，予算制約は

$$wh + c = 24w$$

のように書き換えられる．この制約の下で，ある水準から余暇を 1 時間だけ増やしたとしよう．このとき，余暇を増やさなければ得られたはずの賃金は w である．この w を余暇の機会費用 (opportunity cost) という．

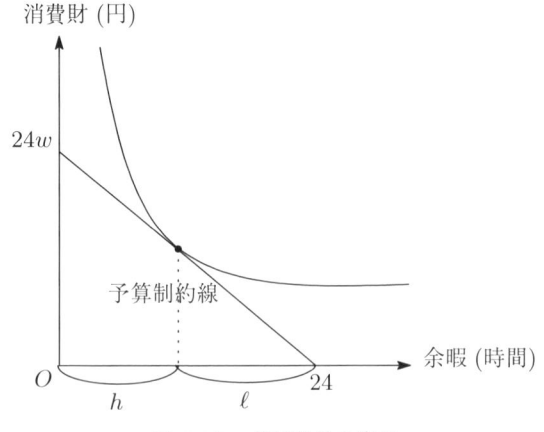

図 1.17 労働供給の決定

消費者の効用関数は，消費額 c と余暇 h に依存し，$u(h,c)$ で表される．このとき，消費額・余暇は多ければ多いほど効用は高くなるとする．すなわち，$\partial u(h,c)/\partial c > 0$ かつ $\partial u(h,c)/\partial h > 0$ が成り立つ．まとめると，消費者の直面する効用最大化問題は

$$\max_{(h,c)} u(h,c)$$
$$\text{subject to} \quad wh + c = 24w$$

と記述される．

この最大化問題の 1 階条件は，$MRS_{hc}(h,c) = u_h(h,c)/u_c(h,c) = w/1$ である．このことは，図 1.17 で示されるように，無差別曲線が予算線に接する点で労働供給が決まることからもわかる．

賃金の上昇 賃金が上昇した場合を考えてみよう．この場合，賃金が上がったのでもっと稼ぎたいという欲求と，少しの労働でお金がたくさん入るのなら余暇を楽しみたいという欲求がある．前者が代替効果であり，後者が所得効果である．この相反する二つの欲求の大小関係によって，労働供給が増えるのかが決まってくる．

図 1.18 に書かれている場合については，w から w' へと賃金が上昇することで，労働供給が E から E' へ変化する．このとき代替効果が所得効果を上

消費財 (円)

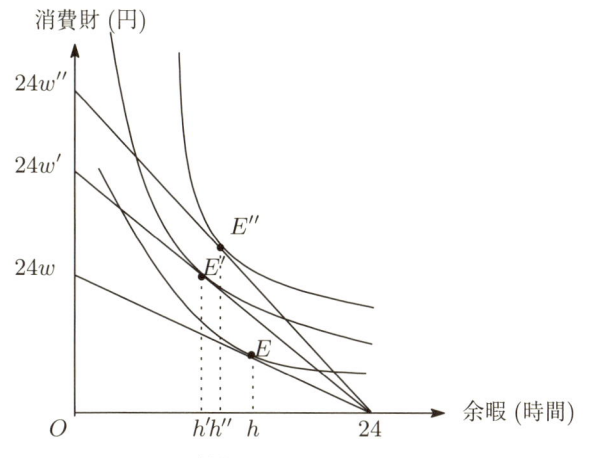

図 1.18 賃金の上昇による労働供給の変化

回り，労働供給が増えている．これに対して，さらに賃金が w'' へと上がった場合は，E' から E'' になり，労働供給が減っている．これは所得効果が代替効果を上回っているためである．

賃金の変化によって労働供給量がどのように変化するのかを表したものを**労働供給曲線** (labor supply curve) と呼ぶ．図 1.18 の議論では，賃金が低い水準にあるときに賃金が上昇すると（w から w' への変化），労働供給は増え（E から E'），賃金が高い水準にあるときに賃金が上昇すると（w' から w'' への変化），労働供給は減っていた（E' から E''）．図 1.19 は，このときの労働供給の決定を表した労働供給曲線である．このような労働供給曲線を，後方屈折型の労働供給曲線と呼ぶ．

生活保護　社会保障政策として，収入の低い人に生活保護として，労働賃金とは別に一定の金額を政府が支給することがある[21]．このような場合を考えてみよう．政府からの支給額を $T > 0$ とすると，予算制約式は，

$$c + wh = 24w + T \tag{1.13}$$

---

[21] したがって，ここで分析する「生活保護」は**一括型の補助金**（3.8.3 項参照）のことであり，現実に日本で実施されている生活保護とは異なる．より現実的な生活保護の経済学的取り扱いとその問題点については，6.6.2 項で解説する．

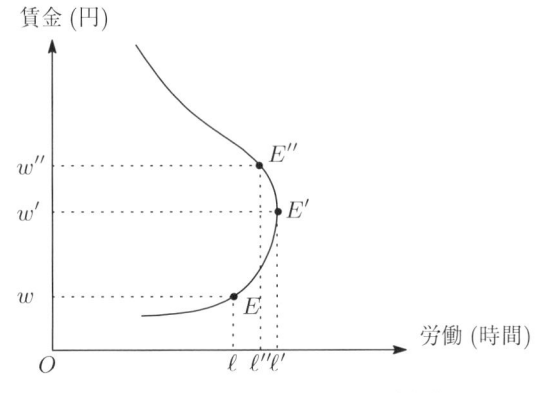

図 1.19　後方屈折型の労働供給曲線

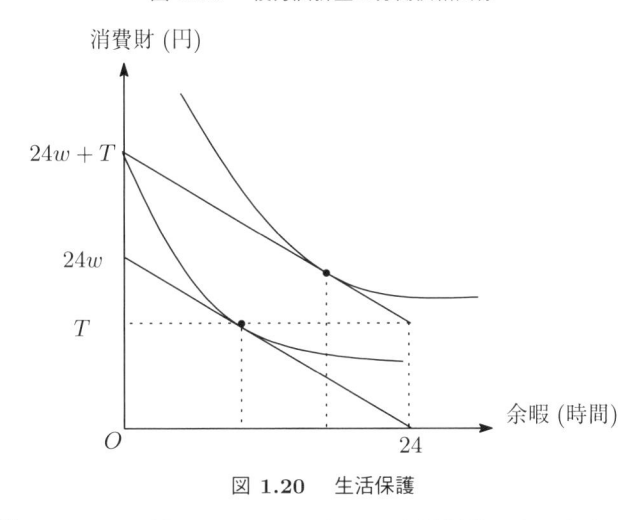

図 1.20　生活保護

となる[22]．図 1.20 に描かれているように，生活保護のないときの予算線が上方にシフトする．個人が最大で 24 時間しか働けないことには変わりないので，シフト後の予算線は途中で切れていることに注意されたい．

余暇が正常財であれば，図に示されているように，政府からの支給分 T があることで，ないときの労働供給量からより少ない労働供給量へと変化する．これは生活保護のような社会福祉政策によって，社会全体の労働供給が減る

---

[22] $T<0$ の場合は，1 人あたり一定の額を課税する人頭税と考えることができる．このような場合には，予算線は下方にシフトする．

可能性を示しており，公平性や倫理的観点からの議論のみでは社会福祉政策が評価できないことを示唆している．

1.8.2 貯蓄の決定

労働によって所得を手に入れた個人は，その所得のすべてを消費しないで，いくらかを貯蓄する．次に消費者理論によって，個人がどのように貯蓄するかを分析したい．

単純化のために，第 1 期と第 2 期の 2 期間からなるような場合を考えよう．第 1 期を若年期，第 2 期を老年期と考えて 1 期分を 30 年ぐらいの長さだと考えても良い．各期において，労働あるいは社会保障によって所得が得られるとしよう．第 1 期に得られる所得を y_1，第 2 期に得られる所得を y_2 とする．そこで，所得は (y_1, y_2) というベクトルによって表される．

若年期には，収入 y_1 を若年期の財の消費 c_1 と貯蓄 s に分けるので，若年期の予算制約は，

$$c_1 + s = y_1 \tag{1.14}$$

である．老年期には，若年期に貯蓄した財に利子がついて，その利率を r とすると，$(1+r)s$ が繰り越されてくる．これに老年期の所得 y_2 を加えたものが老年期の収入となり，これを第 2 期の消費 c_2 にあてるので，老年期の予算制約は，

$$c_2 = y_2 + (1+r)s \tag{1.15}$$

となる．第 1 期の予算制約式 (1.14) と第 2 期の予算制約式 (1.15) から，生涯の予算制約は，

$$c_1 + \frac{c_2}{1+r} = y_1 + \frac{y_2}{1+r} \tag{1.16}$$

である．図 1.21 にあるように，生涯の予算線は，点 (y_1, y_2) を通り，傾きの絶対値が $1+r$ の直線として表すことができる．老年期の 1 円は，若年期に $1/(1+r)$ 円を貯蓄したら手に入れることができる．つまり，老年期の消費や所得の価値は，現在の消費や所得の $1/(1+r)$ 倍と等価である．このよう

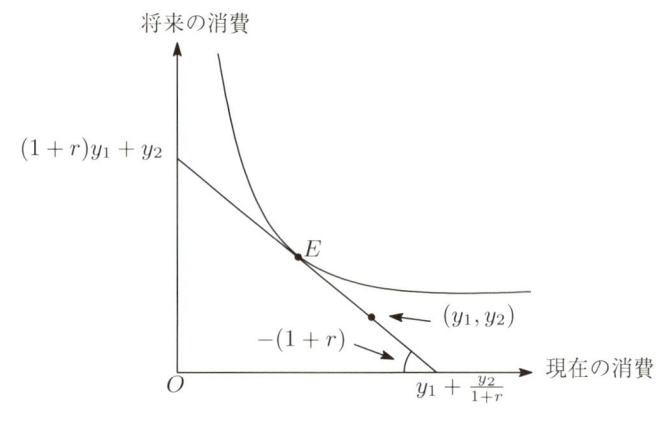

図 1.21 の説明：縦軸「将来の消費」、横軸「現在の消費」、縦軸切片 $(1+r)y_1 + y_2$、横軸切片 $y_1 + \frac{y_2}{1+r}$、予算線の傾き $-(1+r)$、無差別曲線と予算線の接点 E、賦存点 (y_1, y_2)。

図 1.21　貯蓄の決定

に，将来の価値を利子率のぶんだけ割り引いて現在の価値で評価したものを，**割引現在価値** (present discounted value) と呼ぶ．生涯の予算制約式 (1.16) は，消費と所得の割引現在価値の総和が等しくなることを表している．

消費者の効用関数は，若年期の消費 c_1 と老年期の消費 c_2 に依存し，$u(c_1, c_2)$ で表される．そこで貯蓄決定の最大化問題は，

$$\max_{(c_1, c_2)} u(c_1, c_2)$$
$$\text{subject to} \quad c_1 + \frac{c_2}{1+r} = y_1 + \frac{y_2}{1+r}$$

と表される．

最大化の 1 階条件は，$u_1(c_1, c_2)/u_2(c_1, c_2) = 1 + r$ となる．図 1.21 では，点 E において消費・貯蓄が決定されている．このケースでは若年期の所得に対して，老年期の所得が少ないので，若年期の所得の幾分かを貯蓄にまわして，将来の消費に備えている．このような貯蓄決定の問題においては，通常の効用関数の仮定の下では，現在の所得が多い場合は貯蓄をして将来に備え，将来の所得が多ければ借金によって現在の消費にあてる．このように現在と将来の消費をすり合わせることを，**消費のスムージング**と呼ぶ．

利子率の上昇　ここで利子率 r から r' に上昇したケースを考えてみよう．このとき，図 1.22 にあるように，予算線は (y_1, y_2) を中心として時計回りに回

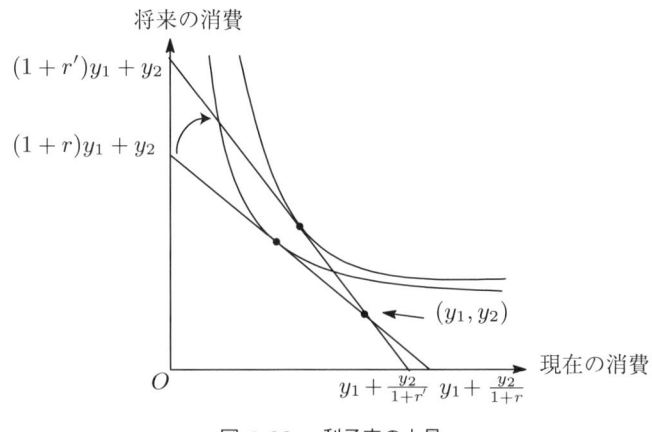

図 1.22　利子率の上昇

転する．

　このように利子率が上がると，貯蓄量はどのように変化するのであろうか．実は，利子率の上昇によって，貯蓄量は増加するとは限らず，減少する場合もある．どの場合になるのかは，代替効果と所得効果の大きさによって決まる．もともと貯蓄（借入）をする主体であったのなら，利子率の上昇は実質所得を増やす（減らす）ことになる．実質所得が増えたことによる所得効果は，現在消費が正常財であるのなら，現在消費を増やす方向に働きかける．それに対して，代替効果は，若年期の消費を減らし，老年期の消費を増やす方向に働く．したがって，当該家計が貯蓄主体であり現在消費が正常財のとき，所得効果が代替効果を上回っていれば，利子率の上昇によって貯蓄は減ることになる．逆に，代替効果が所得効果を上回っていれば，利子率の上昇により貯蓄は増える．図に示されているケースにおいては，個人の貯蓄は減っている．

借入制約　ここでは借入制約のある場合を考えてみよう．すなわち，貯蓄をすることはできるが，借り入れることはできないような状況を考える．実際に，我々は現実社会においてこのような状況に直面する場合も多い．

　若年期の予算制約式 (1.14) と老年期の予算制約式 (1.15) に加えて，借入の制約 $s = y_1 - c_1 \geq 0$ が加わる．この制約の含意するところは，s はゼロ以上

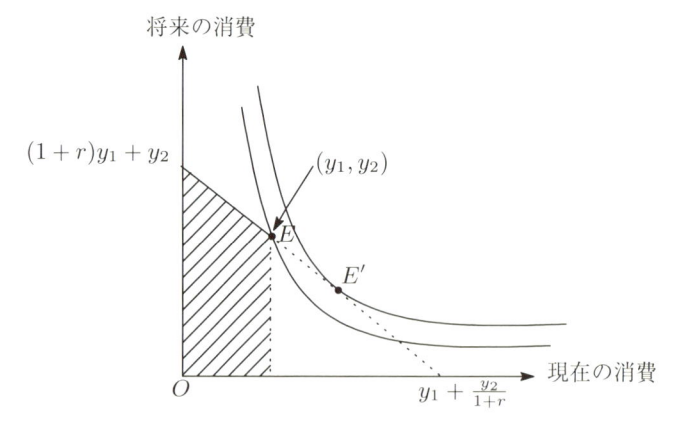

図 1.23　借入制約のあるケース

の値しか許されないので，借入を行うことができないことである．このときの予算集合は，図 1.23 のようになる．もともとの所得 (y_1, y_2) より右側に移ることが，借り入れてくることを意味するため，選択することができない．

図に示されている場合では，最適化の結果として，もともとの所得 E が選択される．借入制約がない場合には E' が選択されるので，より低い効用の下での消費しか行えない．この場合，個人に借入制約があるために，消費のスムージングがうまくできない．

現在所得が十分に多いようなケース（図 1.22 がそれにあたる）では，借入制約があっても効いてこないので，消費のスムージングに問題は起こらない．すなわち，借入ではなく貯蓄をしたかった個人は，借入制約があろうとなかろうと同じように貯蓄を行う．

割引因子　これまで効用関数については，一般的な形を想定して議論してきていた．しかしながら，応用の場面では効用関数を特定化する場合が多い．貯蓄の決定などの動学的な意思決定を扱うような場面では，$u(c_1, c_2) = v(c_1) + \delta v(c_2)$ といった効用関数を仮定することが多い．

この効用関数は，若年期の消費から得る部分（第 1 項）と，老年期の消費から得る部分（第 2 項）に分かれている．第 2 項の δ を**割引因子** (discount factor) と呼ぶ．これは個人がどのくらい将来の消費を重要視するかを表す指数となっている．例えば，$\delta = 1$ であれば，将来と現在の消費を同等にみな

している，と解釈できる．また，図の上では，式 (1.1) を用いると限界代替率が $MRS_{12}(c_1, c_2) = v'(c_1)/\delta v'(c_2)$ となることより，$c_1 = c_2$ となる 45 度線上での無差別曲線の傾きは $1/\delta$ と等しくなる．δ が小さいほど将来消費の価値が割り引かれて c_2 の変化に関心がなくなるため，無差別曲線が垂直に近くなっていくことが見て取れる．

第 2 章
生産者行動

先に述べたように，ミクロ経済学では，資本主義経済を構成する主体を通常，家計と企業に分類する．企業とは，「最終生産物の供給主体」であるとともに，「労働サービスなどの本源的資源の需要主体」である．われわれにとってもっともなじみ深い財である最終生産物の場合，企業はこれら最終生産物を「生産」する主体，つまり生産者である．そこで以下では，企業の行動を生産者行動として解説しよう．

本章では，十分に多数の生産者が存在する市場について解説する．このような市場では，個々の生産者は，マーケット・シェアが十分に小さいために市場価格に影響を与えることができず，市場価格を所与として行動することになる．少数の生産者しか存在しない市場など，個々の生産者が市場価格に影響を与える場合については，第 5 章で解説することにする．

2.1　企業とは何か

資本主義社会において，生産活動を行う経済主体である生産者 (producer) の大部分は企業 (firm) である．したがって，新古典派経済学における生産者の行動の分析は，基本的に企業の行動を分析することである．

2.1.1 株式会社とは何か

まず，企業の代表である株式会社 (corporation) とはいったいどのような組織であるのか簡単に説明しておこう．

そもそも，株式会社は中世ヨーロッパにおける遠隔貿易の中から生まれた．遠隔貿易はアジアやアメリカに航海し，織物や工業品などと引き換えに香辛料や貴金属などの貴重な商品を手に入れることで大きな富をもたらした．しかし，遠隔貿易は多額の資金を必要とし，暴風や海賊などのリスクも抱えていた．したがって，いくら富裕な貴族や商人でも，自分だけで遠隔貿易の費用を賄うことは困難だった．そこで生まれたのが，多数の出資者から株式と引き換えに出資を募ることで遠隔貿易の資金を賄い，成功したときには出資者に株式保有量に応じて成功報酬を支払い，失敗したときには出資者の株式が紙切れ同然となるという仕組みであった．

このことからもわかるように，株式会社の所有者は株式 (stock) の所有者である株主 (stockholder) である．したがって，ナイーヴな考え方をすれば，株式会社は株主の利益を最大化するように経営されなければならないことになる．

この株主の利益は株式会社の利益と深く関わっている．実際，株式会社の利益は，一部が株式への配当として株主に支払われ，残りが内部留保として株式会社に残される．内部留保としていくらか残された場合には，株式市場はその分を評価して株価が上昇することになり，株主は株式を売却することで資本所得，すなわち譲渡益を得ることができる．つまり，株式会社の利益は，配当または資本所得を通して株主の利益となるのである．したがって，株主の利益を最大化するように経営されるには，会社の利益を最大化するように経営されなければならないことになるのである．

2.1.2 利潤最大化行動

前項で述べたような理由から，新古典派経済学では，企業の行動目的は利潤最大化 (profit maximization) であると仮定する．

ただし，実際に企業の行動目的が利潤最大化であるかどうかについては，

いくつか疑問が残る．1930 年代にバーリ (Adolf A. Berle, Jr.) とミーンズ (Gardiner C. Means) が強調したように，かつては大株主がしばしば経営者であったのとは異なり，現代の経済社会では**所有と経営の分離** (separation of ownership and control) が進んでいる．実際，個人株主の大部分は小口の株主が中心になっており，株式会社の経営に携わることはほとんどない．また，年金基金や投資信託などの機関投資家は株式の大きな割合を保有しているが，多数の株式会社の株式を保有しているため，個々の経営に介入するより多数の株式会社にまたがる株式保有の割合を組み替えて資金の収益率を高めリスクを減らすことに精力を傾ける．その結果，企業の経営は株主ではない専門経営者（特に日本では，内部昇進によって経営陣に参加することになった旧従業員）が行うことが普通である．

この場合，株主は「依頼人 (principal)」として経営者という「代理人 (agent)」に「利潤を最大化してほしい」という期待を表明し，経営者を選任する株主総会での投票などを通じて何らかの圧力をかけることはできる．しかしながら，それだけでは経営者が株主の希望に添った行動を実行するとは限らない．なぜならば，株主（特に個人株主）は企業に関する詳細な情報を持っておらず，経営者が本当に利潤を最大化するような行動をとっているかどうか十分に判断できない．また，株主は経営者が本当に利潤を最大化しているかどうかを監督する時間的余裕もない．したがって，経営者は株主のために利潤を最大化するよりも，自分のために交際費を使ったり，自分の社内権力を高めるために無駄な出費を行ったりするかもしれないのである．

また，経営者が実際に経営を行う際には，会社の利害に密接な関係を持つ様々なステークホルダー (stakeholder) の意向を無視できない．企業のステークホルダーの中には，株主と経営者だけでなく，従業員，資金を貸し付けている銀行，製品を買っている顧客，生産に必要な原料や部品を納入している関連企業，工場の周辺地域，税金を納めている政府などの様々な主体がいる．

経営者がどのステークホルダーの意向を重視し，どのステークホルダーの意見を軽視するかは，企業をとりまく様々な環境的・制度的要因によって決定される．例えば，株の買い占めによる敵対的な企業買収が日常的に行われるアメリカでは，株主の利益を増すこと，特に株価を上昇させることが経営

判断上重要な位置を占める．これに対して，株式の持ち合いが大規模に行われていた日本では，株の買い占めによる敵対的な企業買収は困難であった．他方，「終身雇用制度」という言葉が示唆するように，長期雇用を確保するなど，従業員の利益を守ることに経営の重点が置かれていた．このように，企業をとりまく環境的・制度的要因が経営のあり方を決定するのである．このことを，企業のコーポレート・ガバナンス (corporate governance) または企業統治と呼ぶ[1]．

このような問題がありながら，新古典派経済学のみならず経済理論の多くが，企業の行動目的として利潤最大化を仮定する．その一つの理由は，コーポレート・ガバナンスを巡る理論が整理されておらず，企業をとりまく環境的・制度的要因と企業の行動目的との間にどんな関係があるかが明らかにされていないからである．もう一つの理由は，少なくとも長期的には，企業の行動目的として利潤最大化が正当化されると考えられるからである．実際，ある企業の行動目的が利潤の最大化ではない場合，この企業は利潤最大化を行動目的としている企業に比べて獲得できる利潤が小さくなってしまう．すると，この企業は設備投資や研究開発投資に遅れをとることになり，競争で敗退し市場から駆逐されることになるはずである．言い換えれば，市場に生き残っている企業は利潤を最大化しているはずということになるのである．

2.2 生産者の技術とその定義

以下では，利潤最大化を目的として行動する生産者を前提とした生産者行動の理論を説明しよう．

2.2.1 生産者行動の定式化

生産者は n 種類の生産要素 (input) を投入し，1 種類の生産物 (output) を生産するものとする．第 i 生産要素投入量を z_i，生産量を x とする．このとき，生産要素投入量の組 $(z_1, \ldots, z_n)$ を投入計画 (input plan) と呼ぶ．また，生産量と生産要素投入量の組 $(x, z_1, \ldots, z_n)$ を生産計画 (production plan)

---

[1] 株式会社やコーポレート・ガバナンスについては，岩井克人 (2003)，『会社はこれからどうなるのか』平凡社，を参照せよ．

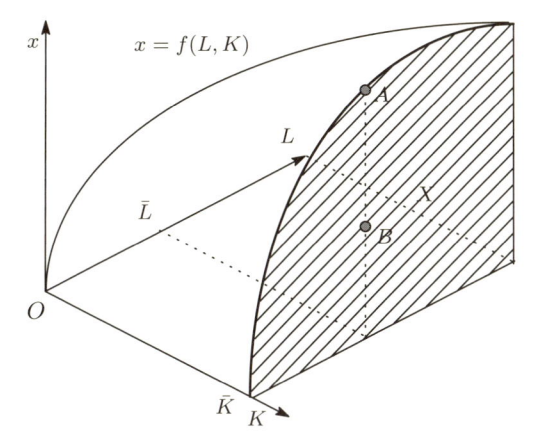

図 2.1　生産集合と生産関数

と呼ぶ．投入計画 $(z_1,\ldots,z_n)$ における，当該生産者の技術から達成可能な最大の生産量を $x = f(z_1,\ldots,z_n)$ と表す．この f を**生産関数** (production function) という．以下では，議論を単純にするために，生産要素が労働と資本の 2 種類の場合を考え，労働投入量を L，資本投入量を K で表す．この場合，生産関数は $x = f(L,K)$ と表される．

いま，市場で決まる生産物の価格を p，労働の価格，すなわち，**名目賃金率** (nominal wage rate) を w，資本の価格を r とする．このとき，生産者の**利潤** (profit) は $px - wL - rK$ として表すことができる．新古典派経済学では，生産者は，市場で決まる価格の組を所与として，技術の範囲内で利潤を最大にするような生産計画を選択する，すなわち，次の条件付き最大化問題

$$\max_{(x,L,K)} \quad px - wL - rK$$

$$\text{subject to} \quad x = f(L,K)$$

の解を選択するものと考える．

2.2.2　生産集合と生産関数

さて，生産者は生産関数 $x = f(L,K)$ を満たす生産計画 (x,L,K) を選択するものと仮定していたが，この点について少し説明しておこう．

生産者の技術によって実行することができる（$x \leq f(L,K)$ を満たす）生

産計画 (x, L, K) の集合を**生産集合** (production set) という．図 2.1 にある立体の（境界部分も含んだ）下側の領域は生産集合を例示したものである．斜線の領域 X は，資本が $\bar{K}$ だけ投入されたときの生産集合の断面図である．いま，点 A では点 B と同じだけの生産要素の量 $(\bar{L}, \bar{K})$ をもってより大きな生産をすることができる．つまり，点 B のような生産計画は，生産要素を生かしきっていない生産計画である．このような無駄を含まないような生産計画は，点 A のような生産集合の境界部分であり，そのような生産計画を**効率的** (efficient) な生産計画と呼ぶ．生産関数 $x = f(L, K)$ は，この効率的な部分だけを表す関数である．つまり，生産関数は図 2.1 の立体の境界面を表す式に他ならない．

したがって，生産関数 $x = f(L, K)$ を満たす生産計画 (x, L, K) を選択するというのは，常に効率的な生産計画を実行することを仮定しているのである．この仮定は，利潤の最大化を目指す生産者に対しては無害であるが，政府規制下にある生産者など，利潤最大化を目的としているとは言えない生産者に対しては必ずしも妥当ではないことに留意が必要である．

Column ＿＿＿＿＿＿＿＿＿＿＿＿＿＿＿＿＿＿＿＿＿＿＿ 人的資本とインセンティヴ

本文では，労働投入量が生産量を決定すると考えました．より具体的には，総労働投入時間（労働者数 × 平均労働時間）が生産量を決定するという考え方が広く受け入れられています．しかし，実際には，労働投入量と生産量との関係はそれほど単純ではありません．総労働投入時間が同じでも，生産量が同じになるとは限らないのです．その理由をいくつか説明しましょう．

第 1 に，標準化された機械や部品と異なって，個々の人間の生得能力には違いがあり，生得能力の高い人ほど生産性が高くなります．また，個々の人間が身につけている技能にも違いがあります．学校教育の多くではどの企業でも役立つ一般的な技能 (general skill) を，特定企業の実地訓練 (on-the-job training) では当該企業の中でしか役に立たない企業特殊技能 (firm-specific skill) を習得することができますが，いずれの技能であろうとも，技能の高い人ほど生産性が高くなります．個人が生得的に持っている能力や，教育や訓練によって身につけた技能は**人的資本** (human capital) と呼ばれます．労働生産性はその人がどれだけの人的資本を持っているかに依存するわけです．

第 2 に，生身の人間である以上，真面目に働くかどうかで生産性は異なります．例えば，待遇の悪い劣悪な職場環境にいる労働者は，しばしばサボタージュで抵抗し，生産性が低下します．どれだけ真面目に働くかは労働者本人が決定することです．した

がって，企業が労働投入量を自由に選択できると仮定することは，この事実を無視しているものと言えます．企業にできることは，職場の環境を改善し満足できる賃金を与えることなど，真面目に働くインセンティヴを引き出すことだけです．この点については，第6章で改めて説明しましょう．

2.2.3 長期と短期の生産計画

生産者は自分の持っている技術の下で，効率的な生産計画を実現するものと考えた．しかし，選択できる生産計画は，どの程度遠い将来に実現しようとしているものなのかによって変わってくるものである．

このことを考えるために，「工場設備」という生産要素の投入を増やすことを考えてみよう．そのためには，新しい工場の建設が必要であり，数ヶ月間の時間の余裕が必要である．これに対して，「電力」という生産要素の投入ならば，その投入量を一瞬で調整できる．つまり，生産要素によってその投入量の調整に必要な時間が異なり，十分に長い時間的スパンをカバーしている場合には実行可能な生産計画も，時間がない場合には実行不可能になる．

いま，時間的スパンを固定し，その間に投入量を調整できるような生産要素を**可変生産要素** (variable input) と呼び，その間には投入量を調整できないような生産要素を**固定生産要素** (fixed input) と呼ぶ．そして，すべての生産要素の投入量を調整できる，つまり，すべての生産要素が可変生産要素になるような十分に長い時間的スパンを**長期** (long run) と呼び，それ以外の時間的スパンを**短期** (short run) と呼ぶ．厳密に言えば，どの生産要素までが可変生産要素かで様々な短期の概念がある．しかし，簡単化のために，短期とは固定生産要素がある場合という定義にとどめ，それ以上に深くは立ち入らないことにする．

これからは，短期では労働のみが可変生産要素で，長期では資本も可変生産要素になると仮定して議論を進めていくことにする[2]．

---

[2] しかし，従業員の労働サービスは当人の技能の熟練度や専門知識の蓄積量に依存するため，労働投入量を変えようとしても長い時間がかかることも多い．また，機械設備などの資本は産業の発達に伴ってリース市場が整備されると比較的調整が容易になる．その意味で，労働の方が資本より固定的だと考えるのが現実的な場合も多い．

図 2.2　総生産物曲線

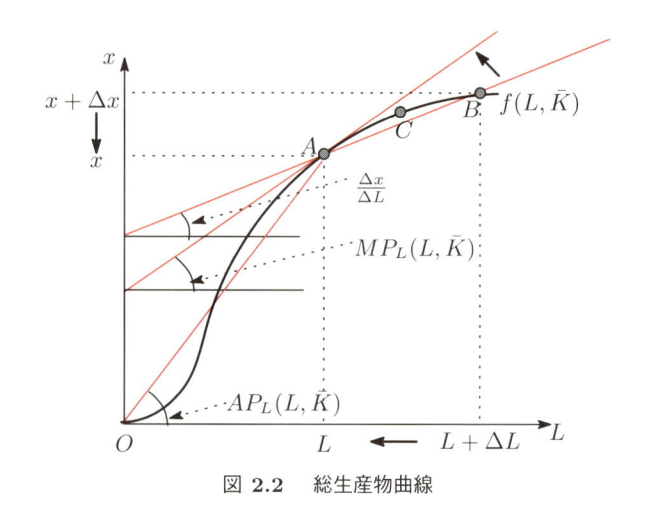

2.3 生産関数の性質

本節では，生産関数についての

- 限界生産性逓減の法則
- 技術的限界代替率逓減の法則
- 規模の経済性

といった性質について検討する．なお，生産関数 f は (L, K) に関して微分可能であることを仮定する．

2.3.1 限界生産性逓減の法則

まず，資本投入量が $\bar{K}$ で固定されている状況を考えよう．このとき，生産関数 $x = f(L, \bar{K})$ は，図 2.2 の太線で表されたグラフのように，労働投入量 L と生産量 x との 2 次元のグラフで表すことができる．このグラフを労働の総生産物曲線 (total product curve) と呼ぶ．

平均生産性　図 2.2 の点 A のような，労働の総生産物曲線上の生産計画 $(x, L, \bar{K})$ における労働 1 単位あたりの生産量は，

$$AP_L(L, \bar{K}) \equiv \frac{f(L, \bar{K})}{L} = \frac{x}{L}$$

である．この値を労働の平均生産性 (average productivity)，あるいは，労働の平均生産物 (average product) と呼ぶ．この値は点 $(L, f(L, \bar{K}))$ と原点 $(0, 0)$ を通る直線の傾きで表されることになる．

限界生産性 図 2.2 の点 A のような，労働の総生産物曲線上の生産計画 $(x, L, \bar{K})$ において，労働を増加させたときの生産物の増加量について考えてみよう．そのために，労働投入を L から $L + \Delta L$ に増やしてみよう．このとき，生産量が x から $x + \Delta x$ に増加するとすれば，増やした労働投入 1 単位あたりに増加する生産量は $\Delta x/\Delta L$ であり，線分 AB の傾きに等しい．この傾きは労働投入をどれだけ増やすか，つまり ΔL の大きさをどれだけにするかに依存する．ここで，労働投入の増分 ΔL を減らしていくと，労働投入量と生産量を表す点は点 B から点 C へと移動していき，さらに労働投入の増分をゼロに近づけた場合の極限を考えれば，

$$MP_L(L, \bar{K}) \equiv \frac{\partial f(L, \bar{K})}{\partial L} = \lim_{\Delta L \to 0} \frac{\Delta x}{\Delta L}$$

となる．この値を，労働の限界生産性 (marginal productivity)，あるいは，労働の限界生産物 (marginal product) と呼ぶ．この値は，点 $(L, f(L, \bar{K}))$ における総生産物曲線の接線の傾きで表されることになる．

消費者理論で学んだ効用はその値自体は意味を持たない序数的な概念であり，効用の平均値や限界値もその値自体は意味を持たない概念である．それに対して，生産量はその値自体が意味を持つ基数的な概念であり，平均生産性や限界生産性もその値自体が意味を持つ概念である．

なお，労働投入量を固定して，資本の平均生産性や資本の限界生産性も同様に定義できる．資本投入量を固定しているのは，労働の限界生産性や労働の平均生産性といった概念を定義するための便宜に過ぎず，必ずしも短期を想定しているわけではないことに注意してほしい．

限界生産性逓減の法則 労働投入量（一般的には，任意の生産要素投入量）の増加は，二つのルートで生産量の増加に寄与すると考えられる．一つは労働

投入量が増加したことによる直接的効果であり，もう一つは労働投入量の増加によってより高度な分業が行えるようになる効果である．

1番目に挙げた，労働投入量の増加の直接的効果は労働投入量の増大とともに逓減すると考えられる．なぜならば，労働投入量が相対的に小さいときには，労働が資本に比べて希少である（つまり，$L/\bar{K}$ の値が小さい）から，労働投入量の増加は大きく生産量の増加に寄与すると考えられる．それに対して，労働投入量が相対的に大きいときには，労働は資本に比べて希少でない（つまり，$L/\bar{K}$ の値が大きい）から，労働投入量が増加してもそれほど生産量は増加しないであろう．

この考えの下では，生産技術には「労働投入の増大に伴って，労働の限界生産性が逓減していく」という一般的傾向が存在すると考えられる．これを限界生産性逓減の法則 (law of diminishing returns) と呼ぶ．限界生産性逓減の法則は，

$$\frac{\partial MP_L(L,\bar{K})}{\partial L} \leq 0$$

と表すことができる．限界生産性逓減の法則は，別の生産要素の存在により起こる現象であることに注意しよう．

しかしながら，限界生産性が逓増する可能性もありえる．その理由が，先ほど2番目に挙げた，労働投入の増大に伴い分業が可能になることで生産性が上昇する効果，すなわち，分業 (division of labor) の利益である．この分業の利益が発生する理由として，特化の利益と資本の有効活用が挙げられる．以下，トラックおよび事務所という資本と従業員という労働を投入する宅配便事業を例にして説明していこう．

特化 (specialization) の利益とは，担当業務への特化による習熟から生じる生産性上昇を指す．例えば，従業員が1人の場合には，従業員は配送と事務作業を1人で行わなければならない．しかし，従業員が2人以上の場合には，各自が担当業務に特化することにより，トラック担当の従業員はどの配送ルートがいいのか慣れていき，事務所担当の従業員は書類仕事に慣れていくことになる．つまり，従業員の人的資本が増加することになり，生産性は上昇することになるだろう．

次に，資本の有効活用について説明しよう．例えば，従業員が1人の場合，

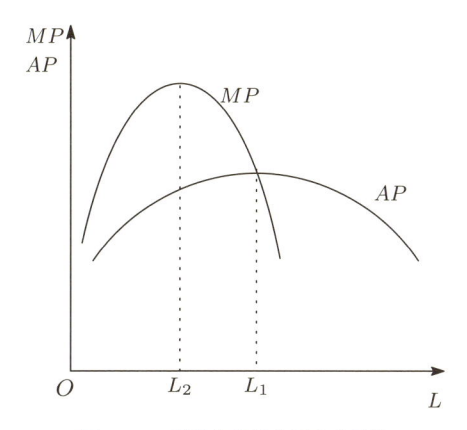

図 2.3　限界生産性と平均生産性

従業員が事務所にいる間はトラックは稼動しておらず1日あたり0.4台分程度しか稼動していないかもしれない．しかし，トラックを調達する場合には0.6台分を処分することはできない．このように，1単位未満の規模では利用できないという性質を**不可分性** (indivisibility) と呼ぶ．従業員が増加すればこのような資本の不可分性に起因する低生産性が解消すると考えられ，これを資本の有効活用と呼ぶ．

従業員が少ないときに新たに従業員が加わると，個々の従業員が特化できるようになり，不可分な資本が有効活用されるようになるから，分業の効果は大きい．しかし，従業員が十分に多いときに新たに従業員が加わっても，個々の従業員はすでに特化しており，不可分な資本もすでに有効活用されているであろうから，分業の効果は小さい．

したがって，労働投入量増加の直接効果と分業の効果を考えると，「労働投入の増大に伴って，労働の限界生産性が最初は逓増し，ある段階からは逓減していく」ということもありえる．この場合，総生産物曲線は，図2.2のように，最初は急になりある段階からは緩やかになるというS字型の形状に，限界生産性曲線は，図2.3のように，最初は逓増してある段階からは逓減するという逆U字型の形状になる．

以下では，限界生産性は負にはならないものと仮定して議論を進めていく．

■**無償処分可能性**　「限界生産性が負にならない」という仮定を奇妙に感じる読者がいるかもしれない．例えば，アパートの一室で，労働者が生産活動を行っている場合を考えよ

う．このとき，部屋に余裕があれば，労働の限界生産性は正である．しかし，部屋が満員になっていれば，労働者を増やすことで混雑して生産性が低下するため，労働の限界生産性は負になるかも知れない．

しかし，生産要素が無償処分可能 (free disposal)，すなわち，「何の追加的費用も負担せずに処分できる」のであれば，限界生産性が負になることはない．例えば，定員 10 人の部屋で，10 人で作業を行うときより，さらに 1 人を加えて 11 人で作業を行うときの方が生産量が減少してしまうものとしよう．このとき，労働が無償処分可能，すなわち，労働者を費用負担なしに帰らせることができるのであれば，11 人のときには，1 人を帰らせて 10 人で作業を行うことで，10 人のときと同じだけの生産量を達成することができる．つまり，この場合の限界生産性は 0 になるのである．

平均生産性と限界生産性の関係　ここでは，総生産物曲線の形状が S 字型の場合に，平均生産性曲線と限界生産性曲線はどのような形状になり，どのような関係があるのか説明しよう．

まず，平均生産性について図 2.4 を見てみよう．点 A における労働投入量のとき，平均生産性は線分 OA の傾きで与えられる．それより労働投入量が増加するにつれて平均生産性も増加し，点 B における労働投入量 L_1 のとき，平均生産性は最大値をとる．点 C が示すように，それより労働投入量が増加するにつれて平均生産性は減少する．

次に，すでに少し説明しているが，限界生産性について図 2.5 を見てみよう．点 D における労働投入量のとき，限界生産性は点 D における接線の傾きで与えられる．それより労働投入量が増加するにつれて限界生産性も増加し，点 E における労働投入量 L_2 のとき，限界生産性は最大値をとる．点 F が示

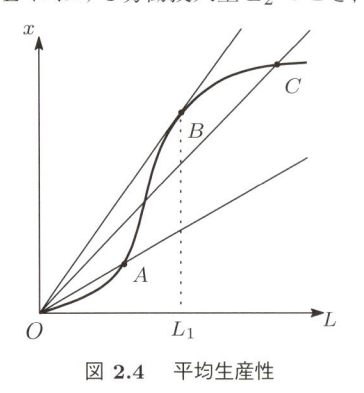

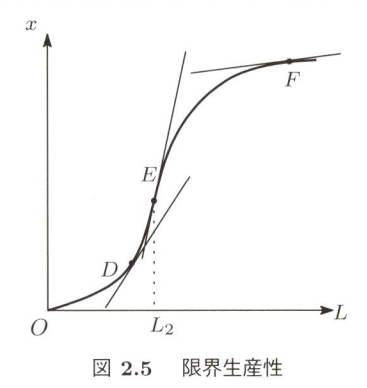

図 2.4　平均生産性

図 2.5　限界生産性

すように，それより労働投入量が増加するにつれて限界生産性は減少する．

これから，限界生産性曲線と平均生産性曲線はともに逆 U 字型になることがわかる．また，少し注意を払うと，労働投入量が（平均生産性が最大値をとる）L_1 より小さいときには平均生産性は限界生産性より小さく，労働投入量が L_1 のときには平均生産性は限界生産性と等しく，労働投入量が L_1 より大きいときには平均生産性は限界生産性より大きい．すなわち，

$$L \lesseqgtr L_1 \Leftrightarrow AP_L(L,\bar{K}) \lesseqgtr MP_L(L,\bar{K})$$

という関係が成立することもわかる．より厳密には，商の微分の公式より，

$$\begin{aligned}\frac{\partial AP_L(L,\bar{K})}{\partial L} &= \frac{\partial}{\partial L}\left(\frac{f(L,\bar{K})}{L}\right) \\ &= \frac{\partial f(L,\bar{K})/\partial L}{L} - \frac{f(L,\bar{K})}{L^2} \\ &= \frac{MP_L(L,\bar{K}) - AP_L(L,\bar{K})}{L}\end{aligned}$$

となることから，この関係が成立することがわかる．したがって，両者は図 2.3 のように表される．

■**チェイン・ルールと商の微分の公式** ここでは，チェイン・ルールと商の微分の公式を紹介しよう．

まず，**チェイン・ルール**と呼ばれる**合成関数の微分の公式**を紹介しよう．これは，関数 $f(x)$, $h(y)$ の合成関数 $h(f(x))$ に関する

$$\frac{dh(f(x))}{dx} = h'(f(x))f'(x)$$

という公式である．例えば，$f(x) = x^2$, $h(y) = y^2$ のとき，合成関数 $h(f(x))$ を x で微分してみよう．すると，$h(f(x)) = x^4$ より，直接微分すると $4x^3$，他方，$f'(x) = 2x$, $h'(y) = 2y$ より，チェイン・ルールを適用しても $2x^2 \cdot 2x = 4x^3$ となり，結果は一致する．いま，$h(y) = 1/y$ とすると，$h'(y) = -1/y^2$ である．このとき，チェイン・ルールを用いると，

$$\frac{d}{dx}\left(\frac{1}{f(x)}\right) = \frac{dh(f(x))}{dx} = h'(f(x))f'(x) = -\frac{f'(x)}{(f(x))^2}$$

が得られることに注意しておこう．

次に，**商の微分の公式**を紹介しよう．これは，x の関数 $f(x)$, $g(x)$ の商 $f(x)/g(x)$ に関する

$$\frac{d}{dx}\left(\frac{f(x)}{g(x)}\right) = \frac{f'(x)}{g(x)} - \frac{f(x)g'(x)}{(g(x))^2}$$

という公式である．この公式は，積の微分の公式とチェイン・ルールから導出できる．

2.3.2 技術的限界代替率逓減の法則

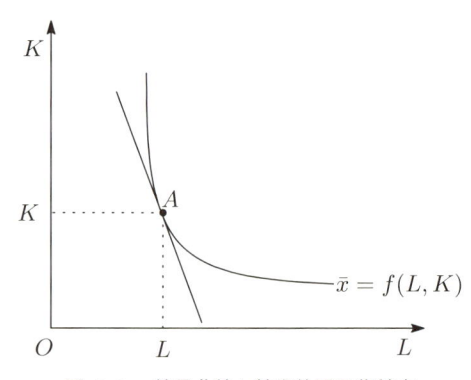

等量曲線と技術的限界代替率　まず，「$\bar{x} = f(L, K)$ を満たす (L, K) の集合」を考える．この集合は，同じ生産量 $\bar{x}$ を実現する投入計画 (L, K) の集合を表しており，**等量曲線** (isoquant) と呼ばれる．

等量曲線は，無差別曲線と同じように，図 2.6 のような L を横軸，K を縦軸にとった平面に図示できる．ここで，無差別曲線の接線の傾きの絶対値を（消費の）限界代替率と定義したように，等量曲線の接線の傾きの絶対値を労働の資本に対する**技術的限界代替率** (marginal rate of technical substitution) $MRTS_{LK}$ と定義する．図 2.6 では，点 A における接線の傾きの絶対値が，(L, K) における労働の資本に対する技術的限界代替率 $MRTS_{LK}(L, K)$ である．この値は，（消費の）限界代替率と同様に，同じ生産量を保つためには限界的な労働増加 1 単位あたり資本を何単位減少できるかを表しているから，**生産における労働の重要度を資本で測ったもの**だと言うことができる．

また，消費の限界代替率と同じように，

$$MRTS_{LK}(L, K) = \frac{MP_L(L, K)}{MP_K(L, K)}$$

という関係が得られる．つまり，技術的限界代替率は，労働の限界生産性

図 2.6　等量曲線と技術的限界代替率

$MP_L(L,K) = \partial f(L,K)/\partial L$ と資本の限界生産性 $MP_K(L,K) = \partial f(L,K)/\partial K$ の比率として表せる．

技術的限界代替率逓減の法則　通常，等量曲線上で労働を増加させ資本の投入を減少させれば，労働の限界生産性は逓減し，資本の限界生産性は逓増すると考えられる．すなわち，等量曲線に沿って労働を増加させれば，労働の資本に対する技術的限界代替率は逓減する．これを技術的限界代替率逓減の法則 (law of diminishing marginal rate of technical substitution) と呼ぶ．

生産関数が技術的限界代替率逓減の法則を満たす場合，等量曲線の形状は図 2.6 のように，原点に対して凸，つまり，等量曲線の右上の領域のどの二つの点をとっても，それらの点を結んだ線分もまた等量曲線の右上の領域になるような形状になる．

2.3.3　規模の経済性

次に，労働投入量と資本投入量を同じ比率で増加させた場合，生産量はどう増加するか考えてみよう．

任意の $t > 1$, 任意の $(L, K) \neq (0, 0)$ について，$f(tL, tK) < tf(L, K)$ が成り立つとき，生産関数 f を規模に関して収穫逓減 (decreasing returns to scale) と呼ぶ．これは，労働投入量と資本投入量を元の t 倍にしても，生産量は元の t 倍より小さくなる場合である．また，任意の $t > 0$, 任意の $(L, K) \neq (0, 0)$ について，$f(tL, tK) = tf(L, K)$ が成り立つとき，生産関数 f を規模に関して収穫一定 (constant returns to scale) と呼ぶ．これは，労働投入量と資本投入量を元の t 倍にすると，生産量も元の t 倍になる場合である．そして，任意の $t > 1$, 任意の $(L, K) \neq (0, 0)$ について，$f(tL, tK) > tf(L, K)$ が成り立つとき，生産関数 f を規模に関して収穫逓増 (increasing returns to scale) と呼ぶ．これは，労働投入量と資本投入量を元の t 倍にするだけで，生産量は元の t 倍より大きくなる場合である．

なお，生産関数が規模に関して収穫一定であることは，生産関数が1 次同次 (homogeneous of degree 1) であることと同じである．また，収穫逓増の状況を規模の経済性 (economies of scale) があると言ったりもする．

では，どういった理由で収穫逓増や収穫逓減が起こりうるのか説明しよう．

規模に関する収穫逓増　規模に関する収穫逓増という性質が生まれる最大の理由は生産要素の不可分性である．例えば，機械を 0.1 台だけ調達したり，労働者を 0.1 人だけ雇用するということはできないため，操業規模が小さいうちは，可分であったなら必要のなかった生産要素を，投入しなければならない．言い換えると，生産を増やすとしても，生産要素の投入が 1 単位を越えるまでは当該生産要素の投入を増やす必要はない．このため，生産量が増えても，生産要素をそれに見合って増やす必要がなく，それだけ生産規模の増大以下の要素投入で済ますことができる．これが，規模に関する収穫逓増という現象が発生する理由である．

規模に関する収穫逓減　これに対して，規模に関する収穫逓減現象が発生する最大の理由は組織である．通常，経営組織は階層構造をしている．1 人の上司が監督できる部下の数には限界があり，多数の部下を監督するためには組織を階層構造にして監督能力の限界を補う必要がある．このとき，組織を 2 倍にすると，新たな階層などを付け加える必要がでてくる．その結果，規模に関する収穫逓減現象が発生するのである．

2.4　短期の生産者行動：直接的な利潤最大化

すでに述べたように，生産者は，生産関数によって規定される実行可能な生産計画の中から，利潤を最大にする生産計画を選択すると考える．資本投入量が $\bar{K}$ に固定されている短期の場合，生産者の利潤最大化問題は

$$\max_{(x,L)} \quad px - (wL + r\bar{K})$$
$$\text{subject to} \quad x = f(L, \bar{K}) \tag{2.1}$$

となる．この問題を解くことにより最適解 $(x^S(p,w,r,\bar{K}), L^D(p,w,r,\bar{K}))$ が得られるが，最適生産量 $x^S(p,w,r,\bar{K})$ は（短期の）供給関数 (supply function)，最適労働投入量 $L^D(p,w,r,\bar{K})$ は（短期の）労働要素需要関数 (factor demand function) と呼ばれる．特に必要がない限り，これらの関数を省略して $x^S(p)$, $L^D(w)$ と表すことにする．

利潤最大化問題 (2.1) の最適解は，生産関数を利潤に代入した，

$$\max_L \quad pf(L, \bar{K}) - (wL + r\bar{K})$$

の最適解を求めることでも得られる．実際，この問題を解くと労働の要素需要関数 $L^D(w)$ が得られ，これを生産関数に代入すると供給関数 $x^S(p)$ が得られる．

この最適解について最大化の 1 階条件より次のようなことが言える．

> **命題 2.1** 短期の利潤最大化問題の最適労働投入量は，内点解であるなら，
>
> $$MP_L(L, \bar{K}) = \frac{w}{p} \tag{2.2}$$
>
> を満たす，すなわち，労働の限界生産性と実質賃金が等しくなる労働投入量 L である．

式 (2.2) の両辺に p をかけると，

$$pMP_L(L, \bar{K}) = w$$

となる．この式の左辺は，労働投入量を 1 単位増やしたときの（名目での）収入の増分であり，限界価値生産物 (marginal value product) と呼ばれる．右辺は，名目賃金率，すなわち，労働投入量を 1 単位増やしたときの（名目での）費用の増分である．したがって，労働投入量を 1 単位増やしたときの収入の増分（限界価値生産物）と費用の増分（名目賃金率）が等しくなる労働投入量が選ばれることが利潤最大化の条件になる．

さて，式 (2.2) が成立しなかった場合を考えてみよう．もし，労働の限界生産性の方が実質賃金より大きければ，労働投入量を微小に増やすと，それによる収入の増分が費用の増分よりも大きいため，利潤が増加する．逆に，労働の限界生産性の方が実質賃金より小さければ，労働投入量を微小に減らすと，それによる収入の減少分が費用の減少分よりも小さいため，利潤が増加する．したがって，式 (2.2) を満たすことが利潤最大化の条件になるのである．

労働の要素需要 $L^D(p, w, r, \bar{K})$ は $(p, w, r, \bar{K})$ が与えられたとき，1 階条件 $MP_L(L, \bar{K}) = \frac{w}{p}$ をみたす L の値として導出できる．したがって，限界生産

性逓減の法則から $MP_L(L, \bar{K})$ が L について減少であることを考慮すると，$(p, r, \bar{K})$ が一定のもとで w が増加すると，労働需要は減少しなくてはならない．すなわち，企業の労働需要曲線 $L^D(w)$ は労働の価格 w に対して右下がりとなる．

また，利潤最大化問題 (2.1) から明らかなように，生産物の価格 p, 労働の価格 w がともに同じ比率で変化した場合には，供給量も労働の需要量も全く変化しないことに注意しておこう．すなわち，（短期の）供給関数と（短期の）労働の要素需要関数は，(p, w) についての 0 次同次関数となるのである．

例 2.1 コブ・ダグラス生産関数 $x = L^\alpha K^\beta$ を持つ生産者を考えてみよう．ただし，$\alpha, \beta > 0, \alpha + \beta < 1$ とする．資本投入量が $\bar{K}$ に固定されている短期の場合，生産者の利潤最大化問題は

$$\max_{(x, L)} \quad px - (wL + r\bar{K})$$
$$\text{subject to} \quad x = L^\alpha \bar{K}^\beta$$

となる．

ラグランジュ関数は，λ をラグランジュ乗数とすると，

$$\mathcal{L}(x, L, \lambda) = px - (wL + r\bar{K}) + \lambda(L^\alpha \bar{K}^\beta - x)$$

となる．ラグランジュ乗数法の 1 階条件は

$$p - \lambda = 0 \tag{2.3}$$
$$-w + \alpha \lambda L^{\alpha-1} \bar{K}^\beta = 0 \tag{2.4}$$
$$L^\alpha \bar{K}^\beta - x = 0 \tag{2.5}$$

となる．式 (2.3) と式 (2.4) より，

$$\alpha L^{\alpha-1} \bar{K}^\beta = \frac{w}{p}$$

なので，労働の要素需要関数は

$$L^D(w) = p^{\frac{1}{1-\alpha}} \left(\frac{\alpha}{w}\right)^{\frac{1}{1-\alpha}} \bar{K}^{\frac{\beta}{1-\alpha}} \tag{2.6}$$

となる．式 (2.6) を式 (2.5) に代入すると，供給関数は

$$x^S(p) = p^{\frac{\alpha}{1-\alpha}} \left(\frac{\alpha}{w}\right)^{\frac{\alpha}{1-\alpha}} \bar{K}^{\frac{\beta}{1-\alpha}} \tag{2.7}$$

となる．

また，生産関数を利潤に代入して，

$$\max_{L} \quad pL^{\alpha}\bar{K}^{\beta} - (wL + r\bar{K})$$

を解くことによっても同じ解を得られる．実際，利潤最大化の 1 階条件は

$$\alpha pL^{\alpha-1}\bar{K}^{\beta} - w = 0$$

であるから，これを L について解けば式 (2.6) が得られ，これを生産関数に代入すると式 (2.7) が得られる．★

2.5 短期の生産者行動：費用最小化

すでに述べたように，短期の場合，資本投入量は固定されている．そこで，$\bar{K}$ を（短期的に固定された）資本投入量だとしよう．そうすると，2.4 節でも述べた通り，短期の利潤最大化問題は (2.1) のように書くことができる．ところが，これを一度に分析しようとすると，生産物の生産量と労働の投入量を同時に選択しなければならないため，分析がやや複雑になる．そこで問題をより理解しやすいよう，利潤最大化問題を二つの問題に分割する．

1. まず，任意の生産量 x について，労働投入量 L を適切に選ぶことで，生産量 x を生産するために必要な費用の最小化

$$\begin{aligned}\min_{L} \quad & wL + r\bar{K} \\ \text{subject to} \quad & x = f(L, \bar{K})\end{aligned} \tag{2.8}$$

を図る．その結果，最適解 $\hat{L}^D(x,w,r,\bar{K})$ および最適値 $C(x,w,r,\bar{K}) = w\hat{L}^D(x,w,r,\bar{K}) + r\bar{K}$ が得られる．$C(x,w,r,\bar{K})$ は，短期の「費用関数」と呼ばれる．

2. 次に，$C(x,w,r,\bar{K})$ を前提に，今度は生産量 x を適切に選ぶことで，利潤の最大化

$$\max_{x} \quad px - C(x,w,r,\bar{K}) \tag{2.9}$$

を図る．その結果，最適生産量 $x^S(p,w,r,\bar{K})$ が得られる．また，$x = x^S(p,w,r,\bar{K})$ を $\hat{L}^D(x,w,r,\bar{K})$ に代入することで，最適労働投入量 $L^D(p,w,r,\bar{K}) = \hat{L}^D(x^S(p,w,r,\bar{K}),w,r,\bar{K})$ も得られる．

こうして得られた $x^S(p,w,r,\bar{K})$, $L^D(p,w,r,\bar{K})$ は，元の利潤最大化問題の解，すなわち，2.4 節の $x^S(p,w,r,\bar{K})$, $L^D(p,w,r,\bar{K})$ と一致する．以上のように分析を 2 段階に分け，「費用関数」という概念を使って分析した方が理解が容易になり，経済学的な意味づけがしやすい．以下，このような分析手法によって，生産者の利潤最大化行動を分析することにする．

2.5.1 短期の費用最小化と費用関数

ではまず，生産者の費用最小化について見ていこう．生産者は，任意の生産量 x を生産するために必要な費用を，労働投入量 L を適切に選ぶことで最小化すると考えられる．すなわち，生産者は，短期の費用最小化問題 (2.8) を解くと考えられる．そこで，実際この問題を解いてみることにする．まず，制約条件 $x = f(L,\bar{K})$ に注目してみよう．図 2.2 を見ればわかるように，$f(L,\bar{K})$ は L について増加関数なので，$x = f(L,\bar{K})$ を満たす L はたかだか一つしか存在しないことがわかる．したがって，制約を満たす唯一の L が自ずと最小化問題の解となる．この最小化問題の解 $\hat{L}^D(x,w,r,\bar{K})$ を労働の生産量条件付要素需要関数 (factor demand function conditional on the requirement of the output level) と呼ぶ．すなわち，x だけ生産するという条件の下で費用を最小化する労働の需要量を与える関数である．最小化された費用を $C(x,w,r,\bar{K})$ とすると，

$$C(x,w,r,\bar{K}) = w\hat{L}^D(x,w,r,\bar{K}) + r\bar{K}$$

である．これを短期の費用関数 (cost function) と言う．また，$VC(x,w,r,\bar{K})$ $= w\hat{L}^D(x,w,r,\bar{K})$ は可変費用関数 (variable cost function)，$FC(x,w,r,\bar{K})$ $= r\bar{K}$ は固定費用関数 (fixed cost function) と呼ばれる．以下，必要に応じて $\hat{L}^D(x,w,r,\bar{K})$, $C(x,w,r,\bar{K})$, $VC(x,w,r,\bar{K})$, $FC(x,w,r,\bar{K})$ を，それぞれ，省略して $\hat{L}^D(x)$, $C(x)$, $VC(x)$, $FC(x)$ と書くことにする．費用関数 $C(x)$, 可変費用関数 $VC(x)$, 固定費用関数 $FC(x)$ のグラフは図 2.8 に与えられており，それぞれ，費用曲線 (cost curve)，可変費用曲線 (variable cost curve)，固定費用曲線 (fixed cost curve) と呼ぶ．

費用曲線の導出を，図 2.7 と図 2.8 を用いて説明しよう．まず労働の総生産物曲線を考える．図 2.7 の左のグラフは，横軸に労働投入量，縦軸に各労

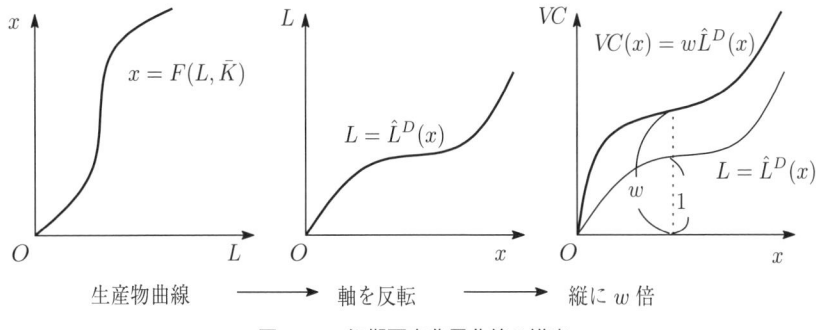

図 2.7　短期可変費用曲線の導出

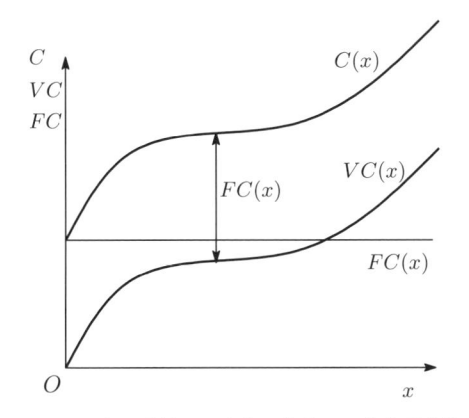

図 2.8　費用曲線，可変費用曲線，固定費用曲線

働投入量によって生産できる生産量をとったグラフである．このグラフの縦軸と横軸を入れ替えることで得られる中央のグラフは，横軸に生産量，縦軸に各生産量の生産に必要な労働投入量をとったものである．これを右のグラフのように，縦軸方向に賃金率倍（w 倍）しよう．そうすると，横軸に生産量，縦軸に各生産量の生産に必要な労働にかかる費用をとったグラフが得られる．これは，可変費用曲線に他ならない．一方，図 2.8 のように，同じ平面に，横軸と平行で，かつ，縦軸切片が $r\bar{K}$（固定された資本にかかる費用）である直線を書き入れよう．これは，固定費用曲線に他ならない．最後に，可変費用曲線と固定費用曲線を垂直方向に足し合わせよう．そうすると費用曲線が得られる．

限界生産性が，生産量が小さいうちのみ逓増し，ほとんどの部分で逓減になるという関係から，費用関数も可変費用関数も，その傾きは最初逓減しその後逓増に転じることがわかる．以上により，費用関数 $C(x)$ が図 2.8 のような形状であることがわかる．

2.5.2　固定費用とサンク費用

資本は，短期的にはその投入量が固定されているとしたから，そのために必要な費用は，生産量にかかわらず一定だと考えられる．しかし，この点については例外がある．このことを考えるために，まず固定費用について少し立ち入って考えてみよう．

資本と固定費用：ストックとフロー　例えば工場や機械設備という資本を考えてみよう．工場や機械設備は，ある時点で存在している量として定義される．こうした，ある時点における存在量をストック (stock) と言う．例えば，ある時点で貯水池に貯まっている水の量は，ストックである．これに対して費用は，ある期間にどれだけの額が使われたかという概念である．こうした，ある期間で集計された量をフロー (flow) と言う．貯水池の例でいえば，ある期間に貯水池に流れ込んだ水の量は，フローである．資本はストックの概念であり，一方費用はフローの概念だから，資本が生み出す費用を考える際には，ストックとフローの概念の差に立ち返って，少し注意深く考える必要がある[3]．

そこで今，3 年前に建設した寿命 10 年の工場を考え，この工場のために支払った建設費が 100 億円だったとしよう．この工場にかかる費用は，今年 1 年間でいくらだろうか．この費用は，三つの部分に分けて考える必要がある．

第 1 に維持・修繕費用である．これは，機械設備や工場というストックを，円滑に作動するよう維持し，故障した場合には修繕することで，ストックが

---

[3] こう考えると，資本というストック自体に費用がかかるのではなく，資本が生み出す様々なサービス（これはフローである）に対して費用を支払っていると考えるべきである．このため，資本（から生み出されるサービス）に対する費用を使用者費用 (user cost) と呼ぶ．もう一つのわかりやすい考え方は，資本の所有者と資本の利用者が異なると考え，所有者が所有している資本を利用者に貸し出す（レンタルする）とみなすことである．この場合には，資本（を利用すること）の価格は，資本を（一定期間）レンタルすることに伴う支払額であり，これを資本のレンタル価格 (rental price) と呼ぶ．

本来の性能を維持できるように日常的に支払う費用である．

第2に利子費用である．もし，3年前の100億円の支払いを借入で行った場合，借入金に対して利子を支払う．利子率が3％なら，毎年3億円の利子支払いが利子費用として生まれることになる．

一方，3年前の100億円を生産者が自己資金から支払った場合，帳簿上では利子費用は発生していない．しかしもし，この自己資金を工場建設に使わなければ，市場で3％の利子率で運用することができただろう．その結果，毎年3％の利子収入を得られたはずである．つまり，工場建設に100億円を使ってしまったということは，そうしなければ得られただろう毎年3億円の利子収入を失ってしまったことになる．経済学では，工場建設費を自己資金から賄った場合にも，毎年3億円の**機会費用**が発生していると考える．

このように経済学では，会計上の費用ではなく，機会費用を費用と考える．したがって，建設費を借入，自己資金，新株発行などの他の手段で資金を調達しても，常に同額の機会費用＝利子費用が発生しているのである．

第3に減価償却費用である．ストックとしての工場には寿命がある．しかし，例えば寿命が10年だとしても，寿命がくるまでは工場の価値は一定だが，10年後に急に価値がゼロになると考えることは奇妙である．むしろ，工場は10年間にわたって価値が次第に減少し，寿命が来ることで最終的に価値がゼロになると考えるべきではなかろうか．そうだとすると，工場の価値を表すと考えられる建設費の100億円は10年間をかけて次第に減少してゆくと考えるべきである．

10年後に工場の寿命が来るならば，事業継続のため工場を建て直す必要がある．工場設備が毎年価値の10分の1である10億円ずつ減価するならば，その分を工場を建て直すための費用として準備しておく必要がある．具体的には，毎年10億円が，価値の減少分として，費用に計上されると考えるべきだろう．この価値の減少分としての費用を**減価償却費用**（depreciation cost）と呼ぶ．

サンク費用　工場の規模は一定である以上，上記の費用が工場が存続する限り発生し，これが短期において生産量に関わりなく資本に発生する固定費用であった．

しかし，生産をやめてしまう場合，工場を売却することができる．もし，工場の現在価値（つまり，減価償却分を差し引いた 70 億円）で工場を売却できるなら，工場にかかる費用は回収可能 (retrievable) だという．

工場にかかる費用が回収可能なら，工場を売却することで，この工場にかかる費用はゼロになる．ゆえに，工場にかかる費用が回収可能な場合，正の（一定額の）固定費用が発生するのは正の生産を行うときのみで，生産をゼロにすれば固定費用はゼロになると考えられる．

他方，工場の用途が限られたものであれば，70 億円未満でしか売却できないだろう．その場合，70 億円と売却価格との差額分は，工場に投下した資金のうち回収不可能な資金であり，それに伴う費用をサンク費用 (sunk cost) と呼ぶ．固定費用の全額がサンク費用である場合，生産量ゼロでも正の場合と同額の費用がかかることになる．以下の説明では，特に述べない限り，固定費用がすべてサンク費用である場合を取り扱う．

2.5.3 平均費用と限界費用

次に，生産者の行動を分析する上で有用な概念である「平均費用」と「限界費用」を定義し，その関係について調べてみよう．以下の議論は，図 2.9 を参照しながら読み進めてほしい．

平均費用と限界費用　まず，平均費用関数 (average cost function) $AC(x)$ を $AC(x) = C(x)/x$ として定義しよう．すなわち，平均費用関数は，生産量 1 単位当たりの費用を表している．図の上では，費用曲線上の各点 $(x, C(x))$ と原点 $(0,0)$ を通る直線の傾きを表している．平均費用関数のグラフを平均費用曲線 (average cost curve) と呼ぶ．また，限界費用関数 (marginal cost function) $MC(x)$ を $MC(x) = dC(x)/dx$ として定義しよう．すなわち，生産量を微小に Δx 単位増やしたときに，費用がほぼ $MC(x)\Delta x$ だけ増えることを意味している．図の上では，費用曲線上の各点 $(x, C(x))$ における接線の傾きを表している．限界費用関数のグラフを限界費用曲線 (marginal cost curve) と呼ぶ．

費用曲線の形から，平均費用曲線と限界費用曲線は，ともに U 字型をしていることがわかる．

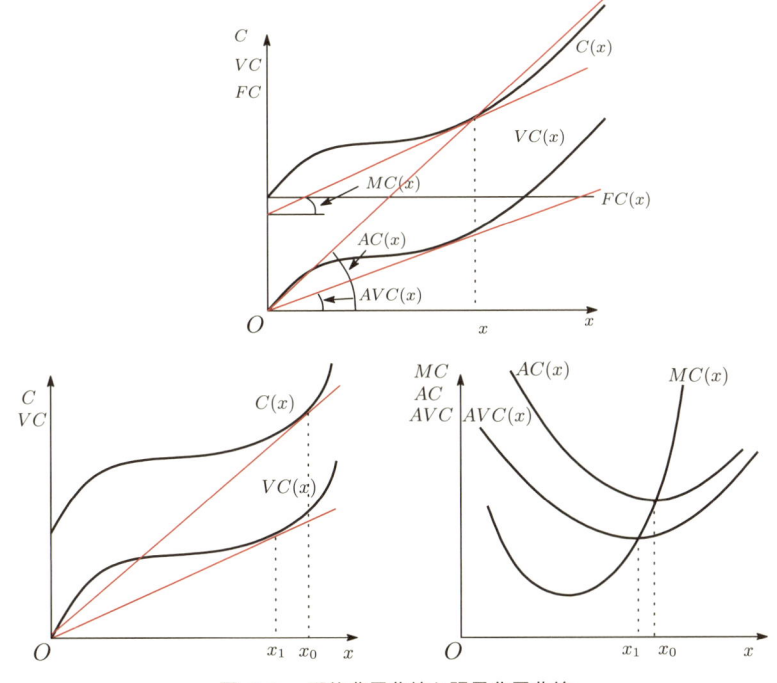

2.5 短期の生産者行動：費用最小化　　103

図 2.9　平均費用曲線と限界費用曲線

平均費用関数 $AC(x)$ を生産量 x で微分すれば，

$$\frac{dAC(x)}{dx} = \frac{d(C(x)/x)}{dx} = \frac{(dC(x)/dx)x - C(x)}{x^2}$$
$$= \frac{dC(x)/dx - C(x)/x}{x} = \frac{MC(x) - AC(x)}{x}$$

が得られ，これより，

$$\frac{dAC(x)}{dx} \gtreqless 0 \Leftrightarrow MC(x) \gtreqless AC(x) \tag{2.10}$$

が言える．つまり平均費用曲線は，限界費用が平均費用を上回っている場合に右上がりに，そうでなければ右下がりになる．平均費用が最小になる生産量を x_0 とする．この生産量 x_0 を**最小最適生産規模** (minimum optimal scale of production) という．平均費用曲線は U 字型なので，$x \gtreqless x_0 \Leftrightarrow dAC(x)/dx \gtreqless 0$ となる．したがって，式 (2.10) より，

$$x \gtreqless x_0 \Leftrightarrow MC(x) \gtreqless AC(x)$$

が言える．ゆえに，次の命題が得られる．

> **命題 2.2** 平均費用が最小になる生産量 x_0 において，限界費用曲線は平均費用曲線を，その左下から右上に通過する．

平均可変費用と限界可変費用 可変費用に関しても，(総) 費用と同じように平均可変費用関数 (average variable cost function) $AVC(x) = VC(x)/x$ および限界可変費用関数 (marginal variable cost function) $MVC(x) = dVC(x)/dx$ を定義しよう．前者は生産量 1 単位あたりの可変費用を表し，後者は生産量を微小に Δx だけ増加させた場合に可変費用が $MVC(x)\Delta x$ だけ増加することを表す．平均可変費用関数のグラフを平均可変費用曲線 (average variable cost curve)，限界可変費用関数のグラフを限界可変費用曲線 (marginal variable cost curve) と呼ぶ．

可変費用曲線の形から，平均可変費用曲線と限界可変費用曲線は，ともに U 字型をしていることがわかる．

平均費用は平均可変費用と平均固定費用の和であることから，平均可変費用 $AVC(x)$ は必ず平均費用 $AC(x)$ 以下になる．また，限界固定費用（後述）は常にゼロであることから，限界費用関数 $MC(x)$ は限界可変費用関数 $MVC(x)$ と一致する．

平均費用関数 $AC(x)$ を生産量 x で微分したのと同様に，平均可変費用関数 $AVC(x)$ を生産量 x で微分すると，$MVC(x) = MC(x)$ に注意すれば，

$$\frac{dAVC(x)}{dx} \gtreqless 0 \Leftrightarrow MC(x) \gtreqless AVC(x) \tag{2.11}$$

が言える．つまり平均可変費用曲線は，限界費用が平均可変費用を上回っている場合に右上がりに，そうでなければ右下がりになる．平均可変費用が最小になる生産量を x_1 とする．平均可変費用曲線は U 字型なので，$x \gtreqless x_1 \Leftrightarrow dAVC(x)/dx \gtreqless 0$ となる．したがって，式 (2.11) より，

$$x \gtreqless x_1 \Leftrightarrow MC(x) \gtreqless AVC(x) \tag{2.12}$$

が言える．ゆえに，次の命題が得られる．

> **命題 2.3** 平均可変費用が最小になる生産量 x_1 において，限界費用曲線は平均可変費用曲線を，その左下から右上に通過する．

また，式 (2.12)，x_1 の定義，平均可変費用は常に平均費用以下であること，式 (2.10) を順次用いることで，$MC(x_1) = AVC(x_1) \leq AVC(x_0) \leq AC(x_0) = MC(x_0)$ が得られ，x_1 と x_0 は限界費用曲線の右上がり部分上に存在することから，$x_1 \leq x_0$ がわかる．

平均固定費用と限界固定費用　最後に，平均固定費用関数 $AFC(x)$ を $AFC(x) = FC(x)/x$，限界固定費用関数 $MFC(x)$ を $MFC(x) = dFC(x)/dx$ と定義しよう．固定費用は一定なので限界固定費用は常にゼロである．また，平均固定費用関数のグラフを平均固定費用曲線，限界固定費用関数のグラフを限界固定費用曲線と呼ぶ．

2.5.4　費用関数のまとめ

最後に，本節で扱った費用に関する諸概念を表 2.1 にまとめておく．

表 2.1　費用の諸概念

	（総）	平均	限界
費用関数	$C(x)$	$AC(x) = C(x)/x$	$MC(x) = dC(x)/dx$
可変費用関数	$VC(x) = w\hat{L}^D(x)$	$AVC(x) = VC(x)/x$	$MVC(x) = dVC(x)/dx$
固定費用関数	$FC(x) = r\bar{K}$	$AFC(x) = FC(x)/x$	$MFC(x) = dFC(x)/dx$

2.6　短期の生産者行動：利潤最大化

さて，利潤は収入と費用の差 $\pi(x) = px - C(x)$ として定義することができる．生産者は，適切な生産量を選択することで利潤を最大化する，すなわち，最大化問題 (2.9) を解くと考えられる．以下，この最大化問題について考えてみよう．

2.6.1 限界収入と限界費用

まず，**限界利潤** (marginal profit) が $d\pi(x)/dx = d(px - C(x))/dx = p - MC(x)$ で与えられることを確認しておこう．ここで限界利潤を構成している二つの項を解釈すると，生産物価格 p は生産を増加させたときに得られる収入 px の追加的増分，つまり**限界収入** (marginal revenue) であり，$MC(x)$ は費用の追加的増分，つまり，**限界費用** (marginal cost) である．

限界利潤が正（負）であれば，つまり，限界収入である生産物価格 p が限界費用 $MC(x)$ を上回れ（下回れ）ば，生産を増加させる（減少させる）ことで利潤が増えることがわかる．このことから，内点解が満たすべき条件が得られる．

命題 2.4 利潤最大化問題の最適解が内点解であるなら，最適解は，限界収入（生産物価格）と限界費用が等しくなる生産量，すなわち，

$$p = MC(x) \tag{2.13}$$

を満たす生産量 x である．

式 (2.13) が利潤最大化のための 1 階条件である．

式 (2.13) を満たす生産量は図 2.10 を見ればわかるように，$x(p)$，$\underline{x}(p)$ の二つ存在するが，図 2.10 右図にあるように，$\underline{x}(p)$ は利潤を極小化する生産量である．

利潤を最大化する生産量は，1 階条件に加え，利潤最大化の 2 階条件

$$\frac{d^2\pi(x)}{dx^2} = \frac{d^2(px - C(x))}{dx^2} = \frac{d(p - MC(x))}{dx} = -\frac{dMC(x)}{dx} < 0$$

も満たす．1 階条件および 2 階条件を満たす生産量を $x(p)$ と書くことにする．図 2.10 からも明らかなように，2 階条件より，生産量 $x(p)$ のところで限界費用曲線が右上がりになっていることがわかる．

図 2.10　限界収入と限界費用

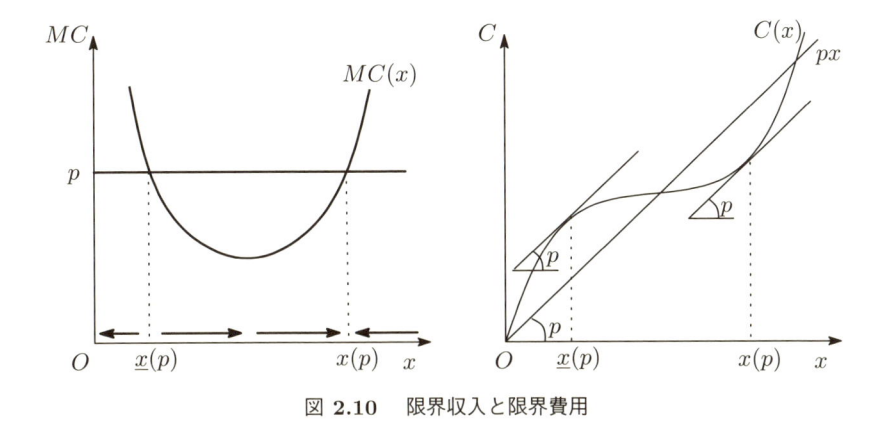

2.6.2　生産中止価格と損益分岐価格

ところで，図 2.10 に示されているような場合には，$x \geq \underline{x}(p)$ なる生産量の範囲では，生産量 $x(p)$ が利潤を最大にし，$x \leq \underline{x}(p)$ なる生産量の範囲では，生産量 0 が利潤を最大にする．では，生産量 $x(p)$ と生産量 0 では，どちらの方がより大きい利潤を実現するであろうか．言い換えれば，内点 $x(p)$ と端点 0 のどちらが利潤を最大化するであろうか．このことを考えるため，<u>生産中止価格</u>と呼ばれる概念を導入する．

生産中止価格　p^{SD} を平均可変費用関数の最小値とする．すなわち，$p^{SD} = \min_x AVC(x) = AVC(x_1)$ とする．まず，図 2.11 より，次のことがわかる．

- $\underline{p} < p^{SD}$ なる価格 $\underline{p}$ の下では，内点 $x(\underline{p})$ において，限界費用は平均可変費用より小さい．すなわち，$MC(x(\underline{p})) < AVC(x(\underline{p}))$ が成り立つ．また，命題 2.4 より $\underline{p} = MC(x(\underline{p}))$ なので，$\underline{p} < AVC(x(\underline{p}))$ が成り立つ．

- 価格 p^{SD} の下では，内点 $x(p^{SD})$ において，限界費用は平均可変費用と等しい．すなわち，$MC(x(p^{SD})) = AVC(x(p^{SD}))$ が成り立つ．また，$p^{SD} = MC(x(p^{SD}))$ より，$p^{SD} = AVC(x(p^{SD}))$ が成り立つ．

- $\bar{p} > p^{SD}$ なる価格 $\bar{p}$ の下では，内点 $x(\bar{p})$ において，限界費用は平均可

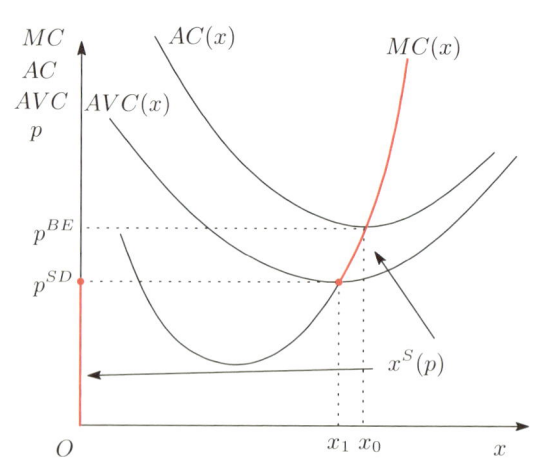

図 2.11　生産中止価格・損益分岐価格と供給曲線

変費用より大きい．すなわち，$MC(x(\bar{p})) > AVC(x(\bar{p}))$ が成り立つ．また，$\bar{p} = MC(x(\bar{p}))$ より，$\bar{p} > AVC(x(\bar{p}))$ が成り立つ．

以上から，$p \gtreqless p^{SD} \Leftrightarrow p \gtreqless AVC(x(p))$ が言える．さらに，

$$\begin{aligned} p \gtreqless p^{SD} &\Leftrightarrow p \gtreqless AVC(x(p)) \\ &\Leftrightarrow px(p) \gtreqless VC(x(p)) &\because \text{両辺に } x(p) \text{ を乗じる} \\ &\Leftrightarrow px(p) - C(x(p)) \gtreqless -FC(x(p)) &\because \text{両辺から } C(x(p)) \text{ を減じる} \\ &\Leftrightarrow \pi(x(p)) \gtreqless \pi(0) &\because \pi \text{ の定義} \end{aligned}$$

が確認できる．したがって，次の命題が得られる．

> **命題 2.5**
>
> (i) 価格 p が平均可変費用関数の最小値 p^{SD} より高ければ，内点 $x(p)$ での利潤 $\pi(x(p))$ は端点 0 での利潤（生産を中止するときの利潤）$\pi(0)$ を上回る．
>
> (ii) 価格 p が p^{SD} と等しければ，内点 $x(p)$ での利潤 $\pi(x(p))$ は端点 0 での利潤 $\pi(0)$ と等しい．

(iii) 価格 p が p^{SD} より低ければ，内点 $x(p)$ での利潤 $\pi(x(p))$ は端点 0 での利潤 $\pi(0)$ を下回る．

価格が p^{SD} を下回ると，生産を中止する方が望ましいので，p^{SD} を **生産中止価格** (shutdown price) と呼ぶ．

損益分岐価格　最後に，生産者の利潤が黒字になるか赤字になるかの分かれ目となる価格である **損益分岐価格** という概念を紹介しておこう．p^{BE} を平均費用関数の最小値とする．すなわち，$p^{BE} = \min_x AC(x) = AC(x_0)$ とする．そうすると，命題 2.5 を導出したのと同様の方法で，

$$p \gtreqless p^{BE} \Leftrightarrow \pi(x(p)) \gtreqless 0$$

が確認できる．つまり，平均費用関数の最小値 p^{BE} より高い価格では，内点 $x(p)$ で黒字になり，低い価格では，赤字になることがわかる．それゆえ，p^{BE} を **損益分岐価格** (breakeven price) と呼ぶ．

2.6.3　供給関数

命題 2.5 より，

- 生産物価格 p が生産中止価格 p^{SD} より高いときには，内点 $x(p)$ が端点 0 より大きい利潤をもたらすので，生産者の利潤を最大化する生産量は内点解 $x(p)$ である．

- 生産物価格 p が生産中止価格 p^{SD} に等しいときには，内点 $x(p)$ と端点 0 で同一の利潤をもたらすので，生産者の利潤を最大化する生産量は端点解 0 と内点解 $x(p)$ の両方である．

- 生産物価格 p が生産中止価格 p^{SD} より低いときには，端点 0 が内点 $x(p)$ より大きい利潤をもたらすので，生産者の利潤を最大化する生産量は端点解 0 である．

したがって，利潤を最大化する生産者は，生産量

$$x^S(p) = \begin{cases} 0 & \text{if } p < p^{SD} \\ 0, x(p) & \text{if } p = p^{SD} \\ x(p) & \text{if } p > p^{SD} \end{cases}$$

を選択する．$x^S(p)$ を短期の供給関数と言う[4]．また，供給関数のグラフを供給曲線 (supply curve) と呼ぶ．図 2.11 の赤線は $x^S(p)$ を示しており，供給曲線は，縦軸の一部と限界費用曲線の一部から構成された曲線になる．また，内点解のための 2 階条件から，供給曲線は右上がりの曲線であることがわかる．生産物価格 p が $p^{SD} \leq p < p^{BE}$ の範囲にある場合には，赤字が発生しているにもかかわらず，生産者は生産を行うということに注意しておこう．生産者がこうした行動をとるのは，生産物価格がこの範囲にある場合，生産を中止するより，生産を行った方が，より小さい赤字額に抑えられるからである．

■**固定費用がサンク費用でない場合の供給関数** ここでは固定費用がサンク費用ではない場合の供給関数を求めてみよう．この場合，資本を売却することで固定費用をゼロにできるので，端点 0 においては，利潤がゼロとなるため，損益分岐価格 p^{BE} より価格が低い場合には生産停止し赤字を発生させないことができる．ゆえに，供給関数は

$$x^S(p) = \begin{cases} 0 & \text{if } p < p^{BE} \\ 0, x(p) & \text{if } p = p^{BE} \\ x(p) & \text{if } p > p^{BE} \end{cases}$$

のようになる．

ところで，費用最小化問題および（費用関数を用いた）利潤最大化問題は，w，r，$\bar{K}$ に依存しているので，最適解たる供給関数 $x^S(p)$ も，w，r，$\bar{K}$ に依存した $x^S(p, w, r, \bar{K})$ という形で書くことにする．

2.6.4 要素需要関数

さて，生産量 x を所与として，費用を最小にする労働投入量は $\hat{L}^D(x, w, r, \bar{K})$ であった．この x に $x^S(p, w, r, \bar{K})$ を代入することで，利潤を最大化する最適な労働投入量がわかる．すなわち，$L^D(p, w, r, \bar{K}) = \hat{L}^D(x^S(p, w, r, \bar{K}), w, r, \bar{K})$

---

[4] 関数は，ある数値に対して唯一つの点を指定するものである．しかし $x^S(p)$ は，$p = p^{SD}$ において，0 と $x(p)$ の 2 点を指定しており，正確には，関数ではなく，対応と呼ばれるものである．

が最適な労働投入量である．これは 2.4 節で導いた労働の要素需要関数と同じものである．

2.7 長期の生産者行動：直接的な利潤最大化

資本投入量も調整可能な長期の場合，生産者の利潤最大化問題は

$$\max_{(x,L,K)} \quad px - (wL + rK)$$
$$\text{subject to} \quad x = f(L, K) \tag{2.14}$$

となる．この問題を解くことにより最適解 $(x^{LS}(p,w,r), L^{LD}(p,w,r), K^{LD}(p,w,r))$ が得られるが，最適生産量 $x^{LS}(p,w,r)$ は（長期の）供給関数，最適労働投入量 $L^{LD}(p,w,r)$ は（長期の）労働の要素需要関数，最適資本投入量 $K^{LD}(p,w,r)$ は（長期の）資本の要素需要関数と呼ばれる．特に必要がない限り，以後これらを省略して $x^{LS}(p)$，$L^{LD}(w)$，$K^{LD}(r)$ と書くことにする．

短期の場合と同様に，利潤最大化問題 (2.14) の最適解は，生産関数を利潤に代入して，

$$\max_{(L,K)} \quad pf(L,K) - (wL + rK)$$

の最適解を求めることでも得られる．実際，この問題を解くと労働の要素需要関数 $L^{LD}(w)$，資本の要素需要関数 $K^{LD}(r)$ が得られ，これを生産関数に代入すると供給関数 $x^{LS}(p)$ が得られる．

短期の場合と同様に，長期の利潤最大化問題の最適投入計画は，内点解であるなら，最大化の 1 階条件により，

$$MP_L(L, K) = \frac{w}{p}$$
$$MP_K(L, K) = \frac{r}{p}$$

を満たす，すなわち，労働の限界生産性が実質賃金に等しく，資本の限界生産性が実質資本価格に等しくなる投入計画 (L, K) である．

また、利潤最大化問題 (2.14) から明らかなように、生産物の価格 p, 労働の価格 w, 資本の価格 r がともに同じ比率で変化した場合には、供給量も要素需要量も全く変化しないことに注意しておこう。すなわち、（長期の）供給関数と（長期の）要素需要関数は (p, w, r) についての 0 次同次関数となるのである。

例 2.2 例 2.1 と同じコブ・ダグラス生産関数を持つ生産者を考えてみよう。長期の場合、生産者の利潤最大化問題は

$$\max_{(x, L, K)} \quad px - (wL + rK)$$
$$\text{subject to} \quad x = L^\alpha K^\beta$$

である。

λ をラグランジュ乗数とすると、ラグランジュ乗数法の 1 階条件は、

$$p - \lambda = 0$$
$$-w + \alpha \lambda L^{\alpha-1} K^\beta = 0$$
$$-r + \beta \lambda L^\alpha K^{\beta-1} = 0$$
$$L^\alpha K^\beta - x = 0$$

であるから、これらを x, L, K について解くことにより、

$$x^{LS}(p) = p^{\frac{\alpha+\beta}{1-(\alpha+\beta)}} \left(\frac{\alpha}{w}\right)^{\frac{\alpha}{1-(\alpha+\beta)}} \left(\frac{\beta}{r}\right)^{\frac{\beta}{1-(\alpha+\beta)}} \tag{2.15}$$

$$L^{LD}(w) = p^{\frac{1}{1-(\alpha+\beta)}} \left(\frac{\alpha}{w}\right)^{\frac{1-\beta}{1-(\alpha+\beta)}} \left(\frac{\beta}{r}\right)^{\frac{\beta}{1-(\alpha+\beta)}} \tag{2.16}$$

$$K^{LD}(r) = p^{\frac{1}{1-(\alpha+\beta)}} \left(\frac{\alpha}{w}\right)^{\frac{\alpha}{1-(\alpha+\beta)}} \left(\frac{\beta}{r}\right)^{\frac{1-\alpha}{1-(\alpha+\beta)}} \tag{2.17}$$

が得られる。

また、短期の場合と同様に、生産関数を利潤に代入して、

$$\max_{(L, K)} \quad pL^\alpha K^\beta - (wL + rK)$$

を解くことによっても同じ解を得られる。実際、これを解くと式 (2.16) と式 (2.17) が得られ、これを生産関数に代入すると式 (2.15) を得られる。 ★

2.8 長期の生産者行動：費用最小化

長期の利潤最大化問題 (2.14) を取り扱う際にも、2.5 節冒頭で述べたのと同じように、費用最小化問題を解いて費用関数を得た上で、利潤最大化生産

量を選択する，という二つの問題に分割するのが有効である．

2.8.1 長期の費用最小化

まず，生産者の費用最小化について見ていこう．生産者は，任意の生産量 x を生産するために必要な費用を，投入計画 (L, K) を適切に選ぶことで最小化する．つまり，生産者は，長期の費用最小化問題

$$\min_{(L,K)} \quad wL + rK$$
$$\text{subject to} \quad x = f(L, K) \tag{2.18}$$

を解くと考えられる．

以下，この問題を図で考えてみよう．制約条件は，所与の生産量 x を生産するために必要な投入計画，すなわち，等量曲線 $x = f(L, K)$ 上の投入計画 (L, K) を選択するという条件である．問題は，その条件を満たす投入計画の中から，費用を最小化するようなものを選択することである．

ここで，等費用曲線という概念を導入しよう．購入するための費用が k となる投入計画の集合，すなわち，「$wL + rK = k$ を満たす投入計画 (L, K) の集合」を，費用 k の等費用曲線 (isocost curve) と言う．費用 k の等費用曲線のグラフは，横軸の切片が k/w，縦軸の切片が k/r，傾きが $-w/r$ の直線である．市場で労働を 1 単位購入する場合は $w \times 1 = w$ の支出，資本を w/r 単位購入する場合は $r \times (w/r) = w$ の支出であるから，市場で労働を 1 単位購入するのをあきらめれば，その代わりに資本を w/r 単位購入することができる．したがって，等費用曲線の傾きの絶対値である価格比率 w/r は，「市場が労働 1 単位あたり，資本何単位と交換する用意があるか」，すなわち，資本で測った労働の市場評価を表している．

さて，等量曲線上で費用を最小化するのは，1 階条件より，

$$MRTS_{LK}(L, K) = \frac{w}{r}$$

となっている投入計画である．これは，図 2.12 の点 E のように，等費用曲線が等量曲線に接する点である．この理由を考えるために，まず，技術的限界代替率 $MRTS_{LK}(L, K)$ が生産要素の価格比率 w/r を上回っている場合を

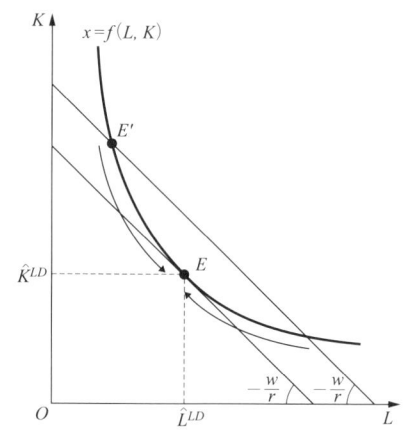

図 2.12　費用最小化問題

考えてみよう．この場合，労働の生産面での重要さがその市場評価を上回っていることになる．したがって，労働の投入を増やし，資本の投入を減らせば，より安く同量の生産ができることになる．図 2.12 の点 E' がその例にあたり，等量曲線上を矢印の方向に動くことで，より安く同量の生産ができるのである．逆に，技術的限界代替率 $MRTS_{LK}(L,K)$ が価格比率 w/r を下回っている場合には，労働から資本に代替を図ることで，より安く同量の生産が行える．こう考えれば，等量曲線上で費用を最小化するのは，技術的限界代替率 $MRTS_{LK}(L,K)$ が価格比率 w/r と等しくなる投入計画であることがわかる．理論構造は，消費者理論において，予算線上で効用を最大化するのは限界代替率 $MRS_{12}(x_1, x_2)$ が価格比率 p_1/p_2 と等しくなる消費計画であったことと同様である．

■**ラグランジュ乗数法による最適条件の導出**　ラグランジュ乗数法を用いて，費用最小化問題を実際に解いてみよう．ラグランジュ乗数を λ とすれば，ラグランジュ関数は

$$\mathcal{L}(x, L, K, \lambda) = wL + rK + \lambda(x - f(L, K))$$

になる．したがって，ラグランジュ乗数法の 1 階条件は，

$$w = \lambda f_L(L, K)$$
$$r = \lambda f_K(L, K)$$
$$x = f(L, K)$$

という 3 個の等式となる．1 番目の等式を 2 番目の等式で割ると，

$$\frac{w}{r} = \frac{f_L(L,K)}{f_K(L,K)}$$

を得る．$MRTS_{LK}(L,K) = f_L(L,K)/f_K(L,K)$ であるから，

$$\frac{w}{r} = MRTS_{LK}(L,K)$$

が得られる．

2.8.2 拡張経路

費用最小化問題 (2.18) を解くと，所与の生産量 x を生産するという制約条件のもとで，費用を最小化する投入計画は生産量の関数 $(\hat{L}^{LD}(x,w,r), \hat{K}^{LD}(x,w,r))$ として表されることになる．すでに 2.5 節でも紹介したが，$\hat{L}^{LD}(x,w,r)$ を（長期の）労働の生産量条件付要素需要関数，$\hat{K}^{LD}(x,w,r)$ を（長期の）資本の生産量条件付要素需要関数と呼ぶ．

いま，生産要素の価格は一定のままで，生産量が変化する場合の費用を最小化する投入計画 $(\hat{L}^{LD}(x,w,r), \hat{K}^{LD}(x,w,r))$ の軌跡を考えよう．図 2.13 の赤線は，生産量が x, x', x'' などと変化するにつれて，費用を最小化する投入計画が E, E', E'' などと変化する場合の軌跡をとったものである．この軌跡を拡張経路 (expansion path) と呼ぶ．一般的には，拡張経路は右上がりであり，生産量条件付要素需要は生産量の増加関数だと考えられる．生産量の増加とともに生産量条件付要素需要が増加するような生産要素を正常生産要素 (normal production factor) と呼ぶ．

しかし，生産要素と技術の性質によっては，拡張経路が左上がりや右下がりになることがある．前者（後者）の場合，労働（資本）の需要は生産量の増加とともに減少することになる．このような生産要素を下級生産要素 (inferior production factor) と呼ぶ．

宅配便の例では，ある程度の荷物量までは労働・資本ともに正常生産要素になると考えられるが，荷物量の規模が極めて多くなった場合には，労働が下級生産要素になることも考えれられる．宅配サービスの規模が非常に小さい段階では，依頼主から荷物を受け取り，そのまま届け先に直送することが効率的である．この傾向はある程度の規模まで継続するだろう．一方で，荷物量が増加すれば，異なる依頼主による同一地域への宅配が増加すると考えられるため，一度集配センターで荷物の仕訳を行った上で，地域にまとめて

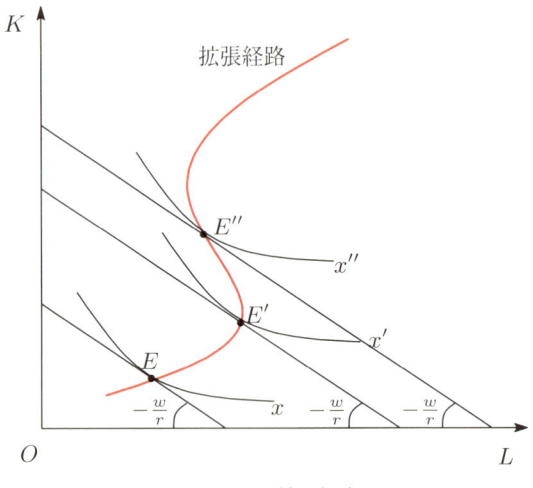

図 2.13　拡張経路

配送し，現地の配送スタッフが個々の届け先に回る，という形態になると考えられる．したがって，宅配に要する従業員は減少するだろう．このような，荷物量の増加に伴う集配方法の変化による（効率的）労働投入量の減少効果が増加の効果を上回る範囲においては，労働は下級生産要素になると考えられるのである．

2.8.3　費用関数

最小化された費用を $C^L(x, w, r)$ とすると，

$$C^L(x, w, r) = w\hat{L}^{LD}(x, w, r) + r\hat{K}^{LD}(x, w, r)$$

である．これを（長期の）費用関数と言う．これ以降，費用関数 $C^L(x, w, r)$ の w, r を省略して，$C^L(x)$ と書く．短期の場合と同じように，（長期の）平均費用関数 $AC^L(x)$ を $AC^L(x) = C^L(x)/x$ とし，（長期の）限界費用関数 $MC^L(x)$ を $MC^L(x) = dC^L(x)/dx$ として定義する．

規模の経済性と費用関数の形状　ここで，規模の経済性と費用関数の形状との関係について少し触れておこう．

まず，図 2.14 を見ればわかるように，生産関数が規模に関して収穫一定の

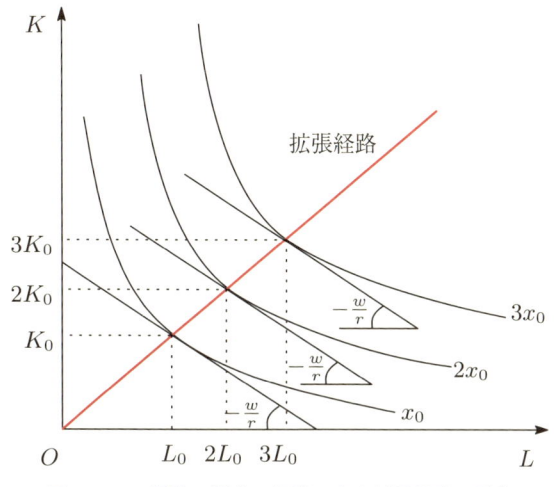

図 2.14 規模に関する収穫一定と拡張経路の形状

とき，等量曲線は原点から見て相似形をなすことに注意しよう．実際，規模に関して収穫一定な生産関数について，任意の生産量 x_0 に対応する等量曲線を書いてみよう．すると，この等量曲線上の任意の投入計画 (L_0, K_0) について，それを t 倍した投入計画 (tL_0, tK_0) における生産量は tx_0 になるから，生産量 x_0 に対応する等量曲線を原点から t 倍に拡大した曲線は生産量 tx_0 に対応する等量曲線になる．

したがって，等量曲線が原点から見て相似形をなしているから，原点を通る直線上では限界代替率が等しいことになる．これは，規模に関する収穫一定の下では，拡張経路が原点を通る直線であることを意味している．さらに，生産量 x に対応した費用を最小化する投入計画が (L, K) であれば，生産量 tx に対応した費用を最小化する投入計画は (tL, tK) に他ならないから，生産量を t 倍すれば最小費用も t 倍になる．したがって，費用関数は生産量に関して線形（つまり生産量の 1 次関数）になり，$C^L(x) = cx$ という形で表せることがわかる．図 2.15 のように，これは平均費用と限界費用が一定で等しくなることを意味している．

生産関数が規模に関して収穫逓減の場合には，要素投入量を同時に t 倍しても生産量は t 倍未満にしかならず，1 単位あたりの生産に発生する費用は大きくなっていくことになるため，限界費用が逓増するような費用関数が得

表 2.2 規模の経済性と限界費用

	規模の経済性	限界費用
(a)	収穫逓減	逓増
(b)	収穫一定	一定
(c)	収穫逓増	逓減

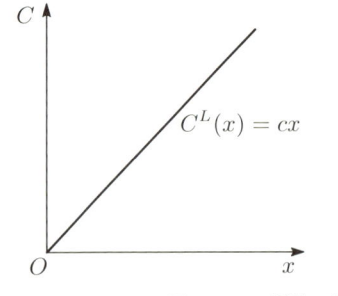

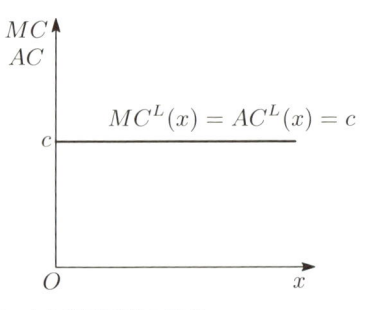

図 2.15 規模に関する収穫一定と費用関数の形状

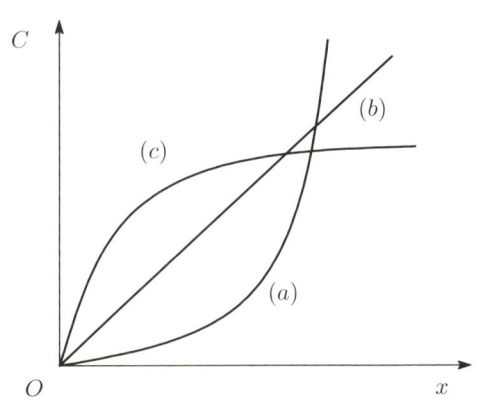

図 2.16 規模の経済性と費用関数

られ，他方，生産関数が規模に関して収穫逓増の場合には，限界費用が逓減するような費用関数が得られる．

これらをまとめたものが，表 2.2 および図 2.16 である．

2.9 長期の生産者行動：利潤最大化

さて，長期の利潤も収入と費用の差 $\pi^L(x) = px - C^L(x)$ として定義する

ことができる．長期ではすべての生産要素が可変的であることに注意すれば，短期の場合の議論から，ただちに以下のような結論を得ることになる．

限界収入と限界費用 利潤最大化問題の最適解が内点解であるなら，最適解は，限界収入（生産物価格）と限界費用が等しくなる生産量，すなわち，

$$p = MC^L(x)$$

を満たす生産量 x である．これが利潤最大化のための1階条件である．利潤最大化のための2階条件は $dMC^L(x)/dx > 0$ であり，両方を満たす生産量を $x(p)$ と書くことにする．

生産中止価格と損益分岐価格 $\underline{p}$ を平均費用関数の最小値とする．すなわち，$\underline{p} = \min_x AC^L(x)$ とする．そうすると，

$$p \gtreqless \underline{p} \Leftrightarrow \pi^L(x(p)) \gtreqless 0$$

が確認できる．つまり，平均費用関数の最小値 $\underline{p}$ より高い価格では，内点 $x(p)$ で黒字になり，低い価格では，赤字になることがわかる．したがって，$\underline{p}$ を（長期の）損益分岐価格と呼ぶ．

さらに，長期ではすべての生産要素が可変的であるから，端点 0 での利潤は 0，すなわち，$\pi^L(0) = 0$ となることに注意しておこう．つまり，平均費用関数の最小値 $\underline{p}$ より高い価格では，内点 $x(p)$ での利潤が端点 0 での利潤を上回り，低い価格では，下回ることがわかる．したがって，価格が $\underline{p}$ を下回ると，生産を中止する方が望ましい．それゆえ，$\underline{p}$ を（長期の）生産中止価格とも呼ぶ．長期の場合には，赤字は即生産中止なのである．

供給関数 生産者の選択する生産量は，

$$x^{LS}(p) = \begin{cases} 0 & \text{if } p < \underline{p} \\ 0, x(p) & \text{if } p = \underline{p} \\ x(p) & \text{if } p > \underline{p} \end{cases}$$

となる．これを（長期の）供給関数と言う．ただし，最適生産量は賃金率 w，資本価格 r にも依存するから，$x^{LS}(p, w, r)$ と書く方がより正確である．

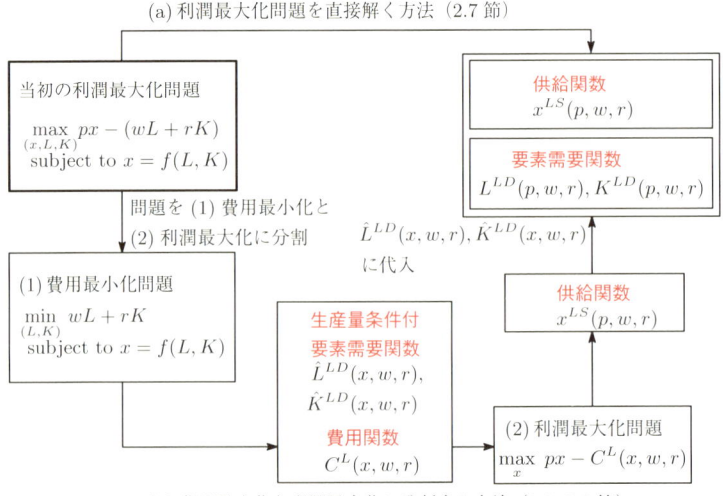

図 **2.17**　まとめ

要素需要関数　生産量 x を所与として，費用を最小化する投入計画は $(\hat{L}^{LD}(x,w,r), \hat{K}^{LD}(x,w,r))$ であった．この x に最適生産量 $x^{LS}(p,w,r)$ を代入することで，利潤を最大化する最適な投入計画 $(L^{LD}(p,w,r), K^{LD}(p,w,r)) = (\hat{L}^{LD}(x^{LS}(p,w,r),w,r), \hat{K}^{LD}(x^{LS}(p,w,r),w,r))$ が得られる．$L^{LD}(p,w,r)$ を（長期の）労働の要素需要関数，$K^{LD}(p,w,r)$ を（長期の）資本の要素需要関数と呼ぶ．これらは 2.7 節で得られた同名の関数と同一のものである．

最後に，長期の利潤最大化問題について，2.7 節で述べた，利潤最大化（生産計画決定）問題を直接解く方法と，本節の費用最小化（投入計画決定）問題と利潤最大化（生産量決定）問題を分割する方法で得られる概念の関係について，図 2.17 にまとめておく．

2.10　長期と短期の関係

前節までに，短期と長期それぞれの場合についての解説が終了した．短期では労働投入量は調整可能だが資本投入量は動かせなかった．一方，長期では労働と資本のすべての投入量が調整できた．では，長期と短期の間にはど

んな関係があるのだろうか．

2.10.1 長期と短期の費用曲線

いま，短期の費用関数 $C(x, \bar{K})$ を考えてみよう[5]．短期の費用関数は，固定されている生産要素（資本）の投入水準を様々に変えることで，様々に異なる費用曲線を描くことができる．いま資本投入水準を $K_0 < K_1 < K_2$ と増やしていけば，当然，固定費用の額は増大していくが，資本が多量に存在することになるので，可変費用の額は減少すると考えられる．したがって，図 2.18 のように，横軸に生産量，縦軸に費用を取った平面で考えれば，資本の投入量が大きい場合は，そうでない場合に比べて，生産量が小さい間はより高い費用が必要だが，生産量が大きくなればより低い費用で生産可能になると考えられる．

総費用と包絡線 次に，長期の費用関数 $C^L(x)$ を考えてみよう．長期の場合，短期には固定生産要素であった資本もその投入水準を自由に選ぶことができる．したがって，任意の生産量を固定すれば，長期に必要となる最小限の費用水準は，この生産量に対応する短期費用の中で，費用が最小になるよう資本投入量が調節されたものである．つまり，短期費用を資本投入量について最小化する問題

$$\min_{K} C(x, K)$$

の解は，長期における資本の生産量条件付要素需要関数 $\hat{K}^{LD}(x)$ となり，

$$C^L(x) = C(x, \hat{K}^{LD}(x))$$

が成立する．

さて，「長期の最小費用は，短期の費用曲線の中で最も小さい費用水準に対応していること」を図で表そう．例えば，図 2.18 で，生産量 x_0 を生産するためには，資本量を K_1 とすれば短期の費用は $C(x_0, K_1)$ に，K_2 にすれば費用は $C(x_0, K_2)$ へと，変化する．これらの中で最も低い短期費用を与える

---

[5] ここでは短期の費用関数の引き数から K も省略せずに書くことにする．

のは，資本量を K_0 にした場合の費用 $C(x_0, K_0)$ になる．このことは，図においては，短期費用曲線が x_0 のところを横切るとき，$C(x, K_0)$ が最も低い位置を通っていることから見て取れる．つまり，$\hat{K}^{LD}(x_0) = K_0$ であり，x_0 を生産するための長期の最低費用は，$C^L(x_0) = C(x_0, K_0)$ と表される．したがって，x_0 においてこの二つの費用曲線，$C^L(x)$ と $C(x, K_0)$ は接することになる．

同様の操作を他のすべての生産量についても行えば，長期の費用曲線 $C^L(x)$ とは，短期の費用曲線群の中から，それぞれの生産量における短期費用の最小値を選んだ点の軌跡であることがわかる．図で言えば，すべての短期費用曲線を図に書き込んだとき，ある曲線を境界にして，その上は短期費用曲線のグラフで埋め尽くされ，その曲線より下の部分には何も描かれていない部分が生まれる．この境界をなす曲線は，ちょうど短期の費用曲線群を下から接しながら包み込む形になるため，短期費用曲線群の（下方）**包絡線** (envelope curve) と呼ぶ．長期の費用曲線とは，短期の費用曲線群の包絡線なのである．

平均費用と限界費用　同様の関係は平均費用についても成立する．つまり，$AC(x, K)$ を短期平均費用，$AC^L(x)$ を長期平均費用とすると，$\min_K AC(x, K)$ の解，すなわち短期平均費用を最小化する資本の量は $\hat{K}^{LD}(x)$ で与えられ[6]，

$$AC^L(x) = AC(x, \hat{K}^{LD}(x))$$

が成立する．したがって，例えば生産量水準として x_0 をとった場合，2 つの平均費用曲線，$AC^L(x)$ と $AC(x, \hat{K}^{LD}(x_0))$ は x_0 で接することになる．これを図示すると，図 2.19 のように，長期平均費用は短期平均費用群の包絡線となる．

他方，長期限界費用を $MC^L(x)$，短期限界費用を $MC(x, K)$ と書くと，

$$MC^L(x) = MC(x, \hat{K}^{LD}(x))$$

が成立する．このことは，図 2.18 で先に説明した通り，長期と短期の 2 つの費用曲線が最適な資本投入量の下では接していること，すなわち，両者の限

---

[6] この最小化問題では x は固定して考えているので，定義より $AC(x, K) = C(x, K)/x$ であることを思い出すと，$\min_K C(x, K)$ と同じ解が得られることがわかる．

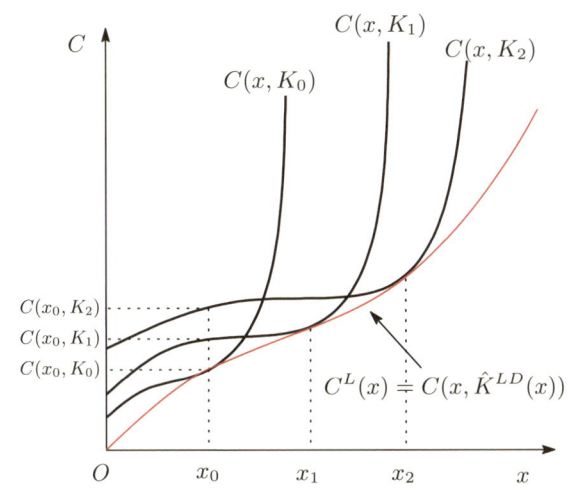

図 2.18　短期費用曲線と長期費用曲線：総費用

界費用である x における接線の傾きが等しいことから見て取れる．したがって，例えば図 2.19 の点 A のように，x_0 で長期に最適な資本投入量 K_0 に対応する短期限界費用 $MC(x_0, K_0)$ が，長期限界費用 $MC^L(x_0)$ に一致する．すべての生産量水準 x についてこのような点（例えば，点 B や点 C）の軌跡をたどると，長期限界費用曲線が描けることになる．

まとめ　以上から，長期費用曲線と短期費用曲線について，いくつかの特徴が浮かび上がった．それらをまとめれば，

1. 長期費用曲線は，各生産量水準ごとに，「固定生産要素投入量を，その生産量の下での最適水準に固定した」短期費用曲線に接する．したがって，長期費用曲線は，短期費用曲線群の（下方）包絡線である．

2. 長期平均費用曲線は，各生産量水準ごとに，「固定生産要素投入量を，その生産量の下での最適水準に固定した」短期平均費用曲線に接する．したがって，長期平均費用曲線は，短期平均費用曲線群の（下方）包絡線である．

3. 長期限界費用曲線は，各生産量水準ごとに，「固定生産要素投入量を，

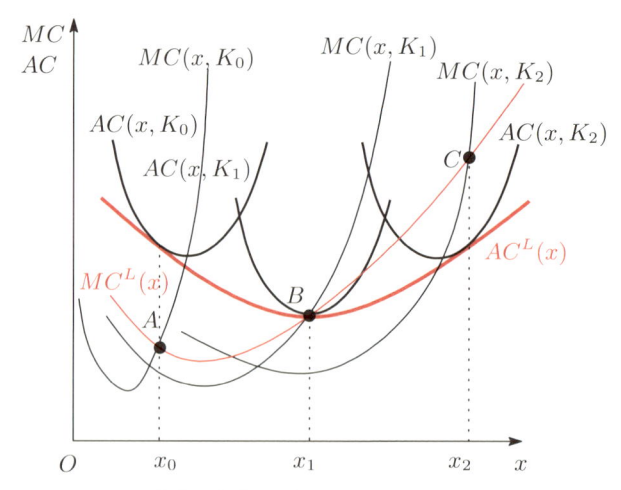

図 2.19 短期費用曲線と長期費用曲線：平均費用と限界費用

その生産量の下での最適水準に固定した」短期限界費用をたどった軌跡である．

これらの関係は，図 2.18 と図 2.19 にまとめられているので，図と文章を比較検討してみよう．

2.10.2　長期と短期の供給曲線・要素需要曲線

以上で学んだ費用曲線の性質を用いると，長期と短期の供給曲線の関係として，次のような経済学的示唆に富む事実が浮かび上がってくる．

> **命題 2.6**　長期供給曲線上の任意の点における価格弾力性は，この点を通る短期供給曲線の価格弾力性より大きい．

ただし，ここで供給の価格弾力性は，第 1 章で述べた需要の価格弾力性と同様に，

$$\epsilon(p) = \frac{\partial x/\partial p}{x/p}$$

で定義される．供給曲線は右上がりなので，供給の価格弾力性は必ず正の値をとることに注意して欲しい．この命題は，同じ点で弾力性を評価している

ので，長期供給曲線と短期供給曲線が交わるとき短期の方が勾配がきついことを示している．

この命題の裏にある直感は非常に明快である．すなわち，価格の変化に対し，長期では労働のみならず資本をも動かして生産量を調整できる．したがって，例えば高価格が長期間維持されたときは，工場などの資本設備を増加させるなどして，労働のみで生産増強しているときより，弾力的に生産を変化させられるのである．

■**命題 2.6 の証明** 利潤最大化の1階条件より，長期供給曲線は長期限界費用曲線 $MC^L(x)$ と，短期供給曲線は短期限界費用曲線 $MC(x, K)$ と一致する．よって，図 2.19 に見られるように，長期限界費用と短期限界費用が交わるとき短期の方が勾配がきついことを示せばよい．もし，長期限界費用の方が勾配がきつかったとすると，少しだけ生産を増やすときに，長期の方が費用がかかることになる．これは，長期の費用曲線が短期の費用曲線の下方包絡線であること，すなわち，長期の費用は短期の費用を決して上回らないことに矛盾する．

最後に，ここで学んだ長期と短期の関係は，要素需要曲線についても同様の分析が可能であることを付記しよう[7]．つまり，長期要素需要曲線と短期要素需要曲線が交わるとき短期の方が勾配がきついのである．要素需要の場合も，第1章で述べたのと同様に，需要の価格弾力性を考えられ，次のように述べることができる．

> **命題 2.7** 長期要素需要曲線上の任意の点における価格弾力性は，この点を通る短期要素需要曲線の価格弾力性より，絶対値をとると大きい．

2.11 個別供給曲線と市場供給曲線

以上で述べてきた供給曲線は，各生産者の個別供給曲線であった．しかし，普通「供給曲線」と呼ばれるのは，個別供給曲線を集計した**市場供給曲線** (market supply curve) である．この市場供給曲線は，個別供給曲線をすべての生産者について水平に足し合わせることで得られる．そして，ある財

---

[7] この節の供給・要素需要に関する二つの命題は，いずれも数学的にはル・シャトリエの原理と呼ばれる同一の原理に対応している．

市場に $1,\ldots,F$ の F 人の生産者が存在し，各生産者 i の供給関数が $x^{iS}(p)$ で与えられる場合，**市場供給関数** (market supply function) $X(p)$ は

$$X(p) = \sum_{i=1}^{F} x^{iS}(p) = x^{1S}(p) + x^{2S}(p) + \cdots + x^{FS}(p)$$

となる．この関係は消費者理論で市場需要を導出したときと同様である．

2.12 応用例

2.12.1 減反政策と限界費用曲線

　日本の農業は零細経営であるといわれている．実際，1戸あたりの農地面積はアメリカの100分の1以下，フランス・ドイツと比べても20分の1程度である．このような零細性は，「社会的弱者」として認知された農家が保護された結果であるとも捉えられる[8]．確かに，戦後の農地改革に始まり，近年では米の減反政策など，政府が1戸あたりの土地投入量を抑制するような政策がたびたび実施されてきた．そこで，土地投入量が規制された場合，どのような効果が生じるのか検討してみよう．実は，政策的に農家が零細に保たれた場合，農家1戸当たりの利潤（所得）は直感に反して増大する可能性がある[9]．

　いま，ある農家が労働 L と土地 K を投入して農産物 x を生産するものとし，規制前の拡張経路が図 2.20 の左パネルの赤い実線，限界費用曲線が右パネルの実線で表されるものとしよう．さて，政府が土地投入量を $K = \bar{K}$ と規制する減反政策を行うと[10]，規制後の拡張経路，限界費用曲線はどのように表されるだろうか．これらは，規制前を労働投入量も土地投入量も調整可

---

[8] 詳しくは，奥野正寛・本間正義 [編] (1998)，『農業問題の経済分析』日本経済新聞社を参照．

[9] 農家も生産主体であるから，収入から費用を支払った残りが農家の利潤（所得）になる．ほとんどの場合，農家自身が労働や土地などの生産要素を保有しているから，会計上の利潤（所得）は収入と同じになる．しかし，ここで考えるのは「経済学上の利潤」であり，収入から機会費用を考慮した「経済学上の費用」を差し引いたものである．ここで，「経済学上の費用」とは，「農業に投入した労働や土地などの生産要素を，他の経済機会に投入した場合に得られたであろう金額」のことである．

[10] 減反政策は，より正確には，土地投入量を $K \leq \bar{K}$ と規制する，すなわち土地投入量の上限を規制するものである．しかし本節では，議論の単純化のために，土地投入量を $K = \bar{K}$ と規制するものとする．

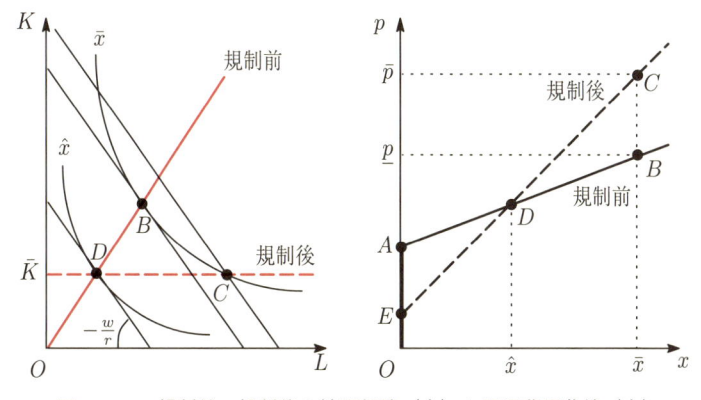

図 2.20 規制前・規制後の拡張経路（左）と限界費用曲線（右）

能な長期とみなし，規制後を土地投入量が $K = \bar{K}$ に固定された短期とみなせば，すぐに導くことができる．まず，規制後の拡張経路は左パネルの赤い破線のように表されるのは明らかである．次に，2.10 節の長期と短期の関係の議論を用いると，生産量 $\hat{x}$ では，左パネルの点 D からわかるように，規制前と規制後の費用が一致するから，右パネルの点 D のように規制前と規制後の限界費用も一致し，規制後の限界費用曲線は右パネルの破線のように表される．

では，農家が十分大きな生産量 $\bar{x}$ を生産する場合，減反政策はどのような効果があるのか検討してみよう．まず，左パネルの点 B と点 C からわかるように，規制後にはより労働集約的で（労働・土地の比率 L/K が高く），より費用の高い非効率的な生産が行われるようになる．そして，右パネルの点 B と点 C からわかるように，規制後には限界費用も高くなる．したがって，農家がこの生産量 $\bar{x}$ を生産するには，規制前には農産物価格は $\underline{p}$ であればよいが，規制後にはより高い水準 $\bar{p}$ でなければならないことになる．農産物価格が上昇することになれば，消費者にとっては負担が増えることになってしまう．逆に，農家にとっては収入が増える．費用も高くなっているので必ずとはいえないが，利潤（所得）も増える可能性があるのである[11]．

---

[11] 関心のある読者は，3.2.2 項の「生産者余剰」を参照しながら，規制前には費用が右パネルの台形 $AO\bar{x}B$ の面積で表されること，規制後には可変費用（労働投入費用）が右パネルの台形 $EO\bar{x}C$ の面積で，また固定費用（土地投入費用）が右パネルの三角形 AED の面積で表されることを確認し，この意味を確かめてほしい．

Column ────────────────────────────────── 減反政策の実額

日本の減反政策はどの程度の影響があったのか，少し見ておきましょう．

近年，減反面積は水田面積の3分の1にものぼっていました．その結果，米の市場では供給量が抑えられ，米は高価格が維持され，農家にもたらされた保護効果は年に7000億円に上っていたと推計されています．米の市場の規模自体が約2兆円ですから，この保護効果がいかに大きなものであったかがわかります．このため，減反政策は「官製カルテル」であるとの指摘もなされてきました［詳しくは，速水裕次郎・神門善久 (2002)，『農業経済論』岩波書店を参照のこと］．しかしながら，減反政策によって，農家は労働集約的で非効率的な生産を行うようになることや，高い米が消費者には負担となることを忘れてはいけません．

現在進行中の米農政改革によって，政府主導の減反政策は終焉を迎え，市場の活用へと流れは大きく変わりつつありますが，日本の農業政策の経済合理性については今後，私たち自身が考えていかなければいけない重要な問題といえるでしょう．

2.12.2 環境税と要素需要曲線

近年，温暖化ガス排出抑制を目的として環境税を導入するべきか否かが議論されている．これは，課税によって温暖化ガス排出につながる財の価格を上昇させ，過剰であると考えられる当該財の需要を抑制しようとする政策である．ここでは，需要者が家計でなく企業であることも多い．例えば，「省エネ」によって温暖化ガスを削減しようとすると，生産部門によるエネルギー消費を考える必要がある．この場合，エネルギー需要は生産者による要素需要である．

実際，環境税導入の是非をめぐっても，生産部門のエネルギー消費について価格弾力性が各方面で推計されている．その結果「弾力性が小さい」という判断が下されると，政策はしばしば「負担のわりに効果がない」として産業界の批判を受けることになる．

この理由を探るには，第1章で学んだ価格弾力性と支出額の関係を思い出すとよい．要素需要を考えるので，支出額は企業にとってのエネルギー投入にかかる費用と読みかえられる．いまエネルギー市場の価格が p，投入量が x（図 2.21 の点 A）であったとしよう．省エネを促すことを目的として，環境税導入によって政策的に p' まで価格が引き上げられるとする．この政策の

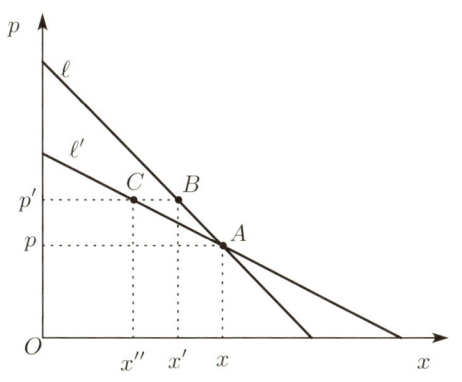

図 2.21 エネルギーの要素需要曲線

効果は，価格弾力性を推定することによって知ることができる．推定結果の弾力性が，相対的に小さい場合（図 2.21 の需要曲線 ℓ）と，大きい場合（需要曲線 ℓ'）を比べてみよう．ℓ の場合，価格 p' のもとで投入量は x' まで減少し（点 B），その費用は $Ox'Bp'$ となる．ℓ' の場合，価格 p' のもとで投入量は x'' まで減少し（点 C），その費用は $Ox''Cp'$ となる．もともとの投入量 x，費用額 $OxAp$ と比べると，弾力性が小さいほど，投入量の減少率に対して費用の増加率が大きくなる．図 2.21 では，（大まかな目分量で言えば）環境税の課税により価格弾力性が高い場合には 50% 程度のエネルギー消費が削減されているが，低い場合には 25% 程度しか削減されていない．その上，価

Column ────────────── **エネルギー需要価格弾力性と短期・長期**

環境省の中央環境審議会（環境税の経済分析等に関する専門委員会）は，1990 年代から 2000 年代半ばまでに研究されたエネルギー需要の価格弾力性の値をサーベイしています．それによれば，短期の価格弾力性の推計値は $-0.04 \sim -0.22$ の範囲に，長期は $-0.2 \sim -0.8$ の範囲にあります．命題 2.7 で示した通り，長期のほうが需要はより弾力的になっている．理由は，供給曲線について本文で述べた議論と本質的に同じです．つまり，短期的には固定要素であった資本設備等を，長期的には省エネタイプの設備に転換できるからです．したがって，長期的には，短期の場合に比べてより弾力的にエネルギー需要を減らせるのです．この結果，エネルギー価格の高騰が費用の増加に与える影響は緩和されることになります．

このように，弾力性といっても，そのデータがどれくらいの期間のものであるかという点に留意が必要です．

格弾力性が低い場合には費用が増加してしまう．つまり，弾力性が小さい場合には，企業の負担が大きいわりには，当初の目的である省エネの効果は小さくなってしまうのである．

なお，ここで例に挙げた環境税について，どの程度の課税が望ましいのか，また，その負担のあり方については，第 7 章で外部効果を学ぶことでより詳しく議論できるようになるであろう．

第 3 章
市場均衡

　第1章と第2章では，消費者と生産者がどのような行動をとるのかについて分析した．そこでは，彼らは価格を所与として自分の効用あるいは利潤を最大化するように行動することが想定されていた．では，各主体にとって所与と仮定されていた価格自体はどのように決まるのだろうか．そして，各個人がどの財をどれだけ持つかはどのように決まるのだろうか．さらには，市場によって達成される状態は，望ましい状態と言えるのだろうか．本章では，この市場というメカニズムがどのような役割を果たすのかという問題に取り組みたい．

　本章の前半では，まず，ある特定の財のみに着目し，その財市場において実現する価格および財の配分がどのように決まるかを考える「部分均衡分析」を解説する．その中で，市場で決まる財の配分が，社会的に望ましいことを示す．後半では，すべての財市場を同時に分析し，各財市場で価格がどのように決まり，財がどのように配分されるかを考える「一般均衡分析」を説明する．一般均衡分析においても，市場で実現する財の配分が，社会的に望ましい効率的なものとなることが示される．

3.1　市場経済の分析手法

　市場均衡とは，市場における需要と供給の一致した状態である．非常に多くの商品が存在し，それを売買する市場が存在する現実経済を分析するため

に，部分均衡分析と一般均衡分析の二つの方法がある．ほかの市場を無視して，ある特定の財の市場に注目して需給が一致している状態を分析する方法を，**部分均衡分析** (partial equilibrium analysis) と呼ぶ．本書の序章 0.3 節では，コメという特定の財の市場にのみ着目し，農業政策の与える影響の部分均衡分析を行った．これに対して，経済に存在するすべての財の需要と供給が一致している状態に注目する方法を，**一般均衡分析** (general equilibrium analysis) と言う．

一般均衡分析の優位　部分均衡と一般均衡とは，特に，経済の与件が変化したときに均衡がどう変化するかを検討する場合に，重要な違いを生み出す．

　当初，経済が一般均衡状態にあり，すべての財の需給が均衡していたとしよう．次に，何らかの与件の変化が起こったとする．例えば，コメの輸入が自由化され，大量の外国米が輸入されるようになったとしよう．このとき，コメ市場という経済の一部分だけで起こる変化を追跡する部分均衡では，コメの価格が急落するという結論だけを導き出す．

　自由化の効果はそれだけだろうか．コメ価格が急落すれば，コメの密接な代替財であるパンやそばの需要が減る．パンやそばの需要が減れば，その原料である小麦やそば粉の需要も減り価格が下落する．他方で，輸入米の増加は国内米を駆逐するから，米作に使われる土地や労働などの生産要素需要を下落させる．この結果，稲作用地の価格下落やコメ農家の収入減少をもたらし，コメ作りの相対的なメリットを低下させる．さらに，これらの効果は，パンやそばの価格下落が代替財であるコメの需要を減少させ，米作用地の地代の下落がコメの生産費用を低下させるといった効果を通じて，コメの価格や需給に影響を与えることになる．

　部分均衡分析は，このような需要面・供給面双方での市場の連関を分析の視野に含めておらず，環境や政策の変更が生み出す与件の変化が，経済全体にどのような影響を与えるかについて，総合的な正しい分析を行えないと考えられる．したがって，ある与件の変化が起こった場合，他のすべての財の市場でどのような連関した変化が起こるかをも考察の対象とする一般均衡分析を通じて，与件変化の効果を検討することも必要である．

部分均衡分析の優位　応用経済学では多くの場合，部分均衡分析が用いられ，一般均衡分析は特定の場合を除いて採用されない．大きな理由としては，一般均衡分析よりも部分均衡分析は単純で明快である点が挙げられる．特に，経済政策の効果を検討する場合には，簡単明快な分析枠組みが必要であり，部分均衡分析が望ましい．逆に一般均衡分析は，多数の変数を同時に取り扱うために複雑になり，明快な分析結果を得ることが困難な場合が多い．しかしながら，部分均衡分析においては特定の財以外の市場は無視している．では，どのような場合にこのような「無視」が許されるのだろうか．

　まず，与件の変化が直接的な影響を与える財の（密接な代替財・補完財を含めた）ウェイトが経済全体に占める割合が小さければ，その財の与える一般均衡的な効果は小さいと考えられる．この場合，分析対象とする財を，「穀物」というように，コメ，小麦，そば粉など密接な代替財・補完財を含めて広く定義すれば，その他の財に与える代替効果は小さい．また当該財の国民経済に占めるウェイトが小さければ，所得効果も小さいから，他の財との連関を重視する必要はなくなる．例えば，日本の農業総生産（農業が創り出す付加価値額）は約5兆円であり，日本の国内総生産 (GDP) の約1%である．これが僅かなシェアだと考えれば，米作保護が与える国民経済への効果は，部分均衡分析で十分に分析可能となる．これに対して，住宅市場は国民経済で大きなウェイトを占めているから，住宅税制などは一般均衡分析を使うことが望ましいかもしれない．

　また，当初，経済に非効率が存在しないならば，ある財の市場における与件の変化が経済全体に与える影響は，当該財の市場に与える影響だけを見ればよいということが知られている．部分均衡分析では，各市場に対して「余剰」というものが定義され，それによって経済の効率性を評価する．当初，経済に非効率性が発生していないならば，ある財市場での与件の変化がもたらす他財市場の「余剰」の変化は，当該財市場の「余剰」の変化の中に織り込み済みであることが知られている．それゆえ，与件の変化が経済全体に与える影響は，当該財市場の「余剰」を見ることで評価できるのである．ただし，注意したいのは，与件の変化が起こる前にすでに経済に非効率が生じていた場合には，他財市場の「余剰」の変化すべてが，当該財市場の「余剰」の変化の中に織り込まれてはいないということである．したがって，そのような

場合には，一般均衡の枠組みを用いて分析するのが適切である．

3.2 部分均衡分析

本節では，「問題が狭く限定されるほど，より厳密な処理が可能となる」という格言にしたがって，ある特定の財の市場にのみ注目し，他の市場は一定であるとする．すなわち，問題となる市場以外の「他の事情については等しいものとする (other things being equal)[1]」．その上で，当該財の市場において，どのような価格の下で，どのような資源配分が実現するかを分析する．こうしたある特定の財の市場での均衡を部分均衡 (partial equilibrium) と言う．

3.2.1 均衡

まず，市場において実現する価格および資源配分について考えよう．

需要 市場に $1, \ldots, H$ の H 人の消費者が存在するとする．$x^{hD}(p)$ を消費者 h の個別需要関数とする．他の財の市場が一定であると仮定しており，また，所得も一定と仮定するので，個別需要関数は当該財の価格 p にのみ依存する形で書くことにする．市場需要関数は，個別需要関数を足し上げたものであるので，$X^D(p) = \sum_{h=1}^{H} x^{hD}(p)$ である．また，$X = X^D(p)$ を p について解いたもの，すなわち，$X^D(p)$ の逆関数を逆需要関数 (inverse demand function) と言い，$p^D(X)$ と書くことにする．

供給 一方，この市場には $1, \ldots, F$ の F 人の生産者が存在するとする．$x^{fS}(p)$ を生産者 f の個別供給関数とする．生産要素を含む他の財の市場が一定であると仮定しており，個別供給関数も当該財の価格 p にのみ依存する形で書く．市場供給関数は，個別供給関数を足し上げたものであるので，$X^S(p) = \sum_{f=1}^{F} x^{fS}(p)$ である．また，$X^S(p)$ の逆関数を逆供給関数 (inverse supply function) と言い，$p^S(X)$ と書くことにする．

---

[1] これらの格言はマーシャル (Alfred Marshall) の『経済学原理』によるものである．マーシャルは部分均衡のみを扱ったように考えられがちであるが，彼自身は一般均衡の体系に類似のものを考えていたことを付言しておく．

■逆関数　各 y に対して，$y = f(x)$ を満たす x が 1 つだけ存在するような関数 f について考える．この時，各 y に対して $y = f(x)$ を満たす唯一の x を対応させる関数を f の逆関数 (inverse function) と言う．つまり，f の逆関数は，$y = f(x)$ を x について解いたものと言ってもよい．f の逆関数を f^{-1} と書くことにしよう．例えば，$f(x) \equiv 2x$ なる関数 f の逆関数は，$y = 2x$ を解くと $x = y/2$ なので，$f^{-1}(y) = y/2$ なる関数 f^{-1} である．逆関数は，以下の性質を持つ．

- $f^{-1}(f(x)) = x$.
- $f(f^{-1}(y)) = y$.
- $df^{-1}(y)/dy = f^{-1\prime}(y) = 1/f'(f^{-1}(y))$（上式を y について微分すれば得られる）．

均衡　さて，市場では，

$$X^D(p^*) = X^S(p^*) \qquad \text{(需給の一致)}$$

が成り立つ価格 p^* の下で，消費者 h は $x^{hD}(p^*)$ だけの財を消費し，生産者 f は $x^{fS}(p^*)$ だけの財を生産すると考えられる（$X^* = X^D(p^*) = X^S(p^*)$ とおく）．つまり，消費者 h は価格 p^* の下で効用を最大化する最適消費量 $x^{hD}(p^*)$ を消費し，生産者 f は価格 p^* の下で利潤を最大化する最適生産量

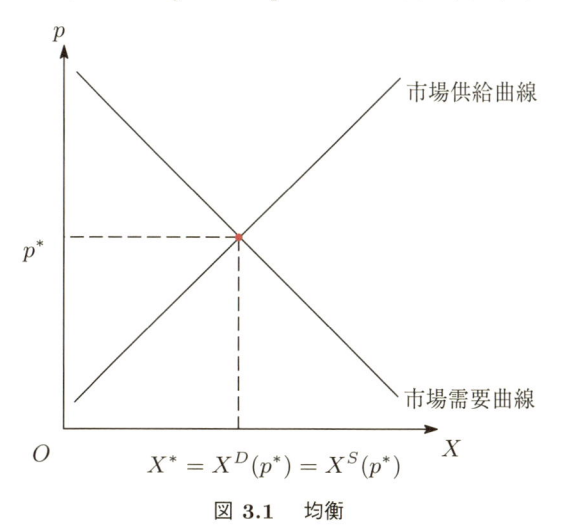

図 3.1　均衡

$x^{fS}(p^*)$ を生産し，しかも，市場需要量 $X^D(p^*)$ と市場供給量 $X^S(p^*)$ が一致する状態が実現すると考えられる．こうした状態を均衡 (equilibrium) と言う．均衡は，図 3.1 のように，市場需要曲線と市場供給曲線の交点として表される．

3.2.2 余剰

それでは，均衡は，社会にとって望ましい状態なのだろうか．この問いに答えるため，まず，序章 0.3.3 項で述べた「余剰」と呼ばれる「望ましさの指標」の概念をより厳密に定義することにする．以下簡単化のために，市場には消費者，生産者が，それぞれ，1 人だけ存在すると仮定する．消費者，生産者が複数人存在する場合にも，同様の議論ができる．

消費者余剰 まず，消費者が財を価格 p で X 単位購入することの「便益」を

$$CS \equiv \int_0^X p^D(Y)\,dY - pX \tag{3.1}$$

で定義することにする．この値を消費者余剰 (consumer's surplus) と呼ぶ．式 (3.1) の右辺第 1 項は図 3.2 の $AOXC$ の面積で表され，第 2 項は $pOXD$ の面積で表される．したがって，消費者余剰は，図 3.2 の $ApDC$ の面積で表される．

こうして定義された消費者余剰は，消費者が「準線形効用関数」と呼ばれる効用関数を持つ場合，厳密な意味付けが可能である．準線形効用関数 (quasilinear utility function) とは，分析の対象となっている財の消費量を x，その他の財の購入に当てる貨幣量を m として，$u(x,m) = v(x) + m$ という形をとる効用関数のことを言う．準線形効用関数では，当該財の貨幣に対する限界代替率は，$v'(x)$ であり，貨幣量 m に依存しないことがわかる．また，貨幣 1 単位がちょうど効用 1 単位に相当することがわかる．さらに，単調性により $v'(x) \geq 0$，限界代替率逓減の法則により $v''(x) < 0$ が成り立つ．図 3.3 には，準線形効用関数の無差別曲線および限界代替率 (MRS, MRS') が描かれている．財の価格を p，消費者の所得を M とすると，消費者の予算制約は，$px + m = M$ となる．効用最大化の 1 階条件は $p = v'(x)$ であり，これを満

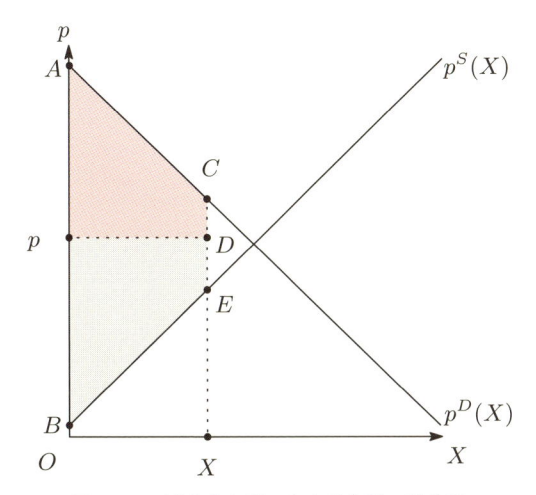

図 3.2　消費者余剰，生産者余剰，総余剰

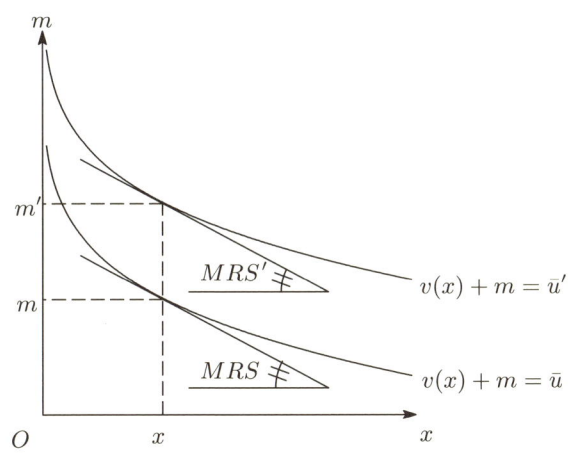

図 3.3　準線形効用関数の無差別曲線

たす x が需要関数 $X^D(p)$ である．1 階条件は，所得 M に依存せず，それゆえ，需要量も所得 M に依存しない．したがって，準線形効用関数を持つ消費者の需要量は，所得効果が常にゼロであるという特殊な性質を持つ．1 階条件より $v'(X)$ は需要関数 $X^D(p)$ の逆関数であることがわかるので，$v'(X)$ は逆需要関数である ($v'(X) = p^D(X)$)．

それでは，消費者が準線形効用関数を持つ場合の消費者余剰の意味について

考えてみよう．消費者余剰は，先に確認した $v'(X) = p^D(X)$ を利用すると，

$$CS = \int_0^X p^D(Y)\,dY - pX = \int_0^X v'(Y)\,dY - pX$$
$$= v(X) - v(0) - pX = (v(X) + M - pX) - (v(0) + M)$$
$$= u(X, M - pX) - u(0, M) \tag{3.2}$$

と書き換えることができる．さて，消費者がこの財を購入しないならば，この財の消費量は 0，他の財の購入に当てる貨幣の量は M となり，$u(0, M)$ だけの効用を得る．したがって，式 (3.2) の右辺第 2 項 $u(0, M)$ は，消費者がこの財を購入しない場合の効用である．一方，この財を価格 p で X 単位購入するならば，この財の消費量は X，他の財の購入に当てる貨幣の量は $M - pX$ となり，$u(X, M - pX)$ だけの効用を得る．したがって，式 (3.2) の右辺第 1 項 $u(X, M - pX)$ は，財を価格 p で X 単位購入する場合の効用である．ゆえに，式 (3.2) より，消費者が準線形効用関数を持つ場合には，消費者余剰は，消費者が財を購入していない状態から，財を価格 p で X 単位購入するようになることで得られる効用の増分を金額で表していることになる．

■**消費者余剰と補償変分** 第 1 章 1.6.1 項では，価格の変化に対する効用（実質）の変化を所得で捉える指標として，補償変分という概念を紹介した．これと本節で定義した消費者余剰の関係を見ておこう．第 1 章図 1.14 で見たのと同じ p_1^0 から p_1^1 への価格変化を考えよう．このとき，p_1^0 で $x_1^D(p_1^0)$ を購入する場合の消費者余剰から，p_1^1 で $x_1^D(p_1^1)$ を購入する場合の消費者余剰を差し引いた変化分は，図 1.14 で（マーシャルの）需要曲線の左側 $p_1^1 D^1 D^0 p_1^0$ の面積で表される．一方，このときの補償変分は，補償需要曲線の左側 $p_1^1 D^c D^0 p_1^0$ の面積で表されることが知られている．したがって，消費者余剰の変化分と補償変分は，一般には一致しないが，準線形効用関数の場合は，所得効果がゼロであるため，（マーシャルの）需要曲線と補償需要曲線が重なり，一致する．つまり，部分均衡分析で「余剰」を定義し分析することが理論的に適切であるのは，所得効果が小さい場合である．より詳しい議論は奥野・鈴村 [8] の I・第 13 章を参照してほしい．

生産者余剰 一方，生産者が財を価格 p で X 単位供給することの「便益」を

$$PS = pX - \int_0^X p^S(Y)\,dY \tag{3.3}$$

で定義することにする．この値を生産者余剰 (producer's surplus) と呼ぶ．式 (3.3) の右辺の第 1 項は図 3.2 の $pOXD$ の面積で表され，第 2 項は $BOXE$ の面積で表される．したがって，生産者余剰は，図 3.2 の $pBED$ の面積で表される．

ここで，生産者の費用関数を $C(x)$ とする．また，固定費用はすべてサンク費用であるとする．簡単化のため，平均可変費用が生産量 0 で最小になると仮定する．そうすると，利潤最大化の 1 階条件 $p = C'(x)$ を満たす x が供給関数 $X^S(p)$ であることがわかる．$C'(X)$ は供給関数 $X^S(p)$ の逆関数であるので，$C'(X)$ は逆供給関数である $(C'(X) = p^S(X))$．

それでは，生産者余剰の意味について考えてみよう．生産者余剰は，先に確認した $C'(X) = p^S(X)$ を利用すると，

$$PS = pX - \int_0^X p^S(Y)\,dY = pX - \int_0^X C'(Y)\,dY$$
$$= pX - (C(X) - C(0)) = (pX - C(X)) - (-C(0)) \qquad (3.4)$$

と書き換えることができる．さて，生産者が財を供給しないならば，財の生産量は 0 となり，$-C(0)$ だけの利潤を得る（すなわち，固定費用 $C(0)$ だけの赤字に陥る）．したがって，式 (3.4) の右辺第 2 項 $-C(0)$ は，生産者が財を供給しない場合の利潤である．一方，生産者が財を価格 p で X 単位供給するならば，財の生産量は X となり，$pX - C(X)$ だけの利潤を得る．したがって，式 (3.4) の右辺第 1 項 $pX - C(X)$ は，財を価格 p で X 単位供給する場合の利潤である．ゆえに，式 (3.4) より，生産者余剰は，生産者が市場に財を供給していない状態から，財を価格 p で X 単位供給するようになることで得られる利潤の増分を表していることになる．また，式 (3.4) よりわかる重要な点として，生産者余剰が，財を価格 p で X 単位供給する場合の利潤と固定費用の和となることがある．

総余剰 ところで，生産者，すなわち企業は，消費者，すなわち家計によって所有されており，その利潤は消費者の所得となる．したがって，生産者が市場に財を供給していない状態から，財を供給するようになることで，生産者の利潤が生産者余剰の分だけ増え，それにともなって，消費者の所得も生

産者余剰の分だけ増えることになる．消費者が準線形効用関数を持っている場合，貨幣1単位が効用1単位に相当するので，生産者が財を供給するようになることで，生産者余剰の分だけ，消費者の効用が増加することになる．

このことを考慮に入れると，財を価格 p で X 単位取引する時，取引が行われない時と比較して，消費者の効用は，消費者余剰と生産者余剰の合計分だけ増加することになる．つまり，財を価格 p で X 単位取引することによる消費者の効用の増分は，

$$TS = CS + PS = \left(\int_0^X p^D(Y)\,dY - pX\right) + \left(pX - \int_0^X p^S(Y)\,dY\right)$$
$$= \int_0^X p^D(Y)\,dY - \int_0^X p^S(Y)\,dY \tag{3.5}$$

である．この値を総余剰 (total surplus) と呼び，「望ましさの指標」として用いる．

ところで，式 (3.5) の第1項は図3.2の $AOXC$ の面積で表され，第2項は $BOXE$ の面積で表される．したがって，総余剰は，図3.2の $ABEC$ の面積で表される．また，式 (3.5) から明らかに，総余剰は，価格には依存せず，取引量にのみ依存していることがわかる．価格が関係するのは，消費者の支払額と生産者の受取額であるが，これらは互いに相殺するので，総余剰は価格に依存しないのである．したがって，総余剰の大小について考える場合，市場での取引量にのみ関心を払えばよい．

均衡における総余剰　実は，均衡における総余剰は，次のような性質を持っている．

> **命題 3.1**　総余剰は，均衡での取引量において，最大になる．

以下，このことを確かめよう．

市場での取引量 X が総余剰を最大化するための条件は，

$$\frac{dTS}{dX} = p^D(X) - p^S(X) = 0$$

すなわち

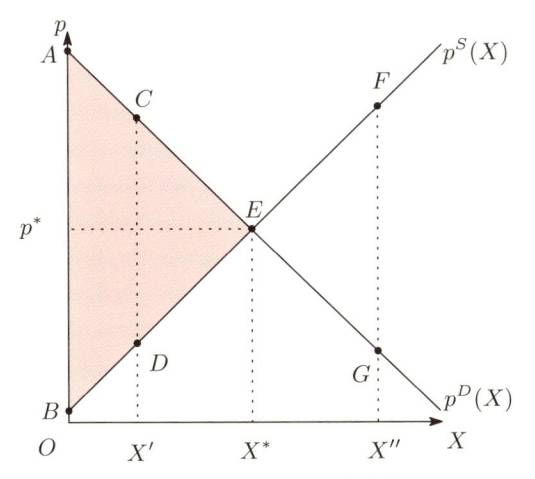

図 3.4 均衡における総余剰

$$p^D(X) = p^S(X)$$

である[2]．均衡での取引量 $X^* = X^D(p^*) = X^S(p^*)$ では，

$$p^D(X^*) = p^D(X^D(p^*)) = p^* = p^S(X^S(p^*)) = p^S(X^*)$$

が成り立つので，均衡での取引量は総余剰を最大にすることがわかった．

このことを図によって確認しておこう．図 3.4 において，

- 均衡での取引量 X^* の下での総余剰は，ABE の面積

- X^* より小さい取引量 X' の下での総余剰は，$ABDC$ の面積

- X^* より大きい取引量 X'' の下での総余剰は，ABE の面積 $- EFG$ の面積

なので，均衡での取引量 X^* において，総余剰が最大になることがわかる．

---

2) 微積分学の基本定理 (fundamental theorem of calculus)

$$\frac{d}{dx}\int_a^x f(y)dy = f(x)$$

を用いて，

$$\frac{dTS}{dX} = \frac{d}{dX}\int_0^X p^D(Y)\,dY - \frac{d}{dX}\int_0^X p^S(Y)\,dY = p^D(X) - p^S(X)$$

が導出される．

3.3 長期の部分均衡分析

前節では，市場での均衡は，市場需要曲線と市場供給曲線の交点で表された．しかし，これは短期の場合の話であり，長期ではことはそれほど単純ではない．長期では，すべての生産要素が可変的となり，生産者が生産活動を止めて市場から退出したり，新たに事業を起こして市場に参入することができる．そのため，市場で活動する企業数が変化することになり，市場供給曲線は，個別供給曲線を（水平に）足し合わせるという短期で用いた手続きでは求まらない．足し合わせるべき生産者がどの生産者なのかが，決定できないからである．

では，生産者の市場への参入・退出を考えた場合，価格，取引量，そして参入する生産者数は，どのような水準に決まるのだろうか．すなわち，長期の均衡は，どのように考えたらよいのだろうか．このことを（いまだ参入していないが，潜在的には参入可能な生産者を含めて），すべての生産者が同じ技術を（したがって，同じ費用関数を）持っている場合について，検討しよう．

3.3.1 参入・退出と長期の供給関数

市場需要関数を $X^D(p)$ とする．一方，すべての生産者が同一の技術を持っているので，すべての生産者の個別供給関数は同一であり，それを $x^S(p)$ によって表すことにする．短期の，すなわち，市場に参入している生産者数が F 社に固定されているときの市場供給関数を $X^S(p, F)$ とすると，$X^S(p, F) = F x^S(p)$ となる．また，各生産者の損益分岐価格を p^{BE} とする．すべての生産者の技術が同一なので，損益分岐価格もすべての生産者に共通である．x_0 を平均費用関数が最小になる生産量，すなわち**最小最適生産規模** (minimum optimal scale of production) とする．第 2 章で確認したように，$x_0 = x^S(p^{BE})$ である．

では，長期の市場供給関数 $X^S(p)$ を求めてみよう．まず，価格 p が損益分岐価格 p^{BE} より低い時には，最適生産量は $x^S(p) = 0$ であった．よって，$X^S(p) = 0$ である．次に，価格 p が損益分岐価格 p^{BE} と等しい時には，参

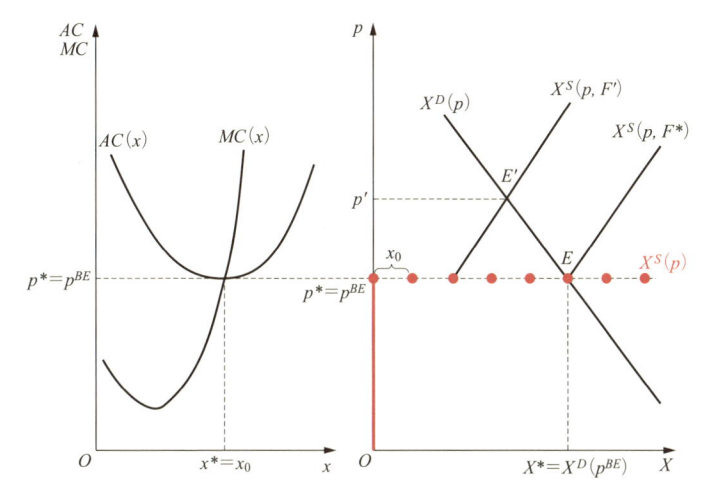

図 3.5　長期の均衡（費用一定産業）

入すると，最適生産量 $x^S(p^{BE}) = x_0$ の下で，各生産者の利潤は 0 となる[3]．したがって，すべての生産者にとって，参入しようがしまいが，同一の利潤 0 を得る．ゆえに，参入する生産者数は $0, 1, 2, \ldots$ のいずれかであり，市場供給量は $0, x_0, 2x_0, \ldots$ のいずれかである．最後に，価格 p が損益分岐価格 p^{BE} より高い時には，参入すると，最適生産量 $x^S(p)$ の下で，各生産者の利潤が正になる．したがって，いくらでも生産者が参入することになるので，市場供給量は無限大になる．以上をまとめると，長期の市場供給関数を

$$X^S(p) = \begin{cases} 0 & \text{if } p < p^{BE} \\ 0, x_0, 2x_0, \ldots & \text{if } p = p^{BE} \\ \infty & \text{if } p > p^{BE} \end{cases}$$

のように求めることができる．長期の市場供給関数のグラフは，図 3.5 の右

---

[3] 利潤とは，収入から費用を差し引いた差額であるが，費用とは，当該生産要素に支払った実額ではなく，機会費用をも含む概念だった．費用を支払うべき生産要素の中には，生産活動を行うために必要な資金も入っているから，費用の中には，この生産者に投下された資金に対する機会費用も含まれる．投下資本に対する機会費用とは，この資金が他の産業に投資され場合に得られたであろう利潤である．この利潤は正常利潤 (normal profit) と呼ばれる．したがって，費用は，投下資本に対する機会費用を表す正常利潤を含むはずであり，上に述べた意味での「利潤がゼロである」とは，「会計上の利潤」から正常利潤を差し引いた残額がゼロだということ，すなわち，「会計上の利潤」が正常利潤に等しいということに他ならない．

側のパネルに描かれている通りである.

費用一定産業 図 3.5 の右側のパネルからわかるように，長期の市場供給曲線は価格 p^{BE} で水平になる．長期の市場供給曲線がこうした形状になる背後には，この財を生産する産業が経済全体に比べて十分に小さく，生産要素市場でのこの産業のシェアがほぼゼロに近いということが仮定されている．この仮定から，参入・退出の過程で起こる産業全体の生産量の変化が引き起こす生産要素需要の変化にも関わらず，生産要素の価格が変化せず，平均費用曲線も変化せず，それゆえ，損益分岐価格も変化しない．その結果，長期の市場供給曲線は価格 p^{BE} で水平になる．長期の市場供給曲線が水平な産業を，費用一定産業 (constant cost industry) と言う．

費用逓増産業 この産業の生産要素市場シェアが大きい場合はどうだろうか．産業全体の生産が増大すると，生産要素への需要が増えるから生産要素価格は上昇し，平均費用曲線は上方にシフトし，損益分岐価格は上昇する．それゆえ，長期の市場供給曲線は右上がりになる．

また，生産者間で技術が異なる場合にも，長期の市場供給曲線は右上がりになる．ある価格の下では，その価格より損益分岐価格が低い生産者が参入する．それゆえ，価格が上昇すると，それまで参入していなかった損益分岐価格の高い生産者が新たに参入することで，産業全体の生産量が増加する．それゆえ，長期の市場供給曲線は右上がりになる．このような産業を，費用逓増産業 (increasing cost indsutry) と呼ぶ．

費用逓減産業 これに対して，産業全体の生産が拡大し，この産業が発展するにつれ，生産要素価格が低下し，平均費用曲線が下方にシフトし，その結果損益分岐価格が低下する可能性がある．この場合，長期の市場供給曲線は右下がりになる．こうした産業を費用逓減産業 (decreasing cost indsutry) と呼ぶ．

Column ———————————————————— マーシャルの外部性と幼稚産業保護

生産拡大が生み出す生産要素需要の増加が平均費用曲線の下方シフトを生み出すという現象は，実際にしばしば観察されています．例えば，日本の自動車産業について考

えてみると，その黎明期には，部品産業への部品の派生需要は少なく，部品の品質は粗悪で価格も高いものでした．しかし，自動車産業の発展につれ，部品への派生需要が急激に増大し，部品産業が発展することになり，規模の経済を生かして部品の品質が向上し価格も低下しました．その結果，自動車産業の生産コストも低下することになりました．この現象は伝統的に，**マーシャルの外部性** (Marshallian externality) と呼ばれています．自動車産業と部品産業といった産業間の外部性による連関効果と，自動車産業や部品産業における独占力の存在という二つの市場の失敗の相乗効果が，マーシャルの外部性を生み出しているのです．

このようなマーシャルの外部性が生まれる産業では，先にその産業を確立した国に対して，後からその産業を確立しようとする国は，その産業の生産コストが相対的に高いために国際的な競争に太刀打ちできないことになります．そこで，後からその産業を確立しようとする国は，その産業が発展するまで外国との競争をさけようと，関税や輸入の数量割り当てなどの貿易政策を行うことがしばしば見られます．これは幼稚産業保護と呼ばれ，多くの発展途上国でとられてきた政策です．

3.3.2 参入・退出と長期の均衡

長期の均衡での価格 p^* および参入者数 F^* は，

$$X^D(p^*) = X^S(p^*, F^*) \qquad \text{（需給の一致）} \tag{3.6}$$

$$p^* = p^{BE} \qquad \text{（各参入者の利潤がゼロ）} \tag{3.7}$$

を満たさなければならない．式 (3.6) は，均衡において，市場需要量 $X^D(p^*)$ と市場供給量 $X^S(p^*, F^*)$ が一致することを意味している．式 (3.7) は，各参入者の利潤がゼロであることを意味している．それゆえ，新たに生産者が参入・退出をすることはない．式 (3.6) および式 (3.7) より，長期の均衡での価格 p^*，市場取引量 X^*，各参入者の生産量 x^*，参入者数 F^* は，$p^* = p^{BE}$，$X^* = X^D(p^*) = X^D(p^{BE})$，$x^* = x^S(p^*) = x^S(p^{BE}) = x_0$，$F^* = X^D(p^*)/x^S(p^*) = X^D(p^{BE})/x_0$ と求めることができる．各参入者の生産量は，最小最適生産規模である．長期の均衡は，市場需要曲線 $X^D(p)$ と長期の市場供給曲線 $X^S(p)$ の交点である図 3.5 の点 E で表される．

ところで，長期の均衡は，次のような調整の過程を経て実現すると考えられる．参入者数が F' の時の短期の均衡は，市場需要曲線 $X^D(p)$ と短期の市場供給曲線 $X^S(p, F')$ の交点である図 3.5 の点 E' で表される．この短期の

均衡では，価格が p' となる．短期の均衡での価格 p' は損益分岐価格 p^{BE} より大きいため，市場に参入することで生産者は正の利潤を得ることができる．したがって，新たに生産者が参入してくることになり，短期の市場供給曲線が右にシフトし，短期の均衡における価格が低下する．このような変化が，参入した場合の利潤がゼロになり，それ以上の参入・退出が起こらなくなるまで続く．つまり，短期の均衡での価格が損益分岐価格に一致するまで続く．その結果，短期の市場供給曲線は，$X^S(p, F^*)$ までシフトし，長期の均衡を表す点 E が実現する．

3.4 部分均衡分析の応用例：物品税

部分均衡分析の応用として，政府が財 1 単位の取引につき一定額の税を課す状況を考えよう．こうした税は，物品税と呼ばれる．政府が物品税を課すと，資源配分に歪み (distortion) が生じ，非効率が発生することが知られている．以下，このことを考察しよう．分析の枠組みおよび記号は，3.2 節に従うことにする．

物品税課税下での均衡 この財 1 単位の取引に対して，t 円の物品税が生産者に課税されるとする．

生産者は，価格 p の下で X 単位生産を行うと，$pX - C(X) - tX$ だけの利潤を得る．つまり，税引き前利潤 $pX - C(X)$ から物品税 tX を減じたものが利潤である．これより，利潤最大化の条件は，$p - t = C'(X)$ となる．したがって，供給曲線は，通常の供給曲線を縦軸方向に t だけシフトさせたものになる．これは，生産者は単位あたり t 円の物品税を支払わなければならないので，税率分だけ高い価格で売りたいと考えていると解釈できる．一方，消費者の効用最大化問題は，通常のものと変わらないので，効用最大化の条件は，$p = v'(X)$ である．したがって，需要曲線は，通常のものである．均衡は，こうして導かれた供給曲線と需要曲線の交点で決まる．すなわち，均衡は，図 3.6 の点 E^* によって表される．均衡での取引量を X^*，価格を p^C としておこう．生産者は財 1 単位当たり t 円の物品税を払わなければならないので，生産者にとっての価格は，実質的には $p^P = p^C - t$ となる．この p^P

3.4 部分均衡分析の応用例：物品税　147

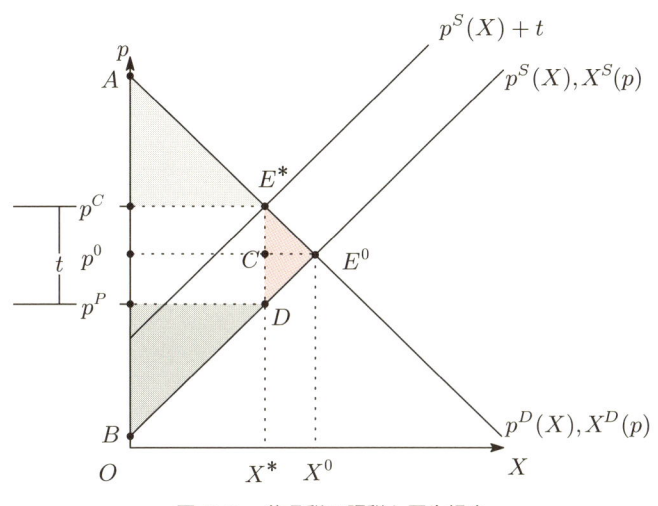

図 3.6　物品税の課税と厚生損失

を生産者価格と言い，一方で，p^C を消費者価格と言う．課税されていないときの均衡は，点 E^0 で表され，その取引量を X^0，価格を p^0 とする．

厚生損失　税率が t の時の均衡における総余剰 TS^* は，図 3.6 の四角形 $ABDE^*$ の面積で表される．総余剰は三つの部分に分解することができる．第 1 は，消費者余剰 CS^* であり，図 3.6 の三角形 $Ap^C E^*$ の面積で表される．第 2 は，生産者余剰 PS^* であり，図 3.6 の三角形 $p^P BD$ の面積で表される．これは，通常の生産者余剰である四角形 $p^C BDE^*$ の面積から納税額である四角形 $p^C p^P DE^*$ の面積を減じたものである．第 3 は，政府が得る税収 TR^* であり，図 3.6 の四角形 $p^C p^P DE^*$ の面積で表される．

　課税されていない時の均衡における総余剰 TS^0 は，三角形 ABE^0 の面積で表される．この値は，命題 3.1 で示したように，総余剰の最大値である．このことから，$WL = TS^0 - TS^*$ は，税率 t の物品税が課されることで，総余剰がその最大値に比べてどれだけ減少するかを表していることがわかる．これを**厚生損失** (welfare loss)，あるいは**死荷重** (deadweight loss) と呼ぶ．厚生損失は，図 3.6 の三角形 E^*DE^0 の面積で表される．

転嫁と帰着 ところで，課税は生産者になされたが，その結果価格が上昇し，税収の一部は消費者によって負担される．このことを，物品税の消費者への転嫁 (tax shifting) という．この税収のうち，消費者が負担する部分を消費者への帰着 (incidence) と呼び，生産者が負担する部分を生産者への帰着と呼ぶ．それでは，税率 t が微小である場合に，消費者および生産者への帰着がどういった値になるのかを考察しよう．

まず，厚生損失を表す三角形 E^*DE^0 の面積は，$t(X^0 - X^*)/2$ であることがわかる．t が微小な税率だったので，課税による取引量の減少分 $(X^0 - X^*)$ も微小な値である．よって，$t(X^0 - X^*)$ は微小な値同士の積なので，無視して差し障りないほど小さい値となる．ゆえに，厚生損失を表す三角形 E^*DE^0 の面積を 0 で近似して考える．

課税されていない時の消費者余剰 CS^0 は，三角形 Ap^0E^0 の面積で表される．そうすると消費者余剰の減少分 $(CS^0 - CS^*)$ は四角形 $p^Cp^0E^0E^*$ の面積で表されることになるが，三角形 E^*DE^0 の面積が 0 で近似されるゆえ三角形 E^*CE^0 の面積も 0 で近似されるので，消費者余剰の減少分は四角形 $p^Cp^0CE^*$ の面積で近似できる．一方，課税されていない時の生産者余剰 PS^0 は，三角形 p^0BE^0 の面積で表される．そうすると生産者余剰の減少分 $(PS^0 - PS^*)$ は四角形 $p^0p^PDE^0$ の面積で表されることになるが，三角形 E^*DE^0 の面積が 0 で近似されるゆえ三角形 CDE^0 の面積も 0 で近似されるので，生産者余剰の減少分は四角形 p^0p^PDC の面積で近似できる．したがって，消費者余剰の減少分と生産者余剰の減少分の合計 $(CS^0 - CS^*) + (PS^0 - PS^*)$ は，近似的に，四角形 $p^Cp^PDE^*$ の面積となり，税収と一致する．つまり，税収が，近似的には，消費者余剰の減少分と生産者余剰の減少分によってまかなわれていると考えられる．この各余剰の減少分が帰着に他ならない．

以上から，消費者と生産者の税の負担割合は，$(CS^0 - CS^*) : (PS^0 - PS^*) = (p^C - p^0) : (p^0 - p^P)$ で表現される．ところで，$X^{D\prime}(p^0) = -|p^0E^0|/|Ap^0|$ と $X^D(p^0)/p^0 = |p^0E^0|/|p^0O|$ より，p^0 における需要の価格弾力性は，

$$\epsilon^D(p^0) = -\frac{|p^0O|}{|Ap^0|}$$

で表せる[4]．一方，$X^{S\prime}(p^0) = |p^0E^0|/|p^0B|$ と $X^S(p^0)/p^0 = |p^0E^0|/|p^0O|$ より，p^0 における供給の価格弾力性は，

$$\epsilon^S(p^0) = \frac{|p^0O|}{|p^0B|}$$

で表せる．よって，$1/(-\epsilon^D(p^0)) : 1/\epsilon^S(p^0) = |Ap^0|/|p^0O| : |p^0B|/|p^0O| = |Ap^0| : |p^0B|$ が得られる．さらに，三角形 ABE^0 と三角形 E^*DE^0 が相似なので，$1/(-\epsilon^D(p^0)) : 1/\epsilon^S(p^0) = |E^*C| : |CD| = (p^C - p^0) : (p^0 - p^P)$ を得る．以上から，

$$(CS^0 - CS^*) : (PS^0 - PS^*) = \frac{1}{-\epsilon^D(p^0)} : \frac{1}{\epsilon^S(p^0)}$$

が得られる．つまり，物品税は，消費者と生産者の間で，需要の価格弾力性の絶対値の逆数と供給の価格弾力性の逆数に比例するよう負担されることがわかる．このことは，需要の価格弾力性の絶対値が小さいほど消費者の負担割合が大きくなり，供給の価格弾力性が小さいほど生産者の負担割合が大きくなることを意味している．したがって，需要（供給）が価格に対して非弾力的（弾力的）であるほど，物品税は消費者により多く転嫁されることになる．

部分均衡分析の限界 この市場で取引される財（説明の便宜上タバコとする）の代替財（ワインとする）の市場を考えよう．当初ワイン市場に物品税が課されていたとする．さて，いまタバコ市場で，物品税が増税されたとする．このとき，ワインは代替財なので，ワイン市場において需要曲線が右上にシフトする．これによって，一見ワイン市場での消費者余剰・生産者余剰が変化するように思われるが，この変化はすでにタバコ市場における余剰の変化の中に組み込まれている．一方で，当然ワイン市場における税収も変化するのだが，この変化はタバコ市場での余剰の変化の中に含まれてはいない．したがって，タバコ市場における物品税の増税の効果は，タバコ市場の余剰の変化を見るだけでは正しく評価できない．他方，ワイン市場に当初税が課されていないならば，ワイン市場における税収を考慮する必要はなくなり，タバコ市場での余剰の変化のみで，増税の効果を正しく評価することができる．

---

4) 線分 LM の長さを $|LM|$ で表すことにする．また，$p^D(X)$ は逆需要関数だから，$X^{D\prime}(p^0) = 1/p^{D\prime}(X^0)$ になることに注意せよ．

3.5　一般均衡分析：ワルラス均衡

これまで見てきた部分均衡分析では，一つの財の市場の均衡を検討してきた．では，複数の財が生産・消費されている経済全体の均衡はどのように叙述できるだろうか．

本節以降では，経済におけるすべての財の需給の一致を同時に考える一般均衡 (general equilibrium) の性質を検討し，スミス (Adam Smith) が「見えざる手」と評した分権的な私益追求メカニズムである「市場メカニズム」を現代的な視点から評価していく．

一般均衡理論の創始者であるワルラス (Léon Walras) 以来の伝統に従って，社会に 2 財のみ存在し生産技術は存在しない，最も単純な場合から議論に取り組むことにしよう．生産技術を考慮に入れた 2 財経済の場合の分析は 3.7 節で検討される．より一般的な n 財の場合は，本書では基本的に取り扱わないが簡単に拡張できることを指摘しておく．

3.5.1　交換経済

ここでは，生産活動が存在せず，何らかの財を最初から持つ消費者が市場を通じて財の交換だけを行う交換経済 (exchange economy) を考える．このような状況の解釈として，生産がすでに終わった状態と考えてもよい．経済に存在する財は 2 財だけであり，それらを第 1 財，第 2 財とする．消費者も 2 人だけであり，それらを消費者 A，消費者 B とする．消費者 A が財の組 $(\bar{x}_1^A, \bar{x}_2^A)$ を，消費者 B が財の組 $(\bar{x}_1^B, \bar{x}_2^B)$ を当初から保有しているものとする．これを各消費者の初期保有量 (initial endowment) と言う．また，すべての消費者の初期保有を足し合わせた財の組 $(\bar{x}_1, \bar{x}_2) = (\bar{x}_1^A + \bar{x}_1^B, \bar{x}_2^A + \bar{x}_2^B)$ を経済全体の初期賦存量 (initial endowment) と言う．

各消費者 $h = A, B$ は，市場における財の価格の組 (p_1, p_2) を所与として，予算制約内で自由に財を売買することで効用 $u^h(x_1^h, x_2^h)$ を最大化する消費計画を選択する．問題は，どのような条件の下ですべての財の需要と供給が一致するかということである．

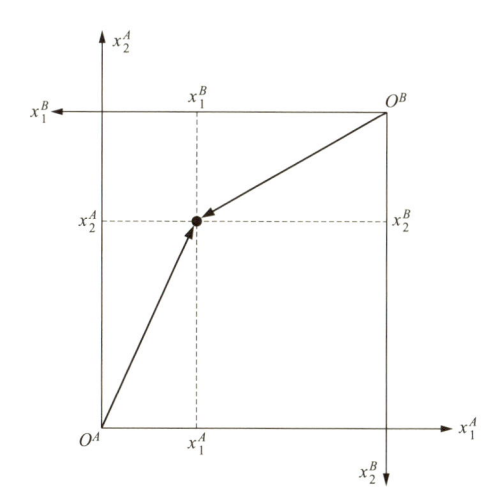

図 3.7　エッジワース・ボックス

エッジワース・ボックス　消費者の消費計画の組 $((x_1^A, x_2^A), (x_1^B, x_2^B))$ を**資源配分** (allocation) と言う．特に，経済全体の初期賦存量の下で分配可能な資源配分，すなわち，「$x_1^A + x_1^B = \bar{x}_1$ かつ $x_2^A + x_2^B = \bar{x}_2$ を満たす資源配分 $((x_1^A, x_2^A), (x_1^B, x_2^B))$」を，**実現可能な資源配分** (feasible allocation) と言う．

この実現可能な資源配分は，「エッジワース・ボックス」を用いると理解しやすい．図 3.7 のように，まず，原点 $(0,0)$ を O^A とし，経済全体の初期賦存量 $(\bar{x}_1, \bar{x}_2)$ を O^B とする．そして，消費者 A の消費計画 (x_1^A, x_2^A) を O^A から右上方向（第 1 財を右方向，第 2 財を上方向）にとる．最後に，消費者 B の消費計画を O^B から左下方向（第 1 財を左方向，第 2 財を下方向）にとる．この O^A，O^B から出た縦軸と横軸に囲まれた四角形を，**エッジワース・ボックス** (Edgeworth box) と言う．

このエッジワース・ボックスの中の点の集合は，実行可能な資源配分の集合に等しい．なぜならば，エッジワース・ボックスの中の点をとると，それを O^A から見た消費者 A の消費計画 (x_1^A, x_2^A)，O^B から見た消費者 B の消費計画 (x_1^B, x_2^B) は，$x_1^A + x_1^B = \bar{x}_1$ かつ $x_2^A + x_2^B = \bar{x}_2$ を満たすことになるからである．

オファー・カーブ　いま，財の価格の組 (p_1, p_2) の下で，消費者 $h = A, B$ の

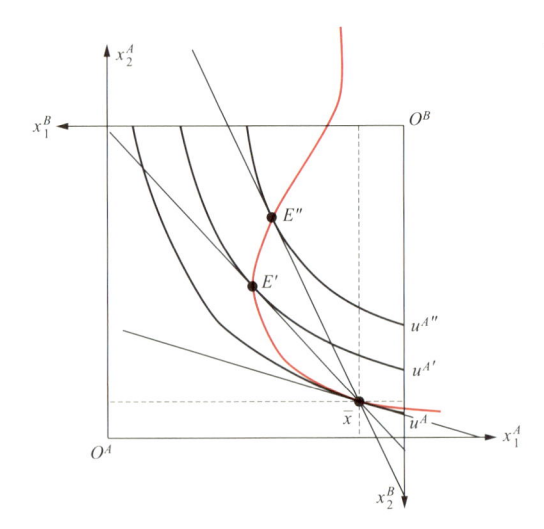

図 3.8　オファー・カーブ

予算線 $p_1 x_1^h + p_2 x_2^h = p_1 \bar{x}_1^h + p_2 \bar{x}_2^h$ は初期保有量 $(\bar{x}_1^h, \bar{x}_2^h)$ の点を通る，傾きが $-p_1/p_2$ の直線で表される．消費者の初期保有量の組 $((\bar{x}_1^A, \bar{x}_2^A), (\bar{x}_1^B, \bar{x}_2^B))$ に対応したエッジワース・ボックスの中の点を $\bar{\boldsymbol{x}}$ とすると，価格比率が変化するとき，図 3.8 の $\bar{\boldsymbol{x}}$, E', E'' のように，各消費者について（図では消費者 A の）最適な消費計画の軌跡をとった価格消費曲線を得ることができる．この価格消費曲線は，特に，**オファー・カーブ** (offer curve) と呼ばれる．

オファー・カーブは初期保有の点を通ることに注意しよう．なぜならば，予算線が初期保有の点を通る無差別曲線の接線になる場合が必ずあり，そのときには初期保有そのものが最適消費計画になるからである．また，オファー・カーブは，初期保有の点を原点として見た場合，その第 2 象限（左上）と第 4 象限（右下）の中に収まる．さらに，初期保有の点では，オファー・カーブの傾きが無差別曲線の傾きに等しいことも見て取れる．

3.5.2　ワルラス均衡

市場価格と超過需給　では，エッジワース・ボックスとオファー・カーブを使って，一般均衡がどのような性質を持っているか検討していこう．まず，エッジワース・ボックスの中に，2 人の消費者のオファー・カーブと初期保

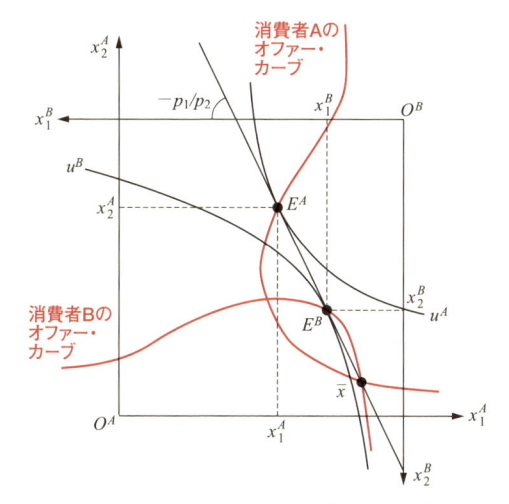

図 3.9 オファー・カーブと超過需給

有の点を通る傾きが $-p_1/p_2$ の直線を書き入れてみよう．すると，この直線は価格の組 (p_1, p_2) における 2 人の消費者双方にとっての予算線である．また，オファー・カーブの定義から，この直線と消費者 A のオファー・カーブとの交点は消費者 A の最適消費計画，消費者 B のオファー・カーブとの交点は消費者 B の最適消費計画である．

さて，図 3.9 のように，価格の組 (p_1, p_2) の下で，各消費者の最適消費計画 E^A と E^B がエッジワース・ボックスの中で一致していない場合を考えてみよう．この場合，$x_1^A + x_1^B < \bar{x}_1^A + \bar{x}_1^B$ かつ $x_2^A + x_2^B > \bar{x}_2^A + \bar{x}_2^B$ であるから，第 1 財に超過供給が，第 2 財に超過需要が発生している．したがって，このような価格の組 (p_1, p_2) は市場均衡を表していることにはならない．

ワルラス均衡の定義 次に，図 3.10 のように，2 人のオファー・カーブの交点 E を考えてみよう．この点と初期保有の点を通る直線を考え，その傾きの絶対値で表されるような価格の組 (p_1^*, p_2^*) が市場で成立していると考えよう．このとき，消費者 A の最適消費計画は O^A を原点と見た点 E で，消費者 B の最適消費計画は O^B を原点と見た点 E で表される．すなわち，両者の消費計画はエッジワース・ボックスにおいて同じ点で表され，その合計である経済全体の総需要は，どちらの財についても，総供給に等しい．したがって，こ

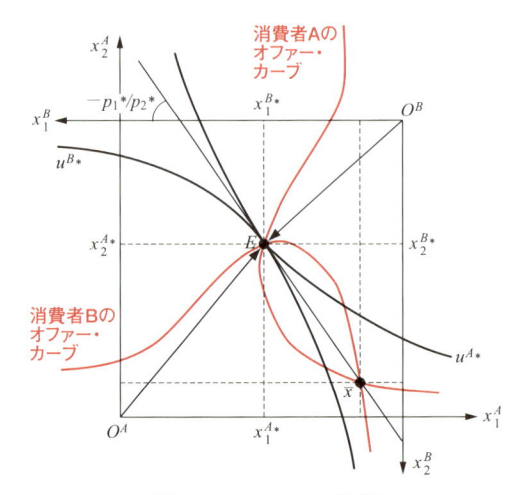

図 3.10　ワルラス均衡

の点がこの経済での一般均衡になる．このときの価格の組 (p_1^*, p_2^*) と資源配分 $((x_1^{A*}, x_2^{A*}), (x_1^{B*}, x_2^{B*}))$ の組を，ワルラス均衡 (Walrasian equilibrium) と言う．

では，これまで図によって説明したワルラス均衡に，きちんとした定義を与えておこう．

定義 3.1（ワルラス均衡）

交換経済のワルラス均衡は，以下の条件を満たす価格の組 (p_1^*, p_2^*) および資源配分 $((x_1^{A*}, x_2^{A*}), (x_1^{B*}, x_2^{B*}))$ である．

(a) 各消費者 $h = A, B$ の消費計画 (x_1^{h*}, x_2^{h*}) は，価格 (p_1^*, p_2^*) の下での効用最大化問題

$$\max_{(x_1^h, x_2^h)} \quad u^h(x_1^h, x_2^h)$$
$$\text{subject to} \quad p_1^* x_1^h + p_2^* x_2^h = p_1^* \bar{x}_1^h + p_2^* \bar{x}_2^h \qquad (3.8)$$

の解である．

(b) すべての市場で需要と供給が等しくなっている．つまり，

$$x_1^{A*} + x_1^{B*} = \bar{x}_1 \qquad \text{(第 1 財市場)}$$
$$x_2^{A*} + x_2^{B*} = \bar{x}_2 \qquad \text{(第 2 財市場)}$$

が成立する．

最初の条件 (a) は，ワルラス均衡が各消費者のオファー・カーブ上にあることに対応している．しかし，図 3.9 のように，需給が一致していない資源配分もこの条件を満たす．次の条件 (b) は，（一つの）ワルラス均衡がエッジワース・ボックス内の一点で表されることに対応している．したがって，図 3.10 のように，エッジワース・ボックス上でのオファー・カーブの交点が，ワルラス均衡の資源配分を表すのである．

■**ワルラス均衡の数学的導出** 交換経済におけるワルラス均衡を求める数学的な条件を列挙しておこう．ワルラス均衡は，その定義より，効用最大化問題 (3.8) の 1 階条件と需給均衡条件，

$$MRS_{12}^h(x_1^{h*}, x_2^{h*}) = \frac{\partial u^h(x_1^{h*}, x_2^{h*})/\partial x_1^h}{\partial u^h(x_1^{h*}, x_2^{h*})/\partial x_2^h} = \frac{p_1^*}{p_2^*}$$
$$p_1^* x_1^{h*} + p_2^* x_2^{h*} = p_1^* \bar{x}_1^h + p_2^* \bar{x}_2^h$$
$$\bar{x}_1 = x_1^{A*} + x_1^{B*}, \quad \bar{x}_2 = x_2^{A*} + x_2^{B*}$$

を満たさねばならない．ただし，$h = A, B$ である．

市場の力と実現可能な資源配分 市場が行う第 1 の機能は，実現可能な資源配分を実際に実現することである．その理由は，「市場の力 (market force)」にある．ある財について超過需要があればその財の価格が上がり，超過供給があればその財の価格が下がるのは，市場の力に基づいている．こうした仕組みのために，需要と供給が一致するワルラス均衡が実現することになる．このようになるのは，ワルラス均衡に基づく資源配分は実現可能な資源配分でなければならないからである．

3.5.3 ワルラスの法則とニュメレール

さて，図 3.10 で決定された均衡価格 (p_1^*, p_2^*) に注意を向けてみよう．均衡価格では，市場取引の結果，ワルラス均衡の資源配分である点 E が実現しなければならない．このためには，点 E と初期保有の点を通る直線が，消費者

A, B の予算線となるような価格の組み合わせを見つければよい[5]. 言い換えれば, この直線の傾きが予算線の傾き $-p_1^*/p_2^*$ と一致してさえいれば, 両消費者が点 E を選択して市場は均衡する. したがって, 価格比率が p_1^*/p_2^* となるような価格の組み合わせは, すべて均衡価格である. 実は, ワルラス均衡で決まるのは, 第 1 財と第 2 財の相対価格 p_1^*/p_2^* であり, それぞれの財の絶対価格 p_1^*, p_2^* は決まらないのである. このことの経済学的意味を検討してみよう.

連立方程式体系としてみた一般均衡 第 1 章で見たように, 各消費者 h の需要は, 財の価格と名目所得の関数として定義された. しかし所得が名目所得ではなく, 財の初期保有として与えられている経済では, 所得額 M^h は価格の関数 $M^h(p_1, p_2) = p_1 \bar{x}_1^h + p_2 \bar{x}_2^h$ として定義される. したがって, 各財の需要と供給も, 価格だけの関数として定義することが可能である. つまり, $\hat{x}_i^{hD}(p_1, p_2, M^h)$ を消費者 h の第 i 財への需要関数だとすれば, $\hat{x}_i^{hD}(p_1, p_2, M^h(p_1, p_2)) = x_i^{hD}(p_1, p_2)$ と書き換えることができる.

こう考えると, 経済の一般均衡は, 次のように定義することができる. 第 i 財への市場全体の需要は,

$$X_i^D(p_1, p_2) = x_i^{AD}(p_1, p_2) + x_i^{BD}(p_1, p_2)$$

と表すことができる. 一方, いま考えている交換経済では, 生産はすでに終わっており, 供給は家計の保有する財のみである. したがって, 第 i 財の総供給は,

$$X_i^S = \bar{x}_i^A + \bar{x}_i^B$$

と表すことができる[6]. 経済の一般均衡価格は,

$$\begin{aligned} X_1^D(p_1, p_2) &= X_1^S \\ X_2^D(p_1, p_2) &= X_2^S \end{aligned} \tag{3.9}$$

---

5) 予算線は常に初期保有の点を通ること (図 3.8) を思い出してほしい.
6) 生産を考慮すると, 個別供給関数が価格に依存するため, 総供給も価格 (p_1, p_2) に依存する. この場合も, 総供給を価格の関数 $X_i^S(p_1, p_2)$ として書き直せば, 以下の議論が同様に成り立つ.

という連立方程式の解 (p_1^*, p_2^*) として表され，均衡資源配分は，各需要関数にこの均衡価格を代入することで得られるのである．

ここで，式 (3.9) は，2 個の方程式に対して 2 個の変数が存在するから，連立方程式として，ちょうどうまく解けるように思われる．しかし，これらの 2 個の方程式は独立ではなく，自由度が一つ不足するために，真に独立な変数も $(2-1)$ 個しか存在しない．このことを次に説明しよう．

ワルラスの法則　家計のような経済主体が財を需要するためには，その裏付けとなる購買力を持っていなくてはならない．しかし，購買力は何らかの財を市場に供給することではじめて獲得できる．つまり，各経済主体の財への需要の総額は，同じ経済主体の財の供給総額に等しい．このことは，交換経済では，家計 h についての予算制約式[7]，

$$p_1 x_1^{hD}(p_1, p_2) + p_2 x_2^{hD}(p_1, p_2) = p_1 \bar{x}_1^h + p_2 \bar{x}_2^h$$

で表されている．

この関係を経済に存在するすべての経済主体について足しあわせると，すべての価格の組 (p_1, p_2) に対して，

$$p_1 X_1^D(p_1, p_2) + p_2 X_2^D(p_1, p_2) = p_1 X_1^S + p_2 X_2^S$$

という関係が得られる．この式が意味するところは以下の通りである．

> **命題 3.2**　（ワルラスの法則）
> 経済全体の財の需要総額は，経済全体の財の供給総額に，「恒等的に（すなわち，どのような価格のもとでも）」等しい．

これが，**ワルラスの法則** (Walras' law) であり，より一般的に多くの財および消費者・生産者を含む経済にも成立する基本的な事実である．

実は，このワルラスの法則があるために，上記の一般均衡の定義式 (3.9) の 2 個の式はお互いに独立ではなくなる．いま，式 (3.9) のうち，最初の式が成立

---

[7] この等号成立の背景には選好の単調性があった．つまり，以下で述べるワルラスの法則は，本質的には，「効用が飽和せずに，予算を余すことなく消費する」という事実から導かれている．

していたとしよう．このとき，ワルラスの法則から，$p_2 X_2^D(p_1, p_2) = p_2 X_2^S$ が必ず成立するから，第2財でも需給が均衡していなければならないことになる．つまり，どちらかの市場が均衡すれば，他方の財市場も自動的に均衡する．このために，二つの財についての均衡条件式は独立でなく，式 (3.9) の2個の式のうち，本当に独立なのは $(2-1)$ 個である．したがって，決定される変数も $(2-1)$ 個でしかなく，均衡価格は相対価格 p_1/p_2 だけが決定されることになる．

ニュメレール n 財モデルの場合にワルラス法則を拡張しても，2財の場合と同様に，$(n-1)$ 個の市場が均衡すれば，残り一つの市場も自動的に均衡することが言える．では，均衡価格のうち何が決定されるのだろうか．実は，決定される均衡価格は相対価格 (relative price) すなわち $(p_1/p_n, p_2/p_n, \ldots, p_{n-1}/p_n, p_n/p_n) = (p_1/p_n, p_2/p_n, \ldots, p_{n-1}/p_n, 1)$ でしかなく，絶対価格 (absolute price) すなわち $(p_1, \ldots, p_n)$ は決定されないことが知られている．しかし，需要関数が0次同次である（第1章命題 1.3）ので，相対価格さえ決まれば需要量は一意に決まる[8]．なお，相対価格が定義される相手の財（ここでは第 n 財）は，ニュメレール財 (numeraire) と呼ばれる．ちなみに，ニュメレール財の価格を尺度の基準として $p_n = 1$ と数えることにすれば，均衡価格は $(p_1, p_2, \ldots, p_{n-1}, 1)$ と表せる．現実の経済では，価格は円で定義されており，1円玉がニュメレール財である[9]．

Column ──────────────────────────── **社会規範か市場環境か**

消費者が，市場での取引という経済活動の一環として行動するか，それとも別の行動原理に基づいて行動するかは，消費者が自らが置かれた環境をどのように認識するかに

---

[8] 相対価格が等しい二つの絶対価格 $(p_1, \ldots, p_n)$, $(p_1', \ldots, p_n')$ を考える．このとき，任意の $i = 1, \ldots, n$ に対して，$p_i = (p_n/p_n')p_i'$ が成り立つ．また，それぞれの絶対価格の下での消費者 h の所得についても，$\sum_{i=1}^{n} p_i \bar{x}_i^h = \sum_{i=1}^{n} (p_n/p_n') p_i' \bar{x}_i^h = (p_n/p_n') \sum_{i=1}^{n} p_i' \bar{x}_i^h$ という関係が成り立つ．したがって，需要関数が0次同次であることより，両絶対価格の下での需要量が等しいことがわかる．

[9] 3.2 節で述べた貨幣 m は，実は，ここで述べたニュメレール財として扱われている．部分均衡モデルは分析対象の財 x を第1財，その他の財に使う貨幣 m を第2財と見た2財モデルの応用であり，第2財である m の価格を1と置いて，第1財 x の市場均衡のみを分析しているのである．すなわち，第1財 x の価格は相対価格 $p/1$ として導かれ，x の市場均衡の裏で m の市場が自動的に均衡しているのである．

依存して決まってくるでしょう．このことについて，イスラエルの保育園を舞台として行われた実験を通じて考えましょう．

保育園では，親は閉園時間までに預けた子供を迎えに来なければならず，閉園時間に遅刻した場合，その分だけ保育園職員の帰宅が遅くなります．そのため保育園は親の遅刻を望みませんが，通常，遅刻に対する罰則は設けられていません．そこで，親の遅刻に対して罰則が設けられていなかった保育園で，新たに罰金制度を導入し，約3ヶ月後に罰金制度を廃止する実験を行い，罰金制度の導入前後の遅刻数を観察しました．

遅刻に対する罰金が導入された場合，導入される前に比べて，消費者は遅刻を控えるようになると思われます．また，罰金の廃止により再び遅刻が増加し元の水準に戻ると考えられます．ところが実験結果はこの推論を裏切るものでした．罰金の導入により，逆に親の遅刻が増加したのです．また，罰金廃止後も遅刻は減少しませんでした．

この実験結果に対して，市場環境という視点から一つの解釈を与えることができます．つまり，罰金制度がなかったときは，「遅刻」が社会規範に反する行為として認識されていたのに対して，罰金導入により「遅刻」が「遅刻する権利」という財として，また罰金の額はその財の価格として考えられるようになった，と解釈することができます．消費者＝親は，「遅刻する権利」市場に身を置いたと認識し，当該財を購入して＝罰金を支払って遅刻するようになり，結果として遅刻する親が増加した，と考えられます．一旦そうした認識が確立すると，罰金が廃止されても，「遅刻」が「遅刻する権利」として認識され続け，元の水準に戻らない，と解釈することができます．

以上の実験は，同じ「遅刻」という行為でも，消費者がそれを社会規範に反する行為と認識するか，市場における取引と認識するかで，とられる行動が大きく異なることを雄弁に物語っています．以上の実験について詳しく知りたい読者は，Gneezy, U. and A. Rustichini (2000), "A fine is a price," *Journal of Legal Studies* 29: 1-17 を参照して下さい．

3.6 一般均衡分析：パレート効率性

本節では，ワルラス均衡が社会的に「望ましい」性質を満たしていることを示す．

3.6.1 パレート効率性

まず，社会的に「望ましい」性質として，「パレート効率性」という概念を定義することにする．一般に，「ある状態がパレート効率的である」とは，そ

の状態から別のいかなる状態に移ろうとも，「いかなる人の効用も下げることなく，誰かの効用を改善する」という余地がないことを言う．以下，より正確にこの概念を定義しよう．

パレート効率性　「パレート効率性」という概念を定義するために，「パレート支配」という関係を定義しよう．

> **定義 3.2**　（パレート支配）
> ある資源配分 $(\boldsymbol{x}^A, \boldsymbol{x}^B) = ((x_1^A, x_2^A), (x_1^B, x_2^B))$ と別の資源配分 $(\boldsymbol{x}^{A\prime}, \boldsymbol{x}^{B\prime}) = ((x_1^{A\prime}, x_2^{A\prime}), (x_1^{B\prime}, x_2^{B\prime}))$ が次の二つの条件を満たす時，資源配分 $(\boldsymbol{x}^A, \boldsymbol{x}^B)$ が資源配分 $(\boldsymbol{x}^{A\prime}, \boldsymbol{x}^{B\prime})$ を**パレート支配する** (Pareto dominate) と言う．
>
> - すべての消費者 h が消費計画 $\boldsymbol{x}^h$ を消費計画 $\boldsymbol{x}^{h\prime}$ より弱い意味で好む（すべての h について，$u^h(\boldsymbol{x}^h) \geq u^h(\boldsymbol{x}^{h\prime})$）．
> - ある消費者 h が，消費計画 $\boldsymbol{x}^h$ を消費計画 $\boldsymbol{x}^{h\prime}$ より強い意味で好む（ある h について，$u^h(\boldsymbol{x}^h) > u^h(\boldsymbol{x}^{h\prime})$）．

別の実現可能な資源配分 $(\boldsymbol{x}^A, \boldsymbol{x}^B)$ にパレート支配されるような資源配分 $(\boldsymbol{x}^{A\prime}, \boldsymbol{x}^{B\prime})$ は，望ましい資源配分とは言えない．なぜなら，資源配分 $(\boldsymbol{x}^{A\prime}, \boldsymbol{x}^{B\prime})$ から資源配分 $(\boldsymbol{x}^A, \boldsymbol{x}^B)$ に変更することで，いかなる消費者の効用水準も下げることなく，少なくとも 1 人の効用水準を改善することができるからである．そうした望ましくない資源配分以外を「望ましい」資源配分として定義し，「パレート効率的な」資源配分と呼ぶことにする．

> **定義 3.3**　（パレート効率性）
> ある実現可能な資源配分がどんな実現可能な資源配分によってもパレート支配されない時，その資源配分は**パレート効率的** (Pareto efficient) であると言う．

パレート集合　図 3.11 の点 E のように，点 E を通る 2 人の消費者の無差別曲線 I^A, I^B が間にはさまれたレンズ状の部分を作り出す資源配分は，パレート効率的な資源配分でない．なぜなら，レンズ状の部分の内部の点 E' を考

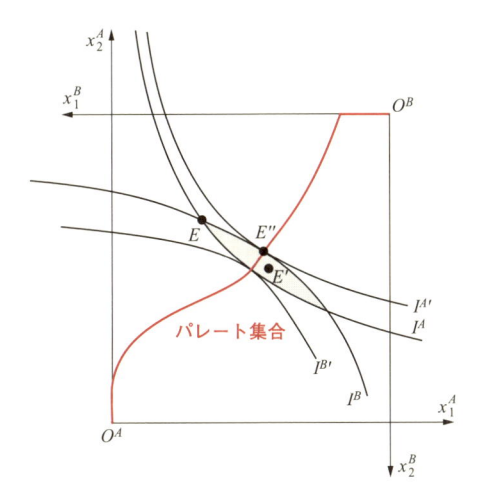

図 3.11　パレート集合

えると，明らかに点 E' は点 E をパレート支配しているからである．一方，図 3.11 の点 E'' のように，点 E'' を通る 2 人の消費者の無差別曲線 $I^{A'}$, I^B がレンズ状の部分を作り出すことのない資源配分（点 E'' を通る 2 人の無差別曲線 $I^{A'}$, I^B が点 E'' において接している資源配分）は，パレート効率的な資源配分である．なぜなら，点 E'' をパレート支配する実現可能な資源配分は，消費者 A の無差別曲線 $I^{A'}$ の右上に存在し，かつ，消費者 B の無差別曲線 I^B の左下に存在しなければならず，そのような資源配分は存在しないからである．パレート効率的な資源配分の集合を，パレート集合 (Pareto set) と呼ぶ．

パレート効率性の条件　ところで，資源配分がパレート効率的であるための条件は，エッジワース・ボックス上の資源配分において 2 人の無差別曲線が接していることであった．言い換えれば，資源配分 $((x_1^A, x_2^A), (x_1^B, x_2^B))$ がパレート効率的であるための条件は，

$$MRS_{12}^A(x_1^A, x_2^A) = MRS_{12}^B(x_1^B, x_2^B) \tag{3.10}$$

が成り立ち[10]，かつ，それが実現可能であることである．

もし，式 (3.10) が成り立たず，$MRS_{12}^A(x_1^A, x_2^A) > MRS_{12}^B(x_1^B, x_2^B)$ であ

るなら，第2財で測った第1財の限界的な価値は，消費者 B にとってよりも消費者 A にとっての方が大きい．それゆえ，消費者 B の所有する第1財と消費者 A の所有する第2財を適当な量だけ交換することで，両消費者の効用を高めることができる．$MRS_{12}^A(x_1^A, x_2^A) < MRS_{12}^B(x_1^B, x_2^B)$ の場合にも，同様にして両消費者の効用を高めることができる．

■**パレート効率性の条件の数学的導出** 交換経済における資源配分のパレート効率性を数学的に検討してみよう．パレート効率的な資源配分は，最大化問題

$$\max_{(x_1^A, x_2^A, x_1^B, x_2^B)} u^A(x_1^A, x_2^A)$$
$$\text{subject to} \quad u^B(x_1^B, x_2^B) = \bar{u}^B$$
$$\bar{x}_1 = x_1^A + x_1^B$$
$$\bar{x}_2 = x_2^A + x_2^B$$

の解として与えられる．この最大化問題は，一方の消費者の効用を一定に保った上で，他方の消費者の効用を最大化するものである．したがって，この最大化問題の解から別のいかなる実現可能な資源配分に移ろうとも，一方の消費者の効用を下げることなく，他方の消費者の効用を高めることはできない．いま，それぞれの制約条件に対応するラグランジュ乗数を λ, μ, ν とすると，1階条件は，

$$\frac{\partial u^A(x_1^A, x_2^A)}{\partial x_1^A} - \mu = 0, \quad \frac{\partial u^A(x_1^A, x_2^A)}{\partial x_2^A} - \nu = 0$$
$$\lambda \frac{\partial u^B(x_1^B, x_2^B)}{\partial x_1^B} - \mu = 0, \quad \lambda \frac{\partial u^B(x_1^B, x_2^B)}{\partial x_2^B} - \nu = 0$$
$$u^B(x_1^B, x_2^B) = \bar{u}^B, \quad \bar{x}_1 = x_1^A + x_1^B, \quad \bar{x}_2 = x_2^A + x_2^B$$

となる．これを整理すると，

$$MRS_{12}^A(x_1^A, x_2^A) = \frac{\partial u^A(x_1^A, x_2^A)/\partial x_1^A}{\partial u^A(x_1^A, x_2^A)/\partial x_2^A} = \frac{\mu}{\nu}$$
$$= \frac{\partial u^B(x_1^B, x_2^B)/\partial x_1^B}{\partial u^B(x_1^B, x_2^B)/\partial x_2^B} = MRS_{12}^B(x_1^B, x_2^B)$$

が得られる．

---

10) この条件は，内点における条件である．端点での条件は，$x_1^A = 0$ または $x_2^B = 0$ の時は，$MRS_{12}^A(x_1^A, x_2^A) \leq MRS_{12}^B(x_1^B, x_2^B)$ であり，$x_2^A = 0$ または $x_1^B = 0$ の時は，$MRS_{12}^A(x_1^A, x_2^A) \geq MRS_{12}^B(x_1^B, x_2^B)$ である．

3.6.2 厚生経済学の第1基本定理

さて，エッジワース・ボックスにおいて，ワルラス均衡では，2人の共通予算線の下で，2人が同じ点を最適消費として選択しているわけだから，共通予算線は，この均衡点における2人の無差別曲線の共通接線になっている．言い換えれば，ワルラス均衡においては，2人の無差別曲線は接しており，2人の限界代替率は等しくなっている．すなわち，パレート効率性の条件を満たしていることになる．ただし，このような結果が得られるのは，以上の考察で，次に挙げる二つの条件が暗黙のうちに満たされていたからである．

市場の普遍性の仮定　第1に，すべての財に市場があり，需要や供給が市場を通じて行われるという仮定である．この仮定は，市場の普遍性 (universality of markets) の仮定と呼ばれる．

完全競争の仮定　第2は，この経済ですべての消費者（および，後に述べる生産経済の場合は，生産者）が，価格を「所与」として行動しているという仮定である．この仮定は，完全競争 (perfect competition) の仮定と呼ばれる．

　この仮定の背景には，あらゆる経済主体の市場シェアがほとんどゼロに等しいという状況が想定されている．このような経済主体が，その需要量（供給量）を変化させても，市場全体の需要量（供給量）はほとんど影響を受けず，したがって価格も影響を受けないと考えられる．それゆえ，こうした経済主体は，市場価格を所与として行動するのである．このような経済主体を完全競争的な (perfectly competitive) 経済主体と呼ぶ．また，市場の消費者と生産者のすべてが完全競争的な経済主体であるような市場を，完全競争的な市場と呼ぶ．

厚生経済学の第1基本定理　以上をまとめると，次の結果が得られる．これは経済学，とりわけその主流を成すと考えられる新古典派経済学の一つの到達点を示しており，厚生経済学の第1基本定理 (first fundamental theorem of welfare economics) と呼ばれる．

> **定理 3.1** （厚生経済学の第 1 基本定理）
> すべての財について市場が普遍的に存在し，それらすべての市場が完全競争的ならば，ワルラス均衡が実現する資源配分は，パレート効率的である．

私的情報と公的情報：「見えざる手」の本質　市場は，パレート効率的な資源配分を実現するという機能を担っている．ここで重要なことは，各消費者の需要の背後には，市場で成立している価格ベクトルに対応して最適消費計画が存在することである．この消費計画では，効用最大化から，各消費者の限界代替率と市場で決定される価格比率が等しくなっている．つまり，

$$MRS_{12}^A(x_1^{A*}, x_2^{A*}) = MRS_{12}^B(x_1^{B*}, x_2^{B*}) = \frac{p_1^*}{p_2^*}$$

が成立している．この結果，ワルラス均衡ではパレート効率性が成立することになる．

　この結果は，次のような理由で成立する．個別主体の分権的かつ利己的な行動によって資源配分が決定される市場メカニズムの下では，各消費者が自分の効用を最大にしたいという利己的な考えから，価格比率と限界代替率が等しくなるような消費計画を選択する．各消費者の限界代替率は消費者本人にしかわからない私的情報 (private information) だが，価格はすべての消費者にとって共通な公的情報 (public information) だから，均衡では，各消費者の限界代替率が価格比率を通じて等しくなる．これこそが，アダム・スミスの言う「見えざる手 (invisible hand)」であり，各消費者が分権的にかつ利己的に行動することで，社会的に「望ましい」資源配分が実現することを示している．

計画経済での効率的資源配分実現の可能性　では，社会主義計画経済でパレート効率的な資源配分を実現させることができるであろうか．パレート効率的な資源配分を実現させるには，まず，どういった資源配分が実現可能なのかを把握するため，

- 様々な財の生産量が，それぞれどれだけであり，どの生産者の手元にあるか

を知らなければならない．他方，すべての消費者の限界代替率を一致させるためには，

- それぞれの実現可能な資源配分について，またそれぞれの財の組み合わせについて，各消費者の限界代替率はいくらか

を調べなければならない．こうして収集した情報を下に，それぞれの財の組み合わせについて，すべての消費者の限界代替率が一致するような，実現可能な資源配分を計算しなければならない．こうした情報収集と計算を，1億人の消費者がいる国で，数百万種類に上る財それぞれについて，行うことは極めて困難である．とりわけ限界代替率は，消費者本人はともかく政府にはわからない私的情報であり，その収集は不可能に近い．したがって，パレート効率的な資源配分を実現することは，大きな権力を持つ社会主義国家の政府にとっても困難なことだと言わざるを得ない．

■**厚生経済学の第1基本定理の証明** $(((x_1^{A*}, x_2^{A*}), (x_1^{B*}, x_2^{B*})), (p_1^*, p_2^*))$ をワルラス均衡とし，$((x_1^{A*}, x_2^{A*}), (x_1^{B*}, x_2^{B*}))$ をパレート支配する実現可能な資源配分 $((x_1^{A'}, x_2^{A'}),$ $(x_1^{B'}, x_2^{B'}))$ が存在すると仮定する．そうすると，任意の消費者 $h = A, B$ に対して，$u^h(x_1^{h'}, x_2^{h'}) \geq u^h(x_1^{h*}, x_2^{h*})$ となる．$p_1^* x_1^{h'} + p_2^* x_2^{h'} < p_1^* \bar{x}_1^h + p_2^* \bar{x}_2^h$ なら，消費計画 $(x_1^{h'}, x_2^{h'})$ の両財の消費量を微小に増加させることで，予算制約を満たし，かつ，選好関係の単調性より $(x_1^{h'}, x_2^{h'})$ よりも好ましく，さらに，$u^h(x_1^{h'}, x_2^{h'}) \geq u^h(x_1^{h*}, x_2^{h*})$ から，(x_1^{h*}, x_2^{h*}) よりも好ましい消費計画が存在してしまい，(x_1^{h*}, x_2^{h*}) が最適な消費計画であることに矛盾する．ゆえに，任意の消費者 $h = A, B$ に対して，$p_1^* x_1^{h'} + p_2^* x_2^{h'} \geq p_1^* \bar{x}_1^h + p_2^* \bar{x}_2^h$ である．また，仮定より，ある消費者 $h = A, B$ が存在して，$u^h(x_1^{h'}, x_2^{h'}) > u^h(x_1^{h*}, x_2^{h*})$ となる．この消費者 h について，消費計画 $(x_1^{h'}, x_2^{h'})$ が予算制約を満たすとすると，それは (x_1^{h*}, x_2^{h*}) が最適な消費計画であることに矛盾するので，$p_1^* x_1^{h'} + p_2^* x_2^{h'} > p_1^* \bar{x}_1^h + p_2^* \bar{x}_2^h$ である．以上から，

$$p_1^*(x_1^{A'} + x_1^{B'}) + p_2^*(x_2^{A'} + x_2^{B'}) > p_1^*(\bar{x}_1^A + \bar{x}_1^B) + p_2^*(\bar{x}_2^A + \bar{x}_2^B) = p_1^* \bar{x}_1 + p_2^* \bar{x}_2$$

を得る．一方，$((x_1^{A'}, x_2^{A'}), (x_1^{B'}, x_2^{B'}))$ は実現可能なので，$p_1^*(x_1^{A'}+x_1^{B'})+p_2^*(x_2^{A'}+x_2^{B'}) = p_1^* \bar{x}_1 + p_2^* \bar{x}_2$ を得る．これは矛盾である．したがって，ワルラス均衡が実現する資源配分 $((x_1^{A*}, x_2^{A*}), (x_1^{B*}, x_2^{B*}))$ はパレート効率的である．

3.6.3 個人合理性とコア

さて，ワルラス均衡が実現する資源配分は，パレート効率性に加えて，「個人合理性」というもう一つの特殊な性質を持っている．「個人合理性」とは，各消費者は，市場に参加して均衡資源配分を実現することで，自分の経済状態が悪化することはないという性質である．

個人合理性 実現可能な資源配分 $((x_1^A, x_2^A), (x_1^B, x_2^B))$ が，すべての $h = A, B$ について，

$$u^h(x_1^h, x_2^h) \geq u^h(\bar{x}_1^h, \bar{x}_2^h)$$

を満たす時，資源配分 $((x_1^A, x_2^A), (x_1^B, x_2^B))$ は，**個人合理的** (individual rational) であると言う．

ワルラス均衡が実現する資源配分を $((x_1^{A*}, x_2^{A*}), (x_1^{B*}, x_2^{B*}))$ とすると，消費計画 (x_1^{h*}, x_2^{h*}) は，消費者 h の効用最大化問題の解であった．他方，消費者 h が当初保有している $(\bar{x}_1^h, \bar{x}_2^h)$ は，当然，この消費者の予算制約の範囲内にある．したがって，$u^h(x_1^{h*}, x_2^{h*}) \geq u^h(\bar{x}_1^h, \bar{x}_2^h)$ が成り立たねばならない．ゆえに，次の命題を得る．

> **命題 3.3** ワルラス均衡が実現する資源配分は，個人合理的である．

市場取引は自発的な参加によって実現できる活動であり，自分が好まないなら参加する必要がない．つまり，市場メカニズムは，自発的メカニズムという性質を持っている．そのために，市場メカニズムが実現する結果は，市場に参加せず，自分だけの孤立経済で実現できる結果より劣ることは決してないのである．

コア 2人からなる交換経済において，パレート効率的で，かつ，個人合理的な資源配分の集合を**コア**と呼ぶ．コアは，図 3.12 の PEP' で表される．厚生経済学の第 1 基本定理および命題 3.3 より，次の命題が言える．

図 3.12　コア

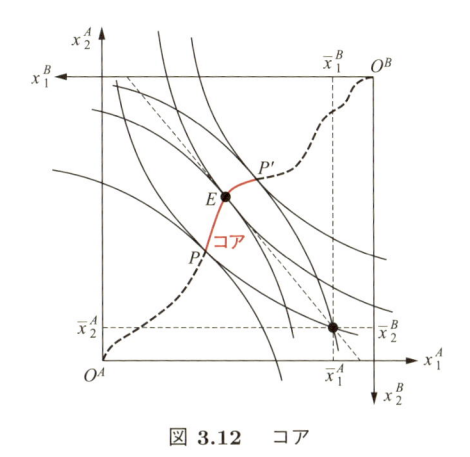

> 命題 3.4　ワルラス均衡が実現する資源配分は，コアに含まれる．

なお，消費者の数が 2 より大きい場合，コアは若干込み入った形で定義される．しかし，ワルラス均衡がコアに含まれるという性質は，消費者が 2 人より多い時にも成り立つ[11]．

3.7　一般均衡分析：生産経済

さて，前節までは交換経済における一般均衡とそのパレート効率性について検討した．しかし，現実の経済では生産活動が行われている．では，生産活動を含めた一般均衡では，はたしてパレート効率性が実現するだろうか．

3.7.1　生産経済モデル

このことを考えるために，2 消費財・1 生産要素・2 消費者・2 生産者からなる生産経済 (production economy) を考えて分析してみよう．この経済には第 1 財と第 2 財の二つの財があるものとする．どちらの財も労働のみから生産され，経済全体には当初 $\bar{L}$ の労働だけが存在する．経済には企業 1 と企業 2 の 2 企業が存在し，企業 1 が第 1 財を，企業 2 が第 2 財を生産する．第

---

[11] 詳しくは，例えば，奥野・鈴村 [8] の II・第 18 章を参照せよ．

i 財の生産関数を $x_i = f^i(L_i)$ とし,限界生産性逓減であるものとする.生産された財は,消費者 A と消費者 B という 2 人の消費者によって消費されるものとする.u^h を消費者 h の効用関数とする.消費者 h が $\bar{L}_h$ だけの労働を初期保有しており(したがって,$\bar{L}_A + \bar{L}_B = \bar{L}$),これをすべて供給するものとする[12].したがって,消費者 h は $w\bar{L}_h$ だけの所得を得る.ここで,w は賃金率である.

消費者の消費計画の組 $((x_1^A, x_2^A), (x_1^B, x_2^B))$,企業の生産計画の組 $((x_1, L_1), (x_2, L_2))$ をまとめた $((x_1^A, x_2^A), (x_1^B, x_2^B), (x_1, L_1), (x_2, L_2))$ を資源配分と言う.この生産経済における実現可能な資源配分とは,

$$L_1 + L_2 = \bar{L}$$
$$f^1(L_1) = x_1 = x_1^A + x_1^B$$
$$f^2(L_2) = x_2 = x_2^A + x_2^B$$

を満たす資源配分を言う.

3.7.2 ワルラス均衡

まず,生産経済のワルラス均衡を定義しよう.ここでは,消費者が単独または共同で各企業を所有していると考える.ここで言う所有とは,株式を保有する企業の生産活動から生じた利潤に対して,株式の保有割合に比例した配当を受け取る権利があるということである.また,消費者の所得は配当および賃金であると仮定する.この経済におけるワルラス均衡は次のように与えられる.

定義 3.4 (ワルラス均衡)
生産経済のワルラス均衡は,以下の条件を満たす価格 (p_1^*, p_2^*, w^*) および資源配分 $((x_1^{A*}, x_2^{A*}), (x_1^{B*}, x_2^{B*}), (x_1^*, L_1^*), (x_2^*, L_2^*))$ である.

(a) 各消費者 $h = A, B$ の消費計画 (x_1^{h*}, x_2^{h*}) は,価格 (p_1^*, p_2^*, w^*) の下での効用最大化問題

---

[12] このモデルでは,簡単化のため固定的な労働供給が考えられている.3.9 節では余暇との選択も考えた弾力的な労働供給を扱える一般均衡モデルを提示する.

$$\max_{(x_1^h, x_2^h)} \quad u^h(x_1^h, x_2^h)$$

$$\text{subject to} \quad p_1^* x_1^h + p_2^* x_2^h = w^* \bar{L}_h + \theta_1^h \pi^1(p_1^*, w^*) + \theta_2^h \pi^2(p_2^*, w^*)$$

の解である.ただし,π^i は企業 i の利潤関数である(すなわち,価格 (p_i, w) に対して,$\pi^i(p_i, w)$ は,企業 i の最大化された利潤を表している).さらに,θ_i^h は消費者 $h = A, B$ による企業 $i = 1, 2$ の株式の保有割合であり,$\theta_i^A + \theta_i^B = 1$ $(i = 1, 2)$ である.

(b) 各企業 $i = 1, 2$ の生産計画 (x_i^*, L_i^*) は,価格 (p_i^*, w^*) の下での利潤最大化問題

$$\max_{(x_i, L_i)} \quad p_i^* x_i - w^* L_i$$

$$\text{subject to} \quad x_i = f^i(L_i)$$

の解である.

(c) すべての市場で需要と供給が等しくなっている.つまり,

$$x_1^{A*} + x_1^{B*} = x_1^* \qquad \text{(第 1 財市場)}$$
$$x_2^{A*} + x_2^{B*} = x_2^* \qquad \text{(第 2 財市場)}$$
$$L_1^* + L_2^* = \bar{L} \qquad \text{(労働市場)}$$

が成立する.

3.7.3 パレート効率性

次に,生産経済における資源配分のパレート効率性をいくつかの段階に分けて検討する.具体的には,

1. 生産要素の産業間資源配分の効率性
2. 生産物の消費者間資源配分の効率性

3. 生産要素の産業間資源配分と生産物の消費者間資源配分の整合性

と分けて検討する．

生産要素の産業間資源配分の効率性　まず，生産要素の産業間資源配分の効率性を検討しよう．生産要素が一つでこれをすべて供給する場合，経済全体の労働の総量 $\bar{L}$ がいずれかの財の生産に振り向けられていれば，すなわち，$L_1 + L_2 = \bar{L}$ が成立していれば，必ず効率的な生産になっている[13]．

効率的な生産が行われているときの生産量の組み合わせの軌跡を，横軸に第1財，縦軸に第2財をとった平面に図示したものが図 3.13 である[14]．これを 生産可能性フロンティア (production possibility frontier)，または，生産フロンティア (production frontier) と言う．図 3.13 にあるように，生産可能フロンティアは，原点に向かって凹の形状をしている．生産可能フロンティアがこのような形状をしているのは，生産関数が限界生産性逓減の法則を満たしているからである．（効率的とは限らない）生産可能な点の集合は，生産可能性フロンティアの左下の領域になる．

生産物の消費者間の資源配分の効率性　いま，生産要素の産業間資源配分が効率的であり，生産フロンティア上の生産物の組み合わせが生産されているとしたとき，この生産物の組み合わせを2人の消費者にどう配分することが望ましいだろうか．

この問題は，すでに説明した2財2消費者の交換経済の場合とまったく同じ問題である．実際，図 3.13 の点 D のように，生産が効率的に行われた場合の生産量の組 (x_1, x_2) を，消費者 A と消費者 B に効率的に分配することを考えてみよう．この場合，原点 O を消費者 A の消費の原点，点 D を消費者 B の消費の原点とする消費のエッジワース・ボックスを描き，このエッジワース・ボックス内にパレート集合を描けば，パレート集合上の点，すなわち，

---

[13] 生産要素が使い果たされてさえいればよい，というのは生産要素が一つしか存在しない場合に限られる．生産要素が労働と資本の二つであり，経済全体には L だけの労働，K だけの資本が存在するものとし，各財の生産関数がそれぞれ $x_1 = f^1(L_1, K_1)$ と $x_2 = f^2(L_2, K_2)$ で与えられている場合には，生産の効率性の条件は $L_1 + L_2 = \bar{L}$，$K_1 + K_2 = \bar{K}$，および，$MRTS^1_{LK}(L_1, K_1) = MRTS^2_{LK}(L_2, K_2)$ となる．この条件は消費者の財の資源配分における効率性の条件である限界代替率の均等と非常に似たものである．

[14] これは，$L_1 + L_2 = \bar{L}$ を満たす $(f^1(L_1), f^2(L_2))$ の軌跡によって与えられる．

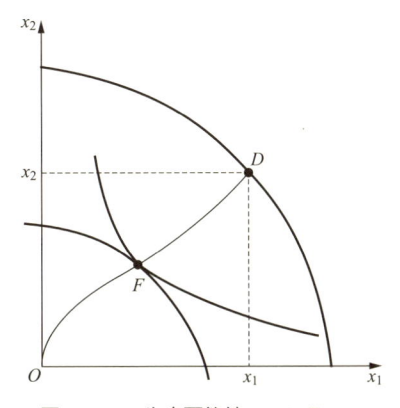

図 3.13　生産可能性フロンティア

$$MRS_{12}^A(x_1^A, x_2^A) = MRS_{12}^B(x_1^B, x_2^B)$$

となる点においてのみ，いかなる消費者の効用水準も低めることなく少なくとも1人の効用水準を改善することは不可能である．

生産要素と生産物の資源配分の整合性　では，効率的に生産が行われ，それが消費者間に効率的に分配されているだけで，生産経済の資源配分のパレート効率性は本当に成立するだろうか．この点を検討するために，限界変形率という概念を導入しよう．

いま，点 D のような，生産フロンティア上の生産量の組 (x_1, x_2) を取る．第1財の生産量を1単位増やすためには，労働を第2財の生産から第1財の生産に振り向け，第2財の生産量を減らす必要がある．D 点での生産フロンティアの傾き（の絶対値）は，そのために必要な第2財の削減量を表している．この値を，限界変形率 (marginal rate of transformation) と呼び，$MRT_{12}(x_1, x_2)$ と書く．

以下，限界変形率と限界生産性の関係について説明しておこう．いま，点 D における生産量の組 (x_1, x_2) を生産する労働の産業間資源配分を (L_1, L_2) とする．いま，ΔL だけの労働を，第2財の生産から第1財の生産に振り向けたとする．その結果，第2財の労働投入は $-\Delta L$ だけ増加する（ΔL だけ減少する）から，極限では，第2財の生産量は

$$\Delta x_2 = -f^{2\prime}(L_2)\Delta L = -MP_L^2(L_2)\Delta L$$

だけ増加し（$MP_L^2(L_2)\Delta L$ だけ減少する）．第 1 財の生産量は

$$\Delta x_1 = f^{1\prime}(L_1)\Delta L = MP_L^1(L_1)\Delta L$$

だけ増加する．したがって，生産量の組 (x_1, x_2) における限界変形率は，

$$MRT_{12}(x_1, x_2) = -\frac{\Delta x_2}{\Delta x_1} = \frac{MP_L^2(L_2)}{MP_L^1(L_1)}$$

となる．

さて，本題に戻って，生産要素の産業間資源配分と，生産物の消費者間資源配分の整合性について考えてみよう．結論から言うと，生産経済の資源配分が全体としてパレート効率性を満たすためには，2 人の消費者の限界代替率が限界変形率に等しくなっていなければならない．

さて，図 3.14 のように，生産フロンティア上の点 D が生産量の組み合わせとして選択され，その点を消費者 B の消費の原点とするエッジワース・ボックスにおいて，パレート集合上の点 F が生産物の消費者間資源配分として選択されており，$MRS_{12}^A(x_1^A, x_2^A) = MRS_{12}^B(x_1^B, x_2^B)$ が成立しているものと

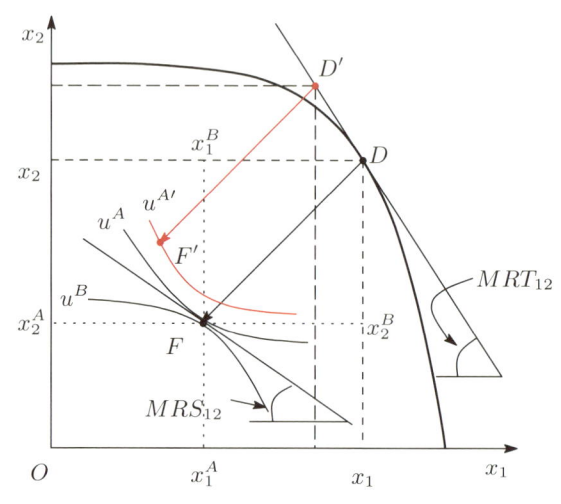

図 **3.14** 限界代替率と限界変形率

する.このとき,2人の消費者の限界代替率が限界変形率 $MRT_{12}(x_1, x_2)$ を下回っているとしよう.以下,このような生産量の選択と消費計画からなる資源配分は,パレート効率的でないことを説明する.

まず,生産フロンティアに沿って,第1財の生産量を減らし,代わりに第2財の生産量を増大させてみよう.その結果,経済全体の生産物の組み合わせは生産フロンティア上を左上に動くことになるが,この変化が十分に小さければ,その動きは点 D における接線上を左上に動くことで近似できる.いま,生産物の組み合わせが点 D' に動いたとすると,エッジワース・ボックスは,消費者 A の消費の原点 O と消費者 B の消費の原点 D からなる箱から,消費者 A の消費の原点 O と消費者 B の消費の原点 D' からなる箱に変わることになる.このとき,消費者 B に以前とまったく同じ消費計画 (x_1^B, x_2^B) をもたらす点 F' を考える.すると,この点 F' において,消費者 A の消費計画は,以前の消費計画 (x_1^A, x_2^A) と比べて,第1財の消費量が1単位減る代わりに第2財の消費量が $MRT_{12}(x_1, x_2)$ 単位増加し,効用が増加することになる.なぜならば,消費計画 (x_1^A, x_2^A) において,消費者 A の限界代替率は $MRS_{12}^A(x_1^A, x_2^A)$ であるから,消費者 A は第1財の消費量を1単位減らしても,第2財の消費量を $MRS_{12}^A(x_1^A, x_2^A)$ $(< MRT_{12}(x_1, x_2))$ 単位増やすだけで同じ効用水準を維持することができるからである.一方で,この点 F' において,消費者 B は,以前とまったく同じ消費計画 (x_1^B, x_2^B) であるから,以前と同じ効用を得ていることになる.したがって,消費者 B の効用を減らすことなく消費者 A の効用を上昇させることができる.つまり,元々の資源配分をパレート支配する資源配分が存在するので,元々の生産計画と生産物の資源配分はパレート効率的ではなかったことになる.

逆に,消費の限界代替率が限界変形率より大きい場合には,第1財の生産量を増やし,第2財の生産量を減らすことで,少なくとも1人の効用を改善することができる.したがって,パレート効率性のためには,2人の限界代替率が限界変形率に等しくならなければならない.

パレート効率性の条件 以上から,2消費財・1生産要素・2消費者・2生産者の生産経済におけるパレート効率性の条件は,

$$MRS^A_{12}(x_1^A, x_2^A) = MRS^B_{12}(x_1^B, x_2^B) = MRT_{12}(x_1, x_2)$$

であることがわかる．

生産経済における厚生経済学の第 1 基本定理　最後に，ワルラス均衡における資源配分がパレート効率的になっていることを示そう．まず企業の利潤最大化条件より，$i = 1, 2$ に対して

$$MP_L^i(L_i^*) = \frac{w^*}{p_i^*}$$

が成立する．したがって，

$$MRT_{12}(x_1^*, x_2^*) = \frac{MP_L^2(L_2^*)}{MP_L^1(L_1^*)} = \frac{p_1^*}{p_2^*}$$

が成立する．次に，消費者の効用最大化行動から，消費の限界代替率は生産物の価格比率に等しく，

$$MRS^A_{12}(x_1^{A*}, x_2^{A*}) = \frac{p_1^*}{p_2^*} = MRS^B_{12}(x_1^{B*}, x_2^{B*})$$

が成立する．この二つの式より，厚生経済学の第 1 基本定理が生産経済でも成立することがわかる．

3.8　市場メカニズムの再検討

　厚生経済学の第 1 基本定理では，ワルラス均衡での資源配分はパレート効率的であることが示された．しかし，これらはある限定された環境において成り立つことであり，また，パレート効率性についてもある限定された意味における望ましさの基準に過ぎない．

　この節では，次のことを問題にする．まず，均衡資源配分が，現実的な環境の下で，パレート効率的となるか，という問題を考える．そして，これらが保証されていることを前提としても，均衡資源配分は，パレート効率性という限定された基準の外から見た時，果たして望ましい資源配分であると言えるか，という問題を扱う．事実，公平性の基準から見るとワルラス均衡の資源配分は望ましいとは限らない．そこで，パレート効率的かつ公平な資源配分を達成することができるのかを検討する．

3.8.1 ワルラス均衡の現実的妥当性と市場の失敗

まず，厚生経済学の第 1 基本定理の現実性について検討したい．現実の経済において，厚生経済学の第 1 基本定理が言うように，ワルラス均衡はパレート効率的な資源配分を実現していると言えるのだろうか．この問題を考えるとき，定理の仮定を検討しなければならない．すなわち，市場の普遍性の仮定と完全競争の仮定は現実の経済で満たされているのであろうか．実は，これらの仮定は，現実には満たされない場合が多々あり，これらの仮定が満たされていない状態を**市場の失敗** (market failure) と言う．

市場の普遍性　まず，市場の普遍性の仮定を検討しよう．市場の普遍性の仮定が満たされていれば，すべての財・サービスに市場があり，需要や供給が市場を通じて行われなければならない．しかしながら，実際には市場を通じないで需要や供給が行われる財やサービスが存在する．そうした例として，**情報の非対称性** (asymmetric information) や**外部性** (externality)，**公共財** (public good) などが挙げられる．環境問題などの外部性，国家・地域の安全保障・治安維持・防災をはじめとする公共財など，この種の市場の失敗は多岐にわたっている．

完全競争　次に，完全競争の仮定は現実的であろうか．完全競争的であれば，現実の経済主体は価格を所与として行動していなければならない．現実の経済においては，自動車産業など少数の大きな企業によって生産されている産業が多く見られる．大きな企業は自分自身の影響力が十分に大きいことを認識しており，このような企業については価格を所与として行動するとは考えにくい．このように完全競争が成立していない状態とは，市場参加者の誰かが「価格支配力」を保有している状態であり，**不完全競争** (imperfect competition) と呼ばれる．具体的な状態としては，**独占** (monopoly)，**寡占** (oligopoly) などが挙げられる[15]．

市場を補完して混合経済システムを構成する政府の活動のうち，資源配分機能と呼ばれる機能の主要部分は，市場の失敗を是正することにある．政府は，環境政策によって外部性に対応し，安全保障などの公共財を供給し，ま

た，独占禁止政策によって不完全競争の弊害に対応している．

3.8.2 ワルラス均衡の規範的妥当性と資源配分の公平性

次に，ワルラス均衡資源配分の規範的妥当性を検討する．ワルラス均衡資源配分が望ましい性質を満たすかという問題を考えるにあたって，われわれは「望ましい」という概念について考えねばならない．すなわち，そもそも資源配分についての規範的な評価の基準とはどのようなものか，という問題を考える．

規範的基準としてのパレート効率性 この意味で，まさにパレート効率性は資源配分についての規範的な評価基準に他ならない．すなわち，x という資源配分と x' という資源配分に対して，「全員が x より x' を好むならば，（社会的な）規範的な観点から見ても x より x' の方が望ましい」ということを要求している．

このパレート効率性は「全員一致の原理」に他ならない．「全員一致の原理」の下では，多くの資源配分についてどちらが望ましいか判断が下せない．なぜなら，資源配分について全員の利害が一致することは，なかなか起こりそうにないからである．実際，純粋交換経済においても，パレート効率的な点はエッジワース・ボックス上に無限にある．当然ながら，これらのパレート効率的な点同士でどちらが望ましいかについて，パレート効率性は何も語らない．パレート効率性は，規範的基準として非常に弱い条件であると言える．

規範的基準としての公平性 ここで，第 1 財と第 2 財がそれぞれ 100 単位あるような，2 人 2 財交換経済を考えよう．このとき，（非常に弱い仮定の下で）片方の個人が第 1 財と第 2 財を 100 単位ずつ持ち，もう一方の個人は何も持たないような資源配分は，パレート効率的となる．したがって，この資源配

---

15) 独占や寡占に加えて，製品差別化 (product differentiation) と呼ばれるものが存在する場合にも，完全競争の仮定が崩れる．製品差別化とは，同じ財であっても，異なる生産者が生産する財は完全には同質的でないことを言う．例えば外食産業では，同じ料理でも店ごとに味付けや素材が異なっており，完全に同質的な料理を供給しているわけではない．このように製品差別化が存在すれば，各生産者にはその製品を好む消費者が存在し，そのため生産者の市場シェアが小さくても価格支配力が生まれる．製品差別化は不完全競争の重要なトピックと考えられ，本書では 5.5 節で取り上げる．

分は規範的基準としてパレート効率性のみを採用した場合には，最も望ましい資源配分 (の一つ) ということになる．しかしながら，このような資源配分はわれわれの「道徳感覚」に適っておらず，こうした資源配分を「望ましい」資源配分ではないと判断する．このときわれわれは，明確なものでないにせよ，公平性 (equality) という規範的な基準に基づいて，判断を下している．

パレート効率性と公平性　さて，「公平性」の概念について明確な定義が与えられると，エッジワース・ボックス上に，公平な資源配分の集合が与えられる．一方で，エッジワース・ボックス上にはパレート効率的な集合がパレート集合として与えられている．この二つの集合の共通部分は，公平で，かつ，パレート効率的な資源配分の集まりであることを意味する[16]．このような資源配分は，われわれにとって二つの規範的基準から見て望ましいので，非常に魅力的な性質を持っていると言えよう．

　一般的にワルラス均衡によって与えられる資源配分は，パレート効率的ではあるが公平とは限らない．われわれは，はたして公平でパレート効率的な資源配分を市場を通して達成することができるのだろうか．このような問題を検討するためには，「厚生経済学の第 2 基本定理」を説明する必要がある．

3.8.3　資源配分の達成可能性と厚生経済学の第 2 基本定理

厚生経済学の第 2 基本定理 (second fundamental theorem of welfare economics) は，ある条件が整えば，政府の市場への介入によって，効率性だけでなく，公平性の視点からも望ましい資源配分をワルラス均衡として実現することができる，と主張する．厚生経済学の第 2 基本定理を正確に述べるためには，二つの新しい概念を説明しなければならない．それは，一括型 (lump-sum) の税・補助金という仕組みと，凸環境 (convex environment) である．

一括型の税・補助金　税額や補助金額は，納税義務者や補助金の受領者の経済活動の水準に依存していることが多い．例えば所得税の税額は，納税義務者がどれだけの所得を得たかに依存して決まるが，納税義務者がどれだけの

---

[16] 本書では，このような資源配分の存在の問題点については言及しない．しかしながら，一般的には公平でパレート効率的な資源配分は存在しないかもしれない．

所得を得るかは，どの仕事をどれだけの期間を行うかという，当人の経済的意思決定に依存して決まることになる．

これに対して，地方税である住民税には均等割という仕組みがある．これは，当該公共団体の住民であれば，所得や資産の多寡にかかわらず，一定額の税を納めなければならないという仕組みである．こうした「税額が当人の経済行動に依存せずに決まっている税」を，一括型の税と言う．同様に，補助金額が当人の経済行動に依存しない補助金を，一括型の補助金と言う．

凸環境　凸環境とは，消費者の嗜好や生産者の技術が，凸性を満たしていることである．ここで凸性とは，消費者の嗜好については，限界代替率逓減の法則を満たしていること，より一般的に述べれば，効用関数が擬凹関数であることである．技術に関しては，限界生産物逓減の法則と規模に関する収穫逓減または収穫一定が成立していることにほかならない[17]．

> **定理 3.2**　（厚生経済学の第 2 基本定理）
> すべての財について市場が普遍的に存在し，すべての市場が完全競争的であり，経済が凸環境を満たすならば，政府は一括型の税・補助金政策による所得再分配政策を使うことによって，任意のパレート効率的な資源配分を所得再分配後の市場均衡として実現できる．

この定理を，生産を捨象した交換経済について説明してみよう．いま，エッジワース・ボックスを考え，パレート集合上の任意の点，つまり任意のパレート効率的な資源配分 $((x_1^A, x_2^A), (x_1^B, x_2^B))$ を考えよう．パレート効率性の仮定から，この点で 2 人の無差別曲線は接しているはずである．そこでこの無差別曲線の共通接線を考えよう．経済が凸環境を満たし，2 人の無差別曲線がそれぞれの原点に対して凸であれば，各消費者 $h = A, B$ が消費計画 (x_1^h, x_2^h) よりも弱い意味で好む消費計画の集合は，共通接線の両側に分離される．したがって，もし共通接線が予算線になれば，各消費者 h は消費計画 (x_1^h, x_2^h)

[17)] なお明示的に述べなかったが，厚生経済学の第 1 基本定理は，凸環境の条件が満たされていなくとも成立する．ただし，凸環境が満たされないときには，実は完全競争の仮定が満たされなくなる可能性が高い．その意味で，凸環境という条件は，第 1 定理が成立するかどうかに対しても影響を与えている．

を最適消費計画として選択し，その結果市場における需給が一致するから，この資源配分がワルラス均衡の資源配分になる．いま，初期保有量をもとに，一括型の税・補助金政策によって，共通接線上の1点に所得再分配後の初期保有量を動かしたとしよう．そうすれば，この共通接線の傾きに対応する価格を均衡価格とした市場均衡が実現することになる．

定理の限界　ところで，厚生経済学の第2基本定理は，政府介入によってパレート効率性と公平性を同時に満たす資源配分を市場均衡として実現できるという，すばらしい定理のように見える．しかし，実際にどんな所得再分配を行うべきかを知るためには，最終的な予算線を知る必要があり，それは最終的な市場均衡における資源配分とそれをサポートする共通接線の傾きを知る必要がある．もしこれらの情報を知っているならば，その最終的な資源配分を始めから強制すればよいのであり，ここで行っている操作は不要な操作だということになる．その意味でこの定理は，政府介入によって市場均衡に影響を与え，より公平な資源配分を実現できるかもしれないことを示唆するものにとどまると理解すべきだろう．

3.9　一般均衡分析の応用例：所得税・法人税

一般均衡モデルは，すべての財の市場を含んだ経済全体の問題を記述することができる．そこで，応用例として，政府が所得税（家計の労働所得への課税）および法人税（企業の利潤への課税）を用いてその支出を賄っている状況を考え，それぞれの税の効率性について議論しよう．

モデル　1消費者，1生産者がおり，ある生産要素を用いて消費財を生産する一般均衡モデルを考える．第1財は生産要素で，場合によって労働や資本であると解釈し，第2財は消費財である．消費者は生産要素を $\bar{z}$ だけ初期保有しており，消費財は当初存在しない．生産関数は $x^f = f(z^f)$ で，z^f，x^f はそれぞれ生産者の生産要素投入量，消費財生産量である．効用関数は $u(\bar{z} - z^h, x^h)$ で表される．ここで，z^h は消費者の生産要素供給量を表し，したがって $\bar{z} - z^h$ は消費者の生産要素消費量（余暇や自家消費の資本の量）で

ある.また,x^h は消費者の消費財消費量である.生産者の株式は,すべて消費者によって保有されているものとする.生産要素の価格(労働の賃金率や資本のレンタル価格)を p,消費財の価格を基準化して 1 とする.

このモデルに,政府を導入してみよう.政府は,消費者に税率 t_z ($0 \leq t_z < 1$) の所得税を,生産者に税率 t_c ($0 \leq t_c < 1$) の法人税をそれぞれ課す.所得税および法人税からの税収は,消費者への一括補助金として交付する.

所得税・法人税下の均衡　まず,所得税・法人税が課された下でのワルラス均衡を求めてみよう[18].価格 p^* および資源配分 $((x^{h*}, z^{h*}), (x^{f*}, z^{f*}))$ をワルラス均衡とする.このとき定義より,ワルラス均衡の満たすべき条件は,

(a) (x^{h*}, z^{h*}) は,消費者の効用最大化問題

$$\max_{(x^h, z^h)} \quad u(\bar{z} - z^h, x^h)$$
$$\text{subject to} \quad x^h = (1-t_z)p^* z^h + (1-t_c)(x^{f*} - p^* z^{f*})$$
$$+ \{t_z p^* z^{h*} + t_c(x^{f*} - p^* z^{f*})\}$$

の解である.予算制約式の右辺第 1 項は税引き後の生産要素所得,第 2 項は株式保有による配当所得(税引き後の生産者の利潤),第 3 項は一括補助金である[19].

(b) (x^{f*}, z^{f*}) は,生産者の利潤最大化問題

$$\max_{(x^f, z^f)} \quad (1-t_c)(x^f - p^* z^f)$$
$$\text{subject to} \quad x^f = f(z^f)$$

の解である.

(c) 生産要素市場の需給が一致する.すなわち,

---

[18] 本節では,ワルラス均衡が一つだけ存在し,内点解であると仮定して分析を進める.
[19] 一括補助金の第 1 項が $t_z p^* z^h$ ではなく $t_z p^* z^{h*}$ であり,補助金は与件として与えられていることに注目されたい.すなわち,完全競争下における個人は,要素供給を増やすことで補助金を増やそうとはしないと想定されている.

$$z^{h*} = z^{f*}$$

が成り立つ．このとき，ワルラス法則より消費財市場も均衡する（$x^{h*} = x^{f*}$）．

である．消費者および生産者の最大化の 1 階条件より，

$$\frac{\partial u(\bar{z} - z^{h*}, x^{h*})/\partial(\bar{z} - z^h)}{\partial u(\bar{z} - z^{h*}, x^{h*})/\partial x^h} = (1 - t_z)p^* \tag{3.11}$$

$$f'(z^{f*}) = p^* \tag{3.12}$$

が得られる．

所得税・法人税の効率性　では，所得税・法人税下のワルラス均衡はパレート効率的であろうか．

まず，所得税について考察するために，z が労働（したがって p が賃金率）であると解釈し，$t_z > 0$ かつ $t_c = 0$ の場合，すなわち，所得税のみ課されている場合を考えよう．式 (3.11) に式 (3.12) を代入すると，

$$\frac{\partial u(\bar{z} - z^{h*}, x^{h*})/\partial(\bar{z} - z^h)}{\partial u(\bar{z} - z^{h*}, x^{h*})/\partial x^h} = (1 - t_z)f'(z^{f*})$$

が得られる．左辺は，均衡における余暇の消費財で測った限界代替率 $MRS_{12}(\bar{z} - z^{h*}, x^{h*})$ を表している．$f'(z^{f*})$ は，均衡において，余暇を限界的に 1 単位増やしたときに，（労働減少によって）あきらめなければならない消費財の限界生産量である．これは，均衡における余暇と消費財の限界変形率 $MRT_{12}(\bar{z} - z^{f*}, x^{f*})$ に他ならない．$t_z > 0$ より，$MRS_{12}(\bar{z} - z^{h*}, x^{h*}) < MRT_{12}(\bar{z} - z^{f*}, x^{f*})$ となる．したがって，消費者にとって消費財で測った余暇の価値は，余暇を取ることであきらめなければならない消費財の量より低い．より働いて多く生産することで，効用が改善できるのである．つまり，所得税下の均衡はパレート効率的ではない．

非効率性が生じることの直感的理由は，部分均衡分析の応用例で見た物品税と同様である．所得税は，余暇を消費すると支払わなくて済むため，余暇への補助金とみなせる．一方，消費財には何の補助も与えていない．したがっ

て，余暇の消費財に対する相対的価格を引き下げる．このことにより，余暇の過剰消費，すなわち労働の過少供給を引き起し，消費財の生産も過小になるのである．

次に，法人税について考察するために，$t_c > 0$ かつ $t_z = 0$ の場合，すなわち，法人税のみ課されている場合を考えよう．式 (3.11) に式 (3.12) と $t_z = 0$ を代入すると，

$$\frac{\partial u(\bar{z} - z^{h*}, x^{h*})/\partial(\bar{z} - z^h)}{\partial u(\bar{z} - z^{h*}, x^{h*})/\partial x^h} = f'(z^{f*}) \tag{3.13}$$

を得る．したがって，法人税の下では，均衡で $MRS_{12}(\bar{z} - z^{h*}, x^{h*}) = MRT_{12}(\bar{z} - z^{f*}, x^{f*})$ が達成できる．つまり，本章で扱ったような一般均衡モデルを純粋に適用した古典的見解においては，法人税下の均衡はパレート効率的である．

効率性が成り立つことの直感的理由は以下の通りである．生産者の利潤にかかる法人税は $t_c(x - pz) = t_c x - t_c pz$ のように分解できる．つまり，消費財への課税 $t_c x$，労働への補助金 $t_c pz$ が組み合わさっている．労働への補助金は，余暇を消費すると失ってしまう機会費用であり，余暇への課税とみなせる．つまり，余暇も含めたこの経済にある財すべてに課税されていることとなり，財と財の間の相対価格は税率に影響されない．したがって，課税は単にすべての財の価格を同率で名目的に引き上げるだけで，資源配分を歪めることはないのである[20]．

法人税の矛盾　しかしながら，上記のような歪みのない法人税は現実的ではない．なぜなら，上述のように法人税が歪みをもたらさないためには，純粋な経済学的利潤に課税されなければならない．しかし，実際の法人税制で課税ベースとされる利潤は，経済学的利潤とは食い違っているからである．例えば，自己資本（内部留保や株式）による資本調達の機会利払いは控除されない．これに対応して，z を資本と解釈し，資本コスト pz のうち α $(0 < \alpha \leq 1)$ の割合が控除されていないとしよう．この場合，法人税は非控除分の $t_c \alpha pz$

---

[20]　ここでは z が労働であると解釈し，所得税を労働所得税として説明したが，z を資本（したがって p は資本のレンタル価格）であると解釈すれば，資本所得税についても同様の議論が成り立つことがわかる．また，法人税の効率性も，z を資本と読み替えても同様に成り立つ．

だけ増加して $t_c(x-(1-\alpha)pz)$ となるため，式 (3.13) は修正されて，

$$\frac{\partial u(\bar{z}-z^{h*}, x^{h*})/\partial(\bar{z}-z^h)}{\partial u(\bar{z}-z^{h*}, x^{h*})/\partial x^h} = \frac{1-t_c}{1-(1-\alpha)t_c}f'(z^{f*})$$

となる．したがって，$\alpha=0$ でない限り，$MRS_{12}(\bar{z}-z^{h*}, x^{h*}) < MRT_{12}(\bar{z}-z^{f*}, x^{f*})$ という状況が再現され，より多くの資本を生産にまわすことで効用が改善できる．つまり，資本コストが経済的利潤に比べて過小に評価され，実質的な資本課税となり，資本の相対価格が引き上げられる．上述の所得税での議論と同様に，相対価格の変化は経済の資源配分に歪みをもたらし，資本が過少にしか供給されないのである．

だが，制度改革によって課税ベースを経済学的利潤 ($\alpha=0$) に近づけることで問題が解決するわけではない．3.3 節で述べたように，長期の参入・退出を考えると，経済学的利潤はゼロとなる．したがって，厳密に経済学的利潤に課税する制度を設計すると，たとえそれができたとしても，長期的には税収もゼロとなる．つまり，歪みのない法人税を志向するほど，税収は上がらなくなるという矛盾に直面してしまう．例えば，費用 pz をまったく控除せずに収入 x に課税する外形標準課税は，税収を上げることはできるが，消費財のみに課税することと同じになり，歪みを生む（上記の説明で $\alpha=1$ のケースに対応している）．このように，法人税が税収を上げるためには，何らかの歪みを制度上導入しなければならず，近年，国家の財源調達の手段としては主流ではなくなってきている．

第II部

ゲーム理論と情報・インセンティヴ

第 4 章
ゲーム理論の基礎

　第Ⅰ部で解説してきた完全競争の状況では，個々の消費者・生産者がその消費量・生産量を変えたとしても，市場価格は変わらないので，他の消費者・生産者の行動には何の影響も与えない．したがって，完全競争では，個々の経済主体の行動は，他の経済主体の行動と独立しており，与えられた制約条件のもとで目的関数を最大化する行動が最適になる．

　しかし，人々の意思決定の多くの場合には，具体的な取引相手や競争相手が存在し，自分が何をするかによって，相手の経済環境が変化する．自分の経済環境が相手の行動によって変化するから，相手の行動についての予想が変われば，自分が選択すべき行動も変化することになる．このような経済環境を「戦略的環境」と言う．

　ゲーム理論は，こうした戦略的環境のもとで人や生物はどう行動するのかを明らかにしようとする研究分野であり，経済学だけでなく，政治学・社会学・生物学・心理学などの研究道具を提供する応用数学の一分野である．ゲーム理論によって，価格理論では扱うことができなかった戦略的環境の分析が可能になり，経済学の分析対象は飛躍的に広がったのである．

　本章の前半では，戦略的環境を分析する最も基本的なモデルである「戦略型ゲーム」を紹介する．後半では，より複雑な環境を表すことができる「展開型ゲーム」を定義する．さらに，それぞれのゲームにおいて実現する状態である「均衡」を定義する．次章以降では，その多くの部分において，ゲーム理論を用いて，戦略的環境を分析していく．

A社 \ B社	X社	Y社
X社	3,2	1,1
Y社	1,1	2,3

図 **4.1** ゲーム・ソフトとゲーム機

4.1 戦略的環境の本質

　ゲームの一つの例として，次のような状況を考えてみよう．二つのゲーム・ソフト会社（A 社と B 社）が，それぞれの人気ゲーム・ソフトの最新作を，二つのゲーム機会社（X 社と Y 社）のどちらのゲーム機に対応したソフトとして販売するかを決定しようとしている．ゲーム・ソフトの売上がゲーム機のシェアに依存する一方で，新発売されたゲーム機のシェアも人気ゲームがライン・アップされているかどうかに依存する．そのため，両方のゲーム・ソフトが同じゲーム機のソフトとして発売されれば，ゲーム機自体の独占的シェア確保により両ソフト会社とも多額の売上を確保できる．ただし，A 社と B 社はそれぞれ X 社，Y 社のゲーム機に対応したソフト開発に強みを持つことから，X 社が独占した場合には A 社の利益が相対的に大きくなり，Y 社の場合には B 社の利益が大きくなる．他方，別々のゲーム機のソフトとして発売された場合には，両ゲーム機に加え他のゲーム機ともシェアを食い合うことになり，ソフトの売上は低水準に留まり，利益は低水準に留まるものとしよう．

　以上の状況は，図 4.1 のように表すことができる．この図は，例えば，A 社が X 社のゲーム機に対応したソフトを販売し，B 社も X 社のゲーム機に対応したソフトを販売すると，A 社の利潤は 3 となり，B 社の利潤は 2 となることを表している．実はこのゲームは，後に出てくる「両性の争い」と呼ばれるゲームと本質的に同一のゲームである．ゲーム理論では，意思決定の主体である A 社，B 社を「プレイヤー」，A 社，B 社の選択肢である X 社，Y 社を「戦略」，各社の利潤を「利得」と呼ぶ．

戦略的環境と戦略の予想　このように，各プレイヤーの利得がどうなるかは，自分の戦略だけでなく，他者の戦略にも依存する．こうした環境を **戦略的環**

境 (strategic environment) と言う．戦略的環境では，自分がとるべき最適な戦略は，相手が選択する戦略をどのように予想するかによって変化する．A 社が「B 社が X 社のゲーム機に対応したソフトを販売する」と予想すれば，A 社も X 社のゲーム機に対応したソフトを販売する方が良いし，「B 社が Y 社のゲーム機に対応したソフトを販売する」と予想すれば，A 社も Y 社のゲーム機に対応したソフトを販売する方が良い．戦略的環境下にある A 社にとって重要なのは，B 社の戦略を予想することなのである．

ところで，戦略的環境のさらに本質的な問題は，相手プレイヤーである B 社も同じように戦略的環境に直面していることである．したがって，B 社にとっても重要なのは，A 社の戦略を予想することなのである．しかし，A 社がどちらの戦略を取るかは，「B 社の戦略についての A 社の予想」に依存したわけだから，B 社がどちらの戦略を取るべきかは，「『B 社の戦略についての A 社の予想』についての B 社の予想」に依存することになる．戦略的環境ではお互いが相手の出方を読みあっているのであり，その読みあいをどう考えるかがゲーム理論の本質と言える．

ゲーム理論の意義　ゲーム理論は，少なくとも次の二つの意味で，有用であると言われている．第 1 の有用性は，戦略的環境を正確・明快に記述できる言語体系を与えていることにある．プレイヤー，戦略，利得をきちんと記述することによって，戦略的環境を論理的・数理的に分析することが可能となる．ゲーム理論の第 2 の有用性は，戦略的環境において，どのような結果が起こるかを予測することにある．ゲーム理論では，プレイヤーたちが取ると考えられる戦略の組を均衡と言い，均衡を求めることで戦略的環境においてどういった結果が起きるかを予測することができる．

ゲームの種類　ゲームは大きく分けて，協力ゲーム (cooperative game) と非協力ゲーム (noncooperative game) に分類することができる．協力ゲームは拘束力のある合意を結ぶことができる場合のゲームであり，非協力ゲームはそのような合意を結ぶことができないゲームである．戦略的環境に置かれたプレイヤーたちの意思決定を扱うのには，非協力ゲームがより適しており，本書では非協力ゲームについて説明する．

非協力ゲームには，「戦略型ゲーム」と「展開型ゲーム」の二つの定式化がある．以下では，この二つの定式化を説明した上で，戦略型ゲームの解概念として「ナッシュ均衡」を，展開型ゲームの解概念としてナッシュ均衡と「部分ゲーム完全均衡」を定義する．

4.2 戦略型ゲーム

本節では，戦略的環境を記述する最も基本的なモデルである「戦略型ゲーム」と呼ばれる定式化について説明しよう．戦略型ゲームは，比較的単純な戦略的環境を定式化する際に便利であり，また，簡潔な構造を持っているため理解しやすい．

4.2.1 戦略型ゲームの例

まず初めに，戦略型ゲームの一つの例を見てみよう．

囚人のジレンマ 次のような状況を考えよう．隣り合った二つのガソリン・スタンド A と B が，それぞれのガソリン価格を同時に決めようとしている．簡単化のために，ガソリン価格は高価格 C か低価格 D のどちらかしか選べないものとする．二つのガソリン・スタンドをあわせて一定の客が見込まれており，客は安い方のスタンドに行くとしよう（ただし，価格が同じなら，二つのスタンドは客を半分ずつ分け合う）．どちらも高価格 C を選ぶ場合，それぞれ利益 1 を得るのに対して，どちらも低価格 D を選ぶ場合，利益 0 を得るものとする．また，片方が C を選び，もう片方が D を選ぶ場合，C を選んだスタンドの客はゼロとなり，固定費用の分だけ赤字が発生し，マイナスの利潤 $-l$ となり，D を選んだスタンドはすべての客の需要を得ることで大きな利潤 $1+g$ を得る（$g, l > 0$，$g - l < 1$）．この状況は，囚人のジレンマ (prisoners' dilemma) と呼ばれる戦略型ゲームの一例である．

囚人のジレンマの状況は，図 4.2 のように表現することができる．

4.2.2 戦略型ゲームの定義

では，一般の戦略型ゲームを定義することにしよう．戦略型ゲーム (strategic

$A \setminus B$	C	D
C	$1, 1$	$-l, 1+g$
D	$1+g, -l$	$0, 0$

図 4.2　囚人のジレンマ（g, $l > 0$, $g - l < 1$）

form game)[1]は，(i) プレイヤー (player)，(ii) 各プレイヤーの戦略 (strategy)，(iii) 各プレイヤーの利得関数 (payoff function) によって構成される．

(i) プレイヤーとは，ゲームにおいて意思決定をする主体である．囚人のジレンマの場合には，ガソリン・スタンド A とガソリン・スタンド B がプレイヤーである．一般に，プレイヤーの数は 2 人とは限らず，n 人のプレイヤーが存在してもよい．

(ii) プレイヤーの戦略とは，そのプレイヤーが決定できる選択肢のことを言う．囚人のジレンマでは，プレイヤー A の戦略は高価格 C と低価格 D，プレイヤー B の戦略も高価格 C と低価格 D である．各プレイヤーは，他のプレイヤーがどんな戦略を選んだか知らないままに，自分の選択できる戦略の中から戦略を一つ選ぶ．プレイヤー i がそれぞれ戦略 s_i を選ぶとすると，プレイヤー全体では戦略の組 (strategy profile) $(s_1, \ldots, s_n)$ が選ばれることになる．囚人のジレンマでは，(C, C), (C, D), (D, C), (D, D) の四つが戦略の組である．ただし，括弧内の左側はガソリン・スタンド A の戦略を，括弧内の右側はガソリン・スタンド B の戦略をそれぞれ表している．

(iii) 戦略の組 $(s_1, \ldots, s_n)$ が選ばれると，各プレイヤーはその戦略の組によって実現する利得を受け取る．プレイヤーの利得関数とは，各戦略の組に対して，そのプレイヤーが受け取る利得を定めた関数である．以下では，プレイヤー i の利得関数を u_i と書くことにする．戦略の組 $(s_1, \ldots, s_n)$ が選ばれると，プレイヤー i は利得 $u_i(s_1, \ldots, s_n)$ を受け取ることになるわけである．囚人のジレンマでは，プレイヤー A の利得関数は

$$u_A(C,C) = 1, \quad u_A(C,D) = -l, \quad u_A(D,C) = 1+g, \quad u_A(D,D) = 0$$

であり，プレイヤー B の利得関数は

$$u_B(C,C) = 1, \quad u_B(C,D) = 1+g, \quad u_B(D,C) = -l, \quad u_B(D,D) = 0$$

---

[1]　戦略型ゲームは，標準型ゲーム (normal form game) とも言われる．

である.なお,各プレイヤーの利得は,自分の戦略だけではなく,他人の戦略をも含めた戦略の組に依存していることに注意しよう.それに対して,例えば,古典的な消費者理論では,各消費者の効用は自分の消費計画だけに依存しており,他人の消費計画には依存していなかった.ゲーム理論の一つの特徴は,自分の利得が他人の戦略にも依存するという「外部性」が前提されていることにある.こうした「外部性」を戦略的相互依存 (strategic interaction) と言う.

戦略型ゲームは,図 4.2 のように簡潔に表現することができる.このような図を利得行列 (payoff matrix) と言う.

4.2.3 プレイヤーの合理性と支配戦略

プレイヤーの合理性 ゲーム理論ではプレイヤーは合理的であると仮定する.ここで,「合理的」とは,直面しているゲームの構造を隅々まで誤りなく熟知しており,他のプレイヤーの戦略が決められた時,自分の利得を最大化する戦略を求めることができることを言う.

戦略型ゲームでは,すべてのプレイヤーが,他のプレイヤーがどんな戦略を選んだか知らないままに,同時に自分の戦略を選ばなければならない.したがって,自分にとって最適な戦略を選ぶためには,他のプレイヤーがどんな戦略を選ぶのかについて適切な「予想」を立てる必要がある.ただし,ある場合には他のプレイヤーがどんな戦略を選ぶのか予想を立てる必要がないことが知られている.次にこのことを説明しよう.

支配戦略 これ以降の議論を簡潔にするために,便利な記法を導入しておこう.まず,$s_{-i} = (s_1, \ldots, s_{i-1}, s_{i+1}, \ldots, s_n)$ とする.すなわち,i 以外のプレイヤー j がそれぞれ戦略 s_j を選ぶ場合の,i 以外のプレイヤーの戦略の組を s_{-i} と書くことにする.また,$(s'_i, s_{-i}) = (s_1, \ldots, s_{i-1}, s'_i, s_{i+1}, \ldots, s_n)$ とする.すなわち,プレイヤー i が戦略 s'_i を選び,i 以外のプレイヤー j がそれぞれ戦略 s_j を選ぶ場合の戦略の組を (s'_i, s_{-i}) と書くことにする.

プレイヤー i のある戦略 s_i が,他の任意の戦略 s'_i に対して,i 以外のプレイヤーのどんな戦略の組 s_{-i} についても,

$$u_i(s_i, s_{-i}) > u_i(s'_i, s_{-i})$$

を満たすとき，s_i をプレイヤー i の支配戦略 (dominant strategy) と言う．先に述べたような合理的なプレイヤーであれば，必ず支配戦略 s_i を選ぶ．なぜならば，他のプレイヤーがどんな戦略を選ぶにしても，支配戦略 s_i を選ぶほうが得になるからである．すべてのプレイヤーに支配戦略が存在する場合，その支配戦略の組を支配戦略均衡 (dominant strategy equilibrium) と呼ぶ．

図 4.2 の囚人のジレンマの場合，各プレイヤーにとって戦略 D は支配戦略である．実際，プレイヤー A について確認してみよう．プレイヤー B が戦略 C を選ぶ場合，プレイヤー A は，戦略 C を選ぶと利得 $u_A(C,C) = 1$ を得るのに対して，戦略 D を選ぶと利得 $u_A(D,C) = 1+g$ を得ることができる．プレイヤー B が戦略 D を選ぶ場合，プレイヤー A は，戦略 C を選ぶと利得 $u_A(C,D) = -l$ を得るのに対して，戦略 D を選ぶと利得 $u_A(D,D) = 0$ を得ることができる．したがって，プレイヤー A は，プレイヤー B が C，D のどちらの戦略を選ぶにしても，戦略 D を選ぶ方が得であることから，プレイヤー A にとって戦略 D は支配戦略である．ここで，この支配戦略均衡 (D,D) は，戦略の組 (C,C) にパレート支配されており[2]，パレート効率的ではないということに注意しておこう．これが，囚人のジレンマの面白い性質である．

支配戦略が存在するなら，相手がどんな戦略を選ぶかを予想する必要がないだけでなく，相手の利得などのゲームの構造の一部を知るまでもなく，自分がどの戦略を選ぶべきか自明である．したがって，すべてのプレイヤーが支配戦略を選んでいる支配戦略均衡は，そのゲームで実現すると考えるのが妥当であろう．しかしながら，図 4.3 のゲームのように，支配戦略均衡は存在するとは限らない．むしろ，ゲーム理論を学んでいくうちに，支配戦略均衡が存在するようなゲームは例外的であることがわかってくるだろう．

$A \backslash B$	L	R
U	$-1, 1$	$-1, 0$
D	$0, -1$	$0, 0$

図 **4.3** 支配戦略均衡が存在しない戦略型ゲーム

---

[2] (D,D) から (C,C) に変わることで，両プレイヤーの利得が上昇している．

4.3 戦略型ゲームの均衡

前節で述べた支配戦略均衡では，多くのゲームで均衡戦略を特定することができない．そこで使われるのが，「ナッシュ均衡」という概念である．ナッシュ均衡は，支配戦略均衡より広い概念であり，支配戦略均衡は必ずナッシュ均衡であるが，支配戦略均衡が存在しない場合でもナッシュ均衡は存在しうる．

4.3.1 ナッシュ均衡

合理的なプレイヤーは，自分の利得を最大化するよう最適な戦略を選択するはずである．しかし，ゲームの世界では，各プレイヤーの利得は，自分の戦略のみならず，他のプレイヤーがどんな戦略を選択するかにも依存している．したがって，合理的なプレイヤーがどの戦略を選択するかは，そのプレイヤーが持つ，他のプレイヤーの戦略の選択に関する予想に依存する．それゆえ，ゲームにおける合理性を考えるときには，「予想に対する戦略の選択の合理性」と「予想のあり方の合理性」を問わなくてはならない．以下，この二つの観点から，ゲームの均衡となる戦略の組 $(s_1^*, \ldots, s_n^*)$ が満たすべき性質を定義しよう．

最適反応　「予想に対する戦略の選択の合理性」について検討するために，「最適反応」という概念を定義しよう．i を除くほかのすべてのプレイヤーの戦略の組 $s_{-i} = (s_1, \ldots, s_{i-1}, s_{i+1}, \ldots, s_n)$ が与えられたとき，s_{-i} に対する i の最適反応 (best response) とは，プレイヤー i が取れるどのような戦略 s_i' に対しても，

$$u_i(s_i, s_{-i}) \geq u_i(s_i', s_{-i})$$

を満たすような戦略 s_i である．つまり，s_{-i} を所与として $u_i(s_i, s_{-i})$ を最大化する s_i が，s_{-i} に対する i の最適反応である．この最適反応の集合を $BR_i(s_{-i})$ と書く（最適反応になる戦略は複数個あるかもしれないし，存在しないかもしれない）．s_{-i} に対する最適反応が一つのみである場合，$BR_i(s_{-i})$

は（本質的には）関数となり，最適反応関数 (best response function) と呼ばれる．

さて，合理的なプレイヤー i が，他のプレイヤーが戦略の組 $\tilde{s}_{-i} = (\tilde{s}_1, \ldots, \tilde{s}_{i-1}, \tilde{s}_{i+1}, \ldots, \tilde{s}_n)$ を取ると予測している場合を考えてみよう．プレイヤー i が合理的なら，i の選択する戦略 s_i^* は自分の予想 $\tilde{s}_{-i}$ の下で最適な戦略（の一つ）になっているはずである．すなわち，戦略 s_i^* は予想 $\tilde{s}_{-i}$ に対する最適反応になっていなければならない（つまり，s_i^* は $BR_i(\tilde{s}_{-i})$ に含まれていなければならない）．これが「予想に対する戦略の選択の合理性」の意味するところである．

合理的期待 では，「予想のあり方の合理性」とはどのようなものであろうか．$\tilde{s}_{-i}$ は，プレイヤー i が事前に予想する，他のプレイヤーの戦略の組である．一方，$s_{-i}^* = (s_1^*, \ldots, s_{i-1}^*, s_{i+1}^*, \ldots, s_n^*)$ は，他のプレイヤーが均衡で実際にプレイする戦略の組である．さて，「予想のあり方の合理性」とは，予想が正しくなされるということであると考えるのが自然である．つまり，実際プレイされる戦略の組を正しく予想しているということである．このことを合理的期待 (rational expectation) と呼ぶ．合理的期待は，

$$\tilde{s}_{-i} = s_{-i}^*$$

と表すことができる．

ナッシュ均衡 以上の二つの性質から，戦略型ゲームの均衡 $(s_1^*, \ldots, s_n^*)$ は，任意の i に対して，s_i^* は $\tilde{s}_{-i}$ に対するプレイヤー i の最適反応であり，かつ，合理的期待 $\tilde{s}_{-i} = s_{-i}^*$ が成立する戦略の組となる．これは，次の定義 4.1 の形に整理できる．この均衡は，1994 年のノーベル経済学賞受賞者である数学者，ナッシュ (John F. Nash, Jr.) が提唱したことから，ナッシュ均衡 (Nash equilibrium) と呼ばれる．

定義 4.1 （ナッシュ均衡）
ナッシュ均衡とは，すべてのプレイヤー i について，s_i^* が s_{-i}^* に対するプレイヤー i の最適反応となっている戦略の組 $(s_1^*, \ldots, s_n^*)$ のことを言う．

Column ──────────────────── 混合戦略ナッシュ均衡：じゃんけんの分析

4.2.2 項で述べた戦略は純粋戦略 (pure strategy) と呼ばれます．実は，純粋戦略の範囲では，必ずしもナッシュ均衡が存在するとは限りません．例えば，下図のいわゆる「じゃんけん」の場合には，すぐにわかるように純粋戦略のナッシュ均衡は存在しません．

しかし，戦略を混合戦略 (mixed strategy) と呼ばれるものに拡張し，同時に利得も混合戦略が生み出す期待利得だと定義すると，プレイヤーが有限人で，かつ，純粋戦略が有限個であるという条件の下で，必ずナッシュ均衡が存在することが知られています．ここで混合戦略とは，純粋戦略上の確率分布のことを言います．じゃんけんの場合には，各プレイヤーの純粋戦略はグー，チョキ，パーですが，混合戦略はグーを確率 p で，チョキを確率 q で，パーを確率 r で選ぶこととなります（$0 \leq p, q, r$, $p+q+r = 1$）．じゃんけんでは，各プレイヤーがグーを確率 1/3 で，チョキを確率 1/3 で，パーを確率 1/3 で選ぶのが（唯一の）混合戦略のナッシュ均衡です．

ゲーム理論は，少なくとも戦略を混合戦略に拡張すると，かなり広範な問題を分析できると言えます．

$A \setminus B$	グー	チョキ	パー
グー	0,0	1,−1	−1,1
チョキ	−1,1	0,0	1,−1
パー	1,−1	−1,1	0,0

上記のナッシュ均衡の定義は，プレイヤー i が取れるどのような戦略 s_i に対しても，

$$u_i(s_i^*, s_{-i}^*) \geq u_i(s_i, s_{-i}^*) \tag{4.1}$$

が，すべてのプレイヤー i について成立することと同値である[3]．つまり，式 (4.1) より，プレイヤー i は，他のプレイヤーがナッシュ均衡の戦略の組 s_{-i}^* をプレイするとき，自分だけがナッシュ均衡の戦略 s_i^* 以外の戦略に逸脱 (deviation) しても得しない．これがすべてのプレイヤーにとって成り立つのだから，ナッシュ均衡から逸脱するインセンティヴは誰も持たない．つまり，ナッシュ均衡とは，その戦略をプレイすることが自己拘束的 (self-enforcing) になる戦略の組のことである．

例えば，前節の図 4.3 のゲームでナッシュ均衡は (D, R) である．このように，支配戦略均衡が存在しなくても，ナッシュ均衡なら存在する場合が多い．

---

3) 最適反応の定義に合理的期待を代入すれば，式 (4.1) が得られる．

4.3.2 ホテリング・ゲーム

戦略型ゲームを，一つの具体的なストーリーで考えてみよう．

モデル 東西の延長が 1 キロメートルあり，海水浴客でにぎわっている白砂の海水浴場がある．シーズンが始まるので 2 軒の店 (A, B) がかき氷屋を出そうとしており，どこに立地するかを検討中である．かき氷の値段も種類も品質もまったく同じであり，2 軒の違いは立地だけである．潜在的な顧客は東西 1 キロメートルの間に均質に散らばっていて，2 軒の立地が決まればそれぞれの海水浴客は，自分から距離が近い店に行こうとする．当然，かき氷がたくさん売れた方が（マーケット・シェアが大きい方が）儲かるので，各店は自らのマーケット・シェアをより大きくするように立地点を決定する．

西端からの距離を t キロメートルと定義して，それぞれの店が自分が立地すべき t の値を求めることを考えてみよう．つまり，西端は $t=0$，東端は $t=1$，中央は $t=0.5$ などである．顧客は近くの店からかき氷を購入するので，A の立地点が t_A で B の立地点が t_B の時，A が B より西に立地していれば ($t_A < t_B$)，A のシェアは $(t_A + t_B)/2$，B のシェアは $1 - (t_A + t_B)/2$ であり（図 4.4），A が B より東に立地していれば ($t_A > t_B$)，A のシェアは $1 - (t_A + t_B)/2$，B のシェアは $(t_A + t_B)/2$ である．A と B が同じ立地点を選択している場合 ($t_A = t_B$)，顧客にとってはどちらの店で購入しても無差別であるが，この場合は，A と B は顧客を半分ずつ分け合う，つまり，A, B のシェアはともに 0.5 であると仮定しておこう．

このゲームは，こうした状況を最初に分析した統計学者・経済学者のホテリング (Harold Hotelling) にちなんで，**ホテリング・ゲーム** (Hotelling game) と呼ばれる．

ナッシュ均衡 では，このゲームのナッシュ均衡を求めることにしよう．ま

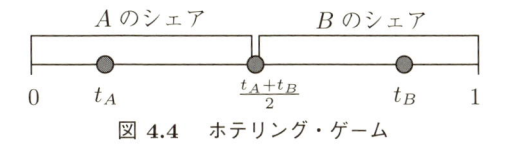

図 4.4 ホテリング・ゲーム

Column ─────────────────────── **ホテリング・ゲームによる選挙の分析**

ゲーム理論は，経済学のみならず政治学でも活発に用いられています．政治学におけるゲーム理論の応用の代表例が，ホテリング・ゲームを用いた選挙の分析です．この枠組みは，その導入者である政治学者ダウンズ (Anthony Downs) の名をとって，ダウンズ・モデル (Downsian model) と呼ばれます．

次のような選挙の状況を考えてみましょう．左翼的なものから右翼的なものまでの政策を 1 次元に並べることができるとします．そうすると，政策は 0 から 1 までの値をとる線分の上の 1 点として表現できます．各有権者には，最も望ましいと考える政策（至福点）が一つだけあり，自らの至福点に最も近い公約を掲げている立候補者に投票するものとします．さらに，簡単化のために，有権者の至福点は，0 から 1 まで一様に分布しているとします．立候補者は，政策の実現自体には関心がなく，当選することのみが目的であるとします．この時，立候補者がどういった政策を公約に掲げれば，より多くの票が得られるでしょうか．ただし，掲げた公約は，必ず守られるものとします．

容易にわかるとおり，こうした状況は，顧客を有権者に，かき氷店を立候補者に，立地点を政策に，それぞれ置き換えただけで，ホテリング・ゲームと本質的に同じです．したがって，ナッシュ均衡では，2 人の候補者の公約は同一の政策となります．もし候補者が 4 人であれば，2 人が右翼よりの公約を，残る 2 人が左翼よりの公約を掲げることになります．

さて，こうした理論的予測はどれだけ現実的でしょうか．例えば，2007 年のフランス大統領選挙を見てみましょう．第 1 回の投票では，12 人の候補者が立候補しましたが，実質的には有力候補者 4 人の選挙戦でした．右派のサルコジは，極右のルペンの票を奪うため，右翼的な政策を掲げました．一方，左派のロワイヤルは左翼的な政策を打ち出しました．第 1 回の投票では誰も過半数の票を得られなかったため，上位 2 名であるサルコジとロワイヤルによる決選投票に持ち込まれました．決選投票では，サルコジは，中道派が要求する国政選挙への比例代表制の一部導入を表明し，ロワイヤルは，中道派のバイルを首相に起用する可能性を示唆するなど，両者とも，中道派の票を得ようと，中道寄りに政策を修正しました．結果は，サルコジが得票率にして約 6 ポイント差という僅差で勝利することとなりました．このように，現実の選挙は，ホテリング・ゲームのナッシュ均衡と整合的であり，ホテリング・ゲームは，選挙に関する比較的優れた予測力を持っていると言えます．

ず，$i, j = A, B$ $(i \neq j)$ として，プレイヤー i の最適反応を求めよう．(i) プレイヤー j が $t_j = 0.5$ に立地している場合を考える．この時，$t_i = 0.5$ がプレイヤー i の唯一の最適反応である．なぜなら，プレイヤー i は $t_i = 0.5$ に

立地することで 0.5 のシェアを得るが，その他の場所に立地すると明らかにシェアは 0.5 未満になるからである．(ii) プレイヤー j が $t_j \neq 0.5$ に立地している場合を考える．この時，$t_i \neq t_j$ は最適反応ではない．なぜなら，明らかに，プレイヤー i は，t_i からプレイヤー j に少しにじり寄ることで，シェアを増やすことができるからである．また，$t_i = t_j \neq 0.5$ も最適反応ではない．なぜなら，プレイヤー i は，$t_i = t_j$ から，t_j と 0.5 の間に立地場所を変えることで，シェアを 0.5 から 0.5 超に増やすことができるからである．したがって，プレイヤー i の最適反応は存在しない．以上をまとめると，プレイヤー i の最適反応は，$t_j = 0.5$ に対しては $t_i = 0.5$ であり，$t_j \neq 0.5$ に対しては存在しないということになる．したがって，立地点の組 $(0.5, 0.5)$ は両者が互いに最適反応をしておりナッシュ均衡である．また，これ以外の立地点の組 (t_A, t_B) については，$t_j \neq 0.5$ なるプレイヤー j が存在し，t_j に対するプレイヤー $i \neq j$ の最適反応は存在しないので，t_i は t_j に対する最適反応になりえず，ゆえに，(t_A, t_B) はナッシュ均衡ではない．したがって，立地点の組 $(0.5, 0.5)$ が，唯一のナッシュ均衡であることがわかる．

なお，このホテリング・ゲームの結果は，プレイヤーの数に大きく依存している．プレイヤーが 3 人のゲームでは，ナッシュ均衡は存在しない．プレイヤーが 4 人のゲームでは，2 人のプレイヤーが 0.25 に立地し，残る 2 人のプレイヤーが 0.75 に立地するという戦略の組のみがナッシュ均衡である．関心のある読者は，これらを確認し，さらに一般の n 人の場合のナッシュ均衡はどうなるか考えてほしい．

4.3.3　ナッシュ均衡が実現するのはなぜか

ナッシュ均衡の意味のうち，最適反応に関しては，要するに最大化問題の結果であり，それが実現するであろう理由については第 I 部の価格理論と同様である．一方，合理的期待は新たに登場した重要な論点である．プレイヤー i はなぜ，プレイヤー $j \neq i$ が戦略 s_j^* を選択すると，正しい予想（合理的期待）をするのだろうか．以下，この点に関して検討しよう．

合理的プレイヤーと均衡の一意性　合理的期待の背後にある一つの考え方は，「各プレイヤーが合理的であり，彼らがゲームの構造を熟知している」こと

が共有知識 (common knowledge) になっていると仮定して，プレイヤーの予想を導出する，というものである．実は，この考え方を使ったナッシュ均衡の概念が説得力を持つためには，共有知識に加えて，追加的な仮定が必要である．その一つが，「このゲームのナッシュ均衡は一つしかない（一意的である）」という仮定である．

そこで，ゲームのナッシュ均衡が一つしかない図 4.3 のゲームを使って，考えてみよう．先にも述べたように，このゲームのナッシュ均衡は (D, R) である．プレイヤー A が，プレイヤー B は R をプレイする，と予測するなら，自分は D をプレイすることが最適である．同様に，プレイヤー B が，プレイヤー A は D をプレイする，と予測するなら，自分は R をプレイすることが最適である．したがって，何らかの理由でお互いが (D, R) が実現すると予測するなら，その結果 (D, R) をプレイすることが自己拘束的になり，ナッシュ均衡になる．

では，別の戦略の組を予想することは合理的ではないだろうか．例えば，(U, L) を考えてみよう．(U, L) が実現すると予想するなら，合理的なプレイヤー A は最適反応として D を選ぶはずである．つまり，(U, L) が実現することはありえない．したがって，お互いの合理性が共有知識なら，(U, L) が実現すると予想することはありえない．同じことは，戦略の組 (U, R)，(D, L) についても言える．

したがって，ナッシュ均衡が (D, R) に一意的に決まる限り，お互いの合理性を共有知識として持つプレイヤーが合理的に予想する戦略の組は，(D, R) しかないことがわかる．

レフェリーと口約束 とはいえ，このロジックが通用するのは，ナッシュ均衡が一意的な場合だけである．図 4.5 は，次のような状況を表している．カップルが，バレエかサッカーのどちらに行くかを決定する．両者にとって，行動を別にするより，ともにする方が望ましい．ただし，女性（男性）にとっては，サッカー（バレエ）を一緒に見に行くより，バレエ（サッカー）を一緒に見に行く方がより望ましい．このゲームは，両性の争い (battle of sexes) と呼ばれる．このゲームには，(バレエ，バレエ) と (サッカー，サッカー) という二つのナッシュ均衡が存在する．共有知識の仮定だけからは，どちらの

女性 \ 男性	バレエ	サッカー
バレエ	2, 1	0, 0
サッカー	0, 0	1, 2

図 4.5　両性の争い

均衡をプレイするべきかはわからない．

ただし，次のようなことを考えることはできる．何らかの理由で，この二つのナッシュ均衡のどちらをプレイするかが，お互いの共有知識になったとしよう．例えば，2人の共通の親友（レフェリー）に相談したところ，彼が(バレエ，バレエ)にすべきだと言ったとしよう．しかも，それを同席していた2人自身も賛成したので，(バレエ，バレエ)に行こうという口約束が共有知識になっているという場合である．

この場合，親友が(バレエ，バレエ)を示唆して，お互いに賛成したことを認識しあっているのだから，相手もそれを基礎にして戦略を選択することになるだろう．そうだとすると，各プレイヤーがまず考えるのは，相手はバレエに行こうとしていると仮定することだろう．それに対して最適なのは，自分もバレエに行くことである．つまり，この口約束は自己拘束的であり，誰にもそれを破るインセンティヴが存在しない．だとしたら，お互いが口約束どおり(バレエ，バレエ)を選択することになるだろう．つまり，いったん(バレエ，バレエ)という了解が共有知識になってしまうと，その了解自体には法的拘束力がなくとも，それがナッシュ均衡である限り自己拘束力を持ってしまうのである．

シェリング・ポイント　同じことは，社会の価値観が女性優先（レディー・ファースト）であるため，女性にとって望ましいナッシュ均衡を選ぶことが社会常識になっている，という場合にも当てはまる．図4.5のゲームでは，予想と最適反応が整合的になるナッシュ均衡は，(バレエ，バレエ)と(サッカー，サッカー)であるが，前者から女性が得られる利得は2であるのに，後者から女性が得られる利得は1である．女性を立てることが望ましいという社会常識があれば，前者をプレイするべきだという認識が男性側に生まれ，他方，男性は女性を立てて前者がプレイされるよう配慮するはずだと女性側も認識しているから，より女性にとって望ましい(バレエ，バレエ)がプレイされる

ことになる．

このようにプレイヤーが共通してもっともらしいと考える解を，その提唱者である 2005 年のノーベル経済学賞受賞者，シェリング (Thomas C. Schelling) にちなんで，シェリング・ポイント (Schelling point)[4] と言う．

限定合理的なプレイヤーとゲームの独立な繰り返し　プレイヤーの合理的期待の背後には，次のような考え方もある．実はゲームは，何度も繰り返しプレイされており，その結果均衡に行き着いているというものである．

例えば，ホテリング・ゲームで，2 軒の店は毎日立地場所を変えられるとして，次のようなストーリーを考えよう．「最初は A が西の端から 0.25 のところに立地していた．それを見て近視眼的な B は，A のすぐ東隣に立地した．翌日，A は店を B の東隣に立地し直した．……　このようなプロセスを経て，2 軒の店は次第に海水浴場の中央に移動してゆき，最終的に中央に隣りあわせで立地することで均衡した」．

しばしばクールノー動学 (Cournot dynamics) と呼ばれるこのストーリーは，試行錯誤の末に均衡に行き着くことを示唆している．ただし，ここには，各プレイヤーが近視眼的に行動し，彼らが限定合理的 (boundedly rational) であることが仮定されているという批判もある．上のストーリーからも明らかなように，自分が立地を変えると，相手も立地を変えるインセンティヴを持つはずであり，合理的なプレイヤーならそのことも考慮に入れて立地を検討するはずだ，というわけである．つまり，クールノー動学では，各プレイヤーは，自分の戦略の選択が他プレイヤーの将来の戦略の選択に影響を与えない，と考えているのである[5]．

4.4　展開型ゲーム

現実の経済では，あるプレイヤーがまず先に意思決定をし，その後別のプレイヤーが意思決定をするといった，時間を通じた意思決定が行われること

---

[4]　フォーカル・ポイント (focal point) とも言う．
[5]　ここで挙げたクールノー動学のような，限定合理的なプレイヤー同士のゲームの繰り返しは，ラーニング (learning) の分野でより一般に分析されており，その結果はしばしばナッシュ均衡に行き着くのである．

が多々ある．戦略型ゲームでは，時間的順序が明示されておらず，あたかもすべてのプレイヤーが同時に戦略を選択するかのように記述されるため，こうした状況を適切に扱えないことが多い．時間を通じて意思決定がなされる状況を扱う場合，「展開型ゲーム」と呼ばれる定式化が使われることが多い．

4.4.1 展開型ゲームの例

まず初めに，展開型ゲームのいくつかの例を見てみよう．

チェイン・ストア・ゲーム　まず，チェイン・ストア・ゲーム (chain store game) と呼ばれる店舗間の戦略的状況を表した例を考えてみよう．ある店舗（店舗 A）が出店するかどうか考えているとする．この店舗 A が出店した場合には，元々いた店舗（店舗 B）が攻撃的な価格競争を挑むかもしれない．店舗 B が攻撃的な行動をとった場合，店舗 A も店舗 B も大きく損害を受ける．これに対して，店舗 B が攻撃的な行動をとらず共存することを選ぶと，どちらの店舗もまずまずの利益が得られる．もちろん，店舗 B は店舗 A が出店しないにこしたことはない．このような状況の大きな特徴は，プレイヤーが時間に沿って順番に行動している点にある．そこで，この状況を時間に沿ってまとめよう．

1. 店舗 A が「出店する」か「出店しない」か決める．

2. 店舗 B は，店舗 A が「出店する」か「出店しない」かを決めたのを確認してから，もし出店するのであれば，「攻撃する」か「共存する」かを決める．

図 4.6 のような図で考えるとこの状況をとらえやすい．左から右に時間が流れており，白丸で各店舗の決定がなされる．黒丸はゲームの終了を表現しており，その横に結果的に得られる利得が書かれている．左の数字が店舗 A の利得で，右の数字が店舗 B の利得となる．例えば，店舗 A が「出店しない」を選んだとき，店舗 A は 0 の利得を得て，店舗 B は 2 の利得を得る．

両性の争い　両性の争い（図 4.5）の状況は，展開型ゲームとしても定式化できる．実際に，図 4.7 のように表せる．まず，女性がバレエかサッカーを

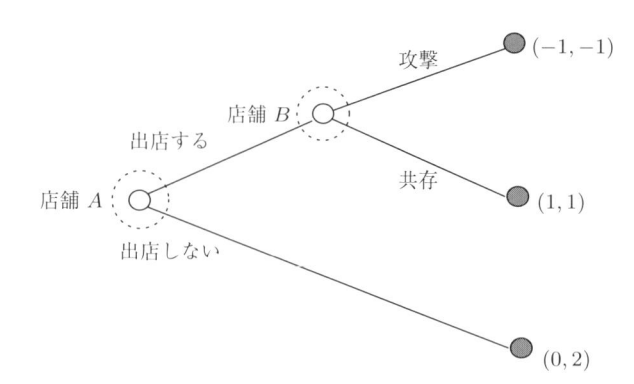

図 4.6　チェイン・ストア・ゲーム

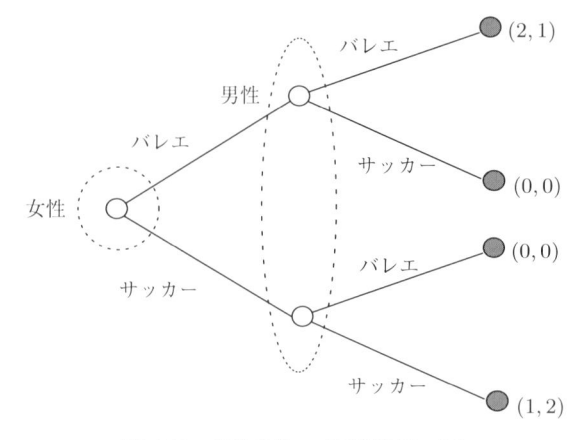

図 4.7　両性の争い（展開型ゲーム）

選び，次に男性がバレエかサッカーかを選び，その結果，(バレエ，バレエ)，(バレエ，サッカー)，(サッカー，バレエ)，(サッカー，サッカー) のどれかが実現し，2 人の利得が決まる．

　ただし，一つ重要なことがある．それは，男性が意思決定する二つの丸が，点線で囲まれていることである．これは，男性が，囲みの中のどの状況にいるかがわからないことを示している．つまり，男性は，女性がバレエを選んだのか，それともサッカーを選んだのかがわからないまま，自分の意思決定を行わなければならないことを意味している．したがって，図の上では男性が後に選択をする機会を与えられているように見えるが，女性が何を選択し

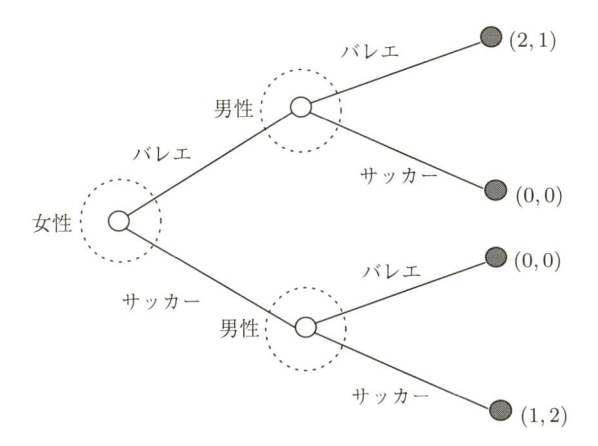

図 **4.8**　女性先導・男性追随のルール

たかがわからないまま男性が自分の選択をしなければならないという意味で，実質的に 2 人は同時に選択を迫られていることがわかる．したがって，図 4.7 のようなゲームを**同時手番** (simultaneous move) ゲームと呼ぶ．

女性先導・男性追随のルール　両性の争いでは，両プレイヤーが同時に意思決定を行った．これに対して，女性が先に意思決定を行うゲーム（女性先導・男性追随のルール）は，図 4.8 のように表される．男性が意思決定する二つの丸が，それぞれ，点線で囲まれていることに注意したい．これは，女性が先にバレエかサッカーを選択し，男性はその選択の結果を知った上で，自らの選択を行うことを表している．

4.4.2　展開型ゲームの定義

展開型ゲーム (extensive form game) が一般的にどのように定義されるのかを，図 4.7 を例に，説明しよう[6]．展開型ゲームは，「ゲームの樹」「プレイヤー」「行動」「利得」「情報集合」と呼ばれるものから成り立っている．

ゲームの樹　まず，図 4.7 にあるような樹状のグラフが与えられる．これ

[6) 展開型ゲームを厳密に定義するためには，いくつかの技術的・専門的概念を導入する必要があり，実は，以下に述べることも，いささか厳密性を欠いている．よりきちんとした定義に関心があれば，岡田 [12] の 3.1 節などを参照してほしい．

をゲームの樹 (game tree) と呼ぶ．ゲームの樹を構成している七つの丸を節 (node) と呼ぶ．特に，節のうちで，一番左にある丸を初期節 (initial node) と呼び，ゲームの樹の一番右にある四つの丸を終端節 (terminal node) と呼ぶ．また，節と節を結ぶ線を枝 (edge) と呼ぶ．初期節からある終端節までのひとつながりの流れを経路 (path) と呼ぶ．

プレイヤー ゲームをプレイするプレイヤー (player) が存在する．終端節以外の節には，その節で意思決定を行うプレイヤーが決まっており，その節をそのプレイヤーの手番と呼ぶ．図 4.7 の場合には，1 番左の節が女性の手番であり，次の二つの節が男性の手番である．

行動 各枝には，プレイヤーがとる行動 (action) が割り振られている．図 4.7 の場合には，各節から伸びる二つの枝には，それぞれ，バレエとサッカーという行動が割り振られている．

利得 終端節は，ゲームが終了した状態を表しており，結果として得られる利得 (payoff) の組が，終端節ごとに示されている．例えば，(バレエ，バレエ) によって到達する終端節には，(2,1) という利得の組，すなわち，女性には 2，男性には 1 という利得の組が与えられている．

情報集合 同じプレイヤーの手番である複数の節のどちらにいるかを，手番にあたるプレイヤーが知らない場合がある．こうした区別のつかない節の集合を情報集合 (information set) と言い，図の上では区別のつかない節を線で囲むことで表す．図 4.7 では，男性の手番は二つ存在するが，実際に男性の手番に来た時に，男性は二つの手番のうちどちらにいるかを知らない．男性の二つの手番は，一つの情報集合に含まれ，図の上では線によって囲まれている．女性については，女性の唯一の手番一つだけを含む情報集合となる．情報集合は，次の性質を満たしていなければならない．

- すべての手番は，いずれかの情報集合に含まれねばならず，かつ，複数の情報集合に含まれてはならない．

- 同一の情報集合に含まれる節はすべて，同じプレイヤーの手番でなければならない．

- 同一の情報集合に含まれる節はすべて，同じ本数の枝が伸びており，割り振られている行動も同一である．

- 一つの情報集合は，同一の経路上にある複数の節を含まない．

図4.7の情報集合が明らかにこれらの性質を満たしていることがわかる．

展開型ゲームの図示　展開型ゲームを図示する場合には，ゲームの樹および情報集合を描き，各プレイヤーの手番を含む情報集合の横にそのプレイヤー名を，各枝の横にその枝に対応する行動を，各終端節の右側にその終端節に対応する利得の組を記載するのが一般的である．

静学ゲームと動学ゲーム　両性の争いの展開型ゲームでは，すべてのプレイヤーが同時に意思決定を行う．こうしたゲームを本書では静学ゲームと呼ぶことにする．一方，チェイン・ストア・ゲームや女性先導・男性追随のルールでは，第1段階であるプレイヤーが意思決定を行った後，第2段階でその意思決定の結果を観察した上で別のプレイヤーが意思決定を行う．この二つのゲームでは，意思決定の段階が2段階であり，各段階で意思決定を行うプレイヤーは1人だが，一般的には，多段階あるゲームも存在するし，各段階で複数のプレイヤーが同時に意思決定を行うゲームも存在する[7]．2段階以上からなるゲームを本書では動学ゲームと呼ぶことにする．

4.4.3　展開型ゲームの戦略

　展開型ゲームにおけるあるプレイヤーの戦略とは，そのプレイヤーの各手番に対してどの行動をとるのか指定したものであるが，同じ情報集合に含まれる手番は区別できないため，同一の情報集合内の手番では同じ行動を選択しなければならない．したがって，展開型ゲームにおけるあるプレイヤーの戦

---

[7] 4.5.5項で分析する囚人のジレンマの無限繰り返しゲームは，段階が無限にあり，各段階で意思決定を行うプレイヤーが2人のゲームである．

略 (strategy) とは，そのプレイヤーの各情報集合に対してどの行動をとるのか指定したものである．

チェイン・ストア・ゲームでは，各プレイヤーの情報集合は一つなので，各プレイヤーの戦略はその唯一の情報集合における選択肢そのものである．すなわち，店舗 A の戦略は「出店する」「出店しない」の二つであり，店舗 B の戦略は「攻撃する」「共存する」の二つである．両性の争いの展開型ゲーム（図 4.7）でも，各プレイヤーの情報集合は一つだけであり，したがって，各プレイヤーの戦略は，唯一の情報集合での選択肢であるバレエとサッカーの二つである．一方，女性先導・男性追随のルール（図 4.8）では，女性の戦略はバレエとサッカーの二つであるが，男性の戦略は (バレエ，バレエ), (バレエ，サッカー), (サッカー，バレエ), (サッカー，サッカー) の四つである．ただし，男性の戦略は，括弧内の一つ目が「女性がバレエを選択した後に続く情報集合での行動」を，二つ目が「女性がサッカーを選択した後に続く情報集合での行動」をそれぞれ表している．女性先導・男性追随のルールでは，男性の情報集合は二つあり，それぞれの情報集合でどの行動を選択するかを指定することが男性の戦略となる．

4.5 展開型ゲームの均衡

戦略型ゲームでは，解概念としてナッシュ均衡を定義した．展開型ゲームの解概念は，戦略型ゲームのナッシュ均衡に基づいて定義される．以下では，展開型ゲームの解概念である「ナッシュ均衡」と「部分ゲーム完全均衡」を定義し，動学ゲームの場合には，「部分ゲーム完全均衡」が解概念としてもっともらしいことを説明する．

4.5.1 展開型ゲームのナッシュ均衡

まず，展開型ゲームのナッシュ均衡を定義する．

展開型ゲームからの戦略型ゲームの構成　展開型ゲームにおいて，一つの戦略の組が決まると，その戦略の組によって実現する経路が一つ定まり，一つの終端節が確定し，利得の組が決まる．つまり，各戦略の組に対して利得が

店舗 $A \setminus$ 店舗 B	攻撃	共存
出店する	$-1,-1$	$1,1$
出店しない	$0,2$	$0,2$

図 4.9 チェイン・ストア・ゲームから構成される戦略型ゲーム

定まる．よって，一つの戦略型ゲームが定まる．このように，展開型ゲームから戦略型ゲームを構成することができる．

では，チェイン・ストア・ゲーム（図 4.6）から戦略型ゲームを構成してみよう．店舗 A の戦略は「出店する」「出店しない」の二つであり，店舗 B の戦略は「攻撃する」「共存する」の二つである．

- 店舗 A が出店し，店舗 B が攻撃する場合，(出店する，攻撃) という経路が実現し，利得の組は $(-1,-1)$ となる．

- 店舗 A が出店し，店舗 B が共存する場合，(出店する，共存) という経路が実現し，利得の組は $(1,1)$ となる．

- 店舗 A が出店せず，店舗 B が攻撃する場合，出店しないという経路が実現し，利得の組は $(0,2)$ となる．

- 店舗 A が出店せず，店舗 B が共存する場合も，出店しないという経路が実現し，利得の組は $(0,2)$ となる．

したがって，図 4.9 のような戦略型ゲームを構成することができる．

注意すべき特徴は，展開型ゲームでは店舗 A が出店しない場合には店舗 B の手番には到達しないのだが，戦略型ゲームでは店舗 A が出店しない場合には店舗 B が攻撃しても共存しても利得は同じとされていることである．図 4.9 からすれば，もしかすると，店舗 A が出店しない場合には，店舗 B が攻撃しても共存してもまったく同じ利得の組が得られる，というようなゲームかもしれない．このため，逆に図 4.9 の戦略型ゲームを見て，展開型ゲームをきちんと定めることができない．つまり，展開型ゲームの方が戦略型ゲームよりより多くの情報を含んでいる．展開型ゲームから戦略型ゲームを一意に構成することはできるが，戦略型ゲームから展開型ゲームを一意に構成することはできないのである．

両性の争いの展開型ゲーム（図 4.7）から構成される戦略型ゲームは，明ら

女性 \ 男性	(バレエ, バレエ)	(バレエ, サッカー)	(サッカー, バレエ)	(サッカー, サッカー)
バレエ	2, 1	2, 1	0, 0	0, 0
サッカー	0, 0	1, 2	0, 0	1, 2

図 4.10　女性先導・男性追随のルールから構成される戦略型ゲーム

かに元々の (戦略型ゲームとしての) 両性の争いと一致する．また，図 4.7 で女性と男性の手番を入れ替えた展開型ゲームから構成される戦略型ゲームもまた，元々の (戦略型ゲームとしての) 両性の争いと一致する．つまり，複数の異なる展開型ゲームから同一の戦略型ゲームが構成されうる．

女性先導・男性追随のルール (図 4.8) からは，図 4.10 に示される戦略型ゲームが構成される．

展開型ゲームのナッシュ均衡　いったん戦略型ゲームを構成してしまえば，これまで通りナッシュ均衡の概念を使ってどのような結果が起きるのか考えることができる．すなわち，展開型ゲームの一つの解概念として，展開型ゲームでのナッシュ均衡 (Nash equilibrium) を以下のように定義する．

> **定義 4.2**　(展開型ゲームでのナッシュ均衡)
> 展開型ゲームでのナッシュ均衡とは，展開型ゲームから構成される戦略型ゲームのナッシュ均衡のことを言う．

チェイン・ストア・ゲームのナッシュ均衡は，(出店する, 共存) と (出店しない, 攻撃) の二つである．これらがナッシュ均衡であることは，それぞれにおいて，戦略同士がお互いに最適反応であることから確かめられる．

カラ脅し　チェイン・ストア・ゲームにおいて，二つのナッシュ均衡はどちらも，もっともらしいのだろうか．ここで問題となるのがナッシュ均衡 (出店しない, 攻撃) である．このナッシュ均衡では，店舗 B が，自分の損害を省みず，攻撃的に価格競争をすることを脅しに，店舗 A の出店を防いでいると解釈できる．このとき店舗 A が実際に出店してきた場合には，明らかに店舗 B は合理的な行動をとっていない．実際に出店してきた場合には，攻撃して自らにも損害をもたらすよりも，共存してそこそこの利益を得る方がよく，したがって，店舗 B は攻撃するインセンティヴを持たない．こうした意味で，ナッシュ均衡 (出店しない, 攻撃) における攻撃という脅しには信憑性がない．

このような信憑性のない脅しを**カラ脅し** (empty threat) と言う．ナッシュ均衡 (出店しない，攻撃) では，攻撃が信憑性のないカラ脅しであるにもかかわらず，それを恐れて店舗 A は出店を控えている．こうした理由で，ナッシュ均衡 (出店しない，攻撃) は，均衡としてもっともらしくない．

とはいえ，両性の争いの展開型ゲームのような静学ゲームに対しては，ナッシュ均衡という解概念を用いることで不都合はない．すべてのプレイヤーが同時に意思決定を行うため，カラ脅しの問題が生じないからである．静学ゲームでは，解概念としてナッシュ均衡を使うのが通常である．

問題なのは，チェイン・ストア・ゲームのような動学ゲームのナッシュ均衡である．動学ゲームでは，ナッシュ均衡は，適切な解概念とは言えない．そこで，(出店しない，攻撃) といった，均衡としてもっともらしくない戦略の組を排除できる，新たな解概念を定義する必要がある．

4.5.2 部分ゲーム完全均衡

動学ゲームに適した新たな解概念を定義することにしよう．

部分ゲーム　そこでまず，新しく「部分ゲーム」の概念を導入しよう．展開型ゲームの**部分ゲーム** (subgame) とは，元々の展開型ゲームの一部であり，次の三つの性質を満たすものである．

1. 一つの節から始まる．

2. それ以降のすべての節と枝を含む．

3. 元々の展開型ゲームのどの情報集合をとっても，この部分ゲームに含まれるか含まれないのかのどちらかである（つまり，どの情報集合についても，その一部がこの部分ゲームに含まれ，一部が含まれないということがない）．

実はこのようにして定義された部分ゲームは，それ自体が一つの展開型ゲームとなっている．この定義に従えば，全体ゲームは必ず部分ゲームの一つとなることに注意したい．

チェイン・ストア・ゲームには，二つの部分ゲームが存在する．一つは全

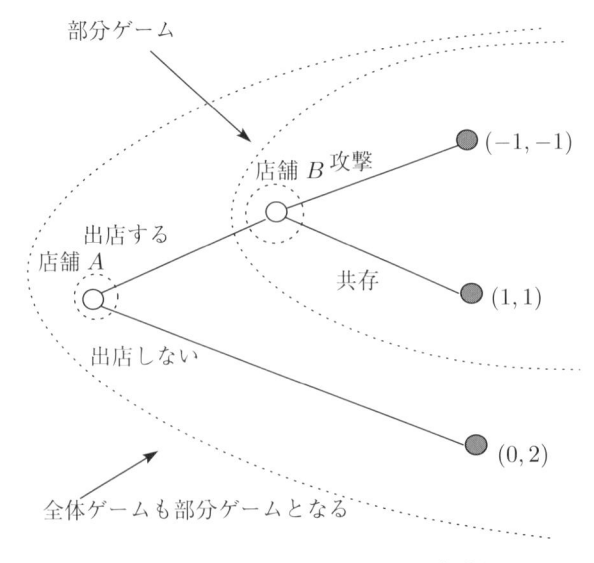

図 4.11 チェイン・ストア・ゲームの部分ゲーム

体ゲーム自体で，もう一つは店舗 B の節から始まる部分である．店舗 B から始まる部分では店舗 B の意思決定しか含んでいないので，本当の意味で戦略的状況ではないが，プレイヤーが 1 人のゲームとして見ることができる．チェイン・ストア・ゲームの部分ゲームを図 4.11 に示す．

両性の争いの展開型ゲーム（図 4.7）には部分ゲームが一つしかなく，女性先導・男性追随のルール（図 4.8）には部分ゲームが三つ存在する．

部分ゲーム完全均衡 さて，ここでチェイン・ストア・ゲームで問題となっていたナッシュ均衡 (出店しない, 攻撃) を振り返れば，店舗 B の節から始まる部分ゲームで店舗 B が合理的に振舞っていないことに問題があった．よって，この部分ゲームにおいてもプレイヤーが合理的に振舞うことを要求することで，不自然な (出店しない, 攻撃) という均衡を排除することができる．もっと言えば，この部分ゲームにおいてナッシュ均衡となっているような戦略に注目することで，もっともらしい均衡のみを考えることができる．部分ゲームでのナッシュ均衡（店舗 B の合理的な行動）は，共存することである．このような行動をとっている全体ゲームのナッシュ均衡は (出店する, 共存)

のみである．このように，部分ゲームでもナッシュ均衡になっていなければならないという合理的な要求を課すことで，均衡をもっともらしいもののみに絞り込むことができる．

一般的には次のように，部分ゲーム完全均衡 (subgame perfect equilibrium) という概念を定義する．部分ゲーム完全均衡の概念は，1994 年のノーベル経済学賞受賞者であるゼルテン (Reinhard Selten) によって導入された．

> **定義 4.3**（部分ゲーム完全均衡）
> 部分ゲーム完全均衡とは，すべての部分ゲームにおいてナッシュ均衡となる戦略の組のことを言う．

部分ゲーム完全均衡を考えることでカラ脅しの含まれるような均衡が排除され，よりもっともらしい均衡だけに注目することができる．また，部分ゲーム完全均衡は全体ゲームのナッシュ均衡であることも要求しているので，ある戦略の組が部分ゲーム完全均衡ならば，それは必ずナッシュ均衡となっている．全体ゲームしか部分ゲームが存在しないとき，部分ゲーム完全均衡という解概念はナッシュ均衡という解概念と一致する．実際，両性の争いの展開型ゲーム（図 4.7）の部分ゲーム完全均衡は，ナッシュ均衡と同じである．

部分ゲーム完全均衡の求め方 実際に展開型ゲームの部分ゲーム完全均衡を求める際には，バックワード・インダクション (backward induction) という方法を用いる場合が多い[8]．これは，できるだけ後ろの部分ゲームから解き進めていくやり方である．バックワード・インダクションの具体的な手続きは，以下のようになる．

1. それ自身以外に部分ゲームを含まないような部分ゲームを探す．チェイン・ストア・ゲームでは，そうした部分ゲームは，店舗 B の節から始まる部分ゲームだけである．

2. そうした部分ゲームのナッシュ均衡およびそれによって得られる利得の組を求める．店舗 B の節から始まる部分ゲームのナッシュ均衡は，共存することであり，それによって，利得の組 $(1, 1)$ が得られる．

[8) 後方帰納法や後向き帰納法などと言われることもある．

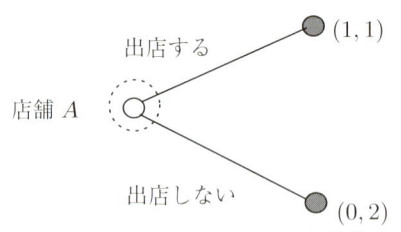

```
            出店する      (1,1)
    店舗 A  ○
            出店しない    (0,2)
```

図 4.12 チェイン・ストア・ゲームの縮約ゲーム

3. 今考えていた部分ゲームを全体ゲームから切り取り，その部分ゲームのナッシュ均衡によって得られる利得の組によって置き換える．こうして作られたゲームを縮約ゲーム (truncated game) と言う．チェイン・ストア・ゲームの縮約ゲームは，図 4.12 のようになる．

今度は，得られた縮約ゲームについて 1 から 3 の操作を行う．この操作を繰り返す．チェイン・ストア・ゲームでは，図 4.12 に表された縮約ゲーム自体が，それ自身以外に部分ゲームを持たないゲームになっている．この縮約ゲームのナッシュ均衡は，出店することである．以上から，戦略の組 (出店する, 共存) が得られる．確かに，これは，定義に従って求めた部分ゲーム完全均衡と一致している．一般的に，バックワード・インダクションで求められた戦略の組は，部分ゲーム完全均衡と一致する．

女性先導・男性追随のルールをバックワード・インダクションで解くと，「女性はバレエを選び，男性は女性がバレエを選んだ後に続く節ではバレエを選び，女性がサッカーを選んだ後に続く節ではサッカーを選ぶ」という戦略の組が唯一の部分ゲーム完全均衡であることがわかる．この均衡によって，(バレエ, バレエ) という経路が実現し，(2,1) という利得の組が得られる．両性の争いでは，ナッシュ均衡が二つ存在し，(2,1) と (1,2) が均衡によって実現する利得の組であった．女性が先に行動を選択するというルールに変更すると，これら二つの利得の組のうち，女性に有利な利得の組 (2,1) のみが，部分ゲーム完全均衡で実現することになる．

4.5.3 均衡選択

以上からわかるように，通常，展開型ゲームでは，静学ゲームにはナッシュ

均衡が，動学ゲームには部分ゲーム完全均衡がそれぞれ，適切な解概念であるとされる．もっとも，静学ゲームのような状況は，展開型ゲームとしてよりも，戦略型ゲームとして定式化するのが一般的であり，戦略型ゲームのナッシュ均衡を求めるのが通常である．

本節では，ナッシュ均衡から部分ゲーム完全均衡に解概念を強めることで，カラ脅しの効いているような不適切な均衡を排除した．このように，解概念を適切に強めることで，不自然な均衡を排除し，もっともらしい均衡を選択することを**均衡選択** (equilibrium refinement) と言う．実は，部分ゲーム完全均衡をもってしても不自然な均衡が残ってしまうような種類の展開型ゲームも存在する．そうした問題に対応するため，**完全ベイジアン均衡** (perfect Bayesian equilibrium) や**逐次均衡** (sequential equilibrium) といった解概念が提案されている．

■**私的情報の存在するゲーム** 本章の議論では，プレイヤーがゲームの構造についてきちんと知っていることが暗黙のうちに仮定されている．これに対して，現実においては，プレイヤーがゲームの構造について知らない場合がある．例えば，複数の企業が競争している場面で競争相手の企業がどのような技術を持っているかなどは知らないことが多いと考えられる．こうした状況を定式化したゲームを**ベイジアン・ゲーム** (Bayesian game) と言う．ベイジアン・ゲームは，1994 年のノーベル経済学賞受賞者であるハルシャーニ (John Charles Harsanyi) によって定式化された．ちなみに，「ベイジアン」という言葉は，今日確率論においてベイズの定理として知られている定理の特殊ケースを証明した，数学者であり牧師でもあるベイズ (Thomas Bayes) にちなんでつけられている．応用上の観点から言えば，ベイジアン・ゲームは非常に有用な分析道具となる．特に，本書の第 6 章では，暗黙のうちに，ベイジアン・ゲームが多用される．ベイジアン・ゲームでのナッシュ均衡は，**ベイジアン・ナッシュ均衡** (Bayesian Nash equilibrium) と呼ばれる．ベイジアン・ゲームおよびベイジアン・ナッシュ均衡については，本書のレベルを超えるので厳密な定義を与えることはしない．関心のある読者は岡田 [12] の 5.1 節，5.2 節を参照のこと．

ベイジアン・ゲームでは，まず最初に各プレイヤーの私的情報がある確率分布に従って実現する．この私的情報は，個人の嗜好であったり，企業の技術レベルだったりする．各プレイヤーは，自分の私的情報はわかるが，他のプレイヤーの私的情報についてはわからない．各プレイヤーは自分の私的情報に依存してどういった行動をとるかというスケジュールを決める．これがベイジアン・ゲームにおける戦略である．戦略の組が一つ定まれば，各プレイヤーの期待利得を，私的情報が発生する確率に基づいて，計算することができる．

したがって，こうして計算された期待利得を利得とする一つの戦略型ゲームを定めることができる．この戦略型ゲームのナッシュ均衡を特にベイジアン・ナッシュ均衡と呼ぶわけである．

4.5.4 最後通牒ゲーム

展開型ゲームの応用として，「最後通牒ゲーム」というゲームを考えよう．

モデル 最後通牒ゲーム (ultimatum game) とは，次のようなゲームである．このゲームには，提案者 (proposer) と応答者 (responder) という 2 人のプレイヤーが存在する．両者は，総額 10 万円を次のようなルールで分け合う．提案者が 10 万円のうち応答者にいくら分け与えるかを 1 万円単位で提案する．提案を受けて，応答者はその提案を受諾するか拒否するかを表明する．応答者が受諾した場合には，提案通りに 10 万円が 2 人の間で分配される．すなわち，x 万円の提案が受諾されれば，提案者は $(10-x)$ 万円を受け取り，応答者は x 万円を受け取る．一方，提案が拒否されれば，両者とも一銭も手にすることができない．このゲームは，図 4.13 のように図示される．

部分ゲーム完全均衡 このゲームの部分ゲーム完全均衡をバックワード・インダクションで解くことにしよう．

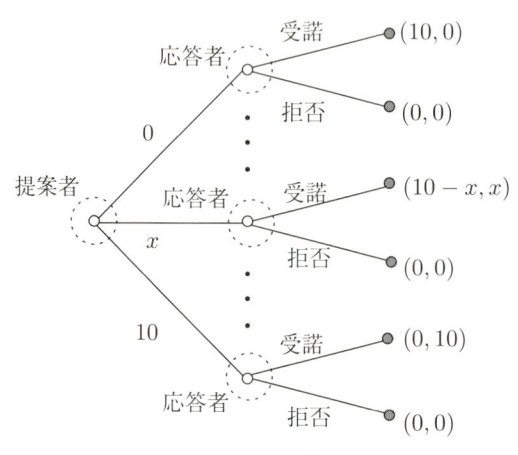

図 4.13 最後通牒ゲーム

x 万円 ($x \geq 1$) が提案された後に続く部分ゲームを考える．応答者は，受諾すれば x 万円を手にすることができ，一方で，拒否すれば何も手に入らない．したがって，受諾を選択する．0 万円が提案された後に続く部分ゲームでは，諾否にかかわらず，応答者は何も得られない．よって，受諾，拒否のどちらも最適な選択である．

次に，提案者の行動を見てみよう．応答者が 0 万円の提案も受諾する場合，0 万円を提案するのが最適である．一方，応答者が 0 万円を拒否する場合には，1 万円を提案するのが最適である．

以上をまとめると，

- 応答者はどんな提案も受諾し，提案者が 0 万円を提案する．
- 応答者は 0 万円以外の提案のみ受諾し，提案者が 1 万円を提案する．

の二つの戦略の組が部分ゲーム完全均衡である．前者の場合，提案者の利得は 10 万円，応答者の利得は 0 万円となる．後者の場合，提案者の利得は 9 万円，応答者の利得は 1 万円となる．いずれの均衡でも，提案者に極めて有利な配分が実現する．

Column ──────────────────────────── 最後通牒ゲームの実験

最後通牒ゲームについて，これまで多くの実験がなされてきていますが，実験結果は，部分ゲーム完全均衡によって示されたプレイヤーの行動とは大きく異なっています．多くの場合，提案者が相手に与える割合は平均して 30～50％の間にあり，また，半分以上の応答者が，自分への分配割合が 20％以下の提案は拒否します（Camerer[40] の pp. 50-55, Table 2.2, Table 2.3 に最後通牒ゲームに関する多数の実験の結果がまとめられています）．

こうした実験結果の一つの解釈として，次のようなものがあります．応答者は，自分には 20％以下の分け前しかくれない提案を不公正だと感じ，不公正な提案を行った提案者の取り分をゼロにするため，自分の取り分もゼロになることをわかりつつ，提案を拒否したのだと解釈します．こう解釈するならば，応答者は，自身の分配額にのみ関心があるという意味での利己的な存在ではないことになります．

一方，30～50％を応答者に分け与えようとする提案者の行動については，提案者は，公正さを愛する気持ちから，お金を独り占めするなどということはせず，応答者にもそれなりの額を分配したと解釈できます．あるいは，あまり少ない額を分け与えるような

提案をすると，応答者に拒否されるかもしれないと危惧して，それなりの額を分け与える提案をしたとも解釈できます．前者の場合には，提案者も利己的ではないことになります．

最後通牒ゲームや，1.2.2 項でふれた独裁者ゲームの実験結果から判断すると，プレイヤーが利己的であるという仮定は，現実的ではないように思われます．こうした実験結果を受けて，プレイヤーが，自身の物質的な利得 (material payoff) 以外にも，社会の不平等 (inequity) や相手の行動の公正性 (fairness) なども考慮して行動するモデルが提案されています．

例えば，不平等回避 (inequity aversion) のモデルについて，見てみましょう．提案者を P，応答者を R で表し，$i,j = P, R$ $(i \neq j)$ とした時，提案者の取り分が x_P で，応答者の取り分が x_R である時のプレイヤー i の効用が $u_i(x_P, x_R) = x_i - \alpha \max\{x_j - x_i, 0\} - \beta \max\{x_i - x_j, 0\}$ で与えられるというのが，不平等回避のモデルです．ただし，α と β は，$\alpha \geq 0$，$0 \leq \beta < 1$，$\alpha \geq \beta$ を満たすと仮定されています．右辺の第 1 項はプレイヤー i の物質的な利得であり，第 2 項は相手が優位である時の羨みによる「不平等による不効用」を表し，第 3 項は自身が優位である時の哀れみによる「不平等による不効用」を表しています．$\alpha \geq \beta$ は，相手が優位である時の方が不効用が大きいことを意味しています．特にここでは，$\beta < 1/2$ の場合を考えましょう．そうすると，提案者と応答者の無差別曲線は，提案者の取り分 x_P を横軸に，応答者の取り分 x_R を縦軸にとって，次図のように描くことができます．提案者が提案できる両者の取り分の組は，線分 ABC 上にあります．部分ゲーム完全均衡は次のようになります．応答者の無差別曲線は上方に行くほど高い効用水準に対応しているので，応答者にとっては，線分 AB 上の提案については，拒否して $(x_P, x_R) = (0, 0)$ が分配されるよりは，受諾して提案どおりの分配が実現するほうが望ましく，線分 BC 上の提案については，受諾するより拒否するほうが望ましいことになります．したがって，応答者は，線分 AB 上の（すなわち $x_R \geq 10\alpha/(1+2\alpha)$ を満たす）提案を受諾し，線分 BC 上の（すなわち $x_R \leq 10\alpha/(1+2\alpha)$ を満たす）提案を拒否します．こうした応答者の行動から，提案者は，線分 AB 上の分配と $(0,0)$ を実現することができます．提案者の無差別曲線は，右方に行くほど高い効用水準に対応しているので，線分 AB 上で（すなわち $x_R \geq 10\alpha/(1+2\alpha)$ の範囲で）最も右下方にある分配を提案します．例えば，$\alpha = 3/4$ なら（次図はこの場合を描いています），$10\alpha/(1+2\alpha) = 3$ となり，上記の実験結果と整合的になります．

このように，現在では，理論による予測が実験により検証され，実験結果を説明することができる新たな理論が提案されるという理論と実験との協働によって，経済学が大きく進展しています．

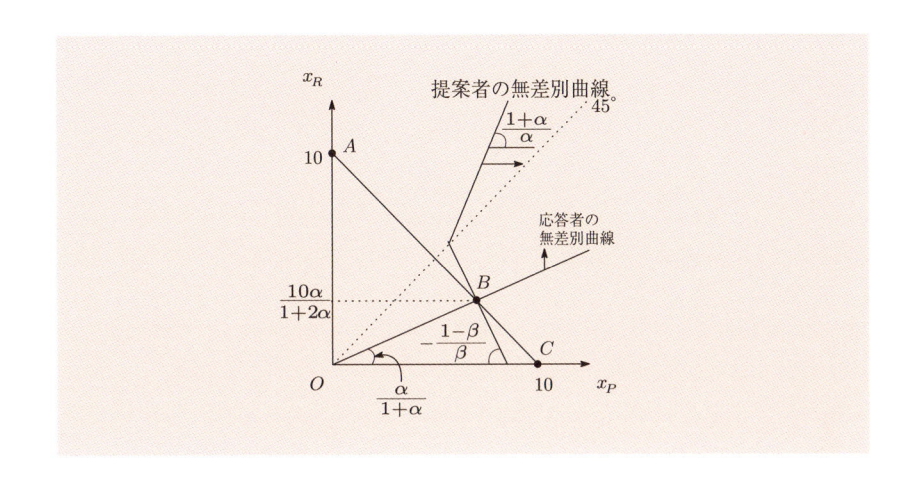

4.5.5 繰り返しゲーム

展開型ゲームのいま一つの応用として，**繰り返しゲーム** (repeated game) と呼ばれる，同一のゲームが繰り返しプレイされるゲームについて考えてみよう．現実の社会では多くの場合，経済主体は長期的な関係で結ばれており，そうした経済主体は，一つの問題について意思決定を行った後，また別の問題について意思決定を行うというように，繰り返し意思決定を行っている．繰り返しゲームは，長期的関係にある経済主体がこのように繰り返し意思決定を行う状況を表している．ここで興味深いのは，1回限りのゲームではパレート非効率なナッシュ均衡が実現する場合でも，そのゲームを繰り返すことで，パレート効率的な部分ゲーム完全均衡が達成されうる点である．以下，この点について，囚人のジレンマを繰り返すゲームを用いて考えよう．なお，繰り返しゲームにおいて，繰り返されるゲームのことを**段階ゲーム** (stage game) と言う．

無限回繰り返しゲーム　まず，囚人のジレンマを無限回繰り返す繰り返しゲームを考えよう．こうしたゲームを特に**無限回繰り返しゲーム** (infinitely repeated game) と言う．囚人のジレンマは，図4.2で表されている通りである．まず，第1期目に囚人のジレンマがプレイされ，その期での利得が確定する．続いて，第1期目の結果を観察した上で，第2期目において囚人のジ

レンマがプレイされ，その期の利得が確定する．このように，ゲームは無限に繰り返される．利得は，各期の利得の割引現在価値の総和で与えられる．すなわち，各プレイヤーの利得は，そのプレイヤーの第 t 期での利得を u_t とすると，$\sum_{t=1}^{\infty} \delta^{t-1} u_t$ で与えられる．ただし，$0 \leq \delta < 1$ である．このことは，各プレイヤーが，将来の利得より現在の利得をより重視していることを表している．この δ のことを割引因子 (discount factor) と言う．

トリガー戦略 ここで，「トリガー戦略」と呼ばれる戦略について考えることにする．トリガー戦略 (trigger strategy) とは，

- それ以前のすべての期で両プレイヤーが C をとっている場合（局面 C と呼ぶことにする）には，C をとる．
- それ以外の場合（局面 D）には，D をとる．

という戦略のことを言う．つまり，それ以前にお互いが協調的行動をとり続けていたならば，協調を続けるが，どちらかが 1 回でも裏切るようなことがあれば，永遠に裏切り続けるという「罰」が適用されるという戦略である．

フォーク定理 さて，トリガー戦略の組が部分ゲーム完全均衡になるための条件を求めよう．トリガー戦略の組が部分ゲーム完全均衡になるということは，すべての部分ゲームにおいて，各プレイヤーがトリガー戦略以外のいかなる戦略に逸脱しても得をしないということである．だが，あらゆる逸脱について検討することは容易ではない．しかし，次に述べる事実を用いれば，あらゆる逸脱について検討するには及ばない．実は，繰り返しゲームにおいて，任意の戦略の組 (s_A, s_B) について，「戦略の組 (s_A, s_B) が部分ゲーム完全均衡である」ことと「任意の段階ゲームと任意のプレイヤー i について，その段階ゲームでのみ s_i の指定する行動と異なる行動をとり，それ以降のすべての段階ゲームでは s_i が指定する行動をとるという逸脱のみ検討して，（その段階ゲームから始まる部分ゲームでの）利得が改善しない」ことが同値であることが知られている[9]．したがって，トリガー戦略の組が部分ゲーム完全

---

9) この事実は，繰り返しゲームにおいてのみならず，一般的なゲームの下で成り立ち，1 回逸脱の原理 (one-stage-deviation principle) と呼ばれている．この原理の正確な内容および証明に関心のある読者は，Fudenberg and Tirole[13] の 4.2 節を参照してほしい．

均衡であるためには，

- 任意のプレイヤーが，局面 C の段階ゲームにおいて C から D に逸脱し，それ以降のすべての段階ゲームでは D をとるという逸脱によって，利得を改善することができない．
- 任意のプレイヤーが，局面 D の段階ゲームにおいて D から C に逸脱し，それ以降のすべての段階ゲームでは D をとるという逸脱によって，利得を改善することができない．

ということが必要十分である．以下，このことを用いて，トリガー戦略の組が部分ゲーム完全均衡になるための条件を求めることにする．

まず，局面 C の任意の段階ゲーム G をとってくる．この段階ゲームから始まる部分ゲームにおいて，両プレイヤーがトリガー戦略に従う時，(C, C) の繰り返しが実現する．したがって，この部分ゲームでのプレイヤー A の利得は，$\sum_{t=0}^{\infty} \delta^t \cdot 1$ となる．一方，この部分ゲームにおいて，プレイヤー B はトリガー戦略をとり，プレイヤー A が段階ゲーム G で C から D に逸脱し，それ以降のすべての段階ゲームでは D をとるとする．このとき，最初の期のみ (D, C) となり，その後 (D, D) の繰り返しが無限に続く．したがって，部分ゲーム G でのプレイヤー A の利得は，$(1 + g) + \sum_{t=1}^{\infty} \delta^t \cdot 0$ となる．したがって，プレイヤー A がトリガー戦略から逸脱しないためには，不等式

$$\sum_{t=0}^{\infty} \delta^t \cdot 1 \geq (1 + g) + \sum_{t=1}^{\infty} \delta^t \cdot 0 \tag{4.2}$$

が成り立たねばならない．この不等式は，プレイヤー B がトリガー戦略から逸脱しないための条件でもある．局面 D の任意の段階ゲーム G' から始まる部分ゲームにおいては，両プレイヤーがトリガー戦略に従う時，(D, D) の繰り返しが実現し，プレイヤー A の利得は 0 となる．一方，この部分ゲームにおいて，プレイヤー B はトリガー戦略をとり，プレイヤー A が段階ゲーム G' で D から C に逸脱し，それ以降のすべての段階ゲームでは D をとるとする．このとき，最初の期のみ (C, D) となり，その後 (D, D) の繰り返しが無限に続くので，プレイヤー A の利得は $-l$ となる．したがって，プレイヤー A がトリガー戦略から逸脱することはない．プレイヤー B についても同様である．以

上から，トリガー戦略が部分ゲーム完全均衡となるための条件は，式 (4.2) で与えられることがわかる．

式 (4.2) は，

$$(1+g) - 1 \leq \sum_{t=1}^{\infty} \delta^t \cdot (1-0) \tag{4.3}$$

に変形でき，次のように解釈できる．段階ゲーム G でのみトリガー戦略から逸脱すると，その段階ゲーム G では相手は C を，自分は D をとることになるので，$1+g$ の利得を得る．他方，逸脱せずにトリガー戦略に従っていれば，段階ゲーム G で (C,C) が実現し，1 の利得を得るので，逸脱によって，$(1+g) - 1$ だけ得をしたことになる．これは式 (4.3) の左辺である．一方，段階ゲーム G でのみトリガー戦略から逸脱すると，将来において (D,D) が繰り返されることになり，$\sum_{t=1}^{\infty} \delta^t \cdot 0$ の利得を得る．トリガー戦略に従っていれば，将来において (C,C) が繰り返され，$\sum_{t=1}^{\infty} \delta^t \cdot 1$ の利得を得るので，逸脱によって，$\sum_{t=1}^{\infty} \delta^t \cdot (1-0)$ だけ損をしたことになる．これは式 (4.3) の右辺である．したがって，式 (4.3) は，段階ゲーム G でのみトリガー戦略から逸脱することによるその段階ゲーム G での利益（短期的利益）が将来の損失（長期的損失）を下回ることを意味している．また，式 (4.2) を δ について解くと，

$$\delta \geq \frac{g}{1+g}$$

を得る．つまり，割引因子が十分に大きい時，トリガー戦略の組が部分ゲーム完全均衡となる．割引因子が大きい時，各プレイヤーは，将来の利得を重視し，したがって，トリガー戦略からの逸脱による長期的損失を短期的利益よりも重視する．それゆえ，割引因子が大きい時，トリガー戦略からの逸脱の誘因は小さく，トリガー戦略の組が部分ゲーム完全均衡となるのである．

明らかに，トリガー戦略の組による経路は，(C,C) の繰り返しである．以上から，フォーク定理 (folk theorem) と呼ばれる次の定理が得られる[10]．

---

10) フォーク定理は，囚人のジレンマの繰り返しゲームのみならず，一般的なゲームの繰り返しゲームでも成り立つ．また，フォーク定理には，いくつかの種類が存在する．詳しくは，Fudenberg and Tirole[13] の 5.1 節を参照してほしい．

> **定理 4.1** （フォーク定理）
> プレイヤーが将来のことを十分重視する（割引因子が十分に大きい）時，(C, C) の繰り返しが部分ゲーム完全均衡経路となる．

1回限りの囚人のジレンマでは，(D, D) が唯一のナッシュ均衡であった．しかし，繰り返しゲームにおいては，プレイヤーが将来のことを十分重視する場合には，(D, D) をパレート支配する (C, C) の繰り返しが一つの部分ゲーム完全均衡経路となる．繰り返しゲームは，プレイヤーたちが長期的な関係にある状況を記述していると解釈できる．プレイヤーたちが長期的関係にある時，彼らが十分に将来のことを重視するならば，今期裏切ることで得られる短期的利益よりも，そのことによって将来にわたる協力関係が壊されることの長期的損失を重く見るため，協調が達成されるのである．こうした協調は，明示的な契約によってではなく，プレイヤーたちの自発的な選択によって実現するため，**暗黙の協調** (implicit collusion) と呼ばれる．

有限回繰り返しゲーム　ところで，以上では，囚人のジレンマが無限回繰り返されるゲームを考えた．では，**有限回繰り返しゲーム** (finitely repeated game) の場合，すなわち，ある自然数 n が存在して，囚人のジレンマが n 回繰り返されてゲームが終了する場合，果たして，協調が均衡として達成されるだろうか．実は，これに対する答えは否である．有限回の繰り返しであるということは，ゲームに「終わり」が存在するということであり，ゆえにバックワード・インダクションを用いてゲームを解くことができる．最後の段階ゲームからバックワード・インダクションによって解いていくことで，すべての段階ゲームで，1回限りのゲームのナッシュ均衡である (D, D) がとられ，したがって (D, D) の繰り返しが均衡経路となることが容易に示される．

第 5 章
不完全競争

　第I部では，市場価格を所与として行動する完全競争的な経済主体のみからなる完全競争市場を考えてきた．しかしながら，現実の市場では，個別企業の行動が市場価格に無視できない影響力を持つことも多い．このような企業は，自らの行動が市場価格に与える影響を考慮して行動し，しばしば，独占利潤という正の利潤（正常利潤を上回る超過利潤）を獲得する．これが，市場価格に影響を与える「価格支配力」を持つ経済主体が存在する不完全競争市場である．

　本章では，このような不完全競争市場の典型として，まず売り手が1企業のみである「独占」のケースを分析し，さらに売り手が少数ではあるが複数である「寡占」に議論を進める．企業が複数いる寡占市場では，各企業の利潤がそれぞれの行動に相互依存するため，前章で学んだゲーム理論が本格的に応用されることになる．

5.1　価格支配力の源泉

　市場価格に影響を与える価格支配力はどのような場合に生まれるのであろうか．その事情は大別すると二つに分けることができる．以下，それぞれ説明していこう．

5.1.1 マーケット・シェア

第 1 に，市場が相対的に少数の企業によって占有され，それらの企業のマーケット・シェアが十分に大きい場合，価格支配力が生まれることになる．具体的には，一つの企業が 100% のマーケット・シェアを持つ独占 (monopoly)，少数の企業がマーケット・シェアを分け合っている寡占 (oligopoly)[1]，多数の企業がマーケット・シェアを分け合っているがその中に一つだけ大きなシェアを持つ企業が存在するガリバー型寡占などがある．では，なぜ少数の企業によって市場が占有されるようなことが起こるのであろうか．

政策的要因 まず，政策によって少数の企業に市場が占有される場合がある．

例えば，特許権や著作権といった知的財産権 (intellectual property right) は，発明や著作物が情報という性質を持っていることに基づいて，政策的に独占権を与える仕組みである．発明や著作物などは，それが知的財産権によって守られていなければ，模倣やコピーによって無償で複製することができる．すると，事前にそれがわかっていれば，発明をしよう，著作を行おうというインセンティヴが失われてしまい，社会的に過小な発明，著作しか行われなくなる．発明や著作物に対して事後的に独占権を与え，それによって得られる経済的報酬を目標に，事前のインセンティヴを創り出そうとするのが，知的財産権の考え方である．

また，鉄道や電力といった産業では，政府が地域あたり 1 社にだけ営業を認める独占権を与えることがある．これらの産業では，安全上の理由や国民すべてに必要最低限度の文化的生活を提供するために，サービスの品質確保が社会的に重要である．競争者を導入すると，品質が犠牲になったり，国民の受益に格差が生まれるなどの事態が危惧されるため，料金や品質に一定の規制を課したうえで，公益を理由として独占を認めるのである．

技術的要因 また，生産技術や財の性質などの技術的な要因によって市場が少数の企業に占められる場合がある．

---

[1] 特に 2 企業の場合の寡占を複占 (duopoly) と言う．

鉄鋼産業や石油化学産業のように莫大な固定費用が必要な産業について考えてみよう．このような産業では，（ある程度の範囲で）生産量を増加させればさせるほど平均費用が逓減する．これを規模の経済性 (economy of scale) という．ただし，どのような産業においても生産量を非常に増加させればいずれは平均費用は逓増し始めると考えられるから，平均費用が最小になる生産量水準，最小最適生産規模が存在する．問題となるのは，この規模の経済性が市場の規模に比べて相対的に大きな産業である．実際，ある産業において，市場の需要量が最小最適生産規模以下だったとすると，この市場での生産は，平均費用が右下がりのところで行われ，規模の経済性を持つはずである．いま，この需要量を何企業かで分け合っている場合を考えてみよう．ここでは，どの企業も損失を被ってまでも生産を行わないから，市場の価格は平均費用を超える水準に決まっているはずである．この場合，どの企業も価格を下げることによって市場需要を独占しようとするだろう．なぜならば，そうすることで生産量が増加し，平均費用も切り下がり，より多くの利潤を得ることができるからである．逆に，ある企業がこの市場をすでに独占していれば，規模の経済性のおかげで，低い生産費用で生産することができ，それを武器として新規参入を阻止しようとするだろう．したがって，この場合には自然と独占が発生するのである．これを自然独占 (natural monopoly) と言う．

　また，マイクロソフト社の Word のようなワードプロセッサー・ソフトについて考えてみよう．このソフトの有用性を決定するのは，そのソフトの機能自体はもちろんであるが，どれくらいの人がそのソフトを使っているかということも重要である．つまり，そのソフトを使っている人が多ければ多いほど，ファイルの共有が容易になって便利なわけである．このように，財が普及するにつれてその財の価値が高まることをネットワークの外部性 (network externality) と言う．もし，ある財がネットワークの外部性を持っていれば，その製品が普及するにつれてライバル製品と比べてその価値が高まるから，その財には自然独占的な性質が生まれることになる．パソコンの一部のソフトや OS が独占的に供給されているのは，ネットワークの外部性に基づいているためだと考えられる．

5.1.2 製品差別化

第2に,製品が差別化されている場合にも,価格支配力が生まれることになる.例えば,スーパーで売られている普通の卵の場合,どのスーパーで買おうとほぼ同質的である.この場合,消費者は同質的な卵ならより安い価格で買いたいと考えるだろうから,他の店より高い価格をつければ消費者はだれも買ってくれない.それに対して,そば屋のそばの場合,それぞれの店で提供されているものには関西風や関東風といった味などの微妙な違いがある.この場合,他の店より高い価格をつけたからといって,必ずしもすべての客が離れていくわけではない.なぜならば,その店の味などを反映して,高い価格でもひいきにする客がいるかもしれないからである.このように,本質的に同じ財でも厳密には品質などが異なることを**製品差別化** (product differentiation)と呼ぶ.製品が差別化されている場合,他より高い価格をつけたからといって需要量がゼロになるわけではない.価格を変化させることで自分に対する需要をコントロールできるのである.

なお製品差別化の下では,そば屋のように,競争相手が無数に存在し,個々の売り手のマーケット・シェアはゼロに近くても,売り手に価格支配力が生まれる.このような市場を,**独占的競争** (monopolistic competition)と呼ぶ.

5.2 独占市場

では,価格支配力を持つ企業はどのような行動をとるのであろうか.まず,最も単純な独占の場合について分析を始めよう.

5.2.1 独占企業の行動

ある財の市場における需要関数を $x(p)$,その逆需要関数[2]を $p(x)$ とし,$p'(x) < 0$ を仮定する.いま,この市場には企業が1社しか存在していないものとする.この独占企業の財の生産量を x とすると,市場には他の企業は存在していないわけだから,市場における財の供給量も x ということになる.したがって,市場価格は $p(x)$ となり,独占企業の収入は $R(x) = p(x)x$ とな

---

2) 逆需要関数については,3.2.1 項も参照のこと.

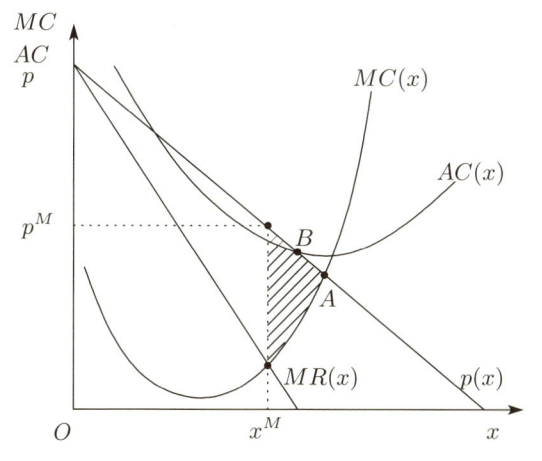

図 **5.1** 独占企業の行動

る．ここで，生産量を（限界的に）増加させたときに得られる収入 $R(x)$ の追加的増分，つまり**限界収入** (marginal revenue) $MR(x)$ について考えよう．これは $R(x)$ を微分することで得られ，

$$MR(x) = R'(x) = p(x) + p'(x)x < p(x) \tag{5.1}$$

となる．つまり，生産量を増やすと，新たな生産によって収入をその価格 $p(x)$ だけ追加的に増加させる効果（第1項）と，今まで生産していた x の価格下落 $p'(x)$ を通して収入を $p'(x)x$ だけ減少させる効果（第2項）に分けられる．したがって，限界収入は価格より小さくなることが確認できる（図 5.1）．

さて，独占企業の費用関数を $C(x)$ とすると，独占企業はその利潤 $\pi(x) = R(x) - C(x)$ の最大化問題，

$$\max_{x} \pi(x)$$

を解くと考える[3]．以下，この最大化問題について考えてみよう．

まず，限界利潤が $\pi'(x) = R'(x) - C'(x) = MR(x) - MC(x)$ で与えられることを注意しておこう．限界利潤が正，つまり，限界収入 $MR(x)$ が限界

---

[3] ここでは，企業が生産量を選択して利潤を最大化する定式化であるが，価格を選択するとしても，独占の均衡における価格と生産量は変わらない．ただし，これは独占市場についてのみ言えることであり，後述のように，寡占市場では生産量を選択するか価格を選択するかは均衡の値に大きな違いをもたらす．

費用 $MC(x)$ を上回れ（下回れ）ば，生産を増加（減少）させることで利潤が増えることがわかる．これより，内点解が満たすべき1階条件が得られる[4]．

> **命題 5.1** 独占企業の利潤最大化問題の最適解が内点解であるなら，最適解は，限界収入と限界費用が等しくなる生産量，すなわち，
> $$MR(x^M) = MC(x^M)$$
> を満たす生産量 x^M である．

図 5.1 は独占企業の利潤最大化行動を図示したものである．独占企業は限界収入曲線と限界費用曲線の交点における生産量 x^M を選択し，市場価格は逆需要曲線上の $p^M = p(x^M)$ に決定される．先に見たように，限界収入曲線は需要曲線より下方に位置するため，独占価格は限界費用の上方に乖離する．このときの乖離率は

$$\frac{p(x^M) - MC(x^M)}{p(x^M)} = -\frac{1}{\epsilon(p^M)} \tag{5.2}$$

と表すことができ，マークアップ率 (markup rate) と呼ばれる（導出は後述）．ただし，$\epsilon(p^M)$ は価格 p^M における需要の価格弾力性である[5]．すなわち，独占価格と限界費用の乖離率（マークアップ率）は需要の逆弾力性に等しい．

これらの結果の直観は次のように説明できる．完全競争市場においては，企業は価格を所与として行動したので，自らの生産増加による価格低下が収入に与える効果は考慮しなかった．これに対し，独占企業はこの効果を読み込むため，価格低下をできるだけ避けつつ生産をする．したがって，完全競争（価格が限界費用と一致する場合）に比べて，生産量を抑えて価格を吊り上げることになる．また，このとき，価格の増加に対する需要量の減少具合が小さいほど，独占企業は安心して価格を吊り上げることができる．したがって，この減少具合を表す需要の弾力性と，価格の吊り上げ幅であるマークアップ率は，逆数の関係を持つことになる．

---

[4] なお，2階条件は限界収入の傾きが限界費用の傾きを下回ること，すなわち，$MR'(x^M) < MC'(x^M)$ を満たすことである．この条件は，通常よく用いられる需要関数では，限界収入の傾きが負であるため，満たされる．

[5] 需要の価格弾力性が負であるため，マイナスを乗じた右辺は正であることに注意せよ．

■式 (5.2) の導出　式 (5.1) を変形して,

$$\frac{p(x) - MR(x)}{p(x)} = -\frac{dp(x)}{dx} \cdot \frac{x}{p(x)} = -p'(x) \cdot \frac{x}{p(x)} = -\frac{1}{\frac{1}{p'(x)} \cdot \frac{p(x)}{x}}$$

ここで，逆関数の性質（p.135 参照）を用いると,

$$\frac{p(x) - MR(x)}{p(x)} = -\frac{1}{x'(p(x)) \cdot \frac{p(x)}{x(p(x))}} = -\frac{1}{\frac{dx(p(x))/dp}{x(p(x))/p(x)}} = -\frac{1}{\epsilon(p(x))}$$

が成立する．さらに，命題 5.1 より，均衡 $x = x^M$ において，$MR(x^M) = MC(x^M)$ なので，これを代入すれば式 (5.2) の結果を得る．

　独占企業のマークアップの結果，図 5.1 の斜線部の面積に当たる総余剰の損失が発生する．これを，独占がもたらす**厚生損失** (welfare loss) と呼ぶ．また，市場価格が上昇するため，完全競争の場合に比べて消費者余剰は減少する．他方，生産者余剰および企業の利潤は増加する．なぜなら，独占企業は価格と限界費用を均等化させる行動をとれるにもかかわらず，自らの利潤最大化のためには別の行動をとっているからである．

　なお，ここで説明した**限界収入**と**限界費用の均等化**は，利潤最大化をする企業に一般的に当てはまる行動原理である．完全競争企業の場合は，価格を所与として行動する．このことは，完全競争企業が市場価格の水準で水平な需要曲線に直面していると解釈でき，$MR(x) = p(x)$ であると考えることができる．つまり，完全競争企業が直面している需要の価格弾力性は無限大になり，適切なマークアップ率はゼロになるため，$MR(x) = MC(x)$ が成立しているのである．また，本章で後述するように，寡占企業においてもこの行動原理は当てはまる（命題 5.2，命題 5.3）．この場合も同様に，「どのような需要に直面したときの限界収入なのか」が相違点となる．

5.2.2　独占企業の規制

　先に述べたように，規模の経済性が存在する場合，規模が大きければ大きいほど財の生産費用が低くなっていく．また，ネットワークの外部性が存在する場合，規模が大きければ大きいほど財の価値が高くなっていく．いわば，規模の経済性やネットワークの外部性が存在する場合，規模が大きければ大きいほど技術的効率性が増大するのである．それに対して，一つの企業の規

模が大きくなって産業が独占化すれば，独占に基づく厚生損失が増加する．つまり，資源配分の非効率性が増大するのである．このように，自然独占産業では，技術の効率性と配分の非効率性の間のトレードオフが存在する．

そこで，しばしば行われるのが，独占を認めて技術の効率性を確保しつつ，料金などを規制して配分の非効率性を除去しようとする政策である．電力事業，通信事業，鉄道事業など，公益事業として地域独占が認められている産業で料金規制が課されてきたのは，このような考えに基づいている．そこで，料金規制についていくつかのトピックスを概観しておこう．

限界費用料金規制 もし，政府が善良で良心的であり，かつ無限の能力を持った全知全能の政府ならば，最も効率的な資源配分を達成する最善 (first best) の価格規制を行うことが可能である．最善の規制として最もよく知られているのは，需要と供給を一致させ，かつ，限界費用と等しくなるように料金を規制する限界費用料金規制 (marginal cost pricing) である．つまり，図5.1の点 A を実現させようとする規制である．しかしながら，限界費用料金規制にはいくつかの問題がある．

第1に，限界費用という概念は，現実には計算が困難であり，限界費用を計算して経営を行う企業は存在しない．そのため，限界費用料金規制を現実の独占規制に使うことは困難である．

第2に，規模の経済性が著しい場合（特に，図5.1の点 A のように平均費用曲線が需要曲線の上に位置している場合）には，規制によって企業に損失が発生する．そのため，企業に生産を継続させるためには赤字を補填しなければならないが，赤字を補填する際に租税上の非効率性を発生させる可能性がある．なぜならば，通常，赤字の補填は税収によってまかなわなければならないが，一括型の課税でもない限り，それは厚生損失を生み出してしまうからである[6]．

第3に，企業のインセンティヴの問題が発生する．規制によって赤字が発

---

[6] ただし，赤字を補填しても生産を継続させるべき場合も多い．例えば，限界費用料金規制によって実現される生産量水準において，生産者が赤字でも，消費者余剰まで含めれば，平均便益が平均費用を上回るような場合がある．この場合，赤字を補填しても正の純便益が生まれるはずだから，上述の税の非効率性の問題がそれ以上に深刻でない限り，生産を継続させることが社会的に望ましい．なお，税がもたらす非効率性については，本書第3章の応用例を見てほしい．

生しても必ず補塡されるのならば，企業はそもそも利潤最大化せずに非効率な経営を行っても一向に構わない．つまり，企業は利潤最大化のインセンティヴをなくしてしまい，非効率な生産を行うようになるかもしれない．

平均費用料金規制　限界費用料金規制の問題を考えると，赤字補塡をしないという制約の下での最も効率的な資源配分を達成する次善 (second best) の規制を行った方が良いかもしれない．次善の規制として最もよく知られているのは，需要と供給を一致させ，かつ，平均費用に一致するように料金を規制する平均費用料金規制 (average cost pricing) である．これは，図 5.1 では点 B を実現させようとする規制である．日本では，この方式は，規制料金を総括原価の中に納めるという意味で，「総括原価方式」と呼ばれている．しかし，平均費用料金規制にも企業のインセンティヴの問題が発生する．収支が一致するように料金が規制されるならば，企業はそもそも利潤最大化せずに非効率な経営を行っても一向に構わないわけである．

インセンティヴ規制と規制緩和　先に述べた限界費用料金規制や平均費用料金規制といった伝統的な料金規制方式は，費用を基に規制料金を決定する．この方式は，費用が変化すればそれだけ料金が変化するから，費用削減のインセンティヴが存在しない．そこで，公益企業についての伝統的な規制の在り方についていくつかの見直しが近年行われるようになってきた．

　一つは，費用とは無関係に規制料金を決定する方法への転換である．その典型は，規制料金をまずある水準に決定し，その料金水準を物価変動を上限として変化させるプライス・キャップ規制 (price cap regulation) である．

　もう一つは，競争の導入や民営化である．競争を導入することで，費用最小化をせずにあまりにも高い価格をつけている企業を市場から淘汰するとともに，利潤最大化と費用最小化のインセンティヴを与えようという考えがその背景にある．電電公社が NTT に民営化されると同時に競争が導入された通信産業がその一例である．

5.3 寡占市場：クールノー・ゲーム

5.3.1 寡占とゲーム理論

前節では，市場に1社しか企業が存在しない状況を考えた．これに対して，本節では，複数のしかし少数の企業が，お互いに大きなマーケット・シェアを背景に，一つの市場で生産活動を行っている寡占の場合を考える．寡占市場の特徴は，各企業の利潤が，自らの（生産，販売，製品開発，研究開発，広告などの様々な）企業活動だけでなく，ライバル企業の企業活動によっても大きな影響を受けることである．寡占市場では，自分にとってどんな企業活動が最適かということ自体，ライバル企業がどんな企業活動を選ぶかに依存している．つまり，企業同士が戦略的な相互依存関係にある．

戦略的依存関係の典型は，価格付けである．例えばトヨタ自動車は，クラウンの価格をどう付けるかということを，ライバル企業の行動と無関係には決められない．あまり高い価格を付けると，日産自動車のフーガなどライバル車がそれより低い価格を付け，需要を奪われてしまう．逆に，あまり低い価格を付けすぎると，ライバル車に需要を奪われることはないかもしれないが，利益も得られない．ライバル会社に需要をとられないような範囲でできるだけ高い，利益が得られる価格を付けるのが望ましい．そのためには，ライバル会社の価格付けを事前に適切に予想しなければならない．しかも，ライバル会社も同じように，ライバルである自分の行動を適切に予測しないと，最適な企業活動を決められない．つまり，戦略的相互依存関係にある企業同士は，お互いに相手の行動を読みあって，その上で最適な戦略を選択することが必要になる．

寡占企業はこのように，戦略的相互依存関係に直面しており，戦略的な意思決定が重要になる．したがって，第4章で導入したゲーム理論の枠組みで分析するのが適切である．以下では，寡占市場を，生産量を戦略とする場合と価格を戦略とする場合の双方について，ゲーム理論を用いて分析していく．

まず，本節では，生産量を戦略とする寡占を記述した「クールノー・ゲーム」と呼ばれるゲームを分析しよう．

5.3.2 モデル

企業 A と企業 B の 2 社が存在しており，同質的な（完全代替的な）製品を生産している．両企業の費用関数は同一であり，$C(x) = cx$ という形をとっているものとする $(c > 0)$．つまり，各企業には固定費用がなく，平均費用と限界費用が c で一定という費用条件で生産している．市場における逆需要関数を $P(X) = a - bX$ とする $(a > c,\ b > 0)$．ここで，企業 A が x_A だけ生産し，企業 B が x_B だけ生産する時の企業 $i = A, B$ の利潤は，

$$\pi_i(x_A, x_B) = P(x_A + x_B) x_i - C(x_i) = \{a - b(x_A + x_B)\} x_i - cx_i$$

となる．企業 i の利潤は，自身の生産量のみならず，競争相手の生産量にも依存している．これが，企業同士が戦略的相互依存関係にあることを表している．各企業は，自身の利潤をより大きくすることを目的として，自らの生産量を決定するものとする．

明らかに，以上の状況は，プレイヤーが企業 A，企業 B であり，各企業の戦略がその企業の生産量であり，各企業の利得がその企業の利潤である戦略型ゲームとして見ることができる．このゲームは，このゲームを最初に分析した数学者にして数理経済学の創始者であるクールノー (Antoine A. Cournot) にちなんで，**クールノー・ゲーム** (Cournot game) と呼ばれる[7]．

5.3.3 ナッシュ均衡

では，クールノー・ゲームのナッシュ均衡を求めることにしよう．

最適反応関数 まず，任意の企業 i の最適反応関数を求めよう．企業 i が，ライバル企業 j $(j \neq i)$ の生産量 x_j を所与として，自らの利潤を最大化するための 1 階条件は，

$$0 = \frac{\partial \pi_i(x_A, x_B)}{\partial x_i} = \frac{\partial P(x_i + x_j) x_i}{\partial x_i} - c = a - b(x_i + x_j) - bx_i - c \quad (5.3)$$

---

[7] クールノーによる分析は，フォン・ノイマンによるゲーム理論の創始に先立つことほぼ 1 世紀の 1838 年に発表された．

である．したがって，最適な生産量は $x_i = \frac{a-c}{2b} - \frac{1}{2}x_j$ であることがわかる．これをライバル企業の生産量 x_j の関数として見たもの，すなわち，

$$BR_i(x_j) = \frac{a-c}{2b} - \frac{1}{2}x_j$$

が企業 i の最適反応関数 BR_i である．

最適反応関数の導出は，「残余需要」という概念を使って説明することもできる．企業 j の生産量 x_j を所与とする時，企業 i に残された需要量は，市場全体の需要量から他の企業の生産量 x_j を減じたものである．これを企業 i の残余需要 (residual demand) と言う．企業 i の残余需要は，図 5.2 の赤線に見られるように，市場需要曲線を x_j だけ左方にシフトさせたもので表現される．相手企業が x_j だけ生産している時の企業 i の残余需要に対する限界収入を $MR_i(x_i, x_j)$ とすると，$MR_i(x_i, x_j) = \partial P(x_i+x_j)x_i/\partial x_i$ であるので，1階条件 (5.3) は，$MR_i(x_i, x_j) = c$ と書き直すことができる．つまり，最適反応では，企業 i はその残余需要に対する限界収入と限界費用を等しくする．

命題 5.2 クールノー・ゲームにおける最適反応が内点ならば，企業 i の x_j に対する最適反応は，残余需要に対する限界収入と限界費用が一致する生産量，すなわち，

$$MR_i(BR_i(x_j), x_j) = c$$

を満たす生産量 $BR_i(x_j)$ である．

この状況は図 5.2 に描かれている．独占のときと同様に限界費用に適切なマークアップをつけることになるが，異なる点は，市場需要ではなく残余需要に対する独占生産量をとることである．

ナッシュ均衡 (x_A^C, x_B^C) をナッシュ均衡とすると，$x_i^C = BR_i(x_j^C) = \frac{a-c}{2b} - \frac{1}{2}x_j^C$ がすべての $i = A, B$ について満たされねばならない．この連立方程式を解くことで，

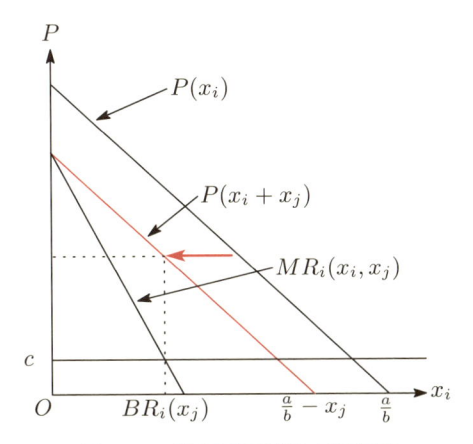

図 5.2　残余需要曲線と最適反応

$$x_A^C = x_B^C = \frac{a-c}{3b}$$

が得られる．

　ナッシュ均衡は，残余需要の概念を使って特徴付けることができる．命題 5.2 より $MR_i(BR_i(x_j), x_j) = c$ が任意の x_j について成り立つので，$x_j = x_j^C$ についても，$MR_i(BR_i(x_j^C), x_j^C) = c$ が成り立つ．ナッシュ均衡の定義より，$BR_i(x_j^C) = x_i^C$ なので，$MR_i(x_i^C, x_j^C) = c$ が得られる．つまり，クールノー・ゲームのナッシュ均衡では，**各企業がそれぞれ，相手企業の均衡生産量 x_j^C を所与としたときの残余需要に対して，独占生産量をとっているのである．**

　なお，容易に確認できるように，ある企業がこの市場を独占するときの市場供給量は $X^M = \frac{1}{2}\frac{a-c}{b}$ であり，$X^M = BR_i(0)$ を満たす．また完全競争均衡に対応する，価格 $P(X)$ と限界費用 c が等しくなる市場供給量は $X^P = x_A^P + x_B^P = \frac{a-c}{b}$ であり，$0 = BR_i(X^P)$ を満たす．したがって，クールノー・ゲームのナッシュ均衡における市場供給量 $X^C = x_A^C + x_B^C = \frac{2}{3}\frac{a-c}{b}$ は，$X^M < X^C < X^P$ という関係を満たすことがわかる．このことから，クールノー・ゲームのナッシュ均衡において，厚生損失が発生しているが，その大きさは，独占におけるそれよりも小さいことがわかる．

　また，独占企業の利潤 π^M，クールノー・ゲームのナッシュ均衡における各企業の利潤 π^C は，それぞれ，

$$\pi^M = P(X^M)X^M - C(X^M) = \frac{1}{4}\frac{(a-c)^2}{b}, \tag{5.4}$$

$$\pi^C = P(X^C)x_i^C - C(x_i^C) = \frac{1}{9}\frac{(a-c)^2}{b} \tag{5.5}$$

と計算することができる．さらに，完全競争均衡における各企業の利潤 π^P は $\pi^P = P(X^P)x_i^P - C(x_i^P) = 0$ なので，$\pi^M > \pi^C > \pi^P$ の関係が得られる．

ナッシュ均衡の図解　クールノー・ゲームのナッシュ均衡は図 5.3 のように図示できる．横軸に企業 A の生産量 x_A を，縦軸に企業 B の生産量 x_B をとる．企業 A の最適反応曲線は $BR_A(x_B)$ と示された右下がりの直線になり，企業 B の最適反応曲線は $BR_B(x_A)$ と示された右下がりの直線になる．企業 A の最適反応曲線の方が急な傾きになっていることに注意したい．ナッシュ均衡の定義より，両企業の最適反応曲線の交点 C がナッシュ均衡である．

さて，同じ図の上に，$\pi_A(x_A, x_B)$ から導かれる企業 A の等利潤曲線を描くことができる．この等利潤曲線は，より下にあるほどより高い利潤に対応している．なぜなら x_A を固定した上で x_B を減らすと，価格が上昇し，一方で自身の生産量は変わらないので，企業 A の利潤が増えることになるからである．ここで $BR_A(x_B)$ は，企業 B の生産量が x_B の水準で一定であるときに，企業 A の利潤が最も大きくなるような生産量に対応しているはずであ

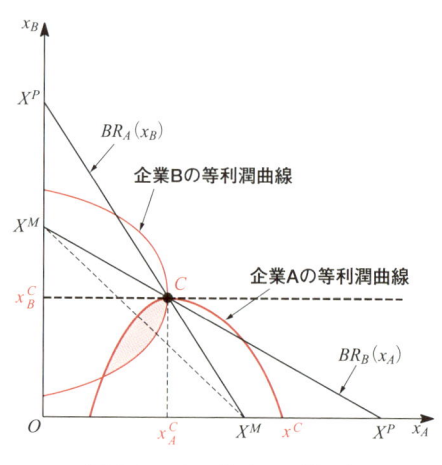

図 5.3　クールノー・ゲーム

る．例えば，企業 B の生産量が x_B^C で固定されているとしよう．このとき，企業 A は，自分が様々な生産量 x_A を選ぶことで，(x_A, x_B^C) という生産の組み合わせを実現できる．この組み合わせの軌跡は，高さが x_B^C の水平線に他ならない．その中で $BR_A(x_B^C)$ が企業 A の利潤を最大化しているのだから，企業 A の一つの等利潤曲線が $(BR_A(x_B^C), x_B^C)$ でこの水平線に接しているはずである．このことから，企業 A の最適反応曲線は企業 A の等利潤曲線の傾きが水平になる点の軌跡を表していることがわかる．

同様に，企業 B の等利潤曲線は，左側に位置しているほど高い利潤に対応しており，企業 B の最適反応曲線は，企業 B の等利潤曲線の傾きが垂直になる点の軌跡を表していることもわかる．

5.3.4 クールノー極限定理

以上では，企業が 2 社しか存在しない場合を考えたが，企業が n 社存在する場合にも，同様にしてナッシュ均衡を求めることができる．企業 1 から企業 n までの n 社が存在する場合，ナッシュ均衡における企業 i の生産量 x_i^C は $x_i^C = \frac{1}{n+1} \frac{a-c}{b}$ となり，市場全体の生産量 X^C は $X^C = \frac{n}{n+1} \frac{a-c}{b}$ であることがわかる．また，完全競争均衡における市場全体の生産量 X^P は，2 社の場合と同じく $X^P = \frac{a-c}{b}$ である．ここで，企業数 n を無限大に近づけると，

$$\lim_{n \to \infty} X^C = \lim_{n \to \infty} \frac{n}{n+1} \frac{a-c}{b} = \frac{a-c}{b} = X^P$$

が確認できる．このことを，次のクールノー極限定理 (Cournot limit theorem) と呼ばれる定理の形でまとめておこう．

> **定理 5.1** （クールノー極限定理）
> 企業数を無限大に近づけると，クールノー・ゲームのナッシュ均衡における市場供給量は，完全競争均衡における市場供給量に収束する．

クールノー極限定理は，次のように解釈できる．経済が非常に多くの経済主体から成り立っている場合，各経済主体は，経済全体からみて非常に小さな存在であり，価格に対して影響を与えることはほとんどないと考えられる．すなわち，各経済主体が価格を所与として行動するという完全競争の仮定が満

たされると考えられる．したがって，経済に非常に多くの経済主体が存在するならば，完全競争均衡が実現するのである．

■**寡占におけるマークアップ率** 上記の解釈は，クールノー競争における各企業のマークアップ率を導出することでも確かめることができる．i 企業の利潤最大化の 1 階条件 $P(X) + P'(X)x_i - c = 0$ より，

$$\frac{P(X) - c}{P(X)} = -\frac{dP(X)}{dX} \cdot \frac{x_i}{P(X)} = -\left(\frac{dP(X)}{dX} \cdot \frac{X}{P(X)}\right)\frac{x_i}{X} = -\frac{s_i}{\epsilon(P(X))}$$

が成立する．ここで，括弧内は独占でのマークアップ率の導出と同様に逆弾力性に変形できる．$s_i = x_i/X$ は第 i 企業のマーケットシェアであり，独占のケースでは $s_i = 1$ となり，上式は式 (5.2) に一致する．一方，マーケットシェアが小さくなると，マークアップ率が低くなり，企業の価格支配力がなくなっていくことが見て取れる．

5.3.5 カルテルと独占禁止政策

カルテル ここで，企業 A，企業 B の 2 企業のみ存在する場合に戻って，ナッシュ均衡に対応する両企業の等利潤曲線を考えてみよう．ナッシュ均衡が両企業の最適反応曲線の交点であることに注意すると，すでに述べた等利潤曲線の性質から，企業 A の等利潤曲線はナッシュ均衡の点で傾きが水平になり，企業 B の等利潤曲線はナッシュ均衡の点で傾きが垂直になる．したがって，図 5.3 の色をつけた部分にあるようなレンズ状の領域が存在することになる．このレンズ状の部分の内点を考えると，両企業の利潤はナッシュ均衡での利潤より大きい．したがって，両企業は，ナッシュ均衡よりも各々の生産量を適当に減らすようなカルテルを結ぶことによって，相手の利潤を低くすることなしに自分の利潤を高められることになる．特に，両企業にとってパレート効率的なカルテルは，両企業の生産量の合計が独占企業の生産量と一致するような（図の点線 $X^M X^M$ 上の）カルテルである．例えば，総生産量を X^M にして，両企業が独占利潤を半分ずつ分け合うというカルテルが結ばれたとしよう．このカルテルによって，両企業の合計利潤は独占利潤と一致して最大となる．その利潤合計を折半すれば，それぞれの企業の利潤は式 (5.4) より $\pi^M/2 = \frac{1}{8}\frac{(a-c)^2}{b}$ となり，式 (5.5) で得られた両社が別々に行動するクールノー競争の利潤 $\pi^C = \frac{1}{9}\frac{(a-c)^2}{b}$ よりも大きくなる．

Column _____ 課徴金減免制度

　カルテルや入札談合は独占禁止法で禁止されているものの，それらは通常密室の中で共謀が行われるため，なかなか明らかにすることは困難です．そこで，摘発をより容易にするために，2006 年 1 月施行の改正独占禁止法によって，「課徴金減免制度」と呼ばれる制度が導入されました．この制度は，自らが関わったカルテルや談合について，その内容を公正取引委員会に報告した企業に対して，カルテルや談合を行った企業が納めるべき課徴金を減免する制度です．具体的には，公正取引委員会の調査が始まる前に報告した場合，1 番目の報告者の課徴金は免除に，2 番目の報告者については 50%減額に，3 番目の報告者については 30%減額になります．公正取引委員会の調査開始後の報告者については，順番に関わらず 30%の減額となります．調査開始前後合わせて 3 社までが減免の対象です．

　課徴金減免制度の効果を検証するため，より具体的に次のような状況を考えてみましょう．企業 A と企業 B の 2 社がカルテルに関わっていたとしましょう．1 社あたりの課徴金の額が 100 万円であるとします．両者とも報告しない場合には，カルテルが発覚する確率が低く（例えば 10%），課徴金の期待値は両企業とも 10 万円となります．企業 A のみ報告する場合には，企業 A の課徴金は免除され 0 万円，企業 B の課徴金は全額の 100 万円となります．企業 B のみ報告する場合は，企業 A のみ報告する場合の逆です．最後に，両企業とも報告する場合には，企業 A が 1 番目の報告者になる確率と企業 B が 1 番目の報告者になる確率が等しいとして，両企業の課徴金の期待値は 25 万円になります．以上の状況は，一つの戦略型ゲームであり，下記の行列の様に表すことができます．明らかに，このゲームは囚人のジレンマであり，両企業が報告するというのが唯一のナッシュ均衡です．つまり，課徴金減免制度によって，カルテルを明らかにすることができるわけです．

　実際，課徴金減免制度が実施されて以降，水門工事入札談合事件や名古屋市営地下鉄工事入札談合事件など，いくつかのカルテル・談合事件で，それに関わった企業がその内容を公正取引委員会に報告しています．

企業 A ＼企業 B	報告しない	報告する
報告しない	−10 万円，−10 万円	−100 万円，0 万円
報告する	0 万円，−100 万円	−25 万円，−25 万円

独占禁止政策　しかし，カルテルは，消費者を含めた観点からみると，望ましいものではない．カルテルを結ぶことで市場全体の生産量は減少し，価格は上昇するから，消費者の厚生はかえって減少する．実は，利潤（生産者余剰）と消費者余剰の両者を併せた総余剰で考えても，カルテルを許すと普通，

総余剰は減少することになる．それゆえ，こうしたカルテルは独占禁止法によって禁じられている．

暗黙のカルテル　このように企業がカルテルを結ぶことは禁じられているが，しかし，企業が長期的関係にある時，「暗黙のカルテル」と呼ばれるものを結び得る．つまりクールノー・ゲームが同じプレイヤー同士で繰り返されるとき，談合等によって明示的にカルテルが結ばれなくても，自然にカルテルと同様の協力体制が実現することがある．これは，第 4 章で見た無限回繰り返しゲームにおける暗黙の協調にほかならない．

例えば，総生産量を X^M にして，両企業が独占利潤を享受しようとする場合を考えてみる．そのためには，次のような戦略の組が有効である．第 1 期と，第 1 期以降でもそれ以前のすべての期で各企業が $X^M/2$ を生産している場合には，$X^M/2$ を生産する．それ以外の場合には，クールノー・ゲームの均衡生産量 x_i^C を生産するというトリガー戦略を考える．この戦略の組は，割引因子が十分に大きい場合には，部分ゲーム完全均衡となる[8]．この時，部分ゲーム完全均衡経路では，すべての期で各企業が $X^M/2$ を生産するから，市場供給量はすべての期で X^M となる．この場合，1 期のみからなるクールノー・ゲームのナッシュ均衡に比べて，各企業は，少ない量を生産し，大きい利潤を手にする．つまり，各企業は，カルテルと同じことを実現することができるのである．

5.4　寡占市場：シュタッケルベルク・ゲーム

クールノー・ゲームでは，すべての企業が同時に生産量を決定した．これに対して，時間を通じた意思決定を考えた場合，ある企業が先に生産量を決定し，それを観察した後，別の企業が生産量を決定するという状況も考えられうる．本節では，こうした状況を分析しよう．

---

[8]　$X^M/2$ は囚人のジレンマの場合の C に，x_i^C は D に，それぞれ対応している．

5.4.1 モデル

企業 A と企業 B の2企業のみが存在し，企業 A が生産量を決定した後，企業 B が生産量を決定するものとする．こうしたタイミングの時，企業 A は**先導者** (leader) であり，企業 B は**追随者** (follower) であると言う．費用関数および逆需要関数は前節と同様であるとする．こうした逐次手番の数量競争を，その最初の分析者であるシュタッケルベルク (Heinrich Freiherr von Stackelberg) にちなんで，**シュタッケルベルク・ゲーム** (Stackelberg game) と言う[9]．

5.4.2 部分ゲーム完全均衡

シュタッケルベルク・ゲームは動的なゲームなので，均衡概念として**部分ゲーム完全均衡**を用いるのが適切と考えられる．以下，部分ゲーム完全均衡をバックワード・インダクションによって求めよう．

シュタッケルベルク・ゲームでは，先導者の生産量 x_A ごとに部分ゲームが定義できる．各部分ゲームにおいて先導者の生産量 x_A を観察した追随者は，x_A に対する最適な反応である生産量 $BR_B(x_A)$ を選択するはずである．したがって，先導者は，この追随者の行動を織り込んで，

$$\pi_A(x_A, BR_B(x_A)) = P(x_A + BR_B(x_A))x_A - C(x_A)$$

を x_A について最大化するよう行動する．この解を x_A^S とすると，$(x_A^S, BR_B(x_A))$ が部分ゲーム完全均衡の戦略の組である．すなわち，先導者は x_A^S だけ生産し，追随者は先導者の生産量 x_A に応じて $BR_B(x_A)$ だけ生産する．

いま，5.3.2節のモデルと同じ設定を用いると，$BR_B(x_A) = \frac{a-c}{2b} - \frac{1}{2}x_A$ だから，上記最大化の1階条件は，

$$0 = \frac{d\pi_A(x_A, BR_B(x_A))}{dx_A} = \frac{1}{2}(a - c - 2bx_A)$$

---

[9] 同時手番のクールノー・ゲームの展開型は図4.7のように表せるのに対して，シュタッケルベルク・ゲームの展開型表現は，図4.8の女性先導・男性追随型のルールのように表せる．

であり，先導者の部分ゲーム完全均衡における生産量は，$x_A^S = \frac{a-c}{2b}$ となる．したがって，部分ゲーム完全均衡経路，すなわち，部分ゲーム完全均衡によって実現する企業 A と企業 B の生産量の組 (x_A^S, x_B^S) は，

$$(x_A^S, x_B^S) = (x_A^S, BR_B(x_A^S)) = \left(\frac{a-c}{2b}, \frac{a-c}{4b}\right)$$

であることがわかる．

さらに，均衡によって実現する市場供給量 X^S は，$X^S = x_A^S + x_B^S = \frac{3}{4}\frac{a-c}{b}$ となる．$X^C = \frac{2}{3}\frac{a-c}{b}$ であったので，$X^M < X^C < X^S < X^P$ という関係が導かれる．このことから，シュタッケルベルク・ゲームの部分ゲーム完全均衡でも，厚生損失が発生していることがわかる．ただし，その大きさは，独占およびクールノー・ゲームにおけるそれよりも小さいことがわかる．

また，シュタッケルベルク・ゲームの部分ゲーム完全均衡によって実現する先導者の利潤 π_A^S，追随者の利潤 π_B^S は，それぞれ，

$$\pi_A^S = P(X^S)x_A^S - C(x_A^S) = \frac{1}{8}\frac{(a-c)^2}{b},$$
$$\pi_B^S = P(X^S)x_B^S - C(x_B^S) = \frac{1}{16}\frac{(a-c)^2}{b}$$

と計算できる．よって，式 (5.4), (5.5) と併せると，$\pi^M > \pi_A^S > \pi^C > \pi_B^S > \pi^P$ という関係が導かれる．

部分ゲーム完全均衡の図解 企業 A は，自らが x_A だけ生産した後に続く部分ゲームで企業 B が $BR_B(x_A)$ だけ生産することがわかっている．したがって，企業 A は，$(x_A, BR_B(x_A))$ の軌跡（つまり，企業 B の最適反応曲線）の中から自らの利潤が最も大きくなる x_A を選択するはずである．企業 A の等利潤曲線は下方に位置するほど高い利潤を表していることに注意すると，企業 A は自ら等利潤曲線と企業 B の最適反応曲線がちょうど接する点での生産量を選択することがわかる．したがって，図 5.4 の S 点が均衡での両企業の生産量の組を表している．

5.4 寡占市場：シュタッケルベルク・ゲーム

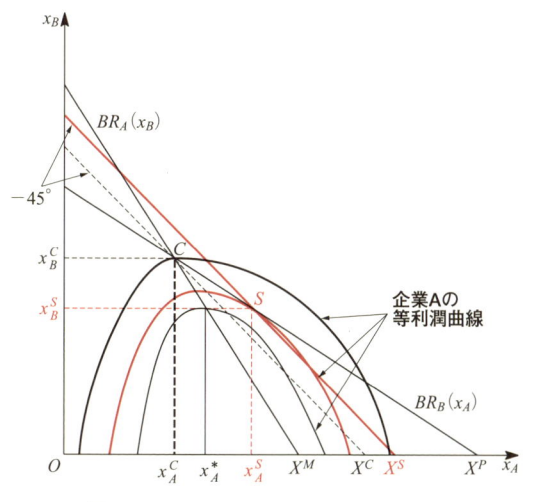

図 5.4　シュタッケルベルク・ゲーム

5.4.3　コミットメント

ところで，すでに確認したように，シュタッケルベルク・ゲームの部分ゲーム完全均衡では，先導者は，クールノー・ゲームのナッシュ均衡における利得よりも高い利得を享受している．また，先導者は，追随者よりも高い利得を得ている．つまり，シュッタッケルベルク・ゲームにおいて，先導者は有利な立場を手にしている．

ところで，図 5.4 で追随者企業 B が x_B^S を選んでいるなら，先導者企業 A は x_A^S を選ぶよりもっと良いことができそうである．つまり，企業 A は x_A^S の代わりに x_A^* を選ぶことで，もっと高い利得 $\pi_A\left(x_A^*, x_B^S\right)$ を得ることができる．しかし実はこれは，「悪魔のささやき」である．もし企業 A が x_A^* を選ぶと，企業 B にとっても x_B^S ではなく $BR_B(x_A^*)$ を選ぶことでもっと高い利得を得られる．このような調整をしていくと，実は最終的に実現されるのは，普通のクールノー・ゲームのナッシュ均衡 C だということになってしまう．

つまり，先導者企業がシュタッケルベルク・ゲームにおいて有利な立場を手にするためには，いったん x_A^S を選んだら自分が望んでも他の選択肢を選べないという，不可逆的な行動選択を行うことが必要不可欠なのである．「自分が自分の行動を変えることをできなくする」という行為，いわば「自分の

手足を縛る」ことが，有利な立場を得る（正確に言えば，先導者になる）ための必要条件である．こうした，ある行動を不可逆的に選択し，自分の手足を縛ってしまうことをコミットメント (commitment) と言う．

Column _____ どうやってコミットメントをするのか？

先に生産量を決めたとしても，それが変更不可能な（もしくは変更しても損をする）状況でなければ，自らの行動に相手を従わせることはできません．では，先導者の行動が，このようなカラ脅しにならない経済状況は，どのようなものでしょうか．いくつか例を挙げてみましょう．

まず，先導者が先に在庫を積み増したり，生産設備を先に作ってしまうといった，物理的に不可逆な状況が考えられます．この場合のコミットメントには，在庫や設備は他への転用が困難で，いったんそれに投資した資金は事後的に回収できないことが重要です．このような投資が可能なとき，適当な条件の下ではシュタッケルベルク均衡が再現されることが知られています [Dixit, A. (1980), "The role of investment in entry-deterrence," *Economic Journal* 90: 95-106]．また，生産を増やすような制度を先に設計してしまうことも，コミットメントの効果をもたらします．この場合，生産増を不可逆的にするには，制度設計と生産の意思決定が切り離されていることが必要です．例えば，自国企業と外国企業が競争をしている国際貿易において，政府が自国企業に生産補助金を与えて大きな生産にコミットさせると，シュタッケルベルク均衡が再現できます [Brander, J.A. and B. Spencer (1985), "Export subsidies and market share rivalry," *Journal of International Economics* 18: 83-100. 解説は，伊藤・清野・奥野・鈴村 (1988),『産業政策の経済分析』第 9 章，東京大学出版会]．同様の関係は，企業の所有者が経営者を雇って生産量に応じたボーナスなどを与えつつ生産させることでも成り立ちます（ここで言う所有者は先の例の政府，経営者はその制度設計に応じて生産を決定する自国企業に対応しています）．

ここでは例をシュタッケルベルク・ゲームに対応させて挙げましたが，コミットメントはより一般的な社会現象で観察される行動ですので，読者は他にも多くのコミットメントの実例を挙げることができるでしょう．

5.4.4 参入阻止

ここまでに述べたシュタッケルベルク・ゲームでは両企業がすでに市場に参入している状況を想定していたが，ここからは，既存企業 A の生産量を見た後に，新規企業 B が市場に参入するかどうかを含めて生産量を決定する状況を考えよう．企業 B が新規に市場参入するには工場を新設する必要がある

ため，固定費用が必要であるとする．この時，均衡において，先導者（企業A）があえて大量の生産を行い価格を引き下げることで，追随者（企業B）の生産を停止させる場合がある．以下「参入阻止」と呼ばれるこの行動について，分析することにしよう．

固定費用　既存企業はすでに工場を所有しており，その費用はサンクされているので，fだけの固定費用が追随者企業Bにのみかかるものとする．つまり，企業Bの費用関数は，$C(x_B) + f = cx_B + f$である．ただし，この固定費用は，サンク費用ではないものとする．すなわち，生産をしなければ，企業Bは工場を建設する必要がなく，固定費用を支払う必要はない．

追随者の行動　企業Aがx_Aだけ生産した後の部分ゲームを考える．この部分ゲームでの内点における最適な生産量は，固定費用がない場合と同様，$BR_B(x_A)$である．しかし，もし企業Aの生産量x_Aが十分に大きい場合，価格が低くなるため，企業Bが内点における最適な生産量$BR_B(x_A)$を生産しても，負の利潤しか得られなくなってしまう（ここで，固定費用がなければ利潤が負になるということは起きないことに注意したい）．よって，こうした場合には，企業Bは参入せず，生産を行わない（生産量をゼロにする）のが最適な選択である．以上から，企業Aがx_Aだけ生産した後の部分ゲームでの企業Bの最適な生産量$\hat{BR}_B(x_A)$は，ある閾値(しきいち)$\bar{x}_A$が存在して，

$$\hat{BR}_B(x_A) = \begin{cases} BR_B(x_A) & \text{if } x_A < \bar{x}_A \\ 0 & \text{if } x_A \geq \bar{x}_A \end{cases}$$

となる．図5.5には，$\hat{BR}_B(x_A)$のグラフが描かれている．

先導者の行動　企業Aは，x_Aだけ生産した後に続く部分ゲームで企業Bが$\hat{BR}_B(x_A)$だけ生産することがわかっている．したがって，$(x_A, \hat{BR}_B(x_A))$の軌跡の中から自らの利潤が最も大きくなるx_Aを選択するはずである．企業Aの等利潤曲線は下方に位置するほど高い利潤を表していることに注意すると，企業Aは図5.5の$\hat{x}_A^S$を選択することがわかる．この時，図5.5の$\hat{S}$点が均衡での両企業の生産量の組$(\hat{x}_A, \hat{x}_B) = (\hat{x}_A, \hat{BR}_B(\hat{x}_A))$を表している．

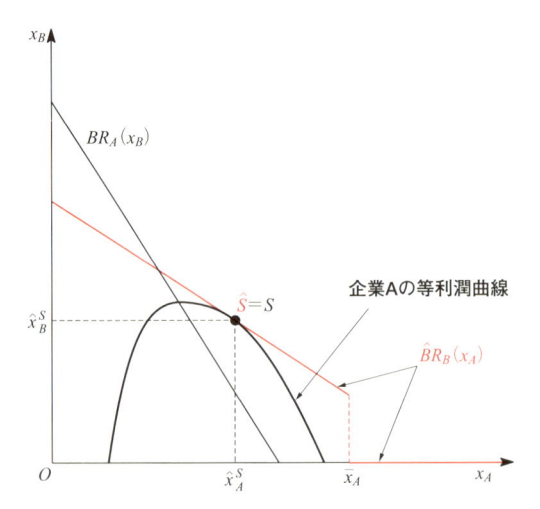

図 5.5　固定費用がある時のシュタッケルベルク・ゲーム：追随者が参入するケース

明らかに，これは，固定費用が存在しない時のシュタッケルベルク・ゲームの均衡での生産量の組と同一である．しかし，この結果は，固定費用が十分に小さい時にしか成り立たない．固定費用が大きい時には，以下で説明する「参入阻止」と言われる状況が実現する．

参入阻止　閾値 $\bar{x}_A$ は固定費用の大きさに依存して決まる．固定費用が大きければ，企業 A の生産量が比較的小さい時でも，企業 B は生産することによって赤字を被ってしまう．したがって，固定費用が大きい時には，閾値 $\bar{x}_A$ は小さくなり，$\hat{BR}_B(x_A)$ のグラフは図 5.6 のように描かれることになる．企業 A の等利潤曲線は下方に位置するほど高い利潤を表しているので，この場合，企業 A は図 5.6 の $\hat{x}_A^S$ を選択することがわかる．図から明らかなように，企業 B の均衡における生産量 $\hat{x}_B$ は $\hat{x}_B = 0$ となる．均衡での生産量の組は，図 5.6 の $\hat{S}$ で表される．

　固定費用が十分に大きい時には，先導者は，固定費用がない場合の均衡生産量よりも大きい数量を生産し，追随者が生産すると赤字が発生する水準まであえて価格を引き下げることで，追随者の参入を妨げている．そうすることで，先導者は，固定費用がない場合の均衡数量を生産するよりも，高い利潤を実現できる．こうした行動を参入阻止 (entry deterrence) と呼ぶ．

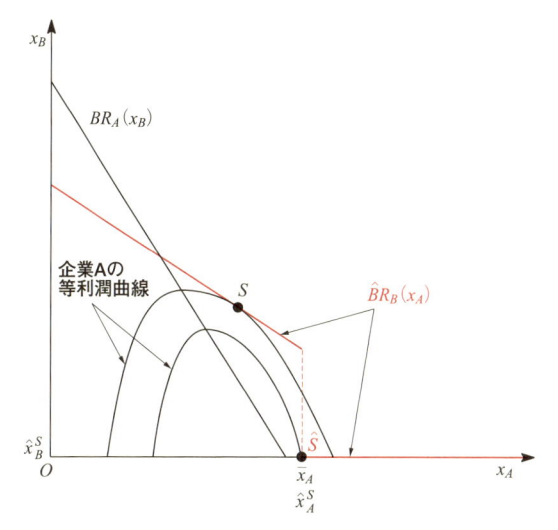

図 5.6　固定費用がある時のシュタッケルベルク・ゲーム：追随者が参入しないケース

5.5　寡占市場：ベルトラン・ゲーム

さて，クルーノー均衡は，各企業が生産量を戦略として使うクールノー・ゲームにおけるナッシュ均衡を表していた．しかし，企業の戦略が生産量かどうかには異論があり得る．ここに目をつけ，企業の戦略は価格だとして，クールノーを批判したのがベルトラン (Joseph L.F. Bertrand) であり，現在では，価格を戦略としたゲームは **ベルトラン・ゲーム** (Bertrand game) と呼ばれている．

ベルトラン・パラドクス　5.3 節と同じ費用・需要で，同質財を生産する二つの企業 A, B が価格を戦略とした価格競争をしているとどうなるかを考えよう．より低い価格をつけた企業が，その価格の下での需要を残らず獲得し，同じ価格の場合は，両企業によって需要が折半されるとしよう．このゲームのナッシュ均衡では，両企業が限界費用 c と等しい価格をつけ[10]，利潤はゼロ

---

10) なぜなら，どちらかが費用 c より高い価格をつけると，ライバル企業がそれよりも少しだけ低い価格をつけて利潤をほぼ総取りできる．一方，費用 c より低い価格は赤字となるので，ライバル企業はそれよりも高い価格をつけて自分への需要をゼロにする方が良い．両企業の価格

となる.つまり,たった 2 企業でも完全競争と同じ結果が再現されるのである.クールノー・ゲームでの結論と著しい対比をなすこのベルトラン・ゲームでの結論は,しばしばベルトラン・パラドクスと呼ばれる.

製品差別化　しかし価格を戦略とする場合,上記のように,少しでも価格の低い方がすべての需要を吸収するという状況は,いささか極端である.例えば,同じ種類の飲食店でも,ある店の価格が最も安いからといって,すべての客がそこに食べに行くとは限らない.これは,各店のメニューにはそれぞれ特色があり,もしくは,各店はある程度離れた所に立地しており,客は好みや近さによって分散しているためである.このように,各企業が製品に差異を持たせている製品差別化の下で,複占のベルトラン・ゲームを検討しよう.

5.5.1 モデル

企業 A と企業 B が,限界費用 c で生産をしているとしよう.各企業 i $(=A,B)$ は自社製品の価格 p_i を選んで価格競争をしている.製品差別化の下では,企業 i にとって自社製品への需要 x_i が,自社製品の価格 p_i と相手企業 $j\,(\neq i)$ の製品価格 p_j の両方に依存すると考えられる.これを企業 i の製品への個別需要 (individual demand) と呼ぶことにしよう.いま,個別需要が線形だと仮定し,$\alpha,\beta,\gamma>0$ として

$$x_i(p_i,p_j)=\alpha-\beta p_i+\gamma p_j \tag{5.6}$$

と表せるとしよう.したがって,相手製品の価格 p_j が上がれば自社製品への需要は増大するが,相手の価格が下がれば自社製品への需要は減少するという代替財の関係にある[11].

このことを図によっても確認しておこう.個別需要を,p_i について解くと,企業 i 製品の逆需要

$$p_i(x_i,p_j)=\frac{1}{\beta}(\alpha+\gamma p_j)-\frac{1}{\beta}x_i$$

　　が c のとき,これらのインセンティヴはお互いになくなり,均衡となる.
11) だが,相手よりも価格が高い $(p_i>p_j)$ ときも需要はすぐにゼロにはならない.つまり,各企業の製品は差別化されているため,代替財ではあるが,完全代替ではない.

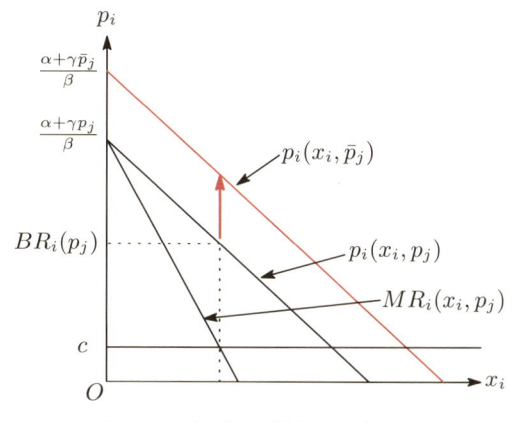

図 5.7　個別需要曲線と最適反応

が得られる．相手企業の価格 p_j を所与とすれば，$x_i - p_i$ 平面上に企業 i の個別需要曲線が図 5.7 の右下がりの直線 $p_i(x_i, p_j)$ のように描ける．ここで例えば，相手企業が価格を $\bar{p}_j > p_j$ に値上げをすると，自社製品への個別需要は相手企業への需要をある程度吸収し，$p_i(x_i, \bar{p}_j)$ のように押し上げられることになる．

5.5.2　ナッシュ均衡

最適反応関数　企業 i の利潤は，

$$\pi_i(p_i, p_j) = (p_i - c)x_i(p_i, p_j) = (p_i - c)(\alpha - \beta p_i + \gamma p_j)$$

となる．相手企業が p_j を選ぶときの，利潤最大化の 1 階条件は

$$x_i + (p_i - c)\frac{\partial x_i}{\partial p_i} = x_i - \beta(p_i - c) = 0 \tag{5.7}$$

だから，式 (5.6) を代入して整理すると，企業 i の最適反応関数 $BR_i(p_j)$ は，

$$p_i = BR_i(p_j) = \frac{\alpha + c\beta + \gamma p_j}{2\beta} \tag{5.8}$$

と書ける．さらに，最適反応では何が起こっているのかを見てみよう．式 (5.7) を $-\beta$ で割って整理することで，

$$c = p_i - \frac{1}{\beta}x_i = p_i + \frac{\partial p_i(x_i, p_j)}{\partial x_i}x_i = \frac{\partial p_i(x_i, p_j)x_i}{\partial x_i}$$

を得る．ここで，左辺は限界費用，右辺は企業 i の個別需要 $p_i(x_i, p_j)$ に対する限界収入 $MR_i(x_i, p_j)$ である．

> **命題 5.3** ベルトラン・ゲームにおける最適反応が内点ならば，企業 i の p_j に対する最適反応は，個別需要に対する限界収入と限界費用が一致する価格，すなわち，
>
> $$MR_i(x_i(BR_i(p_j), p_j), p_j) = c$$
>
> を満たす価格 $BR_i(p_j)$ である．

この状況は図 5.7 にも描かれており，$p_i(x_i, p_j)$ に対する限界収入曲線 $MR_i(x_i, p_j)$ は図のようになり，これと限界費用曲線が交わるときの価格が，最適反応 $BR_i(p_j)$ である．すなわち最適反応では，相手企業の価格 p_j を所与としたときの個別需要に対して，独占価格をつけることになる．無論，この個別需要は先のクールノー・ゲームの残余需要とは別のものである．

ナッシュ均衡 ナッシュ均衡は，両企業の最適反応を連立して p_A, p_B について解くことで得られ，

$$(p_A^B, p_B^B) = \left(\frac{\alpha + c\beta}{2\beta - \gamma}, \frac{\alpha + c\beta}{2\beta - \gamma}\right).$$

となる．命題5.3より，ナッシュ均衡では，すべての企業について $MR_i(x_i, p_j) = c$ が成り立っている．したがって，製品差別化されたベルトラン・ゲームにおけるナッシュ均衡では，各企業がそれぞれ，相手の均衡価格 p_j^B を所与としたときの個別需要に対して，独占価格をつけることになる．

5.5.3 戦略的代替と戦略的補完

さて，式 (5.8) に表した最適反応曲線とその交点としてのナッシュ均衡（点 B）を示したのが，図5.8 である．クールノー・ゲームの場合と大きく異なる点がいくつかあるので，それを説明しておこう．

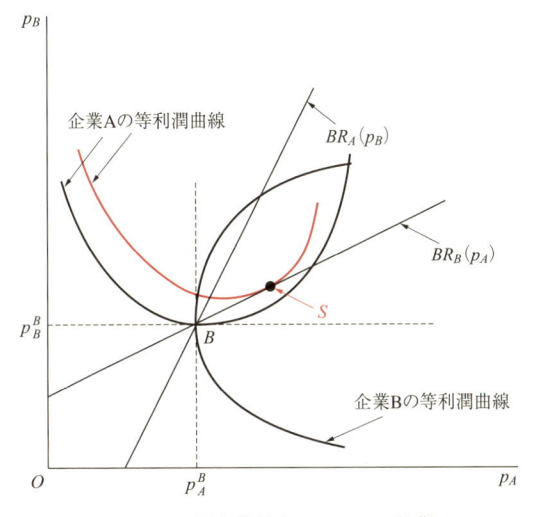

図 5.8　反応曲線とベルトラン均衡

　まず，等利潤曲線であるが，クールノー・ゲームと異なって，下に凸の形を取る．また，等利潤曲線同士では，上に位置する曲線ほど，より高い利潤に対応している．クールノー・ゲームでは，相手の生産量が大きくなると，価格が下がり，自分の利潤が下がった．これに対して，ベルトラン・ゲームでは，相手の価格が上がると，自分の製品に対する需要が増え，それだけ自分の利潤が上がるからである．

　つまり，クールノー・ゲームで戦略（生産量）を増やすことは，相手企業の利潤を下げることにつながるから，生産量の増加は相手に対する**攻撃的**(aggressive) な行動だということができる．これに対してベルトラン・ゲームでは，戦略（価格）を上げることは相手企業の利潤を増やすことになり，**受容的** (accommodative) な行動だということになる．ベルトラン・ゲームで攻撃的なのは，価格を下げることにほかならない．

　二つのゲームの第2の違いは，反応曲線の傾きである．クールノー・ゲームでは反応曲線の傾きが負だったのに対して，ベルトラン・ゲームでは傾きが正になっている．上で定義した言葉を使えば，クールノー・ゲームでは，相手が攻撃的になる（生産量が増える）と予想すると自分は受容的になり（生産量を減らし），相手が受容的になると予想すれば自分は攻撃的になる．この

ことを，クールノー・ゲームは**戦略的代替** (strategic substitute) の関係にあると言う．これに対して，ベルトラン・ゲームでは，相手が攻撃的だ（価格が低い）と予想すれば自分も攻撃的に（価格を低く）しようとし，相手が受容的だと予想すれば自分も受容的になる．このことを，ベルトラン・ゲームは**戦略的補完** (strategic compliment) の関係にあると言う．

> **命題 5.4** クールノー・ゲーム（数量競争）は戦略的代替，ベルトラン・ゲーム（価格競争）は戦略的補完の関係にある．

一般に，ゲームの戦略が攻撃的になるのはどの方向であるのか，また，ゲームが戦略的代替の関係にあるのか，戦略的補完の関係にあるのかを知っておくことは，ゲームで起こることを直感的に理解するために重要である．

カルテル 例えば，両企業が協調（結託）した場合，クールノー・ゲームでは戦略（生産量）が低下するのに対して，ベルトラン・ゲームでは戦略（価格）が増大（上昇）する．これは，協調によってお互いにとって受容的な方向へ戦略が変更されるためである．いずれの場合も，その結果，価格が上昇し，両企業の合計利潤が増大するが，消費者の経済厚生は低下する．

コミットメント また，企業 A が先導者となるときの部分ゲーム完全均衡を示したのが図 5.8 の点 S である．クールノー・ゲームでの先導者はより攻撃的になっていた（生産を増加させていた）のに対し，ベルトラン・ゲームでの先導者はより受容的になる（価格を上昇させる）．クールノー・ゲームは戦略的代替であるため，攻撃的な戦略にコミットメントすれば，相手は受容的になる．したがって，相手を脅して弱気にさせた方が得である．一方，ベルトラン・ゲームは戦略的補完であり，攻撃的な戦略にコミットメントすれば，相手も攻撃的になる．したがって，相手をなだめて寛容にさせた方が得なのである．いずれの場合も，その結果，コミットメントのない場合に比べると，先導者の利潤は上昇するが，追随者の利潤は両ゲームで反対の方向に動く．つまり，脅されて弱気になったクールノー・ゲームの追随者は利潤が減少するのに対し，なだめられて寛容になったベルトラン・ゲームの追随者

は利潤が上昇する．ベルトラン・ゲームでは，コミットメントの結果，お互いが受容的になり，一種の協力体制が敷かれるのである．したがって，クールノー・ゲームにおける「先導者は追随者より得をする」という構造は，ベルトラン・ゲームでは必ずしも成立せず，追随者の方が高い利潤を得ることもありえる．

■**戦略的代替・補完の決定条件** 戦略的な代替性・補完性はゲームのどのような特徴から決まっているのであろうか．このことを探るために，2 人のプレイヤー ($i = A, B$) が，それぞれ，戦略 s_i をある実数の区間 $[a, b]$ から選択し，利得が $\pi_i(s_i, s_j)$ になるようなゲームを考えよう．π_i が微分可能なら，$\partial^2 \pi_i / \partial s_i \partial s_j \geq 0$ のときは戦略的補完，$\partial^2 \pi_i / \partial s_i \partial s_j \leq 0$ のときは戦略的代替の関係にあることが知られている．つまり，戦略的代替・補完は利得関数の性質によって判断でき，本章で扱ったベルトラン・ゲームが戦略的補完，クールノー・ゲームが戦略的代替になっていることも容易に確認できる．ここで $\partial \pi_i / \partial s_i$ は，自分だけが戦略を増やすことの利得の増分を表している．ゆえに $\partial^2 \pi_i / \partial s_i \partial s_j \geq 0$ は，この自分の戦略増加の望ましさが相手の戦略増加で上昇することを要求している．したがって，相手の戦略増加に対して，より望ましくなった自分の戦略を同じく増加させ，戦略的補完になるのである．

より一般には，(例えば前章で扱った囚人のジレンマのように) プレイヤーの戦略は実数の区間でなくてもよく，利得が微分可能である必要もない．(詳述は避けるが) より緩やかなしかるべき条件の下で，すべての $s_i' \geq s_i$ に対して $\pi_i(s_i', s_j) - \pi_i(s_i, s_j)$ が s_j について増加なら，このゲームはスーパーモジュラー・ゲーム (supermodular game)，逆に減少ならサブモジュラー・ゲーム (submodular game) と呼ばれる．実は，スーパーモジュラー・ゲームは戦略的補完，サブモジュラー・ゲームは戦略的代替の関係にあることが知られている．

Column ＿＿＿＿＿＿＿＿＿＿＿＿＿＿＿＿＿＿＿＿＿＿＿＿＿＿＿ スウィッチング・コスト

読者の皆さんは，自分が新規の顧客になったときに，値引きや特別なサービスを受けるという経験をしたことはないでしょうか．実際このような経済現象は多くの場面で観察することができます．

- 基本・学習用のコンピューター・ソフトを無料または安く買える．
- 銀行で新口座開設や指定振込み口座設定のときに特典を受ける．
- 学生の間はクレジットカードを年会費無料で作ることができる．
- 自動車メーカーが薄利または赤字でも低価格帯の商品を供給する．

また，かつて携帯電話の普及期には，新規加入のときに携帯端末を無料でもらえたりもしました．これらの現象が新規顧客獲得のための企業努力から起こることは容易に想像できますが，それだけでは説明が不十分です．そもそも，なぜ企業は正常な利益を圧縮してまで新規顧客の獲得のために努力するのでしょうか．獲得した顧客から後に利益が上げられなくてはこのようなことはしないはずです．しかし，利益を上げるために価格を引き上げた段階で，顧客が他社の似たような商品に移ってしまえば，顧客を獲得した意味はなくなってしまうでしょう．つまり，顧客獲得努力が利益につながるためには，顧客が自由に他の商品に移りにくい状況にあることが重要なのです．例えば，使い慣れたコンピューター・ソフトから他のソフトへの切り替えには，新たな習熟のための費用が発生します．銀行口座を変更するには多くの自動振込みや引き落としの変更手続きが負担となります．このように，同質財であっても，現在消費している企業の製品から他企業の製品に乗り換えるには費用がかかることがあり，これをスウィッチング・コスト (switching cost) と呼びます．

ここで述べた経済メカニズムの本質は次のような単純なモデルでも理解することができます．A, B の 2 企業が限界費用 1500 円で同質財を供給する同時手番のベルトラン競争を考えましょう（同じ実効価格のときは需要折半）．消費者は全部で 100 人いて，各消費者が 1 単位目の財に支払ってもよいと思っている額は 2000 円であり，1 人 2 単位以上は買わないとします．このゲームは 2 回繰り返されるものとし，最初の回で企業 A（企業 B）から買った消費者が，次の回で別の企業 B（企業 A）に乗り換えて消費するには s 円分のスウィッチング・コストがかかるとします．$s = 0$ の場合は，通常のベルトラン競争が繰り返されるだけなので，2 回とも両企業の価格は 1500 円になるのが部分ゲーム完全均衡です．一方，スウィッチング・コストが十分に大きく $s > 500$ の場合を考えましょう．2 回目のゲームで相手の需要を奪うのには，少なくともスウィッチング・コスト以上の価格差をつけないとならないので，最大でも 1500 円未満の価格をつける必要があり，赤字になります．したがって，両企業とも低価格によって需要を奪うことはやめ，前回に自社製品を購入した消費者に対して最大価格の 2000 円をつけ，消費者 1 人あたり $2000 - 1500 = 500$ 円の利潤を得ることになります．1 回目のゲームではこの利潤を見込んで価格競争が行われるため，両企業の価格は 1500 円になっても均衡せず，お互い 1000 円にまで引き下げられます．つまり，スウィッチング・コストの存在によって消費者が囲い込めるので，次の回では高価格が実現できます．これによる利潤を狙って，最初の回では顧客獲得競争が起きて低価格が実現するのです．

なお，スウィッチング・コストが何に起因して生じるかは状況によって様々です．上述の例のように，慣れや習熟，手続きなどに起因することもあります．航空会社のマイレージをはじめとしたポイント制は，人為的・戦略的に企業がスウィッチング・コストを作り出している例です．関連する財であれば別の財でも同様の現象が起こりえます．

例えば，コピー機の販売メーカーは，コピー機本体は安くリースして顧客を獲得しておき，関連部品・消耗品やメンテナンスで利潤を上げることがあります．また，第 6 章で学ぶ情報の不確実性に起因することもあります．消費者にとって，いつも買っている企業の品質はわかっているのに対し，他企業の品質の情報は不確実で，粗悪品の可能性もあるため，他企業製品に乗り換えることはスウィッチング・コストがある，と考えるのと同様です．新規開店の店が顧客獲得のために当初安売りなどをするのはこのためです．

第 6 章
不確実性と情報の非対称性

　本書ではこれまで，暗黙のうちに，すべての個人が経済活動に関するあらゆる情報を持つという完全情報の仮定が置かれていた．しかし，現実においては，一部の個人しか知らないような情報も多くある．

　自分が知らない情報を他人も知らないという対称的な不完全情報であれば本質的な問題は発生しないが，ある人が知っている情報を別の人は知らないという「情報の非対称性」が存在する場合，市場の失敗が発生する．特に，情報を持つ個人と持たない個人の間の経済活動を分析する際には「インセンティヴ」の問題が起こる．相手の持つ私的な情報をいかにして引き出すか，あるいは，相手が努力したかどうかの情報がない状況でいかにして努力させるか，といったことが決定的に重要となる．

　本章の前半では，不確実性下での意思決定における有力な行動仮説として「期待効用理論」を導入し，個人がリスクにどのように対処するのか分析する．本章の後半では，第 4 章で導入されたゲーム理論と組み合わせて，インセンティヴに関わる問題について説明する．最後に期待効用理論の限界について説明し，それに代わる理論として「プロスペクト理論」を説明する．

6.1　不確実性下での意思決定：期待効用理論

　本節では，不確実性が存在する場合の個人の意思決定の問題を検討しよう．**不確実性** (uncertainty) とは，将来起こりうる事態のいずれが実現する

のかについて，意思決定者が知らない状況を指す．

不確実性下での意思決定の代表的な例が「保険」と「ポートフォリオ」である．前者の例として，家を持つ個人を考えよう．家主は，自分の家が1年以内に火事に遭遇するかどうかを予め知ることはできない．もし火事になれば臨時の支出が必要となる．そこで，自らの資産を失うというリスクに直面している家主は，火災保険への加入によりこれを回避する（リスクをヘッジする）のが通常である．また，将来の景気変動は予測可能ではないので，資産を持つ経済主体は自分の所有している資産を，現金や株式，債券などに配分してリスクを軽減するというポートフォリオ選択を行う．

6.1.1 期待効用

ここでは不確実性の下での意思決定の枠組みとなる「くじ」の概念と，最もよく使われる行動仮説である「期待効用理論」を導入する．

不確実性とくじ　将来起こりうる事態のことを，自然の状態 (state of nature) と呼ぶことにする．例えば来年1年間のうちに，自宅が燃えてしまうという事態は，一つの自然の状態である．逆に，自宅が燃えないという事態を考えることもできる．現時点ではどちらの自然の状態が起こるかはわからないが，1年間経ってみればどちらか一方だけが必ず起こっているはずである．ここで，それぞれの自然の状態に対応して確率 p を定義できる（$0 \leq p \leq 1$）．確率 p とは，その意思決定者が予測するところの自然の状態 s が起こる蓋然性である．また，ありうる自然の状態の確率を足し上げると1になるとする．火事の例で言うと，火事が起こる確率が p で起こらない確率が q だとすると，$p + q = 1$ が成立することを意味する．

さて，不確実性における自然の状態に対する確率と，自然の状態が起こった場合の結果の組のことをくじ (lottery) と呼ぶことにしよう．ここで言う「くじ」とは，日常に用いられるくじより広い概念であることに注意されたい．なお，結果は一般には実数とは限らないが，本章では資産額のように実数値をとるものとする．自然の状態 $s = H$ に依存する結果 c_H が確率 p，自然の状態 $s = L$ に依存する結果 c_L が確率 $1 - p$ で発生するような，くじ $\mathcal{L}$ は，

$$\mathcal{L} = [c_H, c_L; p, 1-p]$$

と表す．以下では，自然の状態が H と L の二つである場合で議論を進めるが，これらの議論は自然の状態が二つより多いときにも拡張可能である．

不確実性下の選好関係と期待効用関数　このように考えれば，不確実性がない場合の嗜好を「異なる消費計画間の選好関係」として定義できたように，不確実性がある場合の嗜好は，「異なるくじの間の選好関係」として定義できるはずである．また，異なる消費計画間の選好関係を効用関数で表したのと同様に，異なるくじの間の選好関係も効用関数で表すことができるはずである．異なるくじの間の選好関係 $\succsim$ を効用関数で表すならば，それは，各くじ $\mathcal{L}$ に彼の選好に従って効用の値 $U(\mathcal{L})$ を割り当てる関数 U として定義できる．つまり，任意の二つのくじ $\mathcal{L}$, $\mathcal{L}'$ について，

$$\mathcal{L} \succsim \mathcal{L}' \Leftrightarrow U(\mathcal{L}) \geq U(\mathcal{L}')$$

を満たす関数 U として定義できる．

詳述は避けるが，不確実性がある場合，このくじに対する選好関係 $\succsim$ について，合理的な意思決定者なら必ず満たすと期待されるいくつかの仮定を置けば，次の定理が成り立つ．

> **定理 6.1**　（期待効用定理）
> 任意のくじ $\mathcal{L} = [c_H, c_L; p, 1-p]$ の効用は，
>
> $$U(\mathcal{L}) = pu(c_H) + (1-p)u(c_L)$$
>
> と表される．ただし，u は，不確実性を含まない確実な結果 c に対して実数を対応させる関数である．

u は，確実な結果に対して定義されたある種の効用関数と見ることができ，u を **ノイマン・モルゲンシュテルン効用関数** (von Neumann-Morgenstern utility function) と呼ぶ．$U(\mathcal{L})$ は，ノイマン・モルゲンシュテルン効用関数の値の期待値にほかならず，それゆえ，U は **期待効用関数** (expected utility function) と言われる．

実は，ノイマン・モルゲンシュテルン効用関数 u は，序数的な効用関数ではなく，基数的な効用関数である．別の言い方をすれば，単調変換の中でも $v(\cdot) = (u(\cdot))^3$ のような単調変換では効用関数 v と u は同一の選好を表すとは限らず，同一の選好を表すためには線形変換 $v(\cdot) = a + bu(\cdot)$（ただし $a, b > 0$）でなければならない．

Column ──────────────────────────────── アレのパラドックス

ここでは，期待効用理論に対する批判として最も有名な「アレのパラドックス」を説明します．まず，次の二つのくじを選ぶような状況を考えてみましょう．

- くじ A：確実に 10000 円もらえる．
- くじ B：10%の確率で 25000 円，89%の確率で 10000 円，1%の確率で 0 円がもらえる．

これを形式的に表現すると $\mathcal{L}_A = [10000; 1]$ と $\mathcal{L}_B = [25000, 10000, 0; 0.1, 0.89, 0.01]$ となります．このようなくじの選択の際に，くじ A を選んだとしましょう．すなわち，$\mathcal{L}_A \succ \mathcal{L}_B$ が成立します．期待効用理論の下では，$\mathcal{L}_A \succ \mathcal{L}_B \Leftrightarrow U(\mathcal{L}_A) > U(\mathcal{L}_B)$ が成り立ちます．よって，$u(10000) > 0.1u(25000) + 0.89u(10000) + 0.01u(0)$ より，

$$0.11u(10000) > 0.1u(25000) + 0.01u(0) \tag{6.1}$$

となります．

今度は，同じ人が別のくじを選ぶような状況を考えてみましょう．

- くじ C：11%の確率で 10000 円，89%の確率で 0 円がもらえる．
- くじ D：10%の確率で 25000 円，90%の確率で 0 円がもらえる．

これを形式的に表現すると $\mathcal{L}_C = [10000, 0; 0.11, 0.89]$ と $\mathcal{L}_D = [25000, 0; 0.1, 0.9]$ となります．このときくじ D を選んだとしましょう．すなわち，$\mathcal{L}_D \succ \mathcal{L}_C$ が成立します．期待効用理論の下では，$\mathcal{L}_D \succ \mathcal{L}_C \Leftrightarrow U(\mathcal{L}_D) > U(\mathcal{L}_C)$ が成り立ちます．よって，$0.1u(25000) + 0.9u(0) > 0.11u(10000) + 0.89u(0)$ より，整理すると，

$$0.11u(10000) < 0.1u(25000) + 0.01u(0) \tag{6.2}$$

となります．

式 (6.1) と式 (6.2) は明らかに矛盾しています．しかしながら，経済学実験の結果によると半分以上の人が，最初の選択ではくじ A を，2 番目の選択ではくじ D を選ぶことが確かめられています．これを，その提唱者で 1988 年のノーベル経済学賞受賞者であるアレ (Maurice Allais) にちなんでアレのパラドックス (Allais paradox) と言いま

す．アレのパラドックスは，期待効用理論に対する有力な批判となります．なぜならこの矛盾の原因は，期待効用理論を使ったからにほかならないからです．

6.1.2 リスク回避とリスク・プレミアム

リスク選好 確率 100 分の 1 という小さな確率で 100 万円が当たるが，そうでなければ何ももらえないというくじがあったとしよう．このくじ $\mathcal{L}$ の期待値は 0.01×100 万円 = 1 万円 だが，このくじと，1 万円が確実にもらえるという選択のどちらを人は好むだろうか．このような問題を考えることでリスクに対する選好をとらえることができる．

一般的に，リスクのある任意のくじ $\mathcal{L} = [c_H, c_L; p, 1-p]$ を考え（ただし，$c_H \neq c_L$, $0 < p < 1$）．くじの期待値 $pc_H + (1-p)c_L$ を $\bar{c}$ と置くとき，

$$U(\mathcal{L}) = pu(c_H) + (1-p)u(c_L) < u(\bar{c})$$

を満たす選好を持つ個人を，**リスク回避的** (risk averse) な人と呼ぶ．上の例で言えば，期待値 1 万円のくじより，確実に 1 万円の方がよいという人である．これに対して，常に $pu(c_H) + (1-p)u(c_L) = u(\bar{c})$ を満たすような選好を持っている場合，そのような人は**リスク中立的** (risk neutral) だと言う．このようなリスク中立的な個人にとっては，もらえるくじの期待値のみが問題となる．さらに，常に $pu(c_H) + (1-p)u(c_L) > u(\bar{c})$ を満たすような選好を持つとき，**リスク愛好的** (risk loving) と呼ぶ．ただしリスク愛好的な経済主体を想定することは稀である．

これらの定義を効用関数の形状と対応させて考えてみよう．図 6.1 のように，リスク回避的ならば効用関数 u は $u''(c) < 0$ つまり上に凸の形状をとる．これに対して，図 6.2 に示される，リスク中立的な場合は $u''(c) = 0$ つまり線形関数となる．なお，リスク愛好的な場合は $u''(c) > 0$ つまり効用関数は下に凸の形状を持つ．

リスク・プレミアムと確実性等価 図 6.1 に与えられるようなリスク回避的な経済主体を考えてみよう．この図では，横軸に経済主体の消費額，縦軸にそのときのノイマン・モルゲンシュテルン効用をとっている．リスク回避的

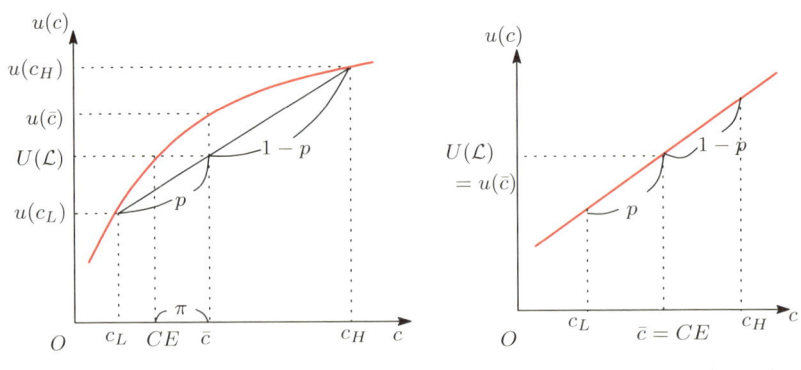

図 6.1 リスク回避的な効用関数　　**図 6.2** リスク中立的な効用関数

な経済主体にとって，リスクのあるくじ $\mathcal{L} = [c_H, c_L; p, 1-p]$ をもらうことは，くじの期待値 $\bar{c}$ を確実にもらうことより損である．実際，図 6.1 を見ればわかるように，くじの期待効用 $U(\mathcal{L})$ はくじの期待値を確実に得られる場合の効用 $u(\bar{c})$ よりも小さい．言い換えると，くじの期待値よりいくらか減らした額を確実にもらえるとき，くじの期待効用と等しくなるだろう．この額を**確実性等価** (certainty equivalent) と呼び，CE で表す．定義より，$U(\mathcal{L}) = pu(c_H) + (1-p)u(c_L) = u(CE)$ が満たされる．また，くじの期待値と確実性等価との差を**リスク・プレミアム** (risk premium) と呼び，π で表す．すなわち，$\pi = \bar{c} - CE$ である．

ここで再び図 6.1 を見てみよう．リスク回避的な経済主体の場合，確実性等価 CE はくじの期待値 $\bar{c}$ より小さい．これに対して，図 6.2 のリスク中立的な場合は両者が等しく，リスク愛好的な場合は確実性等価はくじの期待値より大きい．したがってリスク・プレミアムは，リスク回避的ならば正，リスク中立的ならばゼロ，リスク愛好的ならば負の値をとることになる．

以上の結果をまとめたのが表 6.1 である．

表 6.1 リスク選好

リスク選好	リスク回避的	リスク中立的	リスク愛好的
$U(\mathcal{L})$ と $u(\bar{c})$ の大小	$U(\mathcal{L}) < u(\bar{c})$	$U(\mathcal{L}) = u(\bar{c})$	$U(\mathcal{L}) > u(\bar{c})$
$u''(c)$ の値	$u''(c) < 0$ （限界効用逓減）	$u''(c) = 0$ （限界効用一定）	$u''(c) > 0$ （限界効用逓増）
π の値	$\pi > 0$	$\pi = 0$	$\pi < 0$
効用関数の例	$u(c) = c^{1/2}$	$u(c) = c$	$u(c) = c^2$

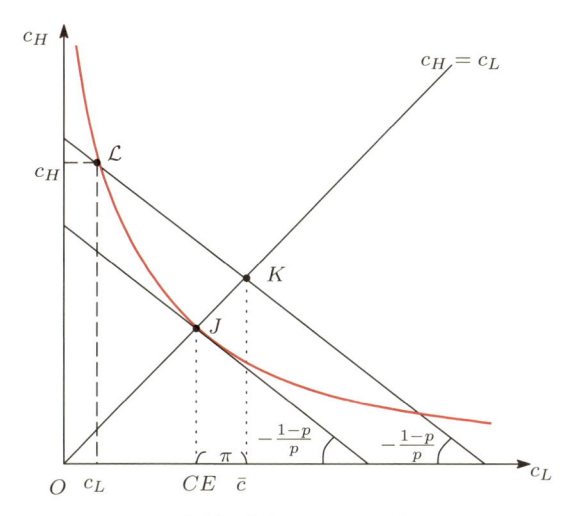

6.1 不確実性下での意思決定：期待効用理論　265

図 6.3　無差別曲線とリスク・プレミアム

リスクと無差別曲線　これらのリスク選好とリスク・プレミアムや確実性等価との関係は，確率 p を固定した図 6.3 を用いて説明することもできる．消費者が将来の景気に関する不確実性に直面しており，確率 p で好景気，確率 $1-p$ で不景気であるとする．縦軸に好景気の時の消費額 c_H，横軸に不景気の時の消費額 c_L をとって考えてみよう．この平面の任意の点は，くじ $\mathcal{L} = [c_H, c_L; p, 1-p]$ を表している．いまこの図で，$pc_H + (1-p)c_L = \bar{U}$ を満たす傾きが $-(1-p)/p$ の右下がりの直線をとれば，この直線上では景気に依存した消費額は異なるが，期待値 $pc_H + (1-p)c_L$ が等しいくじが与えられていることになる．また，45 度線上のくじは，確実に $c_H = c_L = c$ がもらえる点である．このような平面上で，無差別曲線を描いた場合，c_L を c_H で測った主観的価値である限界代替率 MRS_{LH} は，

$$MRS_{LH}(c_L, c_H) = \frac{\partial U(\mathcal{L})/\partial c_L}{\partial U(\mathcal{L})/\partial c_H} = \frac{(1-p)u'(c_L)}{pu'(c_H)}$$

と与えられることになる．

　リスク中立的な経済主体の場合，期待値が一定であればどのようなくじでも無差別であることから，傾きが $-(1-p)/p$ の直線がそのまま無差別曲線を表すことになる．リスク中立的な経済主体は $u'(c)$ が一定であり，限界代替率は $(1-p)/p$ で一定となることからもこのことが確認できる．

これに対して，リスク回避的な人の無差別曲線は，次のように考えることができる．任意の点 $\mathcal{L}$ を取ろう．点 $\mathcal{L}$ を通る無差別曲線と 45 度線の交点 J の横座標は，くじ $\mathcal{L}$ の確実性等価 CE である．また，点 $\mathcal{L}$ を通る傾き $-(1-p)/p$ の直線と 45 度線の交点 K の横座標は，くじ $\mathcal{L}$ の期待値 $\bar{c}$ に等しい．よって，点 K の横座標と点 J の横座標の差が，くじ $\mathcal{L}$ のリスク・プレミアム π に等しくなる．また，傾きが $-(1-p)/p$ の直線は期待値の等しいくじの集まりなので，確実に $c_H = c_L = c$ がもらえる点である 45 度線との交点から離れれば離れるほど，期待値は等しいが，どちらの自然の状態が起きるかによってもらえる額の差が大きくなり，それだけリスクが増えることになる．そうだとすると，リスク回避的な人の無差別曲線は，この直線に 45 度線との交点で接しており，原点に向かって凸の曲線であることがわかる．

リスク回避度 リスク回避の程度の指標として通常用いられるのは絶対的リスク回避度 (measure of absolute risk aversion) と相対的リスク回避度 (measure of relative risk aversion) である．ノイマン・モルゲンシュテルン効用関数を u とすると，

$$\text{絶対的リスク回避度} = -\frac{u''(c)}{u'(c)}$$

$$\text{相対的リスク回避度} = -\frac{cu''(c)}{u'(c)}$$

と与えられる．

これらの指標が大きいほど，図 6.1 で与えられる効用関数 u の曲がり方が激しい，つまり $u''(c)$ の（絶対値の）大きさが大きいと考えられるし，また，無差別曲線図で考えた場合にも，図 6.3 で与えられる無差別曲線の，45 度線上での屈折が大きくなる．屈折が大きいほどリスク・プレミアムが大きくなる．

では，絶対的リスク回避度と相対的リスク回避度の違いは何か．「想定するくじの違い」によって，両者の違いが生み出されている．絶対的リスク回避度は，資産額に関わらず火事によって一定額の損失が発生するといった，経済主体の資産額から独立な絶対額で決まるリスクを持つくじの回避度が，保有資産の違いによってどう変化するかを比較するための概念である．これに対して相対的リスク回避度は，火事によって資産額の一定割合の損失が発生

するといった，経済主体の資産額に対する相対額で決まるリスクを持つくじの回避度を，保有資産の違いに応じて比較するための概念である．

経済学における分析では絶対的リスク回避度一定 (constant absolute risk aversion; CARA) または相対的リスク回避度一定 (constant relative risk aversion; CRRA) を想定することが多い．

6.1.3 ポートフォリオ選択

ここでは，以上で導入した概念を用いてポートフォリオ選択の例を検討してみよう．ポートフォリオとは，自分の所有している資産額を，現金や株式，債券など，どんな種類の資産にそれぞれどれだけを投資するかという資金配分のあり方である．

投資家が，借入ができない状況で自らの全資産 W 円についてポートフォリオを組む状況を考える．1 年後，p の確率で景気はよくなり ($s = H$)，$1 - p$ の確率で景気が悪くなる ($s = L$) ものとする．資産は株式と現金の 2 種類であり，X 円の投資を行った場合，1 年後に以下のような収益が得られる．

- 株式の場合，景気がよくなれば $(1 + r_H)X$ 円，悪くなれば $(1 + r_L)X$ 円となって返ってくる．
- 現金の場合，景気にかかわらず X 円のままである．

株式の収益率は $r_H > 0$，$r_L < 0$ であり，かつ

$$p(1 + r_H) + (1 - p)(1 + r_L) = 1 + (pr_H + (1-p)r_L) > 1 \qquad (6.3)$$

を満たす，つまり株式の期待収益率 (expected rate of return) は現金の期待収益率より大きいものとする（そうでなければ，リスク回避的な投資家は株式に投資しない）．現金に全額を投下することは，くじ $\mathcal{L}_C = [W, W; p, 1-p]$ を購入することと同じであり，これに対して，株式に全額を投下することは，くじ $\mathcal{L}_S = [(1+r_H)W, (1+r_L)W; p, 1-p]$ を購入することであるので，ポートフォリオを組むことは，これらのくじへの投資配分の割合を決定することに他ならない．

なお，株式のようなリスクのある資産は危険資産 (risky asset) と呼ばれ，現金のようなリスクのない資産は安全資産 (risk-free asset) と呼ばれる．

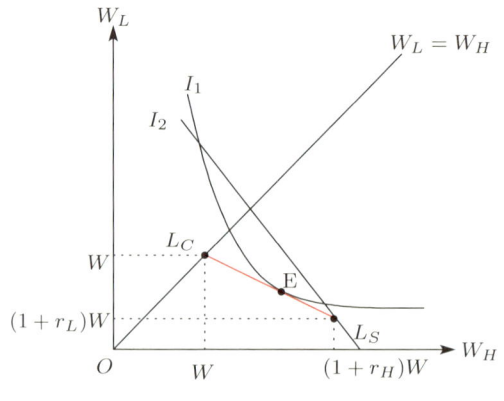

図 6.4　ポートフォリオ選択

これら二つのくじは，図 6.4 に表したように，横軸に景気が良くなったときの結果 W_H を，縦軸に景気が悪くなったときの結果 W_L をとった平面の二つの点，L_S と L_C として表すことができる（説明の都合上，前節までと，横軸と縦軸が逆転していることに注意すること）．なお，図の赤線 $L_C L_S$ は，株式と現金への保有割合（ポートフォリオ）を様々に変更することで，実現できる結果の組み合わせを表している．現金に $0 \leq t \leq 1$，株式に $1-t$ の割合の資産を投下した時に得られる収益の組み合わせ (W_H, W_L) は，

$$(W_H, W_L) = \Big(tW + (1-t)(1+r_H)W,\ tW + (1-t)(1+r_L)W\Big)$$

と表される．

まず，リスク回避的な投資家のポートフォリオを考えてみよう．リスク回避的な投資家の無差別曲線は図 6.4 の I_1 で与えられる．線分 $L_C L_S$ の傾きの絶対値は $-r_L/r_H$ であり，45 度線上での無差別曲線の傾きの絶対値は $p/(1-p)$ であり，さらに式 (6.3) より $-r_L/r_H < p/(1-p)$ が成り立つことから，リスク回避的な投資家にとっての最適なポートフォリオは，図 6.4 の点 E のように表されることになる．この場合，線分 $L_C L_S$ の長さに占める $L_C E$ の長さの割合だけが危険資産である株式に投資され，残りが安全資産である現金に投資される．

リスク回避度の大小との関係で言えば，リスク回避度が小さいほど（すなわち 45 度線上における無差別曲線が直線に近いほど），危険資産への投資額

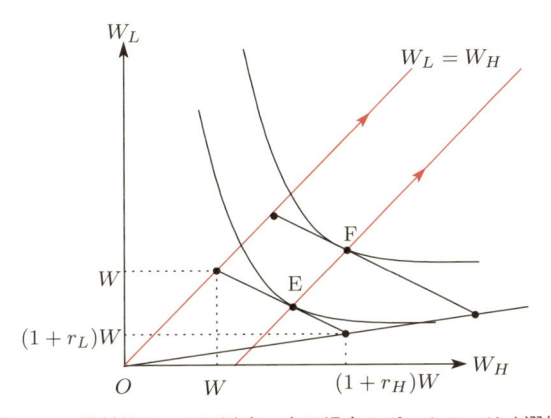

図 6.5　絶対的リスク回避度一定の場合のポートフォリオ選択

が大きくなるということが言える．なぜならば，リスク回避度が小さいほど，危険資産が抱えるリスクよりも期待収益率を重視して投資を行うようになるからである．その極端なケースとして，投資家がリスク中立的であった場合を考えてみよう．リスク中立的な投資家にとって，期待値が同じくじはリスクに関わらずすべて無差別であることから，無差別曲線は I_2 のような傾き $-p/(1-p)$ の直線となる．言い換えると，リスク中立的な投資家は期待収益率のみを見てポートフォリオを組むことになる．ここでは期待収益率は現金よりも株式の方が大きいので，この投資家にとっての最適なポートフォリオは図 6.4 の点 L_S で表されることになる．つまり，リスク中立的な投資家は全額を株式に投資することになるのである．

次に，特に，絶対的リスク回避度一定の場合と相対的リスク回避度一定の場合を考えてみよう．絶対的リスク回避度一定の場合，図 6.5 のように，任意の 45 度の傾きの直線上では，無差別曲線の限界代替率は常に等しくなるという性質を持つ．すなわち，拡張経路をとると傾きが 45 度の直線となる．このような無差別曲線を持つ経済主体のポートフォリオは，資産額 W に関わらず，一定額を株式で持ち，残額をすべて現金で持つ，というポートフォリオになる．

これに対して，相対的リスク回避度一定の消費者の最適ポートフォリオは図 6.6 で与えられる通り，資産額 W に関わらず，資産の一定割合を株式で持ち，残りを現金で持つというポートフォリオになる．

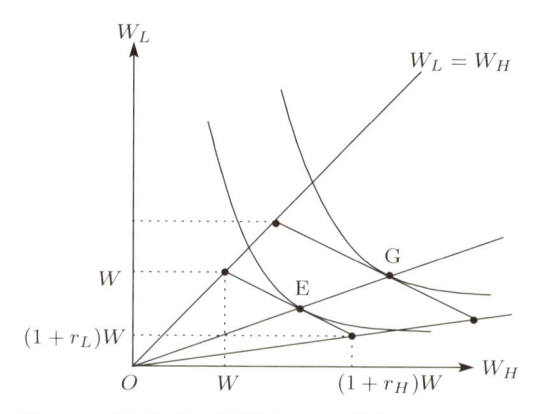

図 6.6　相対的リスク回避度一定の場合のポートフォリオ選択

このようにリスク回避度一定の仮定は投資行動を単純化できるため，現代のマクロ経済学や金融論などではこのような経済主体を想定して分析を行うことが多い．

6.2　不確実性下での市場取引：リスク・シェアリング

条件付き債権の市場　ここまでは，不確実性に直面する一経済主体の行動を検討した．それでは，同じ不確実性に直面する複数の経済主体がいる経済において，市場メカニズムはどのように対処するだろうか．理想的な形が実現するならば，市場は不確実性自体を市場取引する．それが条件付き債権 (contingent claim) の市場である．条件付き債権の典型例は保険である．

繰り返しになるが，火災によって資産を失うリスクに直面している家主は，保険に入るか否かという行動を選択する状況に直面する．保険に入る場合，家主は事前に qX 円だけの保険料を支払うことによって，火災時に X 円の保険金を受け取るという契約を保険会社と締結することになるが，このような契約を，「どの自然の状態が実現したかに依存して，支払う額（保険金）が決まってくる」という意味で，条件付き債権と呼ぶのである．

市場によるリスクの交換　複数の主体がいれば，条件付き債権の市場を通じてリスクを交換することができる．単純化した例として，労働者と企業の 2

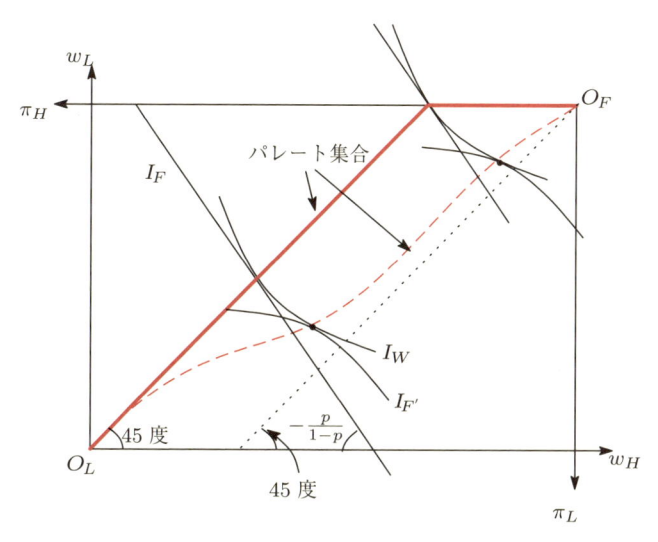

図 6.7　リスク・シェアリング

つの経済主体がいると仮定しよう．この企業全体の付加価値（労働者が獲得する賃金と企業が獲得する利潤の合計）は，好景気か不景気かに依存して異なるだろう．つまり，不景気の時には付加価値が小さくなるというリスクがあるわけである．

では，このリスクは，労働者と企業の間でどう分担されるだろうか．このことを，横軸に好景気の時の受け取り，縦軸に不景気の時の受け取りをとり，左下に労働者，右上に企業の原点をとった，エッジワース・ボックスで考えたのが，図 6.7 である．したがって，w_H が好景気のときの労働者の賃金受け取り，w_L が不景気のときの労働者の受け取り，π_H が好景気のときの企業の受け取る利潤，π_L が不景気のときの企業の受け取りである．また，エッジワース・ボックスが作る長方形の底辺の長さが好景気のときの総付加価値，高さが不景気のときの総付加価値の大きさを表している．

条件付き債権の市場では，企業と労働者が分け合える付加価値総額が，好景気に比べて不景気のときには小さくなってしまうというリスクが，両者の間で分け合われることになる．このことを，リスク・シェアリング (risk sharing) と呼ぶ．一般に，どのようなリスク・シェアリングがなされるかについては，両者のリスク回避の程度に依存している．ここで重要な命題を述べておこう．

> **命題 6.1** 条件付き債権の市場において，リスク中立的な企業とリスク回避的な労働者の間では，企業がすべてのリスクを負担する．

いま，条件付き債券の市場は図 6.7 に示したように，エッジワース・ボックスで表せるため第 3 章と同様に分析することができる．厚生経済学の第 1 定理より，市場取引はパレート集合上で実現することを我々は既に知っている．したがって，上記命題の証明として，パレート集合の特徴を以下に見ることにする．

リスク中立的な企業とリスク回避的な労働者のパレート集合は図の折れ線になる．この線の右上がり部分では $w_L = w_H$ が成立しており，すべてのリスクはリスク中立的な企業が分担するのがパレート効率的であるということがわかる．リスク中立的な企業の限界代替率を $MRS^F_{HL}(\pi_H, \pi_L)$，リスク回避的な労働者の限界代替率を $MRS^L_{HL}(w_H, w_L)$ とすると，確かに右上がりの直線上では，$w_L = w_H$ より，パレート効率性の条件

$$MRS^F_{HL}(\pi_H, \pi_L) = \frac{p}{1-p} = \frac{pu'(w_H)}{(1-p)u'(w_L)} = MRS^L_{HL}(w_H, w_L)$$

が満たされている．しかし一般に，両者がリスク回避的ならば（企業の無差別曲線が右上方向に凸の形状ならば），パレート集合は図の破線のようになり，両者がそれぞれリスクの一部を負担することになる．このとき，それぞれの原点から引いてある二つの 45 度線の間にパレート集合が入ることに注意したい．これは，パレート効率的な資源配分は，労働者も企業も，好景気のときより不景気のときに実現できる受け取り額が小さくなることを表している．

6.3 情報の非対称性と契約理論

本節以降では，これまでの不確実性下での意思決定を踏まえて，情報の経済学について説明をする．特に，ある人が知っている情報を別の人は知らないという，**情報の非対称性** (asymmetry of information) に注目する．このような状況の下では，情報が対称的な場合とは異なり，非効率性が生じる．情報の非対称性を扱う分野を**契約理論** (contract theory) と呼ぶ．

組織と契約　今日の経済には公的/民間組織あるいは営利/非営利組織など，数多くの組織が存在しており，それらは形態や目的に関して様々である．これら「組織」が経済において大きな役割を果たしていることは言うまでもない．

組織の大きな特徴は，組織内部での移転や資源配分が市場の価格メカニズムを通じて行われない点である[1]．多くの場合，企業組織においては雇用者と被雇用者の間の契約によって様々な資源配分が決定されている．そのため，組織内での資源配分を規定するのに大きな役割を果たしている契約は組織にとって重要な構成要素だと言えよう．よって，個人の間での「契約」の分析が組織の理解のためには必要条件となる．

プリンシパル・エージェント関係　契約理論は，契約を提示する側であるプリンシパル (principal)（依頼人）と，それを引き受ける側であるエージェント (agent)（代理人）の関係によって理解することが多い．労働契約の場合であれば，プリンシパルである雇用者が，エージェントである被雇用者に，賃金と仕事内容からなる契約の枠組みを提示し，自分の目的を果たすことを依頼する．一般に，プリンシパル・エージェント関係においては，最初にプリンシパルが契約を先導者として提示して，それを見たエージェントが追随者として引き受けるかどうかを決めるという構造になっている．これは動学ゲームであり，第4章で取り扱った最後通牒ゲームや，第5章で扱ったシュタッケルベルク・ゲームと同じ構造を持っている．したがって，以下で説明するモデルでは，部分ゲーム完全均衡を均衡概念として用いる．

情報の観察可能性　完全な情報の下では，依頼人であるプリンシパルがエージェントの持つ情報を知っている．しかしながら，多くの契約関係では，プリンシパルはエージェントに関する情報がわからない．労働契約を例にとると，雇用者にとって労働者の能力や努力水準などは把握できない場合が多い．また，本書第2章2.1.2項で取り上げたように，株主は経営者が利潤最大化しているかどうかを知る手段がない．このようなとき，プリンシパルはエージェントの情報を観察不可能 (unobservable) であるという．すなわち，プリンシパ

---

[1] ロナルド・コースの有名な言葉によれば，「企業の最も特徴的なポイントは価格メカニズムの消滅である」．

ルとエージェントが持つ情報に関して非対称性が存在する．また，エージェントしか知らないような情報をエージェントの私的情報 (private information) と呼ぶ[2]．当然ながら，プリンシパルは観察可能な事柄しか契約に書けないので，エージェントの私的情報に依存したような契約を結ぶことはできない．

情報の非対称性のあり方 契約理論の問題は情報の非対称性のあり方によっておおまかに二つに区分される．まず，契約前の情報の非対称性がもたらす問題を，逆選択 (adverse selection) と呼ぶ．契約を結ぶ際に，プリンシパルが，エージェントの持っている事前の私的情報（タイプ (type) と呼ばれる）を知らない状況を考えてみよう．例えば，企業が労働者と雇用契約する際に，労働者自身は契約前から決まっている自らの能力のタイプがわかっているが，企業側には（特別な審査をしない限り）わからない．この場合，労働者は自分のタイプを偽って契約できてしまう．

これに対して，契約を結んだ後の，エージェントの行動内容（努力）がプリンシパルには観察不可能な場合を考えてみよう．このとき，エージェントには，プリンシパルとの契約内容を無視して怠けようとする誘因がある．これが契約後の情報の非対称性がもたらす典型的な問題であり，モラル・ハザード (moral hazard) と呼ばれる．

これらの情報の非対称性が存在する場合，プリンシパルは，適切な契約の枠組みを提示することでエージェントの持つタイプや努力を引き出す仕組みを考える必要がある．このような仕組みは，情報が完全なときに結べる最善 (first best) な契約に対して，情報が非対称だという制約の下での最適な契約という意味で，次善 (second best) の契約と呼ぶ．

---

[2] 観察可能性の問題とは別に，観察した情報を第三者に対して立証できるかどうかという問題がある．観察した情報を裁判所などに訴え出ることで納得させることができるのであれば，立証可能 (verifiable) という．もし立証可能であれば，エージェントが契約の不履行があっても，客観的証拠をもとにその不履行を立証し，裁判所に訴えることで強制することができる．ある情報が立証可能であるためには，それを証明する客観的証拠が残されている必要がある．当事者にとっては観察可能でも，立証可能ではない場合には，契約が法的に有効にならず，契約は当事者間の交渉等に委ねられる．このような契約を不備契約 (incomplete contract) という．以下では，議論を単純化するために，観察可能な情報は立証可能であることを仮定して話を進める．

6.4 事前の情報の非対称性：逆選択とシグナリング

本節では，契約や取引の前に発生していた情報の非対称性を検討しよう．

逆選択　いま，能力の高い労働者と低い労働者が混在している労働市場を考えよう．企業が労働者と雇用契約する際に，労働者は自らの能力を知っているが，企業は労働者の質がよくわからないとする．このとき，企業が期待値で労働者の能力を評価するしかないとすると，能力の低い労働者である可能性も考慮して賃金が提示されることになる．そこで，能力の高い労働者は過小評価されることになり，労働市場から退出する．結果として，市場には能力の低い労働者のみが残される．「市場競争により，高品質な財（能力の高い労働者）が低品質な財（能力の低い労働者）によって逆に淘汰される」というこの現象は，逆選択と呼ばれる[3]．

逆選択が起こると，著しい経済的な非効率性が生じることは明らかである．しかし，この論理が成り立つのは，若干限定された状況であろう．例えば，企業はその採用や人事において，期待値だけで人材を評価するのではなく，資格や学歴などの能力と関係するシグナルを見つけて活用するのが普通である．このような場合，シグナルに応じて適切な契約のメニューを提示することで，情報の非対称性による損失を最小限に食い止められるのではないだろうか．

6.4.1 モデル

そこで，企業（プリンシパル）が労働者（エージェント）に資格などの人的資本の蓄積を促すような場合を考えてみよう．蓄積された人的資本の水準 h は企業の側も観察ができるとすれば，企業側は，人的資本の水準 h に従って異なる賃金 w を提示できる．人的資本 h の労働者の生産量は生産関数 $f(h)$ で表され，企業はこの労働者から利潤 $f(h) - w$ を得る（簡単化のために，生

---

[3] この論理は，事前の情報の非対称性に関する先駆的な研究である Akerlof, G.A. (1970), "The Market for "Lemons": Quality uncertainty and the market mechanism," *Quarterly Journal of Economics* 84: 488-500 で紹介された．彼は同じ論理を，中古車市場において低品質な車（レモン）が逆選択されることに応用したため，レモンの原理 (lemon's principle) とも呼ばれる．

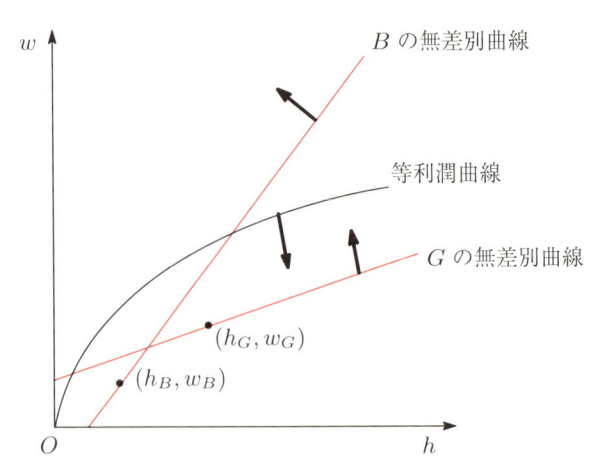

図 6.8　企業の等利潤曲線と労働者の無差別曲線

産物価格は 1 とする).労働者は,能力の高い人(タイプ G)が p の割合,低い人(タイプ B)が $1-p$ の割合で存在する(ただし $0<p<1$).各労働者は賃金から人的資本蓄積のための費用を差し引いただけの効用を得られ,タイプ i $(i=G,B)$ の効用関数は $w-\theta_i h$ であるとする.1 単位あたりの資本蓄積からの不効用はタイプ G の方が低く,$\theta_G<\theta_B$ が成り立っているとする.つまり,能力の高い人は人的資本を蓄積することがあまり苦痛ではないが,低い人には苦痛が大きいというわけである.

企業の等利潤曲線とそれぞれの労働者の無差別曲線は,縦軸に賃金 w を,横軸に人的資本 h をとった,図 6.8 に示されている.ある労働者からある一定水準の利潤 π を得るような賃金と人的資本の組み合わせは,$w=f(h)-\pi$ で表される.したがって,企業の等利潤曲線は,傾きが労働者の限界生産性 $f'(h)$ の,黒い実線で表される曲線を代表とし,それを上下に平行移動した曲線となる.労働者の人的資本水準が高く賃金が低いほど利潤は大きくなるから,下方にある曲線ほど利潤は高い.他方,効用がある一定水準 u にとどまるような賃金と資本蓄積の組み合わせは,$w=u+\theta_i h$ で表される.よって,無差別曲線は傾きが θ_i の直線となり,その縦軸の切片が得られる効用水準を表している.資本蓄積が少なく賃金が高いほど効用は高まるから,直線が左上にシフトするほど,より効用水準は高くなる.また,$\theta_G<\theta_B$ より,タイプが異なる労働者の無差別曲線は傾きが異なり,無差別曲線の傾きは低

い能力の労働者の方が大きい．

また，契約に応じない場合の労働者の効用は $\bar{u}$ とする．これは，この労働者が他の企業で働いたときに最低限もらえる賃金，もしくは労働力を自家消費したときの効用と解釈すればよい．このような，契約を結ばないときの効用水準は，留保効用 (reservation utility) と呼ばれる．

次の 3 段階から成るゲームを考える．

第 1 段階　企業が各タイプ $i = G, B$ に向けて，契約を受け入れた労働者が蓄積すべき人的資本と支払われる賃金を定めた契約 (h_i, w_i) を提示する．

第 2 段階　労働者は契約を受け入れるかどうか，また受け入れる場合はどの契約を受け入れるかを選ぶ．提示された契約をすべて拒否したときは留保効用 $\bar{u}$ を手に入れる．

第 3 段階　結ばれた契約に基づいて，労働者は人的資本を蓄積し，企業は賃金を支払う．

6.4.2　情報の非対称性が存在しない場合

情報が完全であり，企業が労働者のタイプを観察可能な場合を考えよう．この場合，企業は，タイプ i の労働者を判別し，それぞれのタイプ i にはタイプ i 向けの契約だけをオファーできる．したがって，第 2 段階では労働者がその契約を受け入れるか否かのみが問題となる．労働者はどのような契約でも受諾するわけではなく，自分にとって損な契約は拒否するから，その効用が留保効用である $\bar{u}$ 以上の場合にのみ受諾する．これを，参加制約 (participation constraint) と呼ぶ．タイプ i の参加制約は $w_i - \theta_i h_i \geq \bar{u}$ である．

したがって，企業にとって最適なタイプ別契約 $((h_G, w_G), (h_B, w_B))$ は，参加制約の下で期待利潤を最大化する契約であり，それは

$$\max_{((h_G, w_G), (h_B, w_B))} p(f(h_G) - w_G) + (1-p)(f(h_B) - w_B)$$

$$\text{subject to} \quad w_i - \theta_i h_i \geq \bar{u}, \ i = G, B \tag{6.4}$$

の解である.実は,企業は労働者のタイプが観察可能なので,各タイプごとに最大化問題を考えてもよい.すなわち,各タイプ i について,$f(h_i) - w_i$ を参加制約 $w_i - \theta_i h_i \geq \bar{u}$ の下で最大化するという問題を考えることができる.もちろん,このときの解は上で考えた問題の解と同じになる.このとき次が成り立つ.

> **命題 6.2** タイプが観察可能な場合には,次のような契約がなされる.
> (i) 各タイプがちょうど留保効用分の効用を得る賃金が支払われる.
> (ii) 各タイプは限界生産性と限界代替率が一致する人的資本を選ぶ.

この契約は,図 6.9 の (h_G^*, w_G^*) と (h_B^*, w_B^*) で表され,タイプ i には (h_i^*, w_i^*) の労働契約が提示され,労働者はそれを受け入れる.(i) で示したように,企業は参加制約を等号で満たすような契約を提示する(図 6.9 は $\bar{u} = 0$ の場合を描いており,I_B と I_G が留保効用水準に対応したそれぞれのタイプの無差別曲線である).この効用水準の下で,タイプ i からの利潤を最大化する点 (h_i^*, w_i^*) は,黒い曲線で表される企業の等利潤曲線と労働者の無差別曲線が接する点である.等利潤曲線の傾きは限界生産性 ($f'(h_i^*)$) であり,無差別曲

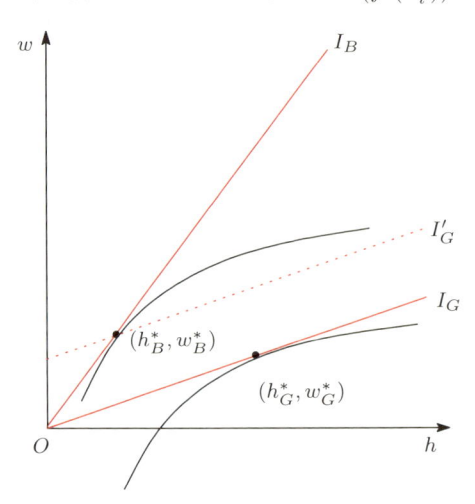

図 6.9　情報の非対称性が存在しない場合の契約

線の傾きは限界代替率 (θ_i) なので，(ii) にあるように $f'(h_i^*) = \theta_i$ となる．これは，生産を入れた一般均衡理論で得られた結論と同様であり，経済効率性が達成されていることがわかる．つまり，情報が観察可能なときには，パレート効率的な契約がオファーされることになる．

6.4.3 情報の非対称性が存在する場合

問題点 次に企業は，労働者が G, B どちらのタイプであるかについて観察できないものとしよう．この場合，企業には当該労働者がどちらのタイプなのかを見分けることができないので，労働者は自分とは別のタイプ向けの契約も選択することができる．このとき，図 6.9 に示されるような，情報が観察できる場合と同じ契約を提示するとどうなるだろうか．タイプ G が自分はタイプ B だと偽って契約することで，(h_B^*, w_B^*) を通る無差別曲線 I_G' の効用水準が達成できる．これはもとの無差別曲線 I_G より左上にあるので，より高い効用水準が得られる．つまり，タイプ G もタイプ B も，タイプ B 向けの契約を選択するため，全員がタイプ B の行動をとることになり，最善の契約を達成することはできない[4]．よって，情報の非対称性が存在する場合には，最善の契約は均衡にはならない．

誘因両立制約 そこで情報が観察できない場合には，情報を保有する労働者に嘘をつく誘因が存在せず，正直に自分向けの契約を選択する誘因を持つ，自己選択 (self-selection) 的な契約を提示しなければならない．タイプ i が自己選択するためには，$j \neq i$ として，

$$w_i - \theta_i h_i \geq w_j - \theta_i h_j$$

という制約がさらに必要となる．これは，誘因両立制約 (incentive compatible condition) と呼ばれる．この式の左辺は正直に自分向けの契約を選択した場合の効用で，右辺は嘘をついて別のタイプ向けの契約を選択した場合の効用を示している．図 6.9 のようなタイプ別契約は，タイプ G が，自分は実はタ

---

[4] 広義には，ここで述べたようなエージェントの事前の私的情報に伴う非効率性を広く指して，逆選択と呼ぶことがある．ここで述べた問題点は，冒頭で述べたレモンの原理としての「逆選択」とは構造が異なるが，事前の私的情報に伴う問題であることに関しては共通している．

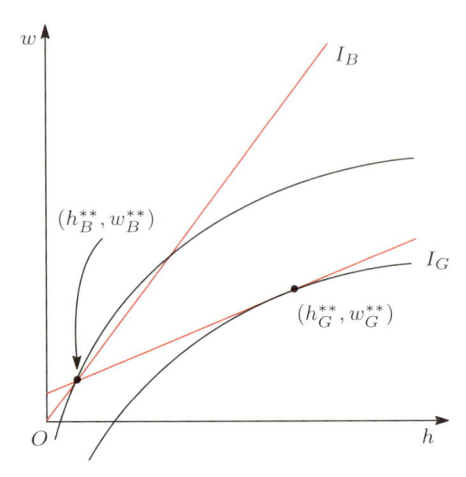

図 6.10　情報の非対称性が存在する場合の契約

イプ B であると報告した場合に実現できる契約 (h_B^*, w_B^*) が，誠実に自分はタイプ G であると報告して，(h_G^*, w_G^*) を実現するより，効用が高いことを示している．したがって，この図は，誘因両立制約を満たしていない．

次善の契約　そこで，企業は，最大化問題 (6.4) に各タイプ $(i = G, B)$ の誘因両立制約をさらに加えて，情報の非対称性下での最適契約を解く必要がある．この問題を解くタイプ別契約は，図 6.10 の (h_G^{**}, w_G^{**}) と (h_B^{**}, w_B^{**}) のようになり，その場合，各タイプは正直に自分向けの契約を結ぶ．このとき，次の命題が成り立つ．

> **命題 6.3**　タイプが観察不可能な場合には，次のような契約がなされる．
> (i) タイプ G には留保効用より大きな効用を得る賃金が支払われる．一方，タイプ B はちょうど留保効用を得る賃金が支払われる．
> (ii) タイプ G は限界生産性と限界代替率が一致する効率的な人的資本を選ぶ．一方，タイプ B は効率的水準より過小な人的資本を選ぶ．

情報が観察できる場合と同様，タイプ B には参加制約が等号で満たされる留保効用を得るような契約が提示される．図 6.10 では，$\bar{u} = 0$ としている

ので，タイプ B 向けの契約 (h_B^{**}, w_B^{**}) は原点を通る無差別曲線上にあることが確認できる．これに対してタイプ G には，「自分はタイプ B である」と虚偽の申告をさせないように，留保効用よりも大きい効用水準を与える契約 (h_G^{**}, w_G^{**}) が提示される．実際，(h_G^{**}, w_G^{**}) を通るタイプ G の無差別曲線 I_G の切片は留保効用水準ゼロより厳密に大きい．タイプ G がこの契約で得られる効用と留保効用の差分を**情報レント** (information rent) と呼ぶ．

図 6.10 で，(h_G^{**}, w_G^{**}) において，タイプ G の無差別曲線が黒線の企業の等利潤曲線と接しており，限界生産性 $f'(h_G^{**})$ とタイプ G の労働者の限界代替率 θ_G が一致する．しかしながら，タイプ B については，(h_B^{**}, w_B^{**}) においてはタイプ B の無差別曲線と企業の等利潤曲線が交わっているので，限界生産性と限界代替率が乖離している．これは，情報の非対称性によって資源配分の非効率性が発生していることを意味する．つまり，**情報の非対称性が存在するとき実現する状態は，パレート効率的ではない**．

この結果は，企業の側から直観的に見るとわかりやすい．つまり，図 6.9 で起こったような，タイプ G が「自分もタイプ B である」という嘘の申告を防ぐ方法は 2 種類ある．一つは，h_B と w_B を同時に下げて，タイプ B 向けの契約がタイプ G にとって魅力的でないようにすることであり，いま一つは，h_G や w_G を上げて，タイプ G 向けの契約の相対的な魅力を上げることである．いずれの方法も犠牲なしに実行できるわけではなく，前者はタイプ B の人的資本水準を効率的な水準より引き下げることにより，後者はタイプ G への移転が増加することにより，企業にコストが発生する．したがって，両者の方法をうまくバランスする契約を選んでコスト増を最小限に抑えることが最適になる．

また，労働者の側から見ると，自己の最適な行動の結果として，それぞれのタイプが自分向けの契約を選択している．直観的には，(低賃金だが) 低い人的資本で済む契約と (高賃金だが) 高い人的資本を要求する契約のメニューを提示することで，前者を能力の低い人が，後者を能力の高い人が，自ら選択するようなインセンティヴを作り出している．これにより，労働者がどちらのタイプなのかは，選んだ契約で区別がつく．このことを**シグナリング** (signaling) と言う．

ところで，ここで用いたモデルではタイプ G の任意の無差別曲線とタイプ B の任意の無差別曲線は，1回しか交わっていない．こうした性質を単一交差性 (single-crossing property) と言う．一般に，単一交差性が満たされていると，シグナリングを実現できることが知られている．

6.5　事後の情報の非対称性：モラル・ハザード

前節では契約前の情報の非対称性を検討したが，本節では契約後の情報の非対称性と，その問題点であるモラル・ハザードを分析しよう．

6.5.1　モデル

企業（プリンシパル）が労働者（エージェント）と契約する問題を考えよう．まず，企業が賃金契約を設計して労働者に提示する．労働者は，どのような契約であるかを見た上で，契約を受け入れるか拒否するかを選ぶ．拒否した場合，労働者は他社に雇われる．受け入れた場合，労働者はこの企業に雇われ，その後に業務における努力水準 e を選ぶ．ただし，努力水準は高い努力水準 e_H か低い努力水準 e_L のどちらかを選ぶものとする．

業務の結果，売上 y が実現する．ただし，売上は高い売上 y_G か低い売上 y_B のどちらかであり（$y_B < y_G$），売上は観察可能であるとする．どちらの売上が実現しやすいかは，労働者の努力水準に依存する．労働者が e_H を選ぶ場合，p_H の確率で y_G が，$1 - p_H$ の確率で y_B が実現し，労働者が e_L を選ぶ場合，p_L の確率で y_G が，$1 - p_L$ の確率で y_B が実現する．ただし，$p_L < p_H < 1$ であり，高い努力水準を選んだからといって必ずしも高い売上が実現するわけではないが，高い努力水準を選んだ方が高い売上が実現しやすい．

労働者が e_H を選ぶ場合，労働者には努力費用が c だけ発生するが，労働者が e_L を選ぶ場合，労働者の努力費用はゼロとする．すなわち，高い努力水準を選ぶ場合，労働者はそれなりのコストを負担しなければならない，というわけである．

他社に雇われた場合，労働者は留保効用 $\bar{u}$ を得る．他方，この企業に雇われた場合，労働者の効用は，賃金 w より得られる利得 $u(w)$ から，努力費用

を差し引いたものになる．ただし，労働者は賃金に関してリスク回避的であり，$u(w)$ は $u'(w) > 0$ かつ $u''(w) < 0$ を満たすものとする．企業はリスク中立的であり，獲得する効用は，売上から労働者に支払った賃金を差し引いた利潤である．

このモデルをまとめておこう．

第1段階　会社が賃金契約 (w_G, w_B) を設計して労働者に提示する．

第2段階　どのような報酬契約であるかを見た上で，労働者は契約を受け入れるか拒否する（後者の場合は，他社と契約する）．

第3段階　受け入れた場合，労働者は自分で選んだ努力水準 e_i で仕事を行う．

第4段階　努力水準に応じた確率によって売上が y_G か y_B に決まる．その売上を見て，会社は労働者に約束した報酬を支払う．

6.5.2　情報の非対称性が存在しない場合

まず，企業が労働者の努力水準を観察できる場合を考えてみよう．この場合，企業は売上だけではなく，努力水準そのものにも応じた賃金契約を提示できる．したがって，企業は，労働者に高い努力水準を選ばせたければ，労働者に低い努力水準を選んだ場合にほんのわずかの賃金しか与えないようにすればよい．つまり，労働者が怠けた場合に，十分に大きな罰を与えることによって，労働者が高い努力水準を選ぶように仕向けることができる．

しかし，ここでまた別の問題がある．労働者が高い努力水準を選んだ場合でも，低い売上が実現することがあるからである．ここでの問題は，労働者が努力した場合に，企業は売上に応じて賃金を変化させるべきか，すなわち，労働者に対してリスクを負担させるべきかという点である．

労働者に高い努力水準を選ばせたい場合，企業は，以下の利潤最大化問題に基づいて賃金契約 (w_G, w_B) を決定することになる．

第 6 章 不確実性と情報の非対称性

$$\max_{(w_G, w_B)} \quad p_H(y_G - w_G) + (1 - p_H)(y_B - w_B) \quad (6.5)$$

$$\text{subject to} \quad p_H u(w_G) + (1 - p_H)u(w_B) - c \geq \bar{u} \quad (6.6)$$

ここで，w_G は高い売上が実現した場合の賃金，w_B は低い売上が実現した場合の賃金である．式 (6.5) は労働者が高い努力水準を選ぶ場合の企業の期待利潤である．式 (6.6) の左辺は労働者が高い努力水準を選ぶ場合の労働者の期待効用，右辺は労働者の留保効用である．したがって，式 (6.6) は，労働者がこの企業との契約を受け入れるためには満たされなければならない条件を表しており，前節と同じように参加制約と呼ぶ．

このとき，次のような賃金契約が結ばれる．

命題 6.4 労働者の努力水準が観察可能な場合，企業は次の賃金契約 (w_G^*, w_B^*) を提示する．

(i) 参加制約を等号で満たす．

(ii) 定額賃金 $w_G^* = w_B^*$ を満たす．

横軸に w_G，縦軸に w_B をとった図 6.11 で，企業がこのような賃金契約を提示することを確認してみよう．

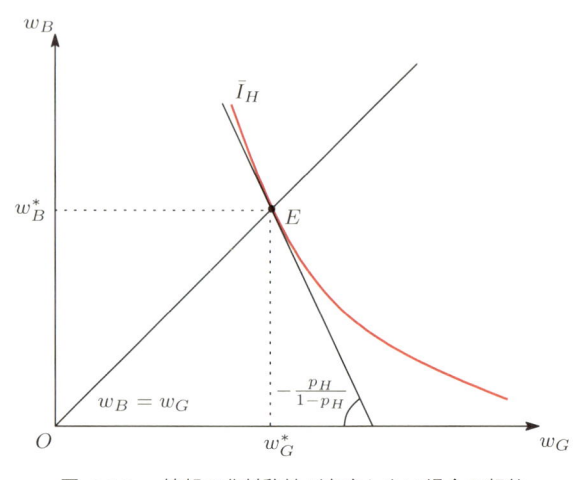

図 6.11　情報の非対称性が存在しない場合の契約

まず $i = H, L$ として，$e = e_i$ の場合の労働者の無差別曲線は原点に向かって凸になり，右上にあるほど高い効用水準に対応することに注意しよう．$e = e_i$ の場合の労働者の限界代替率を MRS_{GB}^i とすると，

$$MRS_{GB}^i(w_G, w_B) = \frac{p_i}{1-p_i} \cdot \frac{u'(w_G)}{u'(w_B)}$$

である．また企業はリスク中立的だから，$e = e_H$ の場合，企業の無差別曲線は傾き $-p_H/(1-p_H)$ の直線になり，左下にあるほど高い利潤に対応することに注意しよう．$e = e_H$ の場合，企業の限界代替率を MRS_{GB}^F とすると，

$$MRS_{GB}^F(w_G, w_B) = \frac{p_H}{1-p_H}$$

である．

さて，$e = e_H$ の場合に留保効用 $\bar{u}$ を達成する労働者の無差別曲線を $\bar{I}_H$ とすると，参加制約を満たす（すなわち，$e = e_H$ の場合に労働者の期待効用が $\bar{u}$ 以上になる）賃金契約は $\bar{I}_H$ の右上側の領域になければならない．この参加制約を満たす賃金契約の中で，$e = e_H$ の場合の企業の期待利潤が最大化されるのは，$\bar{I}_H$ と $e = e_H$ の場合の企業の無差別曲線が接する点 E である．したがって，点 E における最適賃金契約 (w_G^*, w_B^*) では，参加制約は等号で成立し，$MRS_{GB}^H(w_G^*, w_B^*) = MRS_{GB}^F(w_G^*, w_B^*)$ から $u'(w_G^*) = u'(w_B^*)$，つまり $w_G^* = w_B^*$ が成立することになる．

6.2 節で述べたように，$w_B = w_G$ で表される直線はリスク中立的な企業とリスク回避的な労働者のパレート集合である．賃金契約 (w_G^*, w_B^*) はパレート集合上にあることから，情報が観察可能なときにはパレート効率的なリスク・シェアリングが達成されることがわかる．

そもそも，定額賃金ではない，すなわち，$w_G \neq w_B$ が成り立つような場合，w_G と w_B の差を減少させると，労働者のリスクが減少する．したがって，労働者が契約を受け入れるためのリスク・プレミアムを減少することになり，期待賃金を減らし期待利潤を高めることができる．その上で，賃金を参加制約を等号で満たす水準まで減らすことで，労働者に契約を受け入れさせつつ利潤を増やすことができる．したがって，このような賃金契約が最適になるのである．

6.5.3 情報の非対称性が存在する場合

問題点 次に，企業が労働者の努力水準を観察できない場合について考えよう．ここで重要なのは，定額賃金，すなわち，$w_G = w_B$ の場合，労働者は決して高い努力水準を選択しないということである．なぜならば，売上がどうあろうとも同じ賃金を受け取れるのであれば，労働者はわざわざ高い努力水準を選んで努力費用を c だけ負担するよりも，低い努力水準を選んで努力費用を負担しない方が望ましいからである．この意味において，定額賃金の場合には労働者のモラル・ハザードが発生してしまう．

誘因両立制約 このとき，企業は労働者に高い努力水準を選ばせたいならば，賃金契約をうまく工夫して労働者が自ら高い努力水準を選ぶようなインセンティヴを与えなければならない．したがって，

$$p_H u(w_G) + (1-p_H)u(w_B) - c \geq p_L u(w_G) + (1-p_L)u(w_B) \quad (6.7)$$

という条件がさらに必要になる．式 (6.7) の左辺は労働者が高い努力水準を選ぶ場合の労働者の期待効用，右辺は労働者が低い努力水準を選ぶ場合の労働者の期待効用である．したがって，式 (6.7) が満たされれば，労働者が自発的に高い努力水準を選ぶはずである．これを前節と同じように誘因両立制約と呼ぶ．

次善の契約 したがって，企業は参加制約 (6.6) と誘因両立制約 (6.7) の下で，期待利潤 (6.5) を最大化する．このとき次善の契約として，次のような賃金契約が結ばれる．

命題 6.5 労働者の努力水準が観察不可能な場合，企業は次の賃金契約 (w_G^{**}, w_B^{**}) を提示する．

(i) 参加制約及び誘因両立制約を等号で満たす．

(ii) $w_G^{**} > w_B^{**}$ を満たす．

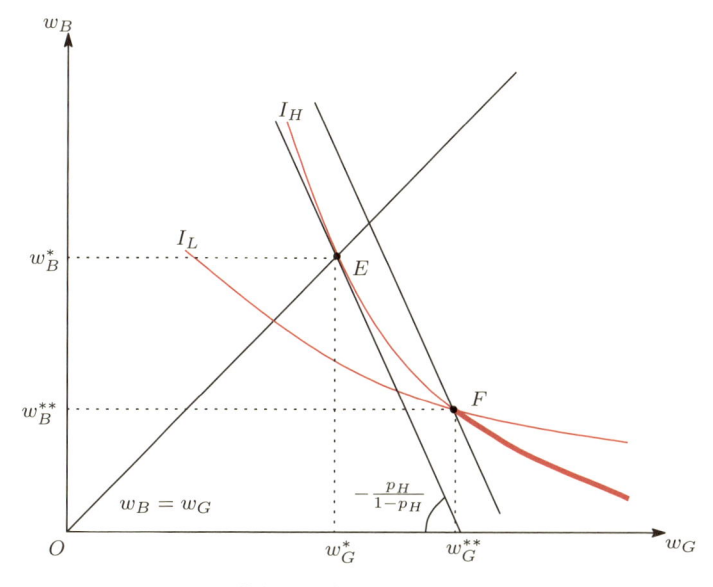

図 6.12　情報の非対称性が存在する場合の契約

　まず，(i) の参加制約が等号で満たされているという点を確認しよう．参加制約 (6.6) と誘因両立制約 (6.7) が満たされている下で，労働者が留保効用 $\bar{u}$ より厳密に大きい効用を得ていたとしよう．すると，企業は w_B を下げることで，支払う可能性のある賃金を削減でき，参加制約を満たしつつ期待利潤を上昇させられる．このとき誘因両立制約は，元々高い努力を選ぶはずだったところで w_B をさらに下げたのであるから，なおさら満たされるはずである．したがって，企業にとって最適なのは留保効用 $\bar{u}$ をぎりぎり与えるような契約でなければならない．

　さらに，横軸に w_G，縦軸に w_B をとった図 6.12 で，企業が (ii) のような賃金契約を提示することを確認してみよう．(i) から，労働者が効用水準 $\bar{u}$ を得るような契約を考えればよい．$e = e_H$ の場合に効用水準 $\bar{u}$ を達成する労働者の無差別曲線を I_H，$e = e_L$ の場合に同じ効用水準 $\bar{u}$ を達成する労働者の無差別曲線を I_L とする．まず，I_H と I_L の交点 F では，I_H の方が傾きが急であることに注意しよう．なぜならば，

$$MRS_{GB}^H(w_G, w_B) = \frac{p_H}{1-p_H} \cdot \frac{u'(w_G)}{u'(w_B)}$$
$$> \frac{p_L}{1-p_L} \cdot \frac{u'(w_G)}{u'(w_B)} = MRS_{GB}^L(w_G, w_B)$$

が成立するからである．これは，単一交差性に他ならない．また，交点 F は，$w_B = w_G$ で表される直線よりも必ず右下にあることにも注意しよう．なぜならば，交点 F では，$e = e_H$ の場合の労働者の期待効用は $\bar{u}$，$e = e_L$ の場合の労働者の期待効用も $\bar{u}$ だから，

$$p_H u(w_G) + (1-p_H)u(w_B) - c = p_L u(w_G) + (1-p_L)u(w_B)$$

となり，$w_G > w_B$ が成立するからである．

このとき，$e = e_H$ の場合に労働者が効用水準 $\bar{u}$ を得て，かつ，誘因両立制約を満たす（すなわち，$e = e_H$ の場合の労働者の期待効用が $e = e_L$ の場合以上になる）賃金契約は，I_H の太線部分になければならない．したがって，$e = e_H$ の場合に労働者が効用水準 $\bar{u}$ を得て，かつ，誘因両立制約を満たす賃金契約の中で，企業の期待利潤を最大化する賃金契約は，$e = e_H$ の場合の企業の無差別曲線が最も左下に来る交点 F である．したがって，賃金契約の中で企業の期待利潤を最大化する賃金契約は，I_H と I_L の交点 F の賃金契約 (w_G^{**}, w_B^{**}) であり，$w_G^{**} > w_B^{**}$ が成立することになる．なお，明らかにこの場合，誘因制約は等号で満たされている．

しかし，この賃金契約 (w_G^{**}, w_B^{**}) はパレート集合上にないから，情報が非対称なときには，パレート効率的なリスク・シェアリングは達成されないことがわかる．本来，リスク中立的な企業とリスク回避的な労働者の間では，企業がリスクを完全に負担することが望ましい．しかし，労働者の努力水準に関する情報の非対称性が存在する場合には，企業がリスクを完全に負担すると労働者は低い努力水準を選ぶ誘因が生まれてしまうので，インセンティヴを付与するためには労働者にも一定のリスクを負担させなければならない．つまり，リスク・シェアリングとインセンティヴの問題はお互いにトレードオフの関係にあり，両方を同時に解決できないから，一定の非効率性を受け入れざるを得ないのである．この非効率性をエージェンシー・コスト (agency cost) と言う．

Column ─────────────── **インセンティヴ賃金は本当に努力を引き出すのか**

　本文で議論したとおり，標準的な経済理論によれば，エージェントの努力に連動した賃金を支払うことによってエージェントの努力が引き出され，プリンシパルもより多くの利益を得られますが，この理論的帰結が現実に当てはまるかどうかについては様々な研究が行われています．以下ではこの理論を（部分的に）肯定する研究を紹介しましょう．

　Lazear (2000) は，セーフライト・オートグラス社（以下，SA 社）というアメリカの自動車用ガラス交換会社の賃金決定方法の変更前・変更後の生産性の変化を，この企業から提供を受けた詳細なデータを基に実証的に分析しました．SA 社ではそれまで時間給制度を用いていましたが，1994 年 1 月から 1995 年にかけて，この方法から，ガラス交換数に比例して計算された歩合給の合計と，交換数とは独立に決定される保障給（時間給）のうち高い方を支払う方法に変更しました．変更後の方法では，ある個数までは時間給ですが，一定の個数を超えるとインセンティヴ賃金になります．

　賃金決定をこのように変更した結果，SA 社では従業員 1 人あたりの生産性が 44％も向上しました．そして，インセンティヴ賃金による優秀な従業員の努力水準の上昇が，生産性向上に寄与していることが実証的に示されたのです．これは理論上の結論と同じであり，インセンティヴ賃金が従業員の努力を引き出すことに成功したのです．また，生産性だけではなく SA 社の利潤も増加しました．

　ただし，この結果は SA 社特有の環境にも依存しています．また，現実における「生産性」は，生産量だけではなく品質にも依存します．生産量のみに比例した賃金を導入した場合には，質を低下させて量を増やす可能性もあります．SA 社では不良品を出した（再交換が必要になるような交換をした）従業員を特定するシステムが整っていたため，この問題を回避することができました．賃金決定方法変更前から個々の従業員の生産情報を得るシステムを導入していたため，インセンティヴ賃金導入のための追加的な投資が少額で済んだことが，利潤増加の大きな要因となったのです．しかしこのようなことは常に可能なわけではありません．

　興味のある人は Lazear, E.P. (2000), "Performance pay and productivity," *American Economic Review* 90: 1346–1361, を読んで下さい．

6.6　応用例：情報の非対称性と政策

6.6.1　所得再分配政策とシグナリング

6.4 節では，契約前の情報の非対称性が存在しても，シグナルを活用する

ことで，私的情報を引き出せる場合がある，ということを学んだ．以下では，所得再分配政策にこの仕組みを応用してみよう．

政府は，所得分配の公平性を高めるため，所得再分配政策を実施する．その手段としては，主に次の二つがある．一つは，ある特定の財（住宅，教育サービス，医療サービスなど）を消費するときにだけに与えられる補助である．この補助は，（実際にモノの形で与えられるとは限らないが，特定の財というモノと結びついた形で与えられるという意味で）現物給付 (benefit in kind) と呼ばれる．もう一つは，生活保護，児童手当，所得税の控除などの，特定の財と結びついていない，何に使ってもよいという形の補助である．このような補助を，現金給付 (benefit in cash) と呼ぶ．

経済学では伝統的に，現物給付は特定の財と結びついているため，その相対価格に影響を与え，パレート効率的でない資源配分をもたらすから，補助を与えるならば，できるだけ現金給付で行うべきだと考えられてきた．しかし，政府と消費者の間に情報の非対称性がある場合には，現物給付が現金給付よりも望ましいことがある．

所得再分配政策を実施する際には，給付の対象である低所得者が誰であるかを知っておく必要がある．しかし，個々の消費者の所得水準や資産水準は，それぞれの家計自身が持つ私的情報であり，他人や政府にはわからない．そこで，ミーンズ・テスト (means test) と呼ばれる，各消費者の所得水準や資産水準についての調査を行う必要がある．しかし，ミーンズ・テストの実施には膨大な費用が必要となるし，ミーンズ・テストで常に正しい情報が得られるとは限らない．このように，政府と消費者の間に情報の非対称性が存在する場合には，現金給付で所得再分配政策を実施するためには膨大な調査費用が必要となるが，実は，現物給付の場合には，「適切な仕組み」を考えることで，こうした調査なしに，貧者にのみ補助を給付することができる[5]．以下，この仕組みはどのようなものかを見ていくことにしよう．

一つの家計が多くても1単位しか消費しない私的財（住宅や教育サービスなど）を考えよう．これらの財の多くは，品質が多様である．例えば，住宅

---

[5] このことは，Blackorby and Donaldson (1988), "Cash versus kind, self-selection, and efficient transfers," *American Economic Review* 78: 691–700 や Besley and Coate (1991), "Public provision of private goods and the redistribution of income," *American Economic Review* 81: 979–984 によって指摘された．

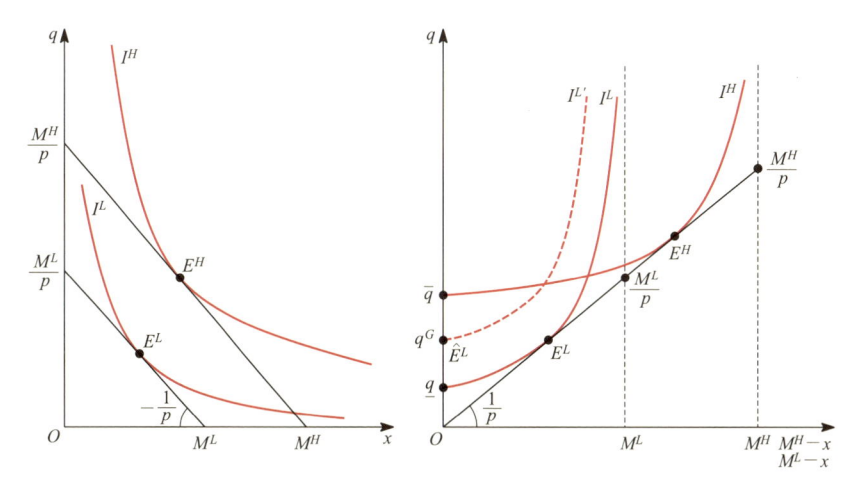

図 6.13　現物給付とシグナリング

の場合，1戸1戸が立地や設計などのために品質が異なる．以下，住宅と通常の財という二つの財だけが存在する経済を考える．各消費者は，1単位の住宅を購入するかしないかのどちらかしか選択できないが，購入する場合には，異なる品質を選択できると考え，住宅の品質を q で表す．簡略化のために，$q = 0$ を住宅を購入しない場合とする．住宅の民間供給は完全競争で，品質 q の住宅を民間市場で購入する際の価格は pq だとする．通常の財の消費量を x で表し，その価格を 1 とする．

さて，この経済に 2 種類の消費者がいるとし，それらをタイプ L（低所得者）とタイプ H（高所得者）とする．二つのタイプの消費者は所得水準だけが異なり，タイプ L の消費者の所得は M^L，タイプ H の消費者の所得は M^H とする（$M^L < M^H$）．消費者は，すべて同じ効用関数 $u(q, x)$ を持っているとする．住宅供給が民間に任されたときの，タイプ L の消費者の最適消費計画は図 6.13 左パネルの点 E^L で，タイプ H の消費者の最適消費計画は点 E^H である．住宅の品質が正常財だとすれば，タイプ H の選ぶ住宅の品質は，タイプ L が選ぶ品質を上回ることになる．

以下では，縦軸には住宅の質 (q) を，横軸には通常の財の消費量ではなく，住宅への支出額 ($M^L - x$, $M^H - x$) をとった図 6.13 右パネルを用いることにする（左パネルを左右反転させ，それぞれの予算制約線の横軸切片を原点

にした図である).さて,タイプ L の効用を引き上げてより平等な所得分配を実現するために,政府が品質 q^G の住宅を無償で現物給付することを考えよう.政府による無償の住宅給付を受ければ,住宅支出は不要となるので,この住宅給付は,図の点 $\hat{E}^L$ のように表される.各消費者は,民間から住宅を購入するか,政府による現物給付を受けるかを選択できる.前者の場合には,図の $OE^L E^H$ を通る線分上の消費計画を選択することになり,後者の場合には,点 $\hat{E}^L$ を選択することになる.(図を左右反転させたので)無差別曲線は左上にあるほど高い効用水準に対応することに注意すると,図にあるような q^G の場合には,明らかに,タイプ L は,政府による住宅給付を受け,点 $\hat{E}^L$ で表される消費計画を選択するのが最適であり,タイプ H は,点 E^H で表される元々の消費計画を選択するのが最適である.

この仕組みでは,自己の最適な行動の結果として,低所得者は政府による住宅給付を,高所得者は民間からの住宅購入をそれぞれ選択するため,ミーンズ・テストを実施する必要がない.この仕組みが機能するために重要なのは,給付する住宅の質が,低所得者は喜んで受け入れるが,高所得者は自ら購入する方が良いと思う水準に設定されていることである.そのような住宅を受け入れることで,給付を受けるべき貧者であることがシグナリングされるのである.図 6.13 右パネルでは,単一交差性が満たされているので,このような設定はすぐに見つけることができ,政府が給付する住宅の品質 q^G は,$\underline{q}$ と $\bar{q}$ の間にあればよいことがわかる.

6.6.2 生活保護政策とモラル・ハザード

日本の生活保護制度にはいくつかの問題があることが主張されている.その一つが勤労意欲を阻害してしまう点である.ここでは 6.5 節のモデルを使って,この点について説明しよう.

いま,ある家計が労働所得と生活保護で生計を立てているものとしよう.家計は高い努力水準 e_H か低い努力水準 e_L のどちらかを選び,その結果,高い労働所得 y_G か低い労働所得 y_B のどちらかが実現するものとする.努力したからといってよい仕事が得られるとは限らず,e_H を選ぶと y_G が実現する確率 p_H は高いが,e_L を選ぶと y_G が実現する確率 p_L は低いものとする.

ただし，e_H を選ぶと努力費用 c を負担しなければならないが，e_L を選ぶと負担しなくてよいものとする．政府は家計の努力水準は観察できないが，労働所得は観察可能であるものとし，政策 (w_G, w_B) を設計して提示する．ここで，w_G は高い労働所得 y_G が実現した場合に家計が得る総所得である（つまり，生活保護 $w_G - y_G$ が補助される）．また，w_B は低い労働所得 y_B が実現した場合に家計が得る総所得である（つまり，生活保護 $w_B - y_B$ が補助される）．政府は家計に健康で文化的な最低限度の効用水準 $\bar{u}$ を保証しなければならない．家計の効用は，総所得 w より得られる利得 $u(w)$ から，努力費用を差し引いたものとする．ただし，家計はリスク回避的で政府はリスク中立的であるものとする．政府は効用水準 $\bar{u}$ を保証しつつ，生活保護に必要な期待支出 $p_H(w_G - y_G) + (1 - p_H)(w_B - y_B)$ を最小化したいはずである．これは，$p_H(y_G - w_G) + (1 - p_H)(y_B - w_B)$ を最大化することにほかならない．すぐにわかるように，このモデルは 6.5 節で述べたモデルとまったく同じであり，その分析をそのまま当てはめることができる．

さて，図 6.12 の (w_G^*, w_B^*) のような，$w_G^* = w_B^*$ となる政策を考えてみよう．これは，労働所得が増えてもその分補助を減らし，総所得を一定に保つという政策である．したがって，家計は努力して労働所得を得るインセンティヴがなくなってしまう．実は，日本ではこのような生活保護政策がとられており，生活保護を受給している家計の勤労意欲を阻害し，モラル・ハザードが起こっている可能性が指摘されている．

では，どのような生活保護制度がとられればよいのであろうか．それは，図 6.12 の (w_G^{**}, w_B^{**}) のように，労働所得の増減に伴って総所得が増減することをある程度認め，家計の勤労意欲を促進するような政策なのである．つまり，労働所得がなく努力が低いことが疑われるときの総所得を減らし，労働所得があり努力が高いことが認められるときの総所得を増やすことが必要なのである．

6.7 オークションの理論

本節ではオークションの理論を説明する．オークションは現実的にも重要な制度であり，骨董品・美術品の売却から，卸売市場での競り，携帯電話の

周波数帯の割り当て，民営化の際の公企業の売却まで様々な場面で行われる．

　オークションは，契約前に情報の非対称性が存在するプリンシパル・エージェント関係の一つの典型例である．すなわち，プリンシパルである売り手とエージェントである複数の買い手が存在し，各買い手にとっての財の価値がその買い手の私的情報となっているのである．オークションによって，いかにして買い手の持つ私的情報を引き出せるかが，一つの重要な注目点である．

6.7.1　オークションの制度とモデル

標準的なオークション制度　まず，四つの標準的なオークションの制度について説明しよう．

　競り上げ式公開オークション (ascending-bid auction) とは，これ以下では売る気はないような価格から始め，買ってもよいという人が 1 人だけになるまで提示価格を上げていくという形式である．このようなオークション制度をイングリッシュ・オークションとも呼ぶ．競り下げ式公開オークション (descending-bid auction) は，これ以上では誰も買う気はないような高い価格からだんだんと価格を下げていき，誰か買ってもよいという人が 1 人出てくるまで続ける．競り下げのオークションはダッチ・オークションとも呼ばれる．

　封印入札の 1 位価格オークション (first-price sealed-bid auction) では，まず，各個人が自分の入札額を誰にも見られないように提出する．そして集められた入札額の中で 1 番高い額をつけている人が，自分のつけた額で購入する．封印入札の 2 位価格オークション (second-price sealed-bid auction) では，入札額を提出するところまでは同様だが，入札額の中で 1 番高い額をつけている人が，入札されたものの中で 2 番目に高い額で購入する．

オークションのモデルの設定　オークションのモデルは，その情報の構造によって大きく二つに分けられる．

　私的価値 (private value) のモデルでは，各個人はオークションにかけられている商品の自分にとっての真の価値は知っているが，他の人にとってどのような価値があるかは知らない．すなわち，各個人にとっての真の価値がそれぞれ各人によって異なり，それが私的情報となっている．美術品や骨董品

などのオークションが典型例である．私的価値のモデルは，以下の節で詳述する．

それに対して，**共通価値** (common value) のモデルでは，各個人の真の価値は全員にとって同じであるが，実際にはどのような値かはわからない．各個人はそれぞれ別々の私的情報をシグナルとして受け取り，それに基づいて真の価値を予想する．このような状況の典型例としては，石油の採掘権のオークションなどが挙げられる．石油の埋蔵量によって客観的な価値が一意に決まっているが，その実際の埋蔵量は開発してみるまではわからずオークションに参加した会社は，自分たちの持つ情報に基づいて予想せざるをえない．その他，プロ野球でフリー・エージェントの権利を行使した選手の獲得競争なども共通価値の状況に近い．

オークション制度の関係　理論的には，競り下げ式公開オークションと封印入札の1位価格オークションの結果は一致する．このことがなぜなのか考えてみよう．競り下げ式公開オークションは，価格を下げていくという性質から動学的な状況下にあるように見える．しかしながら，個々人の意思決定の構造が同時手番であるゲームになっている．各個人は相手がまだ意志を提示していない状況で，自分の意思決定を行わなければならない．全員の中で最高額を受け入れる人がその意志を他の人々に示した段階で，オークションは終了する．これは封印入札の1位価格オークションと戦略的にはまったく同じ状況と言える．

競り上げ式公開オークションは，競り下げ式とは違って他者の入札を見ながら自身の入札意志を提示するので，本質的に動学ゲームであり，静学ゲームである封印入札の2位価格オークションとは異なるゲームである．しかし，私的価値の下では，封印入札の2位価格オークションの下でも，競り上げ式公開オークションと同じ結果が実現することがあり得る[6]．その厳密な意味

表 6.2　オークション制度の関係

公開オークション		封印入札オークション
競り下げ式公開オークション	=	封印入札の1位価格オークション
競り上げ式公開オークション	≒	封印入札の2位価格オークション

---

[6] 共通価値の下では，この同値性は必ずしも成り立たない．ただし，オークションの参加者が2人だけならば共通価値でも同値性が成り立つ．

については，封印入札の2位価格オークションを説明してから考えることにしよう．

これらの事実より，私的価値のモデルでは，二つのオークション制度を考えれば，紹介した四つの制度の分析をほぼ網羅したこととなる．

6.7.2 封印入札の2位価格オークション

ここでは一つの財のみがオークションにかけられる状況を分析する．オークションにはn人の人々が参加し，それぞれ入札する．i番目の個人の真の価値をv_iで表す．各人は自分自身の真の価値は知っているが，他の人の真の価値は知らないものと考える．各個人の真の価値v_iは，$[0,1]$の一様分布によって与えられていることは各人が知っており，各個人はリスク中立的で，単純に期待利得を最大化すると仮定する[7]．封印入札の2位価格オークションでは，個人iの利得は，

$$\pi_i = \begin{cases} v_i - \max_{j \neq i} x_j & x_i > \max_{j \neq i} x_j \text{の場合} \\ 0 & x_i < \max_{j \neq i} x_j \text{の場合} \end{cases}$$

のように表せる．ただし，x_iは個人iの入札額である．すなわち，自分の入札額が一番高いときには，2位価格$\max_{j \neq i} x_j$で競り落とせるので，そのときは真の価値v_iと2位価格との差が正の利得として得られる．それに対して，入札額が自分よりも高い他の個人がいれば競り落とせないので，自分の利得は0になる．したがって，次の結果が成り立つ．

> **命題 6.6** 封印入札の2位価格オークションでは，各個人は自分の真の価値を入札するような戦略の組が均衡となる．すなわち，各個人が真の価値を入札する戦略の組，つまり$x_i = v_i$となるような誠実報告戦略は均衡の組の一つである[8]．

---

[7] リスク回避的な効用を考えるには，$u'' < 0$となる適当な増加関数uによって変換すればよい．

[8] 誰か特定の個人が真の価値の潜在的最高値1を入札し，他の個人がすべて0を入札する状態も，このオークションの均衡になる．それが，誠実報告戦略は均衡の「一つ」になると述べた理由である．しかし，このような場合はあまり起こりそうではない．

この命題の証明を述べよう．まず，命題にある戦略の組が与えられたとしよう．自分の真の価値が 2 位価格を上回る場合には，競り落とすことによって正の利潤が得られるので明らかに競り落とした方がよい．競り落とす限り，自分の支払う額は 2 位価格であり，自分の提示額には関係ない．したがって，明らかに自分の真の価値を誠実に報告することは，最適反応の一つとなっている．

自分の真の価値が 2 位価格を下回る場合には，競り落とさない方がよい．このときも競り落とさない限り，どのような価格を提示しても自分の利得は変わらないので誠実報告が最適反応である．自分の真の価値が 2 位価格と同じ場合も同様に誠実報告が最適反応である．

以上から，誠実報告は常にこの個人の最適反応の一つであり，したがって，真の価値を誠実に述べる戦略の組はナッシュ均衡である．

2 位価格オークションと競り上げ式公開オークション 私的価値の競り上げ式公開オークションでは，価格が自分の真の価値に到達したとき，競り落とすことと落とさないことが無差別になるため，自分の私的価値に到達するまで提示し続けることが最適戦略となる．そこで，2 番目に私的価値の高い個人が提示するのをやめたとき，その価格でまだ提示している個人が競り落とすことができる．この誠実報告戦略で入札することが均衡になるという競り上げ式公開オークションの結果は，明らかに 2 位価格オークションの誠実報告均衡の結果と同じものとなる．

6.7.3 封印入札の 1 位価格オークション

以下，前節の設定を踏襲して，1 位価格オークションを分析する．まず，封印入札の 1 位価格オークションでは，個人 i の利得は，

$$\pi_i = \begin{cases} v_i - x_i & x_i > \max_{j \neq i} x_j \text{の場合} \\ 0 & x_i < \max_{j \neq i} x_j \text{の場合} \end{cases}$$

のように表せる．封印入札の 1 位価格オークションでは，一番高い額を入札したときに自身の入札額でその財が得られるので，競り落とした場合には真

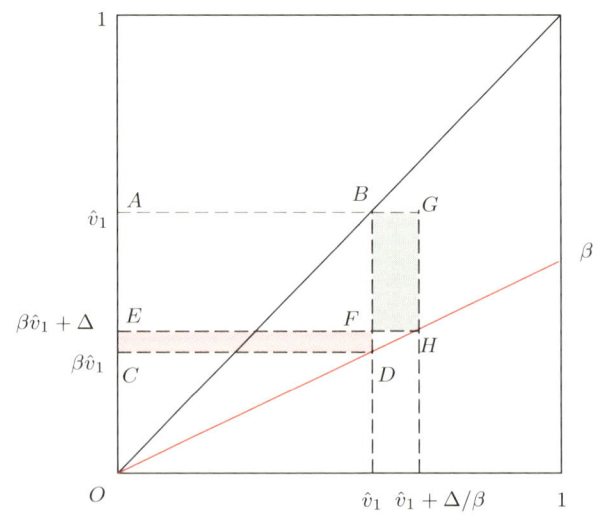

図 6.14　1 位価格オークションの最適戦略

の価値と入札額の差分が利得となる．また，競り落とせなかった場合には，その利得は 0 となる．

ここでは議論を簡単にするために，2 人がオークションで競り合っているものとする．各個人は自分の私的価値を知っており，この私的価値に基づいて入札額を決める．2 人とも真の価値の分布が同一だから同一の戦略を持つ均衡があるはずであり，その戦略が真の価値に対して線形で，$x_i = \beta v_i \ (i=1,2)$ と書けるとしよう．図 6.14 では，横軸に私的価値が，縦軸に入札額が取られており，線分 $ODH\beta$ が入札戦略を表している．問題は，β の値である．

そこで，個人 1 の真の価値が図の $\hat{v}_1$ の場合の最適入札額を求めてみよう．もし個人 1 が予定通り $\beta \hat{v}_1$ で入札すると，それが個人 2 の入札額 $x_2 = \beta v_2$ を上回るのは，v_2 が $\hat{v}_1$ を下回る場合だけだから，個人 1 が落札する確率は $\hat{v}_1$ である．他方，落札した場合，$\hat{v}_1$ の価値を持つ財に対して支払う金額は $\beta \hat{v}_1$ だから，$\hat{v}_1 - \beta \hat{v}_1 = (1-\beta)\hat{v}_1$ の利得が得られる．落札確率 $\hat{v}_1$ をかければ，この戦略で得られる期待利得は $(1-\beta)\hat{v}_1^2$ となり，図の四角形 $ABDC$ の面積が期待利得になる．

これに対して，個人 1 が入札額を Δ だけ増やして $\beta \hat{v}_1 + \Delta$ にすると，個人 2 の入札額 $x_2 = \beta v_2$ が $\beta \hat{v}_1 + \Delta$ を下回る限り，つまり $v_2 \leq \hat{v}_1 + \Delta/\beta$

の範囲まで個人 1 が落札できるから，落札確率は Δ/β だけ増えることになる．その結果得られる期待利得増は，$(\hat{v}_1 - \beta\hat{v}_1) \times \Delta/\beta = (1-\beta)\hat{v}_1\Delta/\beta$ であり，図の四角形 $BFHG$ の面積にほぼ相当する．他方，入札額を増やすことは落札した場合の支払額が Δ だけ増えることに他ならない．その期待値は $\hat{v}_1 \times \Delta$ であり，図でいえば四角形 $ECDF$ の面積である．

前者が後者を上回れば入札額を $\beta\hat{v}_1$ より増やすことで，下回れば入札額を $\beta\hat{v}_1$ より減らすことで期待利得を増やせるから，最適なのは両者が一致することである．その条件は，

$$(1-\beta)\hat{v}_1\Delta/\beta = \hat{v}_1\Delta$$

だから，$(1-\beta)/\beta = 1$ あるいは $\beta = \frac{1}{2}$，つまり

$$x_i = \frac{1}{2}v_i \quad (i = 1, 2)$$

が均衡入札戦略だということがわかる．

より一般的に，オークションの参加人数が n 人の場合には次のような結果が得られる．

> **命題 6.7** 私的価値モデルで一様分布を仮定する．封印入札の 1 位価格オークションでは，各個人が
> $$x_i = \frac{n-1}{n}v_i \quad (i = 1, 2, \ldots, n)$$
> のように入札するのが均衡である．

したがって，オークションの参加人数が十分多ければ，各個人はほぼ自分にとっての真の価値を入札することになる．この命題は，2 位価格のオークションの場合と異なり，参加者がリスク中立的であるという仮定に大きく依存している．そのため，参加者がリスク回避的である場合には結果が異なる．

6.7.4 収入同値定理

オークション理論の締めくくりとして，その最も基本的な結果となる<u>収入同値定理</u> (revenue equivalence theorem) を説明したい．これまではいくつ

かのオークション制度の下での買い手の戦略について考えてきた．ここでは買い手の戦略を所与として，オークションに品物を出している売り手の収入について考える．

まず，封印入札の 2 位価格オークションにおける売り手の期待収入を求めよう．このオークション制度の下では，各買い手は自分の価値で誠実に入札するのが均衡になるので，最も高い真の価値を持つ人が，2 番目に大きい真の価値を支払って競り落とす．つまり，売り手の期待収入は，2 番目に大きい真の価値の期待値である．そこで，注 9 にある式を使うと，2 番目に大きい真の価値の期待値を求めることができて，売り手の期待収入は，

$$\frac{n-1}{n+1} \tag{6.8}$$

となる[9]．

次に，封印入札の 1 位価格オークションにおける売り手の期待収入を求める．このオークション制度では，最も大きい真の価値を持つ人が，自分の提示した価格で競り落とす．注 9 にある式より，最も大きい真の価値の期待値が $n/(n+1)$ と求められる．またすべての参加者は命題 6.7 の均衡戦略 $\{(n-1)/n\}v_i$ に従うので，売り手の期待収入は，

$$\frac{n-1}{n} \times \frac{n}{n+1} = \frac{n-1}{n+1} \tag{6.9}$$

となる．

いま，式 (6.8) と式 (6.9) を比較すると，同じ値になっていることがわかる．すなわち，封印入札の 2 位価格オークションと 1 位価格オークションの売り手にとっての期待収入は同じ値となる．2 位価格オークションと競り上げ式公開オークションの結果が同じであり，1 位価格オークションと競り下げ式公開オークションの結果が同じであるので，この節で紹介したすべてのオークションが売り手にとって同じ期待収入をもたらすことを意味する．本節で

---

[9] n 人の参加者がオークションに参加しているとする．ここで，各個人の真の価値 v_i は 0 から 1 までの値を同等にとりうるような，一様分布で与えられるものとする．このとき，p 番目に大きい真の価値の期待値は，

$$\frac{n+1-p}{n+1}$$

で与えられる．

は，四つの標準的オークション制度について，一様分布に従って私的価値が定まる場合を考えたが，もっと一般的な場合についても，期待収入の同値性が成立することが知られている．すなわち，一般的な分布関数の下で，多様なオークションについて期待収入額が一致する．一般的な結果を与えておこう．

> **命題 6.8** （収入同値定理）
> 以下の条件を満たすいかなるオークションの制度も売り手に同じ期待収入をもたらす．
>
> (条件 1) 一番評価額の高い人が財を受け取る．
>
> (条件 2) 各人にとっての真の価値は私的価値である．
>
> (条件 3) すべての参加者はリスク中立的である．
>
> (条件 4) 真の価値が 0 の入札者の利得は 0 となる．

6.8 期待効用理論を超えて：プロスペクト理論

本章ではここまで，人は期待効用を最大化するように意思決定を行うこと（期待効用理論）を受け入れて議論を行った．しかし，6.1.1 項にある「アレのパラドックス」のコラムをはじめとして，期待効用理論と矛盾する結果が観察されているのも事実である．本節では，不確実性下における現実の意思決定との整合の達成を目指すプロスペクト理論と呼ばれる定式化について説明しよう．プロスペクト理論は，より現実的な人間の行動を説明することを目的とし，多くの経済学実験を踏まえていることに大きな特色がある．

プロスペクト理論の定式化 ある個人が，初期資産を W 持っている．確率 p で c_H 円，確率 $1-p$ で c_L 円をもらえる機会が与えられている．こうした機会は，くじ $\mathcal{L} = [W+c_H, W+c_L; p, 1-p]$ で表される．

第 6.1 節で述べたように，期待効用理論では，くじ $\mathcal{L}$ から得られる効用は，

$$U(\mathcal{L}) = pu(W + c_H) + (1-p)u(W + c_L)$$

と表される．この期待効用理論の特徴は，次のようにまとめられる．

- 最終的にどのような絶対的資産額を保有するのかに注目している．
- 確率でウェイト付けされた効用の線形和として表現されている．

このような期待効用理論の特徴は，実際の人々の行動にそぐわない場合がしばしば見られる．もっとも端的な例が，262 ページのコラムで説明したアレのパラドックスである．

期待効用理論の問題点を克服するために提案されているのが，プロスペクト理論 (prospect theory) である．プロスペクト理論では，くじ $\mathcal{L}$ からの効用が

$$V(\mathcal{L}) = \pi(p)v(c_H) + \pi(1-p)v(c_L)$$

の形で表されるとされる．ただし，$v(0) = 0$, $\pi(0) = 0$, $\pi(1) = 1$ が満たされ，v, π は増加関数となっている．v は期待効用理論におけるノイマン・モルゲンシュテルン効用関数のような意味を持つもので，価値関数 (value function) と呼ばれる．また，π を確率加重関数 (probability weighting function) と言う．以下では，これら価値関数 v と確率加重関数 π の特徴はどのようなものかを説明していきたい．

価値関数の特性　プロスペクト理論で考えられている価値関数が通常の効用関数と大きく異なる第 1 の特徴は，初期資産 W を参照点として，そこからの変化に注目していることである．絶対的な資産額 $W + c_H$, $W + c_L$ ではなく，初期保有からの変化 c_H, c_L に注目している．そして，参照点からの増加分に関してはリスク回避的となり，減少分についてはリスク愛好的となっている．図 6.15 に典型的な価値関数の形状を示す．原点が参照点に対応しており，原点より右側では凹関数で，左側では凸関数となっていることがわかる．損失分についてリスク愛好的になっているということはどういう意味があるのだろうか．これは，「確実に 90 万円を損する」ことと，「100 万円損す

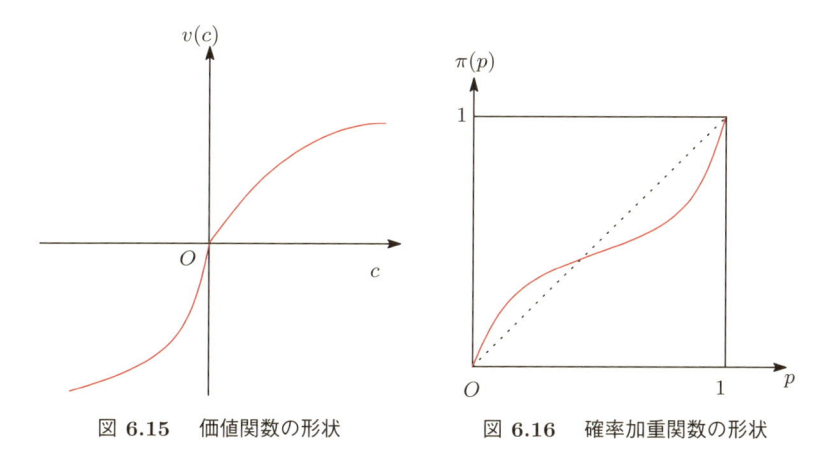

図 6.15 価値関数の形状　　**図 6.16** 確率加重関数の形状

るかもしれないが，10％の確率で損しないで済む」ことでは，後者を選ぶことを意味する．これはわれわれの感覚と整合的である．

　価値関数の第 2 の特徴として，その損失回避性が挙げられる．これは参照点においては，損失を利益よりも大きく評価することを意味する．これは W という初期資産を個人が既得権益と受け止め，自身の既得権益を失うことを嫌がるためとも言える．図 6.15 においても，参照点の右側よりも左側の方が価値関数の傾きが大きいのでこの損失回避性が成り立っていると言える．

確率加重関数の特性　プロスペクト理論では，確率でそのままウェイトをつけて和をとるという形の定式化をとらない．より一般的な確率加重関数 π を考えている（もし $\pi(p) = p$ がすべての p について成り立てば，期待効用と同じような確率の評価となる）．この確率加重関数は，客観的な確率を人の心理的な確率の評価に変換している．図 6.16 には，人々が持つ典型的な確率加重関数の形が示されている．点線は 45 度線なので，すべての p に対して $\pi(p) = p$ となるような場合を表していることに注意したい．この確率加重関数の第 1 の特徴としては，多くの人は低い確率については大きめに感じることが挙げられる．これは十分低い p について，$\pi(p) > p$ が成り立つことを意味する．実際，図 6.16 では，小さな p に対しては，グラフが 45 度線よりも上に来ている．これは宝くじの当選などの非常に低い確率で起こる事象について，過大に評価するような心理が表現されている．第 2 の特徴としては，1

> **Column** ─────────────────── プロスペクト理論についての思考実験
>
> プロスペクト理論の妥当性を検証するため，次のような思考実験を行ってみましょう．
>
> 　致死率の高い伝染病が蔓延しており，600 人が罹患している．この時，二つのシナリオが考えられ，それぞれのシナリオで，対策が二つあり，どちらか一つの対策しか選べない．それぞれのシナリオにおいて，どちらの対策を選ぶか考えてみましょう．
>
> 　シナリオ 1：対策 A では，ちょうど 200 人が助かる．対策 B では，600 人が確率 3 分の 1 で助かる．
>
> 　シナリオ 2：対策 A では，ちょうど 400 人が死亡する．対策 B では，600 人が確率 3 分の 2 で死亡する．
>
> こうした選択肢が与えられた場合，多くの人は，シナリオ 1 では対策 A を，シナリオ 2 では対策 B を選びます．しかし，どちらのシナリオも論理的にはまったく同じであり，期待効用理論が記述するような人間なら答えは同じはずです．実は，こうした答えは，プロスペクト理論で説明をつけることができます．シナリオ 1 では，「全員が死亡する」という状態が参照点になっており，「利得」の方向での選択になっています．一方，シナリオ 2 では，「全員が助かる」という状態が参照点になっており，「損失」の方向での選択になっています．プロスペクト理論が想定する価値関数を前提にすると，「利得」の方向での選択であるシナリオ 1 では，確実な選択肢である対策 A を，「損失」の方向での選択であるシナリオ 2 では，不確実な選択肢である対策 B を選択することになります．「利得」の方向では確実なものを好み，「損失」の方向では不確実なものを好むという人間の行動を，プロスペクト理論の価値関数が持つ第 1 の特徴は見事に捉えています．興味のある人は，Tversky, A. and D. Kahneman (1981), "The framing of decisions and the psychology of choice," *Science* 211: 453-458 を参照して下さい．

に近い確率の変化に関しては大きく感じることが挙げられる．図 6.16 では 1 に近いところでグラフの傾きが大きいことから見てとれる．

プロスペクト理論の妥当性　プロスペクト理論は，多くの実験に基づいて定式化された理論であり，リスクに面した人間の行動に対してかなり一貫した説明を与えている．しかしながら，プロスペクト理論を支持する実験結果がある一方で，プロスペクト理論を否定するような結果もあることを見逃してはいけない．特に，利得に対してはリスク回避的で損失に対してはリスク愛好的という価値関数の第 1 の特徴について否定的な見解を与えているような研究もある．

また，スポーツ・カードの市場に参加している人々に対して行われた実験[10]によると，交換の経験の少ない人は損失を回避しようとするような行動を取り，トレーダーのような交換の経験の多い人はこのような損失回避的な行動はとらなくなることが示された．すなわち，個人は経験が少ない場面ではプロスペクト理論の価値関数が持つ第2の特徴にあるような行動をとるが，経験が多くなるとプロスペクト理論ではない「伝統的な」経済学的個人のような行動を取るのである．

---

10) List, J.A. (2004), "Neoclassical theory versus prospect theory: Evidence from the marketplace," *Econometrica* 72: 615–625 による．

第 7 章
外部性と公共財

　市場の失敗として最もよく知られており，現実の経済問題としても重要なのは，「外部性」や「公共財」と呼ばれるものである．外部性の典型的な例は，公害である．ある工場が煤煙を排出しており，周辺の住民はその煤煙によって被害を受けているような状況を考えよう．煤煙の排出に規制がない場合，工場は煤煙の排出を何らの対価を払うことなく行うことができる．つまり，「煤煙」という財には市場が存在しないのである．また，国防，治安などの公共財にも，市場が存在しない．

　本章の前半では，外部性が存在する経済について，後半では，公共財が存在する経済について考える．外部性，公共財それぞれについて，市場における均衡において，非効率的な資源配分が実現することが示される．その上で，非効率性を是正するために，どのような政策をとるべきなのかについて解説する．

7.1　外部性

　外部性 (externality) とは，ある経済主体の行動が，市場での取引を通じることなく，別の経済主体の効用関数または生産関数に影響を与えることである[1]．例えば，ある企業が生産の過程で汚染物質を排出することで公害が生じるような状況を考えてみよう．このとき，この企業の生産は，住民の病気の原因となり，住民の効用を下げる．このような経済主体の行動が別の主体

に対して悪い影響を与える場合に外部不経済 (external diseconomy) が存在するという．地球温暖化，水質汚染や騒音などの多くの環境問題がこれに当てはまる．一方で，経済主体の行動が別の主体によい影響を与えるという外部経済 (external economy) が存在する状況もある．ある企業がコストを下げる技術を開発したとすると，この技術が別の企業にも伝わることで，他企業の生産可能性を大きく広げるような状況がこれに当てはまる．他にも景観や環境整備といったものが外部経済の例である．

外部性の本質：排除費用　外部性が存在すると市場メカニズムにどのような影響があるのだろうか．市場メカニズムが理想的に機能するためには，厚生経済学の第1基本定理が仮定する市場の普遍性が満たされていなければならない．先述のような企業の流す汚染物質などの財には価格がついておらず，工場がその対価を支払うことなく排出がなされてしまう．市場の普遍性の下では，ある経済活動が他の経済主体に影響を与えるならば，対価が支払われない限り，当該経済活動が制限されなければならない．つまり，外部性とは市場の普遍性が崩れる場合にほかならない．

　例えば，騒音やごみの投棄が生み出す外部性を考えてみよう．騒音を出したりごみを捨てるのは住環境を破壊するから，周辺住民に「負の効用」を与える．本来ならば，対価が得られなければ，周辺住民は当該活動を受け入れたくない．

　それにもかかわらず，周辺住民が黙って騒音やごみを受け入れるのは，騒音やごみの受け入れを拒否することに，大きなコストがかかるからである．騒音を出している隣家に文句を言いに行くとけんかになって近隣関係が悪くなる．ごみ捨てを監視するためには，徹夜で起きていなければならない．これらのコストを排除費用 (exclusion cost) と言う．排除費用を払って対価を要求しても，得られる対価が費用を下回るなら，対価を要求するよりこれらの活動を受け入れた方がましである．そのため，騒音やごみには市場がなく，対価なしに（加害者から被害者に対価が支払われることなく）公害を押しつけられる．これが，外部性の本質である．

---

1) この定義は厳密には，技術的外部性 (technological externality) の定義である．これについては後ほど詳しく説明する．

モデル 外部性の例として，化学工場からの排水が下流の漁民に被害を与えているケースを考えよう．化学工場の生産量を x，費用関数を $C(x)$ とし，化学工場は完全競争企業であるために，生産物価格 p を所与として行動すると考える．この化学工場は，生産に伴って排水を流しており，簡単化のために，その排出量は生産物 1 単位ごとに排水 1 単位だと仮定する．排水があると下流の漁場が荒れ，排水がまったくないときに比べて漁業が困難になる．これによる，漁民の被害額が $D(x)$ で表されるとしよう．漁民の利得（被害額）が化学工場の排出量から直接影響を受けるところに，外部性が表れている．外部性 $D(x)$ は，通常の費用関数と同様に，$D'(x) > 0$，$D''(x) \geq 0$ を満たすとしよう．

さて，漁民が工場からの排水を黙って受け入れるしかないとすると，化学工場の利潤最大化問題は，$\max_x px - C(x)$ であり，この解 x^0 は，その 1 階条件

$$p = C'(x^0) \Leftrightarrow p - C'(x^0) = 0 \tag{7.1}$$

から求められる．これに対して，社会の総余剰が最大化されるのは，化学工場の利潤に加えて漁民の被害額も考慮した合計利得が最大化される場合[2]，$\max_x px - C(x) - D(x)$ である．その解 x^* は，1 階条件

$$p = C'(x^*) + D'(x^*) \Leftrightarrow p - C'(x^*) = D'(x^*) \tag{7.2}$$

より求まる．以上の式 (7.1) と式 (7.2) を図示したものが図 7.1 である（左右のパネルは 1 階条件の左右の式変形に対応した図で，同様の事実を描いている）．左パネルで p の水平線と $C'(x)$ のグラフ（右パネルで $p - C'(x)$ のグラフと x 軸）が交わる x の水準が x^0，左パネルで p の水平線と $C'(x) + D'(x)$ のグラフ（右パネルで $p - C'(x)$ のグラフと $D'(x)$ のグラフ）が交わる x の水準が x^* であり，$x^0 > x^*$ となる．つまり，化学工場の生産は社会的には過剰となることが見て取れる．このように，外部不経済のある財の生産は社会的に過剰となるのである[3]．

---

[2] このモデルでは価格が外生的に与えられているので，消費者余剰は一定である．つまり，モデル中に登場している化学工場と漁民の利得の合計で考えてよい．

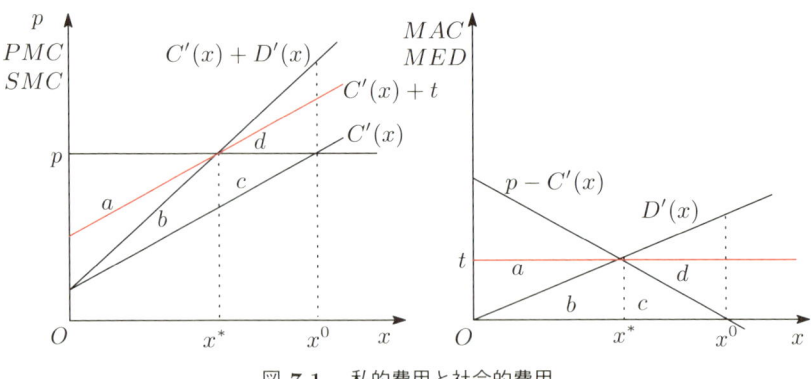

図 7.1　私的費用と社会的費用

私的限界費用と社会的限界費用　この理由をもう少し詳しく見てみよう．化学工場の生産費用は，自らが負担する私的費用としては $C(x)$ である．したがって，化学工場は，その**私的限界費用** (private marginal cost) である $C'(x)$ しか考慮せずに生産量 x^0 を選ぶことになる．この結果，化学工場が漁民に与える外部性は $D(x^0)$ となり，その大きさは図の $b+c+d$ の面積に等しい．したがって，化学工場が x^0 の生産を行っている場合に得られる社会の総余剰は，

$$(a+b+c) - (b+c+d) = a - d$$

になる．

これに対して，社会全体の化学工場の費用は，排水がもたらす被害も含んだ $C(x)+D(x)$ である．つまり，社会全体の視点から化学工場の限界費用を考えるときには，その私的限界費用だけでなく，漁民に与える限界的損害である**限界外部損害** (marginal external damage) $D'(x)$ をあわせた**社会的限界費用** (social marginal cost) $C'(x)+D'(x)$ を考える必要がある．つまり，社会的に最適なのは，社会的限界費用が価格と等しくなる生産量水準 x^* であり，このときには，外部性 $D(x^*)$ は図の b に減じ，

$$(a+b) - b = a$$

だけの社会的総余剰が得られる．

---

3) 逆に，外部経済のある財の生産は社会的に過小となる．本章の後半で述べる公共財はまさにこの例である．

したがって、化学工場が x^0 の生産をした場合には、三角形 d の面積は、厚生損失になる。言い換えれば、化学工場（外部性の発生者）は外部損害による費用を無視して生産するために、過剰生産が生じ、効率的な資源配分が損なわれるのである。

技術的外部性と金銭的外部性　いま、ある企業がパンを生産しているとしよう。このとき近くに小麦粉の工場ができたとすると、この地域での小麦粉の生産量増加に伴って小麦粉の価格が下がるだろう。また工場が近所にできたことによって輸送コストが下がる。よってこの小麦粉工場の存在は、パン工場にとっての経済環境が良くなることを意味し、利潤が上がるだろう。このとき、ある意味で外部性が存在するといえよう。

このような外部性はこれまで考えてきた外部性とは大きく異なる。これまでの外部性の議論では、効用関数や生産関数に直接的に影響を与えるような場合に注目してきた。しかしながら、先述のパン工場の例では、小麦粉の価格・輸送価格といった「価格」を通じて外部性が生じている。こうした価格や所得を通じて発生する外部性を、金銭的外部性 (pecuniary externality) と呼ぶ。これと区別する場合には、これまで考えてきたような効用関数や生産関数を通じた外部性は技術的外部性 (technological externality) と呼ばれる。金銭的外部性という概念は、ミクロ経済学の立場からみると矛盾を含む概念である。たしかに経済主体の経済行動は、需要曲線や供給曲線の変化を生みだし、それが市場価格の変化を生み出すことで他の経済主体に影響を与える。しかしそれは、「市場メカニズム」そのものであり、この市場メカニズムがあるからこそ、見えざる手の原理によってパレート効率的な資源配分が実現する。つまり、金銭的外部性こそが市場メカニズムであり、それ自体は効率的な資源配分を実現しこそすれ、市場の失敗を生まない。したがって、金銭的外部性が市場の失敗の問題として取り上げられるとすれば、なんらか別の市場の失敗が、金銭的外部性（市場メカニズム）によって増幅されて起こる問題である[4]。一方、技術的外部性は、市場の失敗の典型である。本章の以下では

---

4) 例えば、不完全競争と収穫逓増などが存在する場合には、金銭的外部性は大きく問題となる。この議論については、Krugman, P. (1991), "Increasing Returns and Economic Geography," *Journal of Political Economy* 99: 483–499 を参照されたい。またクルーグマン、オブズトフェルド [33] の第 6 章も参照されたい。

金銭的外部性には言及しない.

7.2 外部性の交渉による解決:コースの定理

さて外部性がある場合,経済主体がそれぞれ個別に意思決定を行うと,化学工場は外部性を無視した x^0 の生産量を選択し,非効率な資源配分が実現する.しかし非効率性が生まれるなら,(パレート効率性の定義から)誰の経済厚生をも悪化させずに誰かの厚生を改善することができるはずである.その場合,個別の意思決定を改め,何らかの交渉を行うことで,個々の経済主体が利益を上げられるのではなかろうか.実は,外部性の出し手と受け手との間で交渉が理想的に行われれば,パレート効率的な合意を実現できることが知られている.以下でこのことを説明しよう.

7.2.1 汚染削減と補償交渉

いま図 7.2 で化学工場が x^0 の生産を行い,その結果として同量の汚水を排出している状態を考えよう.この汚水による外部性で,下流の漁民は $D(x^0)$ だけの被害を被っている.

このとき,漁民は当然,化学工場に対して汚染排出の中止あるいは削減を求めるだろう.問題は,化学工場が(法で禁止されていない限り)汚水を垂

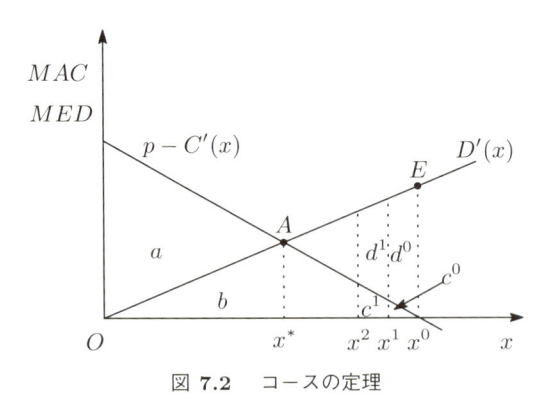

図 7.2 コースの定理

れ流す権利を持っており，汚染削減のために，生産を削減し利潤を減少させることを拒絶するだろうという点にある．しかし，漁民は汚染削減で利益を得るのだから，汚染削減をする化学工場に損失補償を行うインセンティヴを持たないだろうか．

汚染削減交渉と補償額 さて，図 7.2 で，漁民が化学工場に対して x^1 までの生産削減（したがって同量の汚染削減）を要求したとしよう．漁民は 1 単位あたり $D'(x^0)$ だけの被害を避けられるから，x^1 まで削減されれば図 7.2 の $c^0 + d^0$ の面積分だけの被害を回避できる．そのためには最大 $c^0 + d^0$ の金額を企業に支払ってもよいと考えるだろう．これに対して化学工場は，生産削減に伴って 1 単位あたり，その 1 単位の生産から得られるはずだった利益分の $p - C'(x^0)$ の損失を被る（限界削減費用（marginal abatement cost）とも呼ばれる）から，x^1 まで削減すれば損失は c^0 の面積分になる．したがって，c^0 以上の補償が得られれば汚染削減に応じるだろう．この結果，$c^0 \leq R^0 \leq c^0 + d^0$ を満たす R^0 の損失補償で，x^1 までの生産（汚染）削減を行うという合意が，工場と漁民の間で成立するだろう．

　同様の結果は，$c^1 \leq R^1 \leq c^1 + d^1$ を満たす R^1 の損失補償で，x^1 から x^2 への生産削減をするというように，$D'(x) \geq p - C'(x)$ である限り成立する．したがって，交渉による汚染削減は，化学工場が要求する最低補償額 $p - C'(x)$ が，漁民が許容できる最大補償額 $D'(x)$ になった時点で終了する．このような水準は，明らかに生産量が x^* になったときである．言い換えれば，化学工場と漁民の間の交渉は，パレート効率的な資源配分を実現することになる．また，その際合意される損失補償額は，図の三角形 Ax^*x^0 の面積以上，三角形 Ax^*x^0 と三角形 AEx^0 の面積の和以下になる．

7.2.2 授権と所得分配

　ところで，上記の工場と漁民の間の交渉は，次のように考えることもできる．市場とは，所有権に対して対価を支払うことで，財・サービスを消費・利用する権利を獲得する場所である．しかし外部性の場合には，汚染などの行為に対してクリーンな環境に対する所有権が設定されておらず，そのために市場が存在しないという問題が発生した．しかし，逆に言えば「自由に河

川を汚染できる」という権利が存在するのだから，これに対する市場を作ればよいのではないかという考え方もある．上記の交渉とは，まさに，この権利を売買する市場だと言ってもよい．

だとすると，逆に「対価の支払いなしには自由に河川を汚染できない」という授権のあり方を設定して，その権利の売買を行うことも考えられる．もし漁民に，化学工場の汚水を差し止める権利が与えられれば，交渉の原点（交渉が決裂した場合の結果）は，化学工場の生産量がゼロという状態である．この状態から始まって交渉が行われれば，生産を行うことで利益を得る化学工場が，それによって被害を被る漁民に対して補償を行うという形で交渉が妥結する．その結果実現するのは，被害を受ける漁民が最低でも1単位あたり$D'(x)$の補償を求めるから，化学工場が生産増加で受ける利益が1単位あたり$p - C'(x) = D'(x)$になる生産量水準であり，それがパレート効率的な生産量であることは言うまでもない．また，その際工場から漁民に支払われる損害補償額は，図7.2のb以上，$a + b$以下の面積分であることも明らかだろう．

以上の説明より，次のような命題が導かれる．

> **命題 7.1** （コースの定理）
> 外部性の出し手と受け手との間で交渉が行われれば，それが理想的な形で機能する限り，授権のあり方に関わらず，常にパレート効率的な資源配分を実現する．

1991年にノーベル経済学賞を受賞したコース (Ronald H. Coase) によって発見されたこの仕組みは，コースの定理 (Coase theorem) として知られている．ただし，交渉の際にどちらからどちらに補償が行われ，その結果所得分配がどのように変わるかは，授権のあり方によって変わってくる．

7.2.3 交渉による解決の問題点

ただし交渉は，それが理想的な形で機能しない限り，効率的な資源配分を実現できない．交渉が機能するための条件としては，次のようなものが挙げられる．

(1) 第1に，交渉に費用がかからないことである．交渉に費用がかかる場合，補償をする側に補償額以上の費用負担をもたらすために，効率的な解決が実現する前に交渉がストップしてしまうかもしれない．交渉費用は特に，関係者が多数に上る場合に顕著である．漁民のように多数の関係者がいる場合，関係者が集まって，全員が納得するような解決案ができるまでに，多くの時間やコストが必要となるからである．

(2) 第2の条件は，情報の非対称性が存在しないことである．もし，漁民の被害が1単位あたり $D'(x)$ であることを化学工場が知らなければ，漁民は被害がもっと大きいと言い張るかもしれないし，あるいは化学工場は被害がもっと小さいはずだと主張するかもしれない．いずれにせよ，交渉がスムースに妥結し，効率的な解決が生まれるとは考えにくい．

(3) 最後の条件は，汚染の量が交渉通りに守られていなければならない．例えば，工場側が生産量（正確には汚染の量）を x^* に減らすことに合意したとしても，事後的には x^0 まで汚染を出したいというインセンティヴが存在する．交渉結果を守らせるためには，被害者側が工場と契約を締結し，工場が契約を破って x^* を越える汚染を出した場合には，裁判に訴える必要がある．しかし，裁判所も工場の汚染量を調べるためにはコストがかかり，小規模で監視困難な汚染の場合には，交渉結果が守られないことになる．特に，交渉内容が第三者に対して立証不可能 (non-verifiable) な場合，この仕組みは機能しない．

このように，自由な交渉によって外部性の問題が解決することは現実的にはまれであり，もし可能だとしても交渉に非常に多くの時間を費やし，その間に起こる被害は無視できない．したがって，ここには，政府が介入して問題を迅速に解決する何らかの仕組みを作る必要が生じる．

そもそも外部性が発生するのは，化学工場から出る汚染（という「負の効用を生む財」）について，市場が存在しないため，化学工場は，漁民に対して，汚染を無償で押しつけることが可能だからに他ならない．化学工場が漁民に汚染を押しつけるために対価の支払いが必要ならば，このような問題は生じない．したがって，外部性が生み出す市場の失敗を解決するには，化学工場

が正当な対価（社会的限界費用）を負担する仕組みを作ればよい．そうすれば事実上，外部性を価格メカニズムの内部に取り込んだことになる．これが，外部性の解決がしばしば，「外部性の内部化 (internalize)」と呼ばれる理由でもある．

では，外部性に基づく市場の失敗を補正する具体的な方法には，どんなものがあるだろうか．次節以下では，三つの内部化の方法を見ていくことにする．

7.3　外部性の内部化：排出割り当て

最も直接的な方法は，排出量の上限を指定する排出割り当て (emission quota) と呼ばれる仕組みである．上記の例で言えば，化学工場の排出量（生産量）を x^0 から x^* に規制すればよい．このような排出割り当てが強制できれば，最適な排出量を達成できることは明らかである．

とはいえ，次の二つの問題から，排出割り当てが実現できるのは例外的な場合でしかない．

1. 外部性を排出する産業では，実際には多くの企業が市場に参加しており，これらの企業に排出量を適切に割り当てるのは困難である．

2. 適切に割り当てたとしても，規制機関が各個別汚染源の排出量を立証可能ではないことも多く，割り当てを遵守させるのが困難である．

第1の問題に関しては，もう少し詳しく説明しておこう．先ほどの例では，化学工場は1企業であったが，ここでは企業 A，企業 B の2企業あるとしよう．企業 A と B はそれぞれ異なる費用関数 $C_A(x_A)$ と $C_B(x_B)$ を持つとする（x_A, x_B は企業 A, B の生産量）．このとき，最適な排出割り当て (x_A^*, x_B^*) の下では，合計の割り当て量 $x_A^* + x_B^*$ が望ましい総排出量に等しくなっているだけでは不十分であり，各企業の限界削減費用が均等化され，$p - C_A'(x_A^*) = p - C_B'(x_B^*)$ となっていなければならない．なぜなら，もしどちらかの限界削減費用の方が高ければ，その企業からもう一方の企業に排出割り当てを移すことで，同じ排出削減量を達成しつつ失う合計利潤が少なくて済むからである．したがって，望ましい割り当てを達成するには，個別

企業の限界削減費用，ひいては費用関数 $C_A(x_A)$, $C_B(x_B)$ を政策当局が知らなければならない．外部性に関わる企業が多いときには，このような情報の収集は困難となるであろう．

Column ──────────────────────────────── 排出権取引

　排出量の適切な割り当ては，排出権を売買する**排出権取引** (tradable emission permit) を利用することで解決することができます．排出権を所有すると，その所有量だけの汚染排出をすることが許容されます．政府は，望ましい総排出量と同量の排出権を参加企業に初期配分し，後は排出権市場の参加企業間の取引に任せます．すると，政府による排出権の初期配分のあり方が最適ではなかったとしても，市場メカニズムによって，排出量が最適に割り当て直されることになります．企業は，自らが排出削減するより排出権が安ければ（高ければ），排出権を買って（売って）排出を増やした（減らした）方が得です．したがって，限界削減費用が低い企業から高い企業へ排出権が移動します．この結果，すべての企業の限界削減費用が均等化されたときに市場が均衡するわけです．

　地球温暖化問題では，京都議定書により温暖化ガスの排出許容量が各国に配分されました（日本は 2008～2012 年の間に 1990 年比で 6%の削減）．ここでは，排出の割り振りが効率的なものになるように，弾力性措置として，国家間での排出権取引が認められています．また，排出権取引は，国内で認められた温暖化ガスの排出量をどの産業・企業に割り振るのかという問題も解決してくれます．このような政策例として，ヨーロッパではすでに 2005 年から，EU 排出権取引スキーム（EU ETS）が始動しています．

　ただ，排出権取引でも，割り当てをどのように遵守させるかという課題は残ります．つまり，排出権取引を実行するには，個別汚染源の排出量を立証可能な形で把握でき，しかも当該汚染源が必要な量の排出権を持っていることを認定できる，などの条件が必要です．

7.4　外部性の内部化：ピグー税・補助金

外部性の発生源に課税することでも内部化を達成することができる．本節では，その仕組みについて見ていこう．

7.4.1　ピグー税・補助金

ピグー税　外部性の発生源への課税は，**ピグー税** (Pigouvian tax) と呼ばれる．ピグー税の名は，厚生経済学の創始者である経済学者，ピグー (Arthur

C. Pigou) にちなんでいる.

いま,化学工場の汚染排出 1 単位に対して,t 円を課税することを考えよう.すると,化学工場の利潤最大化問題は $\max_x px - C(x) - tx$ となり,このときの排出量 x^T は,その 1 階条件

$$p = C'(x^T) + t \Leftrightarrow p - C'(x^T) = t \tag{7.3}$$

より得られる.したがって,税水準を限界外部損害分に定めて $t = D'(x^*)$ とすれば,1 階条件が式 (7.2) に一致する.この場合,図 7.1 の赤い線からも明らかなように,この企業の私的限界費用曲線は,税額を反映して,限界外部損害分だけ上方にシフトするから,最適な化学工場の産出水準が実現されるのである.

ピグー税を用いるときは,排出割り当てで述べた,排出量の適切な割り当てに関する第 1 の問題は生じない.先の 2 企業の例で言うと,上述の 1 企業の場合と同様に,利潤最大化問題より,$p - C'_A(x_A) = p - C'_B(x_B) = t$ が成立する.つまり,各企業の限界削減費用は共通のピグー税率の下で均等化する.

ただ,ピグー税の支払いを遵守させるためには,課税主体である政府は必要な情報を持たなければならない.具体的には,汚染主体がどれだけの汚染排出を行ったか(例えば,当該工場の温暖化ガスの排出量が過去 1 年間でどれだけであったか)を,立証可能な形で把握しなければならない.したがって,第 2 の問題に関しては,必要な情報量は排出割り当てとあまり変わらない.

ピグー税の市場ベース化　しかし,ピグー税は,少し違う形で実現することも可能である.そもそも,汚染の排出活動は市場取引を通じないので,その排出量を把握することが難しいのであった.そこで,排出活動に直接課税するのはあきらめて,代わりに,排出に繋がる財の市場取引に課税することで,ピグー税を市場ベース化してはどうだろうか.上記の例で言えば,製品に対して単位あたり t 円の税を化学工場に課すことで,化学工場の利潤は $(p-t)x - C(x)$ となり,その最大化の 1 階条件は式 (7.3) と一致する.つまり,市場ベース化した課税が排出への直接課税と同じ効果をもたらすことがわかる.

このような政策は，課税対象となる財と排出量の間にある一定の関係が知られていれば実行することが可能である[5]．例えば，温暖化ガスは，化石燃料の含有炭素が燃焼し酸化物になることで発生する．したがって，化石燃料を特定すれば，1 トンあたり燃焼によってどれだけの温暖化ガスが発生するかは，物理的に決められる．そうだとすれば，化石燃料の販売・使用に応じて適切な課税を行えば，実質的に温暖化ガスへのピグー課税を実現できる．わが国で考えられている環境税は，この化石燃料の販売・使用に対する課税であり，温暖化ガス排出への直接の課税ではない．

ピグー補助金　同じようなことは，ピグー補助金 (Pigouvian subsidy) によっても実現できる．いま，政府が化学工場に対して，x^0 から汚染（生産量）を減少すれば 1 単位あたり s の補助金を与えるとしよう．このとき工場の最適化問題は，$\max_x px - C(x) + s(x^0 - x)$ となるから，もし $x < x^0$ の範囲内で最適解 x^S が存在するなら，その 1 階条件は $p = C'(x^S) + s$ となるので，$s = D'(x^*)$ とすれば，社会的に最適な資源配分が実現する．事実，このような補助金を与えれば，工場が x^* から生産を 1 単位増加させることは，私的限界費用を負担するだけでなく，本来なら得られた補助金 s を失ってしまうという機会費用を負担することになる．このような仕組みによって，短期的な資源配分の効率性という視点からは，ピグー補助金は（少なくとも短期的には）課税と同じ結果を導くのである．

ところで，税と補助金という二つの解決方法は，公平性という視点からは同一とは思えない．税の場合には，外部不経済（公害）の出し手である化学工場から，政府を通じて（外部性の被害者である漁民を含む）国民に所得の再分配が行われている．このように，税は人々の常識にあった再分配を行うが，補助金は，政府を通じて（漁民を含む）国民から化学工場に所得の再分配が行われる．これは人々の健全な常識に反しているように思われる．

---

[5]　今考えているモデルでは，化学工場の生産量 1 単位について，1 単位の汚染が生まれることになっている．しかし，この関係は普通もう少し一般的な形を取る．その場合，重要なのは，汚染を作り出している財と汚染量の関係を明らかにすることである．

7.4.2 ピグー税・補助金の長期的効果

ピグー税とピグー補助金が同一の効果を持つと説明したが，これら二つの政策は，企業の参入・退出も可能となる長期の視点からはまったく逆の効果を持つ[6]．ピグー税の場合には，生産に税負担を課すので，個々の生産者は長期には産業から退出する．このため，産業全体の生産量も減少し，結果として，生産量と正の相関を持つ外部性（排出）も減少する．これに対して，ピグー補助金は，生産削減に補助金を与えるので，個々の生産者は生産量を減らす一方，長期的には補助金による超過利潤がこの産業への参入を招く．このため，個別生産者の生産量が減少しても，産業全体の生産量はかえって増大するのである．この結果，外部性（排出）も全体としては増えてしまう．

そのことを考えるために，すべての化学工場が同じ費用関数を持ち，また生産物1単位ごとに汚染1単位を排出する場合を考えよう．また，すべての工場の費用関数を $C(x) + F$ で表す．ただしここで，F は固定費用である．さらに，$D(x) = dx$ を仮定する．ただし d は正の実数である．

個々の化学工場の状態が，図 7.3 の左側のパネルに表されている．課税前には，限界費用が MC^0，平均費用が AC^0 であり，価格が p^0，生産量が x^0

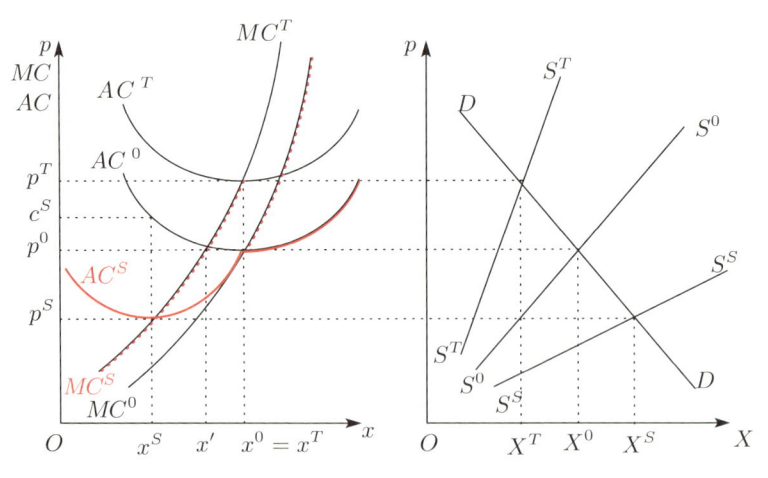

図 **7.3** ピグー税とピグー補助金：長期の効果

---

6) 長期均衡については，3.3.1 項を参照されたい．

である. 右側のパネルが, 市場全体の状況を表している. 課税前には, n^0 個の工場が操業しており, 供給曲線は限界費用曲線を水平に n^0 倍した S^0S^0 で表されている. 需要曲線は DD であり, 価格 p^0 でちょうど需給が一致している. 産業全体の生産量は, $X^0 = n^0 x^0$ である.

ピグー税の長期的効果 ここで, 汚染の排出 1 単位について t 円 ($t = D'(x) = d$) のピグー課税を行おう. 限界費用は, $MC^T(x) = C'(x) + t = MC^0(x) + t$ にシフトする. 他方, 平均費用は, 生産 1 単位あたり t 円の追加費用が必要になるから,

$$AC^T(x) = \frac{C(x) + F + tx}{x} = \frac{C(x) + F}{x} + t = AC^0(x) + t$$

に, t だけ上方にシフトする. 長期均衡は, 生産物の価格が p^T に上昇し, 生産量 ($x^T = x^0$) は前と変わらず, 平均費用が相変わらず最小な状態でなければならない.

市場全体では, 次のような変化が起こっている. ピグー課税は限界費用を高めるために, 価格一定の下では, 短期的には各企業の (x' までの) 生産削減を引き起こす. しかし, それでは価格が平均費用を下回り工場は損失を被るから, 産業からの退出が続き供給曲線は左にシフトする. 最終的に, 化学工場数が n^T まで減少し, 供給曲線が $S^T S^T$ にシフトする結果, 新たな均衡価格が p^T で各工場の長期均衡が実現し, 産業全体が長期均衡状態を回復する. 産業全体の生産量は $X^T = n^T x^T$ で与えられる. この結果, 個別工場レベルの生産量は最小最適規模に戻るが, 操業工場数が減少するため社会全体での生産量が減少し, 社会全体での汚染排出量が削減される. 結果として, ピグー税下での長期均衡では, 排出は社会的な最適水準を実現する.

ピグー補助金の長期的効果 これに対して, ピグー補助金はまったく異なる効果をもたらす.

各企業に x^0 からの生産削減に対して, 単位あたり s 円 ($s = D'(x) = d$) の補助金を与えてみよう. 生産費用は, $C(x) + F - s(x^0 - x) = C(x) + F + sx - sx^0$ になり, ピグー税の場合の生産費用 $C(x) + F + sx$ から, 固定額 sx^0 を差

し引いたものと等しい[7]．ピグー補助金は，可変費用にピグー税を課す一方，固定費用に補助金を与えていることになる．

このため図 7.3 の左パネルに表したように，限界費用は課税の場合と同じになるが，平均費用は，固定費が減少しただけ下落する[8]．この結果，個別工場の最小最適生産規模は下落し，長期的には x^S の生産量が選択され，平均費用は p^S に下落する．しかし，この生産量では実際の平均費用は c^S に増加しており，差額の $c^S - p^S$ は政府が補助金として負担している．

市場全体では，次のような変化が起こっている．補助金を含めた平均費用は低下しているから，価格一定の下では，工場の利益はプラスになる．その結果，新たな化学工場が参入し，市場供給曲線は右にシフトする．最終的に工場数が n^S になり，供給曲線が $S^S S^S$ になれば，需給を一致させる均衡価格は p^S になる．しかし，ピグー税の場合と異なって，市場全体の生産量（したがって汚染量）$X^S = n^S x^S$ は元の状態より増えており，ピグー補助金のためにかえって企業の参入が促進され，生産（排出）の拡大が起こることがわかる．ピグー補助金下での長期均衡では，排出は社会的な最適水準より拡大するのである．

7.4.3 汚染者負担の原則

以上のように，ピグー税とピグー補助金は，参入・退出を無視した短期では，まったく同じ効果によって最適な資源配分を実現する一方で，参入・退出を明示的に考慮した長期では，まったく異なる含意を持つことがわかる．社会的に望ましいのは，汚染者に対して，汚染行為に適切な社会的費用を負担させるよう，課税を行うことである．これに対して補助金政策は，汚染者に，汚染行為を削減するための経済的インセンティヴとして補助金を与える．しかし，このような政策では，汚染者は，汚染行為に伴う社会的費用の負担から逃れることができるだけでなく，追加的な補助金を手に入れることになり，汚染行為を社会的に促進する結果になってしまうのである．

[7) $s = d = t$ に注意したい．
[8) 厳密に言えば，$x < x^0$ の範囲でのみ，限界費用と平均費用はこのようにシフトする．$x^0 \leq x$ の範囲では，生産削減は行われず，補助金はゼロなので（すなわち，生産費用は $C(x) + F$），限界費用と平均費用は MC^0 と AC^0 にそれぞれ一致する．

このような事情を背景に，外部性の解決に当たってとられるべき原則として知られているのが，汚染者負担原則 (polluter-pays principle) である．汚染者負担原則とは，環境の汚染者がその社会的損害を負担するべきだとする原則である．この原則を基にすれば，外部性を適切に内部化するためには，汚染者が限界的社会的損害を負担することが必要であり，そのためにはピグー税が選択されることがあっても，ピグー補助金が選択されることはない．

7.5 外部性の内部化：2点セット政策

さて，7.4節では，ピグー税は排出量に直接課さなくても，排出に繋がる財の取引に課税することで，市場ベース化できることを説明した．しかし，この手法を用いるには，当該財の生産量と汚染物質の排出量の間に一定の関係がなくてはならなかった．実際には，同じ量の財を生産した場合でも，企業自身による汚染削減活動があれば汚染量は増減し得る．この場合，ピグー税はどのように市場ベース化すればよいだろうか．

7.5.1 汚染削減活動の導入

例として，7.1節で説明したモデルに汚染削減活動を導入しよう．いま化学工場はその生産時に汚染除去剤を投入できるとする．簡単化のために，この除去剤1単位ごとに汚染1単位が削減できるとしよう．すなわち，化学工場がaの汚染除去剤を投入しつつ，xの生産を行ったときの汚染量は$x-a$で表されることとなる．また，汚染除去剤の生産費用は$C_a(a)$であるとしよう．

先と同様に，社会的に最適なのは，化学工場と漁民の合計利得最大化$\max_{(x,a)} px - C(x) - C_a(a) - D(x-a)$の解$(x^*, a^*)$であり，1階条件

$$p - C'(x^*) = D'(x^* - a^*), \quad C'_a(a^*) = D'(x^* - a^*) \tag{7.4}$$

より求まる．

いま，汚染の排出量$x-a$が直接立証可能で，これにピグー税tを課すとしよう．すると，企業の利潤は$px - C(x) - C_a(a) - t(x-a)$であり，利潤最大化問題の解$(x^T, a^T)$は，1階条件

$$p - C'(x^T) = t, \quad C'_a(a^T) = t \qquad (7.5)$$

より求めることができる．したがって，$t = D'(x^* - a^*)$ とすれば，式 (7.5) は式 (7.4) と一致する．つまり，汚染削減活動がある場合でもピグー税は単独で最適を達成できる．

2 点セット政策　さて，排出を直接監視して課税を行うことが困難であり，市場取引への課税を通じて外部性を内部化するとしよう．実は，このとき最適な排出量を達成するには，7.4 節のように汚染を生み出す財への課税だけでは不十分であり，汚染を削減する活動への補助金が必要になる．いま，化学工場に対し，財の取引単位あたり T の税を課し，汚染除去剤の投入単位あたり S の補助金を化学工場に交付すると，化学工場の利潤最大化問題は，$\max_{(x,a)} (p - T)x - C(x) + Sa - C_a(a)$ となり，この解 (x^{TS}, a^{TS}) は，その 1 階条件

$$p - C'(x^{TS}) = T, \quad C'_a(a^{TS}) = S$$

より得られる．したがって，$T = S = D'(x^* - a^*)$ とすれば，1 階条件は式 (7.4) と一致し，化学工場の行動は社会的に望ましいものになる．このように，排出量に直接課すピグー税の代わりに，排出に関連する経済活動に税と補助金を組み合わせる政策を **2 点セット政策** (two-part instrument, 2PI) と呼ぶ[9]．

なぜ，削減活動への補助金を組み合わせる必要があるのだろうか．図 7.4 は，汚染削減活動がある場合の余剰を（図を簡単にするために限界外部損害が $D'(x - a) = d$ で一定である場合について）描いている．外部性に対する政策が何もない場合（$t = T = S = 0$ の場合），財の生産量が x^0 であることは先と同様である．他方，汚染除去剤の生産は，費用がかかるだけで企業には何の利益ももたらさないので，ゼロである．ここにピグー税 $t = D'(x^* - a^*) = d$ が課税されると，x^* への生産抑制と並んで，排出削減活動が a^* まで促進される．これは，汚染除去剤による排出減少がピグー税の支払い回避につなが

---

[9] "Two-part instrument" という言葉は，Fullerton, D. and A. Wolverton (2005), "The two-part instrument in a second-best world," *Journal of Public Economics* 89: 1961–1975 による．

7.5 外部性の内部化：2点セット政策　325

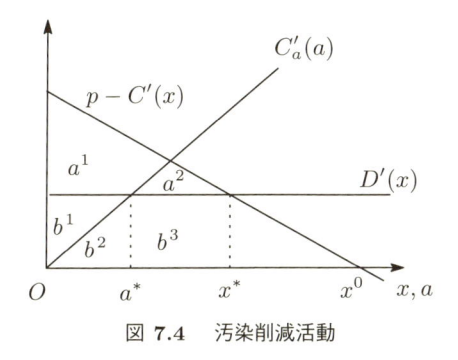

図 7.4　汚染削減活動

るため，企業はこの利益を求めて汚染除去剤を生産するためである．この結果，総余剰は最大化され $a^1 + a^2 + b^1$ となる．一方，$T = d$ の課税はピグー税と同様に x^0 から x^* への生産抑制を実現するが，このとき $S = 0$ だと，T は財の生産量への課税であるため，財の生産量に影響しない汚染除去活動は行われないままである．したがって，このときの総余剰は図の $a^1 + a^2$ の面積である．$S = d$ の補助金の導入によって，初めて汚染除去は a^* まで促進される．このとき，総余剰は，汚染除去によって回避できる外部性 $b^1 + b^2$ と汚染除去にかかる費用 b^2 の差額だけ上昇し，$a^1 + a^2 + b^1$ になる．つまり，課税 T だけでは，汚染量そのものではなく当該財の生産に対して汚染を見込んで課税されているため，財の生産量に影響しない汚染除去をする活動には適切なインセンティヴを与えない．そこで，当該活動に改めて補助金を与える必要が出てくるのである．

7.5.2　循環型社会とディポジット・リファンド制

2PIの応用例として，循環型社会の問題を取り上げよう．財の生産・消費はそれに伴うごみ（生産時なら産業廃棄物・消費後なら生活廃棄物）を生む．産業廃棄物や生活廃棄物は，投棄された場合，投棄場所の周辺に悪影響を与える．廃棄者から周辺住民に対する外部不経済が生まれているのである．しかし，ごみは費用をかければリサイクルによって削減することができる．この廃棄物とリサイクルに関する構造は，前節のモデルにおいて，汚染物質をごみ，漁民の被害を周辺住民の被害，汚染削減活動をリサイクル活動と読み替えれば，同様に捉えることができる．

この場合，ごみの廃棄に直接ピグー税を課して内部化できれば，市場の失敗はなくなる．しかし現実には，廃棄物の処理費用（ピグー税）負担を避けようと，事業者は不法に廃棄して課税を逃れようとする．不法廃棄物は，誰が捨てたかわからないからこそ不法廃棄物なのであり，廃棄した人がわからなければ，課税も不可能である．ピグー税による内部化は，誰がどれだけ外部性を作り出しているかを政府が容易に観察でき，それに対応した税額を賦課できない限り，絵に描いた餅になってしまう．

そこで，前節で説明した2PIをこの文脈に当てはめてみよう．つまり，廃棄物に課税することはあきらめ，製品に課税し，リサイクルに補助金を与える．この方法は，現実的な運用においては，製品販売時に廃棄費用を預託（ディポジット）しておいて，リサイクルしたらそれを返却（リファンド）する方法に相当する．ごみ問題において，2PIはディポジット・リファンド制 (deposit refund system) の形態をとるのである．

このように，ディポジット・リファンド制は2PIの応用例であり，前節で述べた通り，ピグー税と同じ適切な内部化を生み出す．しかも，監視コストが大きくて排出が観察できない場合，ピグー税が不法投棄のインセンティヴを作り出すのに対して，ディポジット・リファンド制はリサイクルのインセンティヴを生み出すから，それだけ実効性の高い政策手段だと言える．

Column _____ 自動車リサイクル法と家電リサイクル法

循環型社会の構築は現実の環境政策上で近年非常に重要視されているテーマです．

2005年1月に本格的に施行された自動車リサイクル法はこのような政策の一つで，主に自動車のシュレッダー・ダスト等の適正なリサイクルを目的とした法律です．シュレッダー・ダストとは使用済みの自動車が解体されたときの破砕屑，言わば，自動車の消費後のごみで，適正にリサイクルするには費用がかかります．このような費用の負担を嫌い，回収業者などが廃車を不法投棄するなどの行為がしばしば社会問題になりました．不法投棄されたごみは，そのリサイクル費用や環境損害を投棄場所の自治体や周辺住民に押しつける外部性となります．

自動車リサイクル法は，この外部性を内部化するためにデポジット・リファンド制を採っています．まず，新車の購入時に消費者がリサイクル費用をあらかじめ支払います．支払われたリサイクル費用は，資金管理法人に預託され，自動車製造業者がシュレッダー・ダストをリサイクルしたときに返却されることになります．

この方法だと，新車の購入時の支払いは実質的な製品課税となり，不法投棄によって

外部費用となってしまうリサイクル費用を内部化して過剰消費を抑えます．リファンドは，シュレッダー・ダストをリサイクルしたときに初めて受け取れるので，実質的にはリサイクルを促進する補助金となります．この補助金のおかげで，自動車製造業者は対価を払ってでもシュレッダー・ダストを回収するため，回収業者が不法投棄するインセンティヴはなくなるでしょう．

一方，2001年4月に本格的に施行された家電リサイクル法では，主に廃棄時にリサイクル料金を支払うこととなっています．このため，不法投棄のインセンティヴは回避できず，同法施行後，単純計算では不法投棄が増えています．廃家電の管理票による監視強化などが図られていますが，不法投棄問題が深刻になったら，デポジット・リファンド制を検討する必要が出てくるかもしれません．

7.6 公共財

外部性と並んで市場の失敗の典型とされるのが，公共財 (public good) である．ある村が川の氾濫に長年悩まされている状況を想定してみよう．このとき堤防という財によって，村人全員が同様に堤防を享受し，効用を得る．村人の誰かをこの堤防を享受できないようにできないし，また誰かが享受することが他の人の利用を妨げることはない．この堤防の例に加えて，国防・治安などの政府が供給している財の多くは公共財である．このような公共財の性質は，これまで考えてきた財と対照的である．排除不可能性と非競合性という概念を導入して，公共財について詳しく説明しよう．

消費の排除不可能性と排除費用 消費の排除不可能性 (non-excludability) とは，権利を持たない経済主体による当該財の消費を排除することが困難であるという性質である．例えば，権利を持たない人，すなわち，料金を支払わない人に庭の景観を見せないためには長大な塀を庭の回りに巡らせなければならず非常に困難である．この消費の排除不可能性には程度の差があり，それは排除費用 (exclusion cost) で捉えることができる．この排除費用で考えると，排除不可能とは排除費用が無限大の場合であり，一般的には排除費用はゼロと無限大の中間の値をとる．

消費の非競合性と混雑費用 消費の非競合性 (non-rivalness)，または消費

の**集団性** (collective consumption) とは，複数の主体が当該財を同時に消費できるという性質である．例えば，庭の景観は複数の主体が同時に眺めることができる．とはいえ，道路のように，あまりにも多数の人が同時に使うと渋滞が起こり，その質が低下してしまうようなことがある．したがって，この非競合性にも程度の差があり，それは**混雑費用** (congestion cost) で捉えることができる．この混雑費用で考えると，非競合的とは混雑費用がゼロの場合であり，一般的には混雑費用はゼロと無限大の中間の値をとる．

純粋公共財と準公共財　では，これまでの概念を用いて公共財を定義しよう．消費の排除不可能性と非競合性を兼ね備えた財，すなわち，排除費用が無限大で混雑費用がゼロの財を**純粋公共財** (pure public good) と呼ぶ．このような財の例としては，国防，外交，治安などを挙げることができる．これに対して，排除費用がゼロで混雑費用が無限大の財を**私的財** (private good) と呼ぶ．このような財は，まさしく前章までで考えてきた財である．純粋公共財でも私的財でもない財を，**準公共財** (impure public good) と呼ぶ．特に，排除費用が小さく混雑費用も小さい財は**クラブ財** (club good) と呼ばれる．このような財の例としては，ゴルフクラブやケーブルテレビなどを挙げることができる．また，排除費用が大きく混雑費用も大きい財は**コモンズ** (commons) と呼ばれる．このような財の例としては，共有林，漁場などを挙げることができる．これらをまとめたのが表 7.1 である．

純粋公共財については，その財の生産量を全員が等しく消費すると考えることができ，しかも混雑による質の低下を考える必要がないので，最も分析が単純である．そこで以下では，純粋公共財に焦点を絞って，市場の失敗とその解決方法について説明する[10]．また，特に明記しない場合には，公共財という言葉は純粋公共財を意味する．

表 7.1　公共財と私的財

排除費用＼混雑費用	低い	高い
高い	純粋公共財	コモンズ
低い	クラブ財	私的財

---

[10] クラブ財とコモンズの分析については，Hindriks, J. and G.D.Myles (2006)[29] を参照せよ．

7.7 公共財の最適供給条件：サミュエルソン条件

公共財が存在するとき，パレート効率的な資源配分にはどんな条件が必要だろうか．私的財の場合とは異なるのか，また，異なるとすればどのように異なるのだろうか．本節では，この条件について明らかにしていこう．

いま，私的財と公共財の2財と，消費者 A と消費者 B の2人からなる経済を考えよう．消費者 $i = A, B$ は私的財を x_i 単位，公共財を G 単位消費することで，$u_i(G, x_i)$ だけの効用を得るものとする．経済全体には，私的財が $\bar{x}$ だけ与えられているものとする．公共財は初期には存在しないが，私的財の投入によって生産可能なものとし，公共財を G 単位生産するためには私的財を cG 単位投入しなければならないものとする．このとき，公共財の私的財で測った限界費用，限界変形率は c である．ここで注意しておかなくてはならないのは，公共財を G 単位生産すると，その非競合性のため，どの消費者も公共財を G 単位消費することができるということである．

この経済のパレート効率的な資源配分は，最大化問題

$$\max_{(G, x_A, x_B)} u_A(G, x_A)$$
$$\text{subject to} \quad u_B(G, x_B) = \bar{u}_B$$
$$\bar{x} = x_A + x_B + cG \tag{7.6}$$

の解として表される．2番目の制約式は資源制約である．ラグランジュ乗数法により得られる式を**サミュエルソン条件** (Samuelson condition) と呼ぶ．

命題 7.2（サミュエルソン条件）
1私的財，1公共財，2消費者の経済におけるパレート効率的な配分 (G^P, x_A^P, x_B^P) は，

$$MRS_{Gx}^A(G^P, x_A^P) + MRS_{Gx}^B(G^P, x_B^P) = c \tag{7.7}$$

を満たす．

この名は，その導出者である経済学者，サミュエルソン (Paul A. Samuelson) にちなんでいる．サミュエルソンは，現代の経済学の基礎を築いた学者の 1 人であり，1970 年にノーベル経済学賞を受賞した．

サミュエルソン条件は，各消費者の限界代替率の合計が限界変形率と等しくなることを表している．これは，私的財のみが存在する経済でのパレート効率的な資源配分の条件が，各消費者の限界代替率が限界変形率と等しくなることであるのと対照的である．

■**サミュエルソン条件の数学的導出** 最大化問題 (7.6) をラグランジュ乗数法で解くことにする．それぞれの制約条件に対応するラグランジュ乗数を λ, μ とすると，1 階条件は，

$$\frac{\partial u_A(G, x_A)}{\partial G} + \lambda \frac{\partial u_B(G, x_B)}{\partial G} - \mu c = 0$$

$$\frac{\partial u_A(G, x_A)}{\partial x_A} - \mu = 0, \quad \lambda \frac{\partial u_B(G, x_B)}{\partial x_B} - \mu = 0$$

$$u_B(G, x_B) = \bar{u}_B, \quad \bar{x} = x_A + x_B + cG$$

となる．これを整理すると，

$$MRS_{Gx}^A(G, x_A) + MRS_{Gx}^B(G, x_B)$$
$$= \frac{\partial u_A(G, x_A)/\partial G}{\partial u_A(G, x_A)/\partial x_A} + \frac{\partial u_B(G, x_B)/\partial G}{\partial u_B(G, x_B)/\partial x_B}$$
$$= \frac{\partial u_A(G, x_A)/\partial G}{\mu} + \frac{\partial u_B(G, x_B)/\partial G}{\mu/\lambda} = c$$

が得られる．

7.8 公共財の私的供給：ただ乗り問題

では，公共財が存在するとき，市場経済はどのような問題を生み出すだろうか．いま，消費者 $i = A, B$ は，$\bar{x}_i$ の私的財を初期保有しているものとし，限界費用 c で私的に公共財を生産できるものとしよう．すると，消費者 i が g_i の公共財を供給する場合，消費者 i は，$G = g_A + g_B$ の公共財と $x_i = \bar{x}_i - cg_i$ の私的財を消費することになり，$u_i(g_i + g_j, \bar{x}_i - cg_i)$ だけの効用を得る．私的財のケースとの明らかな違いは，自らの効用水準が，自分の選択した公共財供給量だけではなく，他人の公共財供給量 g_j にも依存することである．それぞれの消費者は，ゲーム的な状況に置かれているのである．

ナッシュ均衡 消費者 j ($\neq i$) が g_j だけの公共財を供給する場合，消費者 i が直面する問題は，$\max_{g_i} u_i(g_i + g_j, \bar{x}_i - cg_i)$ である．効用最大化の 1 階条件から，消費者 i の最適反応関数 $BR_i(g_j)$ は，$MRS^i_{Gx}(BR_i(g_j) + g_j, \bar{x}_i - cBR_i(g_j)) = c$ を満たすように決定される．したがって，ナッシュ均衡 (g^N_A, g^N_B) は，$MRS^i_{Gx}(g^N_i + g^N_j, \bar{x}_i - cg^N_i) = c$ を満たすように決まる．

ただ乗り問題 ナッシュ均衡における公共財の総供給量を $G^N = g^N_A + g^N_B$，消費者 i の私的財消費量を $x^N_i = \bar{x}_i - cg^N_i$ とすると，$MRS^i_{Gx}(G^N, x^N_i) = c$ が得られる．したがって，

$$MRS^A_{Gx}(G^N, x^N_A) + MRS^B_{Gx}(G^N, x^N_B) = 2c > c$$

が導かれ，限界代替率の合計は限界費用に等しくならないことがわかる．つまり，公共財の私的供給におけるナッシュ均衡では，サミュエルソン条件が満たされず，パレート効率的ではない．

さらに，ナッシュ均衡における公共財の供給水準は，効率的水準に比べて過少になること，すなわち，過少供給という市場の失敗が発生することを確認しよう．

図 7.5 を見てみよう．（一つの）ナッシュ均衡を表す点 N をとる．I_i は，ナッシュ均衡水準と同水準の効用を与える消費者 i の無差別曲線である．消費者 A の無差別曲線は，図の上に行くほど高い効用水準に対応している．なぜなら，消費者 A の公共財供給量を一定に保ったまま，消費者 B の公共財供給量を増やすと，消費者 A の私的財消費量は一定のまま，公共財の総供給量が増えるからである．また，ナッシュ均衡の定義より，点 N は，水平線 $g_B = g^N_B$ 上で消費者 A の効用を最も高くする点であるので，I_A は，点 N で水平線 $g_B = g^N_B$ に接しているはずである．同様に，消費者 B の無差別曲線は，図の右に行くほど高い効用水準に対応しており，I_B は，点 N で垂直線 $g_A = g^N_A$ に接している．したがって，I_A, I_B は，図のような形状をすることになり，赤色で示したような I_A と I_B に囲まれたレンズ状の領域が存在することになる．消費者 A (B) の無差別曲線は，図の上（右）に行くほど高い効用水準に対応しているので，この赤色の領域は，ナッシュ均衡をパレート支配する点の集合を表している．この赤色の領域から任意の点 M を取り出

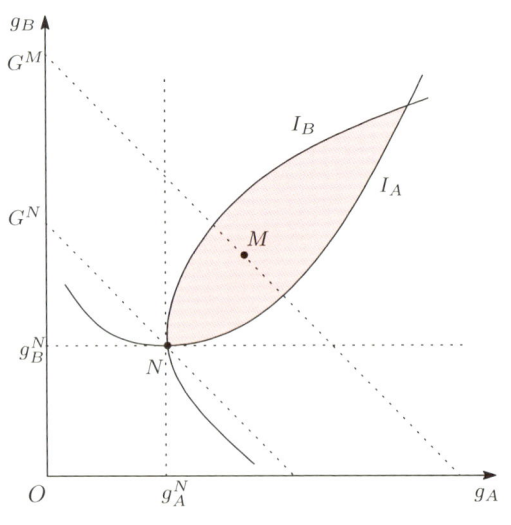

図 7.5　ナッシュ均衡と過少供給

し，ナッシュ均衡 N での公共財総供給量と比較してみよう．公共財供給量は $g_A + g_B = G$ を満たすのだから，図中の任意の点の公共財総供給量は，その点を通る傾き -1 の直線の切片で与えられる．したがって，ナッシュ均衡における公共財供給量 G^N，点 M における公共財供給量 G^M は，図のようになる．明らかに $G^M > G^N$ が成立し，ナッシュ均衡における公共財供給量の方が小さくなる．赤色の領域の任意の点で同じことが言えることから，ナッシュ均衡における公共財の供給量は，ナッシュ均衡をパレート支配する公共財供給量よりも少なくなることが言える．つまり，ナッシュ均衡における公共財供給量は，効率性の観点から過少なのである．

このような公共財の過少供給が実現するのは，私的財の場合には，他人の負担において供給された財の便益が自分に及ぶことがないのに対して，公共財の場合にはそのような財の便益も均等に自分に及ぶことが原因である．このことを原因として発生してしまう，他人の負担に便乗しようとする行動をただ乗り (free riding) と呼び，各消費者は自らの公共財供給を少なくしてしまうのである．これをただ乗り問題 (free rider problem) という．

Column ────────────────────────────────── ウォーム・グロー効果

現実の社会には，NPO の活動のように，寄付や奉仕によって支えられている公益事業が数多くあります．このような事業にはただ乗りが横行するはずですが，少なくとも米国などでは寄付や奉仕は比較的高い水準にあります．

このことから類推すると，寄付や奉仕は単なる私的な公共財供給という意味だけではないかもしれません．つまり，寄付や奉仕という行為自体から，道徳的な満足感が得られると言えるでしょう．これを**ウォーム・グロー効果** (warm-glow effect) と言います．ウォーム・グロー効果を考慮すると，先に述べた消費者 i の効用関数は公共財の数量 G，私的財の数量 x_i，そして自分の公共財供給量 g_i にも直接的に依存した $u_i(G, x_i, g_i)$ となり，より現実的な結論が得られることが知られています．詳しくは，Andreoni, J. (1990), "Impure altruism and donations to public goods: A theory of warm-glow giving," *Economic Journal* 100: 464–477 などを参照して下さい．

7.9 公共財の公的供給：リンダール均衡

前節で見たように，公共財供給を私的なインセンティヴに任せておくと，社会的に効率的な水準に比べて過少な供給しかされない．だとしたら，公共財は政府が公的に供給するべきだろう．事実，ほとんどの国で，安全保障，治安維持，消防など，国家や地方政府が様々な公共財を供給している．

では，政府はどのように公共財の供給を行ったらよいだろうか．この問に答えるためには，公共財の「最適な供給量」の決定と，そのために必要となる消費者の「費用負担」を決める必要がある．本節では，**リンダール・プロセス**と呼ばれる公共財の公的な供給方法について考えていこう．このプロセスの名は，その提唱者である経済学者，リンダール (Erik R. Lindahl) にちなんでいる．

7.9.1 リンダール均衡

いま，公共財があたかも私的財のように対価を支払わないと需要できないとしよう．ただし，公共財の価格は，（私的財とは対照的に）各消費者によって異なりうるとする．消費者 i にとっての公共財の価格を t_i 円とする．この価格を**リンダール価格** (Lindahl price) または**リンダール税** (Lindahl tax) と言う．

Column ──────────────── **公共財の費用負担：応能原則と応益原則**

　公共財に必要な費用を誰がどれだけ負担すべきかということはいつも問題になる点ですが，伝統的に二つの異なる原則が主張されています．

　一つは応能原則 (ability principle) です．これは公共財にかかる費用は各国民の負担能力に応じて負担すべきという考え方です．この原則に基づくと，公共財にかかる費用は所得や資産の大きな人が多く負担することになります．

　しかしながら，いま問題にしているのは，市場では公共財の効率的な供給を実現できないことです．再分配のための仕組みがあることを前提とした場合，効率性の解決のための制度にも公平という視点を持ち込むことははたして適切なのでしょうか．むしろ，効率と公平を二分し，公平の実現のためには税制や社会保障制度による再分配政策で対応し，効率性の実現はそれとは別の原則で考えるべきではないでしょうか．実は，新古典派経済学ではこのような考え方が有力で，公共財の費用負担原則としては応益原則 (benefit principle) あるいは「受益者負担の原則」を使うことがしばしば主張されています．つまり，各消費者が公共財からどれだけの便益を享受しているかに比例して負担額を決定すべきだという考え方です．私的財に対して対価を支払うのは，各消費者がその財の消費にそれだけの便益を感じるからに他ならず，それが私的財に市場が成立する理由です．だとしたら，公共財の場合でも，各消費者が公共財の消費から受ける便益額に比例して費用を負担するべきではないか，というのが，応益原則の背後にある考え方なのです．

　リンダール価格を所与として，消費者 i は，効用最大化問題

$$\max_{(G_i, x_i)} u_i(G_i, x_i)$$
$$\text{subject to} \quad t_i G_i + x_i = \bar{x}_i \tag{7.8}$$

を解く（G_i は消費者 i の公共財消費量）．この効用最大化問題の解として，公共財に対する需要関数 $G_i^D(t_i)$ および私的財に対する需要関数 $x_i^D(t_i)$ が得られる．この時,

$$G_A^D(t_A) = G_B^D(t_B) \qquad \text{（公共財需要量の一致）}$$
$$t_A G_A^D(t_A) + t_B G_B^D(t_B) = c G_A^D(t_A) = c G_B^D(t_B) \qquad \text{（政府の収支均衡）}$$

を満たすリンダール価格の組 (t_A, t_B) を (t_A^L, t_B^L) と置く．さらに，リンダール価格の組 (t_A^L, t_B^L) の下で実現する配分を

$$G^L = G_A^D(t_A^L) = G_B^D(t_B^L)$$
$$x_i^L = x_i^D(t_i^L) \qquad (i = A, B)$$

と置く．この時，リンダール価格の組 (t_A^L, t_B^L) および配分 (G^L, x_A^L, x_B^L) を**リンダール均衡** (Lindahl equilibrium) と言う．リンダール均衡では各消費者の公共財需要量が一致しているので，政府の収支均衡の式から，$t_A^L + t_B^L = c$，すなわち，リンダール価格の和と限界費用の均等が得られる[11]．

ワルラス均衡における私的財では，各消費者間で，価格が共通で，数量が異なり得たが，リンダール均衡における公共財では，各消費者間で，価格が異なり得て，数量が共通であることに注意しておこう．

7.9.2 リンダール・プロセス

では，どのような方法を用いればリンダール均衡を実現できるのだろうか．リンダール均衡が実現されるための一つの考え方として，次のようなプロセスに基づく公共財供給と費用負担の仕組みを考えてみよう．

Step 1: 政府がリンダール価格の組 (t_A, t_B) を提示する．t_i は，消費者 i の公共財 1 単位あたりの（私的財で測った）負担額を意味する．ただし，政府の予算均衡のために，$t_A + t_B = c$ が成立していなければならない．

Step 2: 各消費者 i は，提示されたリンダール価格 t_i のもとで，式 (7.8) の最大化問題を解き，公共財需要量 $G_i^D(t_i)$ を政府に報告する．

Step 3: 政府は，公共財に対する需要量が，各消費者間で一致しているかどうかを調べる．

- 各消費者の公共財需要量が一致していなければ，公共財需要量が相対的に大きい消費者のリンダール価格を上げ，相対的に小さい消費者のリンダール価格を下げる．改定されたリンダール価格の下で，プロセスを 1 から繰り返す．

---

11) このことと各消費者の予算制約より，$cG^L + x_A^L + x_B^L = t_A^L G^L + x_A^L + t_B^L G^L + x_B^L = \bar{x}_A + \bar{x}_B$ が得られ，リンダール均衡での配分が資源制約を満たしていることがわかる．

- 各消費者の公共財需要量が一致しているなら，$G_A^D(t_A) = G_B^D(t_B)$ の量だけの公共財を供給し，消費者 i に $t_i G_i^D(t_i)$ の費用負担を課し，プロセスを終了する．

定義上，このプロセスの結果得られるリンダール価格の組 (t_A, t_B) は，$t_A + t_B = c$ および $G_A^D(t_A) = G_B^D(t_B)$ を満たす．よって，上記のプロセスの結果得られるリンダール価格の組および配分は，リンダール均衡であることがわかる．

リンダール・プロセスの図解 以上のプロセスを図示したのが，図 7.6 である．図の左下には消費者 A の原点 O_A が取られており，そこから上方向に消費者 A のリンダール価格，右方向に公共財需要量が取られている．$G_A^D(t_A)$ が消費者 A の公共財に対する需要曲線である．また，図の左上には消費者 B の原点 O_B が取られており，そこから下方向に消費者 B のリンダール価格，

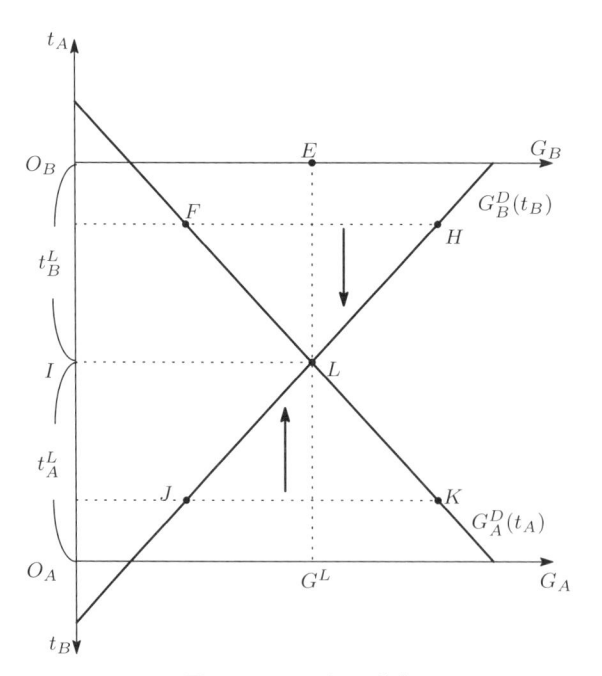

図 7.6　リンダール均衡

右方向に公共財需要量が取られている．$G_B^D(t_B)$ が消費者 B の公共財に対する需要曲線である．2 人の原点を結ぶ線分 $O_A O_B$ の長さを，公共財生産の限界費用 c だとしよう．

J, K を通る直線で表現されるリンダール価格の下では，消費者 A の公共財需要量は K で表され，消費者 B の公共財需要量は J で表され，消費者 A の公共財需要量が消費者 B のそれを上回る．したがって，消費者 A のリンダール価格 t_A を引き上げて，プロセスを繰り返す．F, H を通る直線で表現されるリンダール価格の下では，消費者 A の公共財需要量は F で表され，消費者 B の公共財需要量は H で表され，消費者 B の公共財需要量が消費者 A のそれを上回る．したがって，消費者 B のリンダール価格 t_B を引き上げて，プロセスを繰り返す．こうしたプロセスを経て，2 人の公共財需要曲線の交点 L で表される状態に至る．これがリンダール均衡である．点 L では，消費者 A と消費者 B の公共財需要量が一致していることがわかる．

7.9.3 リンダール均衡とパレート効率性

リンダール・プロセスを用いてリンダール均衡が達成可能であることがわかった．次に，リンダール均衡では，その配分がパレート効率的であり，かつ，応益原則に基づく費用負担が行われることを確認しよう．

リンダール均衡では，まず効用最大化の条件により，

$$MRS_{Gx}^i(G^L, x_i^L) = t_i^L \tag{7.9}$$

が成り立つことから，

$$MRS_{Gx}^A(G^L, x_A^L) + MRS_{Gx}^B(G^L, x_B^L) = t_A^L + t_B^L = c \tag{7.10}$$

が得られる．つまり，リンダール均衡では，サミュエルソン条件が成立している．

さらに，リンダール均衡では，式 (7.9) および式 (7.10) より，

$$\begin{aligned} t_i^L G^L &= \frac{t_i^L}{t_A^L + t_B^L}(t_A^L + t_B^L)G^L \\ &= \frac{MRS_{Gx}^i(G^L, x_i^L)}{MRS_{Gx}^A(G^L, x_A^L) + MRS_{Gx}^B(G^L, x_B^L)} cG^L \end{aligned}$$

が成立し，各消費者は公共財生産費用 cG^L を，社会全体の公共財に対する限界代替率の和に占める自分の限界代替率の比率だけ負担している．すなわち，応益原則に基づく費用負担を行っているのである．消費者 A の負担額 $t_A^L G^L$ は図 7.6 の四角形 $IO_A G^L L$ の面積，消費者 B の負担額 $t_B^L G^L$ は四角形 $O_B ILE$ の面積でそれぞれ表される．

以上より，繰り返しになるが，リンダール均衡について次のことが言える．

> **命題 7.3** リンダール均衡では，その配分はパレート効率的であり，かつ，応益原則に基づく費用負担が行われる．

7.9.4 リンダール・プロセスと戦略的操作可能性

リンダール・プロセスは，社会的に効率的な公共財の供給と応益原則に基づいた費用負担を達成するためのメカニズムである．しかし，このメカニズムには暗黙のうちに保留されている重要な問題が存在する．その重要な問題を明らかにすることにしよう．

普通，消費者の真の選好（例えば，公共財需要関数）は，その消費者のみが知っている私的情報である．つまり，消費者は知っていても政府は知らないという情報の非対称性が存在する．したがって，先に述べたリンダール・プロセスにおいて，消費者は虚偽の公共財需要量を申告してもばれることはなく，咎められる気遣いもないわけである．

消費者は，私的財を需要する場合，（価格が所与であるために）需要量を変化させても価格を操作することができないから，限界代替率と価格とが等しくなるような需要量を選ぶことがインセンティヴに合致している．それに対して，リンダール・プロセスにおいて公共財を需要する場合，リンダール価格を与えられたときに真の公共財需要量を申告することは，必ずしも消費者にとって最適ではなく，むしろ虚偽の公共財需要量を申告することが最適である場合が存在する．すなわち，公共財需要量の報告に関して戦略的操作 (manipulation) を行うインセンティヴが存在することになる．

これを図 7.7 によって説明しよう．いま，消費者 B は真の公共財需要関数 $G_B^D(t_B)$ を申告しているものとしよう．

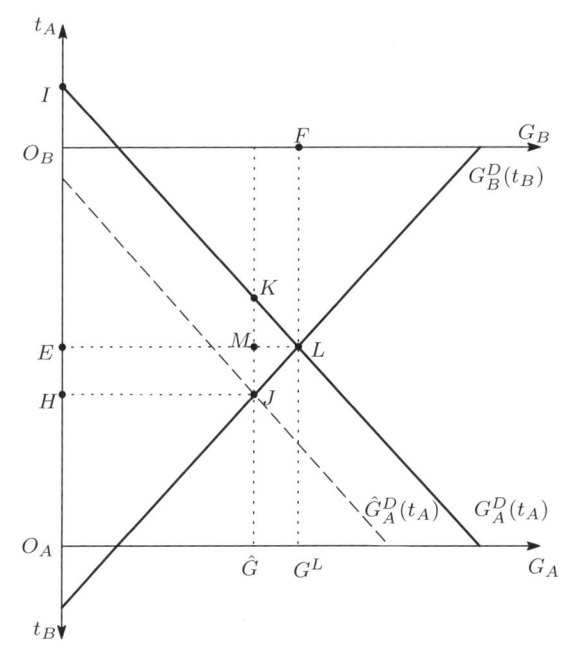

図 **7.7** リンダール均衡の戦略的操作可能性

ここで，消費者 A は真の公共財需要関数 $G_A^D(t_A)$ を申告すると，リンダール均衡が実現することになる．この場合，公共財の供給量は G^L，消費者 A の費用負担は四角形 $O_A E L G^L$ の面積，消費者 A が享受する消費者余剰は三角形 IEL の面積で表される．

これに対して，消費者 A が虚偽の公共財需要関数 $\hat{G}_A^D(t_A)$ を申告したらどうなるだろうか．この場合，政府は虚偽だと見抜けないから，申告に従って公共財供給量を $\hat{G}$ に決定する．消費者 A の費用負担は四角形 $O_A H J \hat{G}$ の面積，消費者 A が享受する消費者余剰は四角形 $IHJK$ の面積で表される[12]．したがって，三角形 KML の面積よりも四角形 $EHJM$ の面積の方が大きければ，このような虚偽の申告が消費者 A の利益に結びつくことになる[13]．

---

12) 消費者 A の真の公共財需要関数は $G_A^D(t_A)$ であるから，消費者余剰はこの曲線で評価しなければならない．
13) 真の需要関数に比べて，「少しだけ」過少に申告することで，消費者は必ず自らの消費者余剰を改善することができる．読者は，このことを確認してほしい．

7.10 公共財の公的供給：クラーク・メカニズム

前節で明らかになったように，政府が公共財の供給を行う場合，消費者に真の選好を申告させることはできず，したがって真の選好を把握することは容易ではない．この問題を解決する方法として，二つの方法が知られている．一つは，計量的手法などを使って公共財の評価額を推定する費用便益分析 (cost-benefit analysis) である．わが国でも近年になって，現実の公共事業の決定に当たって必ず費用効果分析を行うことが義務付けられるようになった．もう一つは，消費者が自分の選好を申告するに当たって嘘をつくインセンティヴが存在しない仕組みを設計することである．本節では，その一例であるクラーク・メカニズムを説明しよう．

7.10.1 クラーク・メカニズム

効用関数は準線形すなわち $u_i(G, x_i) = v_i(G) + x_i$ で与えられるものとする．そのため公共財に所得効果が存在しないことに注意したい．$v(0) = 0$, $v_i'(G) > 0$, $v_i''(G) < 0$ を仮定する．第3章の部分均衡分析でも述べたが，このときの限界代替率は $v_i'(G)$ に等しくなり，私的財の消費量 x_i からは独立である．$v_i(G)$ は公共財の私的財による評価額とみなせるので，v_i を特に評価関数と呼ぶことにしよう．本節ではサミュエルソン条件が

$$v_A'(G) + v_B'(G) = c$$

と表されることになる．

では，クラーク・メカニズム (Clarke mechanism) と呼ばれる，次のような公共財供給と費用負担の仕組みを考えよう．

- 各消費者 i は，自分の評価関数 $\hat{v}_i$ を申告する．ただし，この申告は虚偽であってもかまわない．

- 政府は，これらの申告をもとにして，公共財供給量 G と各消費者の費用負担額 T_i を

$$\hat{v}'_A(G) + \hat{v}'_B(G) = c \tag{7.11}$$

$$T_i = cG - \hat{v}_j(G)$$

を満たすように決定する．ただし，$j \neq i$ である．

　公共財供給量の決定はリンダール均衡と同じであり，申告が真のものであれば公共財供給量はパレート効率的な水準に決定される．各消費者の費用負担額は，公共財供給の費用から自分以外の公共財に対する評価額を差し引いた残額で与えられる．これがクラーク・メカニズムの特徴的な点であり，自分の費用負担額は，自分自身の公共財に対する評価額によって直接決定されるのではなく，相手の評価額によって決定されるのである．

7.10.2　クラーク・メカニズムと戦略的操作不可能性

クラーク・メカニズムの特徴についての重要な結論を先に示しておこう．

> **命題 7.4**　各消費者が真の評価関数を申告することはクラーク・メカニズムにおける支配戦略均衡であり，その支配戦略均衡によって実現する配分はパレート効率的である．

　この命題の理由を図 7.8 によって見てみよう．図の左下には消費者 A の原点 O_A が取られており，そこから上方向に消費者 A の公共財に対する限界評価額，右方向に公共財の数量が取られている．また，図の左上には消費者 B の原点 O_B が取られており，そこから下方向に消費者 B の公共財に対する限界評価額，右方向に公共財の数量が取られている．2 人の原点を結ぶ線分 $O_A O_B$ の長さは公共財生産の限界費用 c とする．

　まず，真の評価関数の申告が支配戦略均衡になっていることを示そう．消費者 B が評価関数を $\hat{v}_B$ と申告しているものとしよう．このとき，消費者 A が真の評価関数 v_A を申告すれば，政府は申告に従って公共財供給量を G に決定する．すると，公共財の生産費用は四角形 $O_A O_B DG$ の面積，消費者 B が支払ってもよいと主張している額は四角形 $O_B DEF$ の面積であるから，クラーク・メカニズムが指定する消費者 A の費用負担額は四角形 $O_A GEF$ の

図 7.8 のような状況を考える.

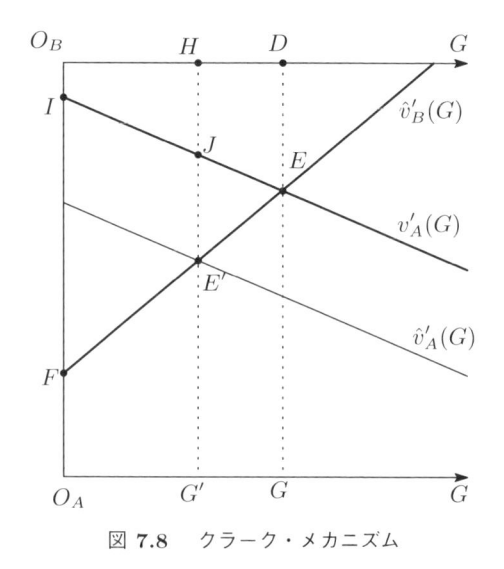

面積となる.したがって,消費者 A が享受する消費者余剰は三角形 FEI の面積となる.

これに対して,消費者 A が虚偽の評価関数 $\hat{v}_A$ を申告するとどうなるだろうか.この場合,政府は虚偽だと見抜けないから,申告に従って公共財供給量を G' に決定する.すると,公共財の生産費用は四角形 $O_A O_B H G'$ の面積,消費者 B が支払ってもよいと主張している額は四角形 $O_B H E' F$ の面積であるから,クラーク・メカニズムが指定する消費者 A の費用負担額は四角形 $O_A F E' G'$ の面積となる.したがって,消費者 A が享受する消費者余剰は四角形 $F E' J I$ の面積となる[14].したがって,真の評価関数を申告をする場合に比べて,消費者 A の消費者余剰は三角形 $EE'J$ の面積だけ減少してしまうことになる.これとまったく同じことが消費者 B についても言える.したがって,真の評価関数の申告が支配戦略均衡である.

この支配戦略均衡では,式 (7.11) より,

$$v'_A(G^C) + v'_B(G^C) = c$$

となる公共財供給量 G^C が選ばれることになる.ゆえに,サミュエルソン条

---

[14] 消費者 A の真の公共財逆需要関数は v'_A であり,消費者 A の消費者余剰もこの逆需要曲線で評価しなければならない.

件が満たされる配分が実現される．

以上のように，クラーク・メカニズムでは，各消費者は虚偽の申告をするインセンティヴを持たない．この意味で，クラーク・メカニズムは，戦略的操作不可能 (non-manipulable) なのである．

クラーク・メカニズムの限界　しかしながら，クラーク・メカニズムにもいくつかの問題がある．

まず，クラーク・メカニズムの赤字の問題である．図 7.8 において，$\hat{v}_B$ が真の評価関数 v_B であるものとしよう．すると，クラーク・メカニズムにおける支配戦略均衡では，公共財の総生産費用は四角形 $O_A O_B DG$ の面積，消費者 A の費用負担は四角形 $O_A GEF$ の面積，消費者 B の費用負担は四角形 $O_B DEI$ の面積で表される．したがって，三角形 EFI の面積だけの赤字が生じてしまうことになる．政府は何らかの方法で赤字を埋めなければならないが，租税が資源配分の歪みを生む限り，効率的な資源配分は望めなくなってしまう．

また，このクラーク・メカニズムでは，消費者の公共財に対する選好を，現実には多数存在する消費者と政府がやりとりしなければならないため，情報処理が極めて煩雑である．リンダール・プロセスのように，リンダール価格を政府がアナウンスし，それに対する公共財需要量を消費者が申告し，リンダール価格を政府が調整するという方法もあるが，そのような逐次的プロセスを何度も繰り返すことも煩雑なことは間違いないであろう．

メカニズム・デザイン　すでに述べたように，厚生経済学の第 1 基本定理の仮定が満たされるなら，ワルラス均衡はパレート効率的な資源配分を実現する一方で，そうした仮定が満たされない場合，公共財に代表される市場の失敗が存在してしまう．そうした場合，政府が市場に介入して，市場の失敗の是正を図る必要がある．その際，政府は，クラーク・メカニズムで考えたように，効率的な資源配分を実現できるような制度設計をしなければならない．そのような制度設計にまつわる問題をゲーム理論によって分析する学問分野がメカニズム・デザインと呼ばれるものである．2007 年のノーベル経済学賞は，メカニズム・デザインの基礎理論の構築に大きく貢献したハーヴィッツ

(Leonid Hurwicz),マスキン (Eric S. Maskin),マイヤーソン (Roger B. Myerson) に授与された.メカニズム・デザインは,公共財供給のほか,最適課税,オークションなどの制度設計に広く応用されている.

リーディング・リスト

ミクロ経済学を基礎とする経済学を学ぶ上で有益な教科書を以下に挙げる.

数学　大学院以上の経済学を追究するには，集合・位相をはじめとした，より高度な数学の修得が必要である．経済学に用いられる数学を解説した入門的教科書として，次の2冊を挙げておく.

[1] 神谷和也・浦井憲 (1996),『経済学のための数学入門』東京大学出版会.

[2] 岡田章 (2001),『経済学・経営学のための数学』東洋経済新報社.

経済学では，数学の中でも，ラグランジュ乗数法などの最適化理論がよく用いられる．神谷・浦井 (1996) と岡田 (2001) でも扱われているが，最適化理論に特化した定評のある教科書として，次の2冊がある.

[3] 西村清彦 (1990),『経済学のための最適化理論入門』東京大学出版会.

[4] ディキシット，A.K., 大石泰彦，磯前秀二 [訳], (1997),『経済理論における最適化』勁草書房.

ミクロ経済学　本書の理解をより容易にするため，ミクロ経済学入門書を予習するか平行して読むのも有益かもしれない．入門書として参考にできる2冊を次に挙げておく.

[5] 奥野正寛 (1982),『ミクロ経済学入門』日本経済新聞社.

[6] 伊藤元重 (2003),『ミクロ経済学』日本評論社.

本書と同程度の水準のミクロ経済学として，次の 1 冊がある．数学による簡潔な記述が特徴であり，本書と違った切り口の教科書を読んでみるのも，有益である．

[7] 武隈愼一 (1999)，『ミクロ経済学』新世社．

ミクロ経済学をさらに高度な水準まで修得したい読者は，次の 2 冊を読んでほしい．

[8] 奥野正寛・鈴村興太郎 (1985-1988)，『ミクロ経済学 I・II』岩波書店．

[9] Mas-Colell, A., M.D. Whinston, and J.R. Green (1995), *Microeconomic Theory*, New York: Oxford University Press.

奥野・鈴村 (1985-1988) は，日本語で書かれた上級書である．本書で触れられなかった議論 (例えば，双対性など) を補完することができる．Mas-Colell, Whinston and Green は大学院必修のミクロ経済学の授業で使う教科書として定番となっている．かなり大部ではあるが，多くの話題を網羅している．

ゲーム理論　本書の第 II 部第 4 章で解説したゲーム理論について，より詳しく知りたい読者は，ゲーム理論の専門書を読んでほしい．ゲーム理論の入門書としては，次の 2 冊を挙げておく．ギボンズ (1995) は，ゲーム理論の応用についても詳しいのが特徴である．神戸 (2004) は，契約理論についても詳しく解説している．

[10] ギボンズ, R., 福岡正夫・須田伸一 [訳] (1995)，『経済学のためのゲーム理論入門』創文社．

[11] 神戸伸輔 (2004)，『入門ゲーム理論と情報の経済学』日本評論社．

ゲーム理論をより厳密に学習したい読者は，次の 4 冊を読んでほしい．岡田 (1996) は，定評のある，日本語で書かれた上級書である．Fudenberg and Tirole (1991) は，大学院レベルの標準的な教科書である．Osborne and Rubinstein (1994) は，本書で扱わなかった協力ゲームについても解説されている．Vega-Redondo (2003) は，進化ゲームについて詳しい点に特徴がある．

[12] 岡田章 (1996),『ゲーム理論』有斐閣.

[13] Fudenberg, D. and J. Tirole (1991), *Game Theory*, Cambridge: MIT Press.

[14] Osborne, M.J. and A. Rubinstein (1994), *A Course in Game Theory*, Cambridge: MIT Press.

[15] Vega-Redondo, F. (2003), *Economics and the Theory of Games*, New York: Cambridge University Press.

ゲーム理論の応用分野として,本書の第 6 章で扱った契約理論がある.契約理論の定評のある教科書として,次の 1 冊を挙げておく.

[16] 伊藤秀史 (2003),『契約の経済理論』有斐閣.

また,契約理論のもっとも顕著な応用として,オークション理論がある.オークション理論の教科書として,次の 1 冊を挙げる.

[17] ミルグロム,P., 川又邦雄・奥野正寛 [監訳], 計盛英一郎・馬場弓子 [訳] (2007),『オークション:理論とデザイン』東洋経済新報社.

マクロ経済学 マクロ経済学の定評のある教科書として,次の 3 冊を挙げておく.マンキュー (2003) は,入門書である.Romer (2005) は,学部上級から大学院にかけての教科書である.Stokey and Lucas with Prescott (1989) は,大学院レベルのマクロ経済学のための数学的道具を解説している.

[18] マンキュー,N.G., 足立英之・地主敏樹・中谷武・柳川隆 [訳] (2003),『マンキュー・マクロ経済学 I・II』東洋経済新報社.

[19] Romer, D. (2005), *Advanced Macroeconomics*, Boston: McGraw-Hill Irwin.

[20] Stokey, N.L. and R.E. Lucas, Jr. with E.C. Prescott (1989), *Recursive Methods in Economic Dynamics*, Cambridge: Harvard University Press.

計量経済学・経済史　ミクロ経済学に基づく理論が，現実を説明できているかを検証する分野として，計量経済学，経済史，実験経済学[1] がある．

計量経済学の基礎として統計学がある．統計学の教科書として，次の 2 冊を挙げておく．東京大学教養学部統計学教室 (1991) は，記述統計学・数理統計学の入門的教科書である．竹村 (1991) は，数理統計学について厳密に書かれた学部上級程度の教科書である．

[21] 東京大学教養学部統計学教室 [編] (1991),『統計学入門』東京大学出版会.

[22] 竹村彰通 (1991),『現代数理統計学』創文社.

計量経済学の定評のある教科書として，次の 3 冊を挙げておく．山本 (1995) と Wooldridge (2005) は，学部レベルであり，Hayashi (2000) は，大学院レベルである．

[23] 山本拓 (1995),『計量経済学』新世社.

[24] Wooldridge, J.M. (2005), *Introductory Econometrics: A Modern Approach*, Mason: South-Western.

[25] Hayashi, F. (2000), *Econometrics*, Princeton: Princeton University Press.

計量経済学で扱う各種データについて解説したものとして，次の 1 冊を挙げておく．

[26] 廣松毅・佐藤朋彦・高木新太郎・木村正一 (2006),『経済統計』新世社.

経済史の入門的教科書として，次を挙げておく．

[27] 岡崎哲二 (2005),『コア・テキスト経済史』新世社.

---

1) 実験経済学は，行動経済学とのつながりが強いので，行動経済学の段落で文献を挙げる．

応用経済学　ミクロ経済学は，様々な領域に応用されている．応用分野の一つに，本書の第 II 部で扱った，市場の失敗とそれへの対応を主に分析する公共経済学がある．公共経済学の教科書として，次の 3 冊を挙げておく．常木 (2002) は，部分均衡分析によって極めて簡潔に記述された入門書である．Hindricks and Myles (2006) は，公共財理論などの伝統的分野から政治経済学などの新しい話題まで，包括的に扱っている学部上級レベルの教科書である．公共経済学の隣接分野として，租税などの歳入面の分析に重点をおいた財政学がある．財政学の標準的な教科書として，井堀 (2006) がある．

[28] 常木淳 (2002), 『公共経済学』新世社.

[29] Hindriks, J. and G.D. Myles (2006), *Intermediate Public Economics*, Cambridge: MIT Press.

[30] 井堀利宏 (2006), 『財政学』新世社.

ゲーム理論の応用が著しい分野に，主に本書では第 5 章で扱われている産業組織論があり，その教科書として次の 2 冊を挙げておく．

[31] 小田切宏之 (2001), 『新しい産業組織論：理論・実証・政策』有斐閣.

[32] Tirole, J. (1988), *The Theory of Industrial Organization*, Cambridge: MIT Press.

その他の応用経済学の教科書として，国際経済学，都市経済学，金融論，労働経済学，環境経済学，農業経済学，開発経済学における定評のある教科書を 1 冊ずつ挙げておく．

[33] クルーグマン，P.R.・M. オブストフェルド，吉田和男 [監訳] (2003), 『クルーグマン国際経済学』エコノミスト社.

[34] 金本良嗣 (1997), 『都市経済学』東洋経済新報社.

[35] 堀内昭義 (1990), 『金融論』東京大学出版会.

[36] 樋口美雄 (1996), 『労働経済学』東洋経済新報社.

[37] コルスタッド，C.D.，細江守紀・藤田敏之 [訳] (2001)．『環境経済学入門』有斐閣．

[38] 荏開津典生 (2003)．『農業経済学』岩波書店．

[39] バーダン，P.・C. ウドリー，福井清一・不破信彦・松下敬一郎 [訳] (2001)．『開発のミクロ経済学』東洋経済新報社．

行動経済学・実験経済学・ニューロ経済学　心理的要因も考慮する行動経済学，意思決定についての実験を行う実験経済学，脳科学との融合分野であるニューロ経済学の教科書として，次の3冊を挙げておく．

[40] Camerer, C.F. (2003), *Behavioral Game Theory: Experiments in Strategic Interaction*, Princeton: Princeton University Press.

[41] 川越敏司 (2007)．『実験経済学』東京大学出版会．

[42] Politser, P. (2007), *Neuroeconomics: A Guide to the New Science of Rational Choice*, New York: Oxford University Press.

経済学史　経済学の歴史を研究する経済学史の定評のある教科書として，次の1冊がある．

[43] 西沢保・栗田啓子・服部正治 [編] (1999)．『経済政策思想史』有斐閣．

索引

■ア 行

アレのパラドックス　262, 301
安全資産　267
暗黙の協調　223, 242
1回逸脱の原理　220
一括型の税・補助金　71, 178
一般均衡　150
ウォーム・グロー効果　333
エージェンシー・コスト　288
エージェント　273
エッジワース・ボックス　151
エンゲル曲線　47
エンゲル係数　48
応益原則　334
応能原則　334
汚染者負担原則　323
オファー・カーブ　152

■カ 行

外形標準課税　183
外部経済　308
外部性　175, 307
外部不経済　308
価格効果　60
価格消費曲線　53
下級財　48
下級生産要素　115
確実性等価　264
拡張経路　115, 269
確率加重関数　302
家計　23
過少供給　331
寡占　175, 226, 234
価値関数　302
株式会社　80
可変生産要素　85
可変費用
　——関数　98
　——曲線　98
カラ脅し　211, 246
観察不可能　273
完全競争　163
完全ベイジアン均衡　215
完備性　27
擬凹関数　31
機会費用　69, 101
企業統治　82
危険資産　267
技術的外部性　308
技術的限界代替率　92
　——逓減の法則　93
基数効用　33
期待効用関数　261
期待収益率　267
ギッフェン財　54, 65, 68
規模に関して収穫一定　93
規模に関して収穫逓減　93
規模に関して収穫逓増　93
規模の経済性　93, 227
逆供給関数　134
逆需要関数　134
逆選択　274, 275, 279
供給
　——関数　94, 110, 111, 120, 126
　——曲線　8, 110, 126
　——の価格弾力性　125
共有知識　200
協力ゲーム　189
均衡　9, 136
金銭的外部性　311
クールノー極限定理　239
クールノー・ゲーム　235
クールノー動学　202
くじ　260
クラーク・メカニズム　340
クラブ財　328

352

繰り返しゲーム　219
経済厚生　11
経済統計　52
契約理論　272
計量経済学　52
経路　206
ゲームの樹　206
ゲーム理論　4, 234
限界外部損害　310
限界価値生産物　95
限界可変費用
　──関数　104
　──曲線　104
限界固定費用
　──関数　105
　──曲線　105
限界削減費用　313
限界収入　106, 229, 231
限界生産性　87
　──逓減の法則　86, 88
限界生産物　87
限界代替率　35
　──逓減の法則　38
限界費用　106, 231
　──関数　102, 117
　──曲線　102
　──料金規制　232
限界変形率　171
限界利潤　106
減価償却費用　102
現金給付　290
限定合理的　21, 202
現物給付　290
コア　166
交換経済　150
公共財　175, 327
合成関数　91
厚生経済学の第1基本定理　6, 163
厚生経済学の第2基本定理　14, 177
厚生損失　12, 147, 231
公的情報　164
行動経済学　4, 22
公平性　14, 177, 333
効用　31
　──関数　31

　──最大化問題　40
効率性　14, 334
効率的　84
合理的期待　195
コースの定理　314
コーポレート・ガバナンス　82
個人合理的　166
固定生産要素　85
固定費用
　──関数　98
　──曲線　98
コブ・ダグラス効用関数　46
個別需要　250
コミットメント　246, 254
コモンズ　328
混合戦略　196
混雑費用　328

■サ 行
最後通牒ゲーム　216
最小最適生産規模　103, 142, 227
最善　232, 274
最適消費計画　41
最適反応　194
　──関数　195, 235, 251
サブモジュラー・ゲーム　255
サミュエルソン条件　329
参加制約　277, 284
サンク費用　102, 247
参入阻止　248
シェパードの補題　63
シェリング・ポイント　202
死荷重　147
シグナリング　281, 292
資源配分　5, 151
　実現可能な──　151
　──メカニズム　6
自己拘束的　196
自己選択　279
市場供給
　──関数　126
　──曲線　126
市場需要
　──関数　68
　──曲線　67

市場の失敗　3, 175
市場の力　155
市場の普遍性　163, 308
市場メカニズム　6, 308
辞書的順序　28
次善　233, 274
自然独占　227
自然の状態　260
実験経済学　22
私的財　328
私的情報　164, 274, 338
支配戦略　193
　——均衡　193
奢侈財　51
囚人のジレンマ　190, 241
集団性　328
収入同値定理　299
縮約ゲーム　214
シュタッケルベルク・ゲーム　243
需要
　——関数　45, 68
　——曲線　8, 53, 67
　——の価格弾力性　55, 63
　——の交差価格弾力性　59
　——の自己価格弾力性　55
受容的　253
準公共財　328
純粋公共財　328
純粋戦略　196
準線形効用関数　136
条件付き債権　270
消費計画　25
消費者　23
消費者余剰　11, 136
情報集合　206
情報の非対称性　175, 272, 338
情報レント　281
初期賦存量　150
初期保有量　150
序数効用　33
所得　24
所得効果　60
所得消費曲線　47
所有と経営の分離　81
新古典派経済学　2

人的資本　84, 88, 276
推移性　27
スウィッチング・コスト　256
水平和　67
スーパーモジュラー・ゲーム　255
スルツキー方程式　63
生産可能性フロンティア　170
生産関数　83
生産計画　82
生産経済　167
生産者　79
生産者余剰　11, 139
生産集合　84
生産中止価格　107, 109, 120
生産物　82
生産要素　82
生産量条件付要素需要関数　98, 115
正常財　48
正常生産要素　115
正常利潤　143
製品差別化　228, 250
絶対価格　158
絶対的リスク回避度　266
　——一定　267
競り上げ式公開オークション　294
競り下げ式公開オークション　294
0次同次性　45, 96, 112, 158
選好関係　25
全微分　37
戦略　188, 191, 207
戦略型ゲーム　190
戦略的環境　188
戦略的相互依存　192
戦略的操作　338
　——不可能　343
戦略的代替　254
戦略的補完　254
戦略の組　191
総生産物曲線　86
相対価格　158
相対的リスク回避度　266
　——一定　267
総余剰　140
粗代替財　59
粗補完財　59

損益分岐価格　109, 119

■タ 行
代替効果　60
代替財　67
代替率　35
ダウンズ・モデル　198
ただ乗り　332
単一交差性　282
段階ゲーム　219
短期　85, 120
単調性　29
弾力的　56
チェイン・ルール　91
チェイン・ストア・ゲーム　203
逐次均衡　215
知的財産権　226
長期　85, 120, 142
通常財　54
t 値　53
ディポジット・リファンド制　326
展開型ゲーム　190, 205
同次関数　45
投入計画　82
等費用曲線　113
等量曲線　92
独占　175, 226
独占的競争　228
特化　88
凸集合　29
凸性　29
トリガー戦略　220

■ナ 行
内部化　316
ナッシュ均衡　190, 195, 196, 210, 235
2点セット政策　324
ニュメレール財　158
ネットワークの外部性　227
ノイマン・モルゲンシュテルン効用関数　33, 261, 302

■ハ 行
排出権取引　317
排出割り当て　316

排除費用　308, 327
排除不可能性　327
バックワード・インダクション　213
パレート効率的　160
パレート支配する　160
パレート集合　161
非競合性　327
非協力ゲーム　189
ピグー税　317
ピグー補助金　319
微積分学の基本定理　141
非弾力的　56
ヒックスの需要関数　62
ヒックスの楽観主義　14
必需財　51
微分の公式
　　合成関数の——　91
　　商の——　91
　　積の——　57, 92
費用一定産業　144
費用関数　98, 117, 247
費用曲線　99
標準型ゲーム　191
費用逓減産業　144
費用逓増産業　144
費用便益分析　340
封印入札の1位価格オークション　294
封印入札の2位価格オークション　294
フォーカル・ポイント　202
フォーク定理　222
不確実性　259
不可分性　89
不完全競争　175
不完備契約　274
部分均衡　134
部分ゲーム　211
部分ゲーム完全均衡　190, 213, 243
プライス・キャップ規制　233
プリンシパル　273
プレイヤー　188, 191, 206
プロスペクト理論　302
分業　88
平均可変費用
　　——関数　104
　　——曲線　104

平均固定費用
　——関数　105
　——曲線　105
平均生産性　87
平均生産物　87
平均費用
　——関数　102, 117
　——曲線　102
平均費用料金規制　233
ベイジアン・ゲーム　215
ベイジアン・ナッシュ均衡　215
閉集合　28
ベルトラン・ゲーム　249, 255
偏微分　36
包絡線　122
ポートフォリオ　267
補完財　67
補償需要　62
　——関数　62
補償変分　61
ホテリング・ゲーム　197

■マ 行
マークアップ率　230, 240
マーシャルの外部性　145
マーシャルの需要関数　62
マクロ経済学　1
ミーンズ・テスト　290
見えざる手　6, 150, 164, 311
ミクロ経済学　1
無限回繰り返しゲーム　219, 242
無差別曲線　30
無差別写像　30
無償処分可能　90
名目賃金率　83
モラル・ハザード　274, 286

■ヤ・ラ・ワ 行
誘因両立制約　279, 286

有限回繰り返しゲーム　223
要素需要関数　94, 111, 120
余暇　29, 69
予算集合　39
予算制約　39
予算線　40
ラーニング　202
ラグランジュ関数　42
ラグランジュ乗数　42, 47
ラグランジュ乗数法　42
利己性　26
利潤　83
　——最大化　80
リスク愛好的　263
リスク回避的　263
リスク回避度　266
リスク・シェアリング　271
リスク中立的　263
リスク・プレミアム　264
立証可能　274
立証不可能　315
利得　188, 206
　——関数　191
　——行列　192
留保効用　277, 282
両性の争い　200
リンダール価格　333
リンダール均衡　335
リンダール税　333
リンダール・プロセス　333
ル・シャトリエの原理　125
レモンの原理　275
連続性　28
割引因子　76, 220
割引現在価値　74, 220
ワルラス均衡　154, 168
ワルラスの法則　157

執筆者紹介

[編著者]

奥野（藤原）正寛　東京大学名誉教授，(公財) アジア福祉教育財団理事長．
　1947 年生まれ．1969 年東京大学経済学部卒業．スタンフォード大学大学院 (Ph.D.)．ペンシルバニア大学客員講師，イリノイ大学，横浜国立大学経済学部助教授，東京大学経済学部助教授，同大学院・経済学研究科教授，流通経済大学経済学部教授，武蔵野大学経済学部教授を歴任．主要著書：『ミクロ経済学 I・II』（共著，岩波書店，1985–88 年），『ミクロ経済学入門（新版）』（日本経済新聞社，1990 年），『経済システムの比較制度分析』（共編著，東京大学出版会，1996 年），『経済学入門』（日本評論社，2017 年）．

[共著者]（五十音順）

猪野　弘明
　1978 年生まれ．2002 年東京大学経済学部卒業．2008 年東京大学大学院経済学研究科博士課程修了．博士（経済学）．現在関西学院大学経済学部教授．主要論文："Optimal environmental policy for waste disposal and recycling when firms are not compliant," in: *Journal of Environmental Economics and Management* 62 (2), 290–308 (2011).

加藤　晋
　1981 年生まれ．2004 年大阪大学経済学部卒業．2009 年東京大学大学院経済学研究科博士課程修了．博士（経済学）．現在東京大学社会科学研究所准教授．主要著書：『社会科学における善と正義：ロールズ『正義論』を超えて』（共編著，東京大学出版会，2015 年）．

川森　智彦
　1979 年生まれ．2002 年東京大学経済学部卒業．2008 年東京大学大学院経済学研究科博士課程修了．博士（経済学）．現在名城大学経済学部教授．主要論文："Coalition-then-allocation legislative bargaining," in: *Journal of Mathematical Economics* 99, 102582 (2022).

矢野　智彦
　1981 年生まれ．2003 年早稲田大学第一文学部卒業．2006 年東京大学大学院経済学研究科修士課程修了．ウィスコンシン大学マディソン校経済学部 (Ph.D.)．現在 NERA エコノミックコンサルティング・ディレクター．

山口　和男
　1979 年生まれ．2002 年青山学院大学国際政治経済学部卒業．2012 年東京大学大学院経済学研究科博士課程修了．博士（経済学）．現在立正大学経済学部講師．主要論文："Spatial bargaining in rectilinear facility location problem," in: *Theory and Decision* 93(1), 69–104 (2022).

（現所属は 2023 年 8 月 31 日現在）

ミクロ経済学

2008 年 4 月 16 日　初　版
2023 年 9 月 15 日　第 10 刷

[検印廃止]

編著者　　奥野　正寛
　　　　　おくの　まさひろ

発行所　　一般財団法人　東京大学出版会
　　　　　代 表 者　吉見俊哉
　　　　　153-0041 東京都目黒区駒場 4-5-29
　　　　　https://www.utp.or.jp/
　　　　　電話 03-6407-1069　　Fax 03-6407-1991
　　　　　振替 00160-6-59964

印刷所　　三美印刷株式会社
製本所　　牧製本印刷株式会社

©2008 Masahiro Okuno-Fujiwara, et al.
ISBN 978-4-13-042127-0 Printed in Japan

JCOPY 〈出版者著作権管理機構　委託出版物〉
本書の無断複写は著作権法上での例外を除き禁じられています．複写される場合は，そのつど事前に，出版者著作権管理機構（電話 03-5244-5088, FAX 03-5244-5089, e-mail: info@jcopy.or.jp）の許諾を得てください．

奥野編／猪野・井上・加藤・川森・矢野・山口著	ミクロ経済学演習 [第2版]	A5判・244頁	2800円
竹野太三著	経済学の基礎　価格理論 Elements of Price Theory	A5判・320頁	3200円
青木昌彦編著 奥野正寛	経済システムの比較制度分析 [オンデマンド版]	A5判・368頁	3500円
細野　薫著	金融危機のミクロ経済分析	A5判・344頁	4800円
山重慎二著	家族と社会の経済分析 日本社会の変容と政策的対応	A5判・320頁	3800円
小西秀樹著	公共選択の経済分析	A5判・320頁	4500円
川越敏司著	実験経済学	A5判・296頁	3800円
鈴村興太郎著	厚生経済学と経済政策論の対話 福祉と権利，競争と規制，制度の設計と選択	A5判・404頁	5200円
大瀧雅之 宇野重規編 加藤　晋	社会科学における善と正義 ロールズ『正義論』を超えて	A5判・376頁	5800円
大瀧雅之編 加藤　晋	ケインズとその時代を読む 危機の時代の経済学ブックガイド	A5判・272頁	3000円

ここに表示された価格は本体価格です．ご購入の際には消費税が加算されますのでご了承下さい．